U0813543

21世纪全国高职高专汽车系列技能型规划教材

# 汽车发动机构造与维修
# （第2版）


主　编　蔡兴旺

副主编　夏长明　王海峰

参　编　齐凤英　杨庭霞

　　　　胡　勇　罗文准



北京大学出版社

PEKING UNIVERSITY PRESS

## 内容简介

本书采用项目导向、任务驱动结构编写，共分10个项目，将汽车发动机的构造、原理、维修与故障诊断有机融合，以职业技能为主线，以现代典型轿车为案例，系统地介绍了现代汽车发动机的总体结构、拆装、基本工作原理和各总成、部件的结构、工作原理和维修，突出了现代汽车发动机的电控汽油喷射、微机点火、高压共轨柴油机、可变配气正时和气门升程等电控技术介绍。

本书编写融入教学设计新理论，以实际发动机维修过程项目为导向，分解为各种任务来驱动教学，将理论教学与实践教学、教师授课与学生学习有机结合。本书编排图文并茂，简明实用，符合高职学生的心理特点；配带多媒体课件，提供大量的动画和视频资料，生动、形象地展示了现代汽车发动机各总成与零部件的构造、原理、拆装、维修，方便教师授课和学生课外学习。

本书可作为高职高专汽车类专业教材，也可作为普通院校、职大、成教等汽车运用工程类专业教材，还可作为汽车应用、维修培训及中专技校参考教材。

**图书在版编目(CIP)数据**

汽车发动机构造与维修/蔡兴旺主编．—2版．—北京：北京大学出版社，2013.1

(21世纪全国高职高专汽车系列技能型规划教材)

ISBN 978-7-301-21989-8

Ⅰ.①汽…　Ⅱ.①蔡…　Ⅲ.①汽车—发动机—构造—高等职业教育—教材 ②汽车—发动机—车辆修理—高等职业教育—教材　Ⅳ.①U472.43

中国版本图书馆CIP数据核字（2013）第015334号

**书　　名：汽车发动机构造与维修(第2版)**

著作责任者：蔡兴旺　主编

策划编辑：张永见

责任编辑：李婷婷

标准书号：ISBN 978-7-301-21989-8/U·0088

出版发行：北京大学出版社

地　　址：北京市海淀区成府路205号　100871

网　　址：http://www.pup.cn　新浪官方微博:@北京大学出版社

电子信箱：pup_6@163.com

电　　话：邮购部62752015　发行部62750672　编辑部62750667　出版部62754962

印 刷 者：北京富生印刷厂

经 销 者：新华书店

787毫米×1092毫米　16开本　21.25印张　498千字

2008年2月第1版

2013年1月第2版　2013年1月第1次印刷(总第2次印刷)

定　　价：40.00元

# 第 2 版前言

“汽车构造与维修”是汽车类各专业必修的一门专业课程，它对培养学生技能和职业能力起极大作用。以“国务院关于大力推进职业教育改革与发展的决定”和教高〔2012〕4 号文件《教育部关于全面提高高等教育质量的若干意见》等一系列教学改革精神为指导，在多年教学改革经验总结的基础上，我们组织了《汽车发动机构造与维修》教材的再版。

本书根据高职高专职业针对性强、实践技能要求高的特点，以职业技能为主线，以现代典型轿车为案例，系统地介绍了现代汽车发动机的构造与维修，突出了现代汽车发动机的电控汽油喷射、微机点火、高压共轨柴油机、可变配气正时和气门升程等电控技术介绍，强调了知识和技能的应用。

本书根据学生的认知规律、理论联系实际及模块化教学等原则，将汽车发动机拆装、构造、原理、运用、维修和故障诊断等有机融合，以人为本，融“教、学、做”为一体，编写融入教学设计新理念，以实际发动机维修过程项目为导向，分解为各种任务来驱动教学，每个任务开始给出一个故障案例，激发学生求知欲，逐层深入，引人入胜，注意培养学生理论联系实际的能力、实际操作能力、自学能力和创新能力等综合素质。每个项目小结后结合国家劳动部职业技能考试要求，给出学习评价与技能测试，加强了实践技能的复习考核。

本书编排图文并茂，简明实用，符合高职学生的心理特点。本书配套多媒体课件供下载，提供大量的动画和视频资料，生动、形象地展示了现代汽车发动机各总成与零部件的构造、原理、拆装、维修，方便教师授课和学生课外学习。

本书由广州珠江职业技术学院、甘肃畜牧工程职业技术学院、河南职业技术学院和内蒙古呼伦贝尔学院等院校联合编写。

本书由蔡兴旺教授任主编，夏长明、王海峰任副主编。编写分工为：蔡兴旺编写项目 1、2、3、7，并对全书进行统稿；王海峰编写项目 4；夏长明、齐凤英编写项目 5；蔡兴旺、胡勇、罗文准编写项目 6；杨庭霞编写项目 8、9；蔡兴旺、罗文准编写项目 10。

在本书编写及课件制作过程中，得到了北京大学出版社、广州珠江职业技术学院、甘肃畜牧工程职业技术学院、河南职业技术学院和内蒙古呼伦贝尔学院、顺德东升汽车维修服务中心、韶关飞龙机械加工部等单位和个人的大力支持和帮助，参考了诸多行业专家的教材和论文，在此一并深表感谢！

由于水平所限，书中疏漏之处难免，诚恳期望得到同行专家和广大读者批评指正。

本书编写组
2012 年 9 月

# 本书常用符号表

**拉丁字母**

$A/F$——空燃比

$B$——发动机每小时消耗的燃油质量(kg/h)、汽车轮矩(mm)、磁场强度

$b_e$——燃油消耗率(g/kW·h)

CA——曲轴转角(°)

CO——一氧化碳

$C_m$——活塞平均速度(m/s)

CNGV——压缩天然气汽车

$D$——气缸直径(mm)

DIS——无分电器点火系统

DOHC——双顶置凸轮轴

ECU——发动机电控单元

ECD——电控柴油机

EFI——电控燃油喷射

EGR——废气再循环

EI——电子点火

EV——蓄电池电动汽车

FCEV——燃料电池汽车

GDI——汽油机缸内直接喷射

HC——碳氢化合物

HEV——混合动力电动汽车

$Hu$——燃料低热值(kJ/kg)

$I$——电流强度(A)

$i$——气缸数

ISC——怠速控制

KS——爆燃传感器

LPGV——液化石油气汽车

$M$——质量(kg)、电磁转矩(N·m)

MPI——多点汽油喷射系统

$n$——转速(r/min)

$NO_x$——氮氧化物

$P$——压强(MPa)

$P_c$——升功率(kW/L)

$P_e$——发动机有效功率(kW)

$Q_1$——燃料中所含的热量(kJ)

$R_H$——霍尔系数

$S$——活塞行程(mm)

SOHC——单顶置凸轮轴

SPI——单点汽油喷射系统

$T$——温度(K)

$T_e$——发动机有效转矩(N·m)

$T_0$——标准大气温度(K)

$V$——体积($m^3$)、电压(V)

VTEC——可变正时和气门升程电控装置

$V_a$——气缸总容积($m^3$)

$V_c$——气缸燃烧室容积($m^3$)

$V_s$——气缸工作容积($m^3$)

$V_{st}$——发动机的排量(L)

$W_e$——发动机有效功(kJ)

**希腊字母**

$\alpha$——空燃比

$\delta_1$——瞬时调速率

$\delta_2$——稳定调速率

$\varepsilon$——压缩比

$\eta$——热效率

$\eta_e$——有效热效率

$\eta_v$——充气效率

$\theta$——点火提前角、喷油提前角、配气相位角

$\pi_b$——增压比

$\tau$——冲程系数

$\phi$——曲轴转角、发动机增压度

$\phi$——转速波动率、转速储备系数

$\phi_a$——过量空气系数

$\phi_{ntq}$——适应性系数

$\phi_{tq}$——转矩储备系数

$\omega$——曲轴角速度

# 目　录

# 项目1

# 发动机的拆装与基本结构原理认识

## 教学目标与要求

- 掌握汽车发动机的作用和主要分类
- 理解汽车发动机的总体组成和功用
- 学会汽车发动机常见拆装工具选用
- 学会汽车发动机基本拆装
- 掌握发动机的基本结构与工作原理
- 掌握汽车发动机的主要工作性能指标
- 理解发动机的特性曲线

## 教学重点

- 发动机的基本结构与工作原理
- 汽车发动机的主要工作性能指标
- 发动机的特性曲线

## 教学难点

- 汽车发动机的主要工作性能指标
- 发动机的特性曲线

# 任务 1.1 认识汽车发动机

观察一台发动机在汽车中的位置及其外部特征，了解其基本组成和作用。桑塔纳 2000GSi 发动机的组成如图 1－1 所示。

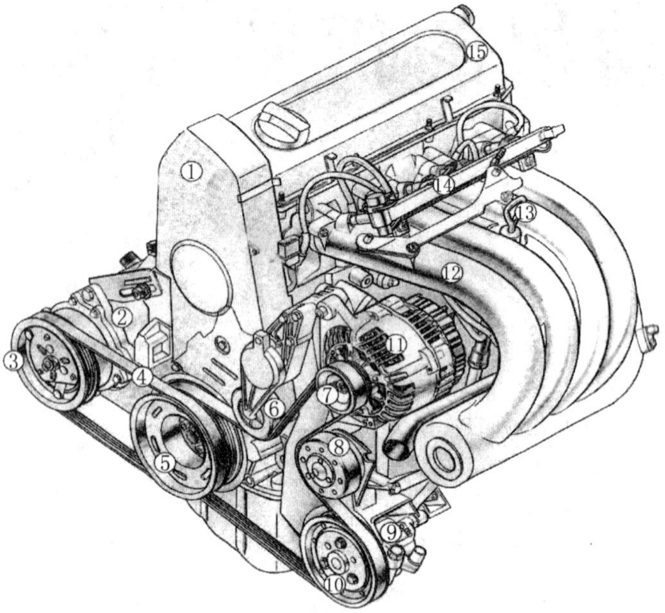


图 1－1 桑塔纳 2000GSi 发动机

1—正时齿形带护罩；2—空调压缩机；3—空调压缩机带轮；4—多楔带；5—曲轴带轮；6—张紧轮；7—发电机带轮；8—导向轮；9—动力转向油泵；10—动力转向泵带轮；11—发电机；12—进气支管；13—油尺；14—燃油分配管；15—气缸罩盖

## 1.1.1 汽车发动机及其作用

发动机(engine)是将其他形式的能量转化为机械能的机器。汽车发动机主要是内燃机，它是汽车的动力源，是燃料在气缸内部燃烧，将热能转化为机械能的装置，若无特殊说明，本书所指的发动机就是内燃机。

根据使用燃料不同，汽车发动机目前主要有汽油机和柴油机，也有采用混合动力(油、电混合)、燃料电池或其他燃料的发动机。

汽车发动机具有单机功率范围大(0.6～16860kW)、热效率高(汽油机略高于 0.3，柴油机达 0.4 左右)、体积小、质量轻、操作简单、便于移动和起动性能好等优点，它还被广泛用作火车、工程机械、拖拉机、发电机、船舶、坦克、排灌机械和众多其他机械的动力。

## 1.1.2 汽车发动机总体组成

一台汽车发动机主要由机体组件、曲柄连杆机构和六大系统(柴油机为五大系统)组成，见表 1－1。

表 1-1 汽车发动机总体组成

| 名 称 | 功 用 | 主要部件 |
|---|---|---|
| 机体组件 | 发动机的骨架，支承着发动机的所有零部件 | 机体、气缸、气缸盖、气缸垫等 |
| 曲柄连杆机构 | 将活塞顶的燃气压力转变为曲轴的转矩，输出机械能 | 活塞、连杆、曲轴、飞轮等 |
| 换气系统 | 按照发动机要求，定时开闭进、排气门，吸入干净空气，排除废气 | 空气滤清器、进排气管系、配气机构、排气消声器等 |
| 燃料供给系统 | 按照发动机要求，定时、定量供给所需要的燃料 | 汽油机：汽油箱、输油泵、滤清器、压力调节器、各种传感器、电控喷油器、电控单元等(旧汽油机采用化油器)<br>柴油机：柴油箱、输油泵、滤清器、高压油泵、喷油器等 |
| 点火系统 | 按规定的时刻，准时点燃汽油机气缸内的可燃混合气 | 蓄电池、点火开关、点火线圈组件、传感器、电控装置、火花塞等 |
| 润滑系统 | 润滑、密封、清洁、冷却、防锈蚀、液压、减振 | 机油泵、机油滤清器、机油压力表、机油道等 |
| 冷却系统 | 保持发动机在适宜的温度下工作 | 冷却水泵、风扇、节温器、散热器、冷却水道等 |
| 起动系统 | 起动发动机 | 蓄电池、起动开关、起动马达等 |

# 任务 1.2 汽车发动机总体拆装

如何拆装一台汽车发动机?

## 1.2.1 汽车发动机拆装安全知识

(1) 学习实验室工作规则，树立安全第一的理念，避免产生人身和设备事故。

(2) 按要求穿戴合身的工作服和工作鞋，避免穿光滑底的运动鞋。

(3) 保持工作场地的清洁，避免润滑油溅洒在地面上，拆装工具和零部件放在专用盆器里。下班前要全面清理清洁场地和工具，关闭油、水、电开关。

(4) 搬运发动机等重物应戴手套，采用专用设备。发动机拆装时应放置平稳，以防倾倒伤人。

(5) 注意用电、用油安全，禁止在拆装场地抽烟。

(6) 正确选用拆装工具，注意各种螺钉的拆装转矩，避免用力过大伤及周围人员或将螺钉拧断。

### 1.2.2 汽车发动机常用拆装工具选用

1. 普通扳手

普通扳手常见的有呆扳手、梅花扳手、套筒扳手、活扳手、内六角扳手和扭力扳手等。

(1) 呆扳手。呆扳手也称开口扳手(图 1-2)。按其开口的宽度 $S$ 大小分 8～10mm、12～14mm、17～19mm 等规格，通常成套装备，有 8 件一套、10 件一套等。国外有些呆扳手采用英制单位，适用于英制螺钉拆卸。

使用时应根据螺钉或螺母的尺寸，选择相应开口尺寸的呆扳手。为了防止扳手损坏和滑脱，应使拉力作用在开口较厚的一边，图 1-3 所示顺时针扳动呆扳手为正确，逆时针使用为错误。

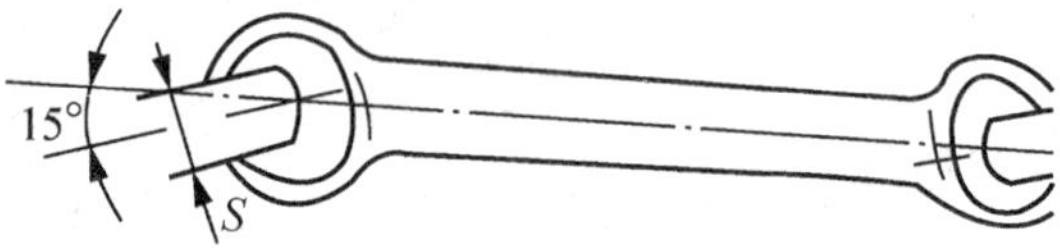


图 1-2 呆扳手

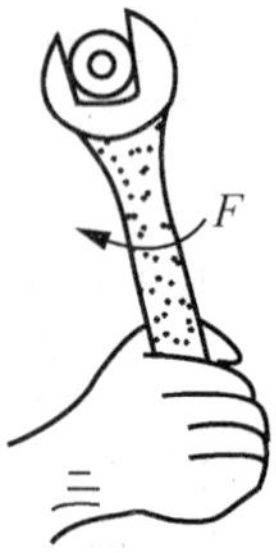


图 1-3 呆扳手使用

(2) 梅花扳手(图 1-4)。梅花扳手两端内孔为正六边形，按其闭口尺寸 $S$ 大小分 8～10mm、12～14mm、17～19mm 等。通常成套装备，有 8 件一套、10 件一套等。

使用时根据螺钉或螺母的尺寸，选择相应闭口尺寸的梅花扳手。与呆扳手相比，由于梅花扳手扳动 30°后，即可换位再套，适用于在狭窄场合下操作，而且强度高，使用时不易滑脱，应优先选用。

为方便操作，有的扳手一头是呆扳手，另外一头是梅花扳手(图 1-5)，被称为两用扳手。

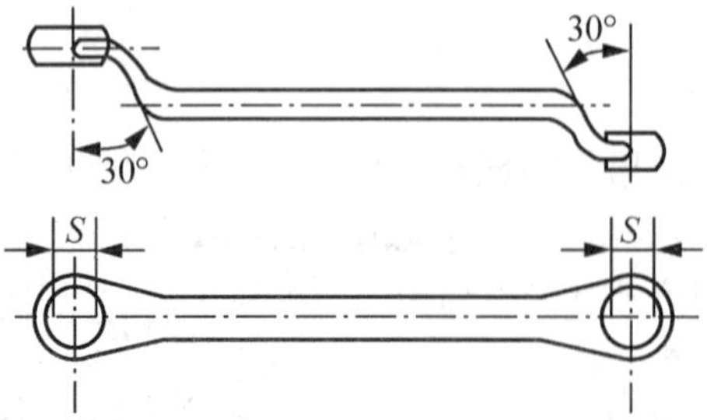


图 1-4 梅花扳手

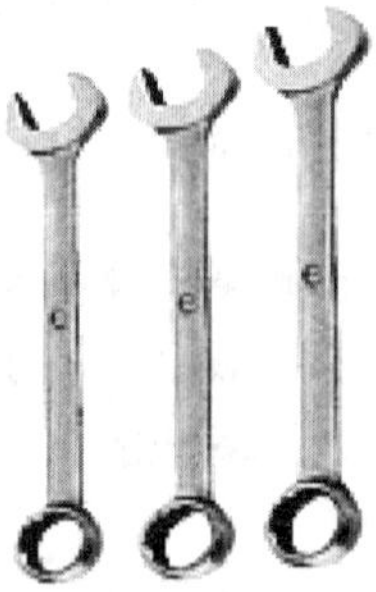

图 1-5 两用扳手

(3) 套筒扳手(图 1-6)。套筒扳手的内孔形状与梅花扳手相同，也是正六边形，按其闭口尺寸大小也分 8mm、10mm、12mm、14mm、17mm、19mm 等规格，通常也是成套装备，并且配有手柄、棘轮手柄、快速摇柄、接头和接杆等，以方便操作和提高效率。

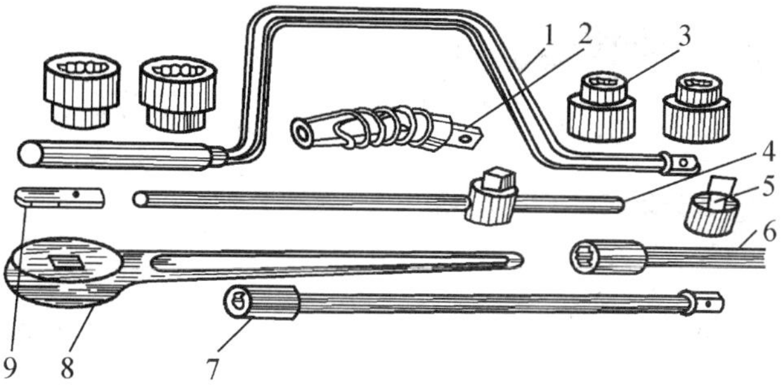


图 1-6　套筒扳手

1—快速摇柄；2—万向接头；3—套筒头；4—滑头手柄；5—旋具接头；6—短接杆；7—长接杆；8—棘轮手柄；9—直接管

套筒扳手适用于拆装位置狭窄或需要一定转矩的螺栓或螺母。比梅花扳手更加方便快捷，应优先考虑使用。

还有一些专用的 T 形套筒扳手(图 1－7)，更方便拆装，应更加优先考虑选用。

图 1-7　T 形套筒扳手

(4) 活扳手(图 1－8)。活扳手也称活动扳手，其开口尺寸能在一定的范围内任意调整，其规格以最大开口宽度×扳手长度(mm)来表示。

活扳手操作起来不太方便，需旋转蜗杆才能使活动扳口张开及缩小，而且容易从螺钉上滑移，应尽量少用，仅在缺少相应其他扳手(如英制扳手)时使用。使用时也应注意使拉力作用在开口较厚的一边(图 1－9)。

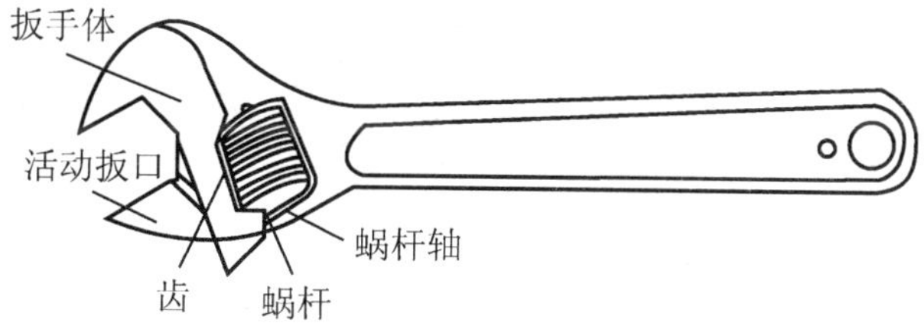


图 1-8　活扳手

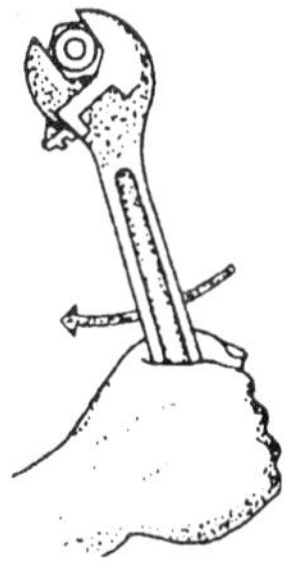

图 1-9　活扳手使用

(5) 扭力扳手(图 1－10)。扭力扳手与套筒扳手中的套筒头配合使用，可以直接读出所施转矩的大小，适用于发动机连杆螺母、缸盖螺钉、曲轴主轴承紧固螺钉、飞轮螺钉等重要螺钉的紧固上。扭力扳手常用的形式有刻度盘式和预置式，其规格以最大可测转矩来划分，如预置扭力扳手有 20N·m、100N·m、250N·m、300N·m、760N·m、2000N·m 等形式。

(6) 内六角扳手(图 1－11)。内六角扳手用来拆装内六角螺栓(螺塞)，以六角形对边尺寸 $S$ 表示，有 3～27mm 尺寸 13 种。

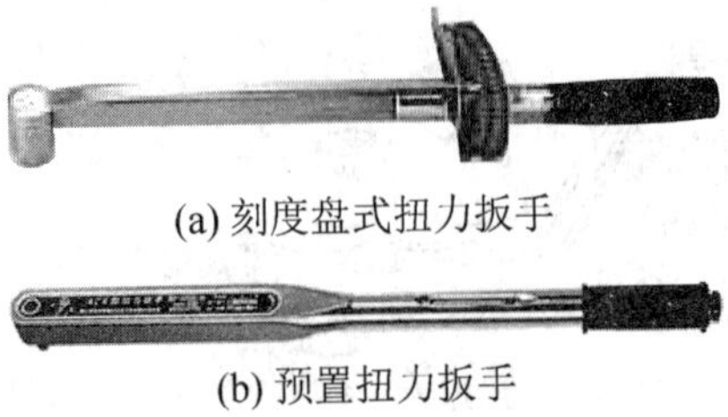


图 1-10　扭力扳手

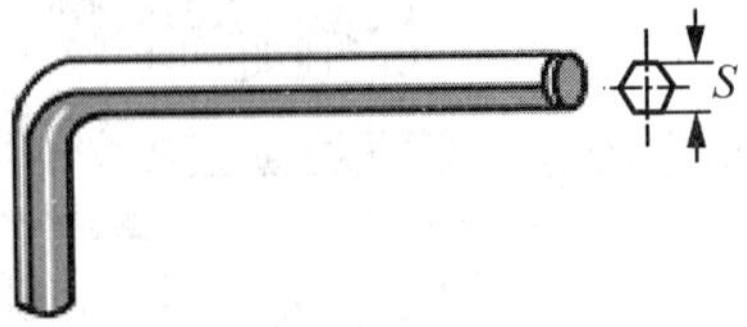


图 1-11　内六角扳手

2. 螺钉旋具

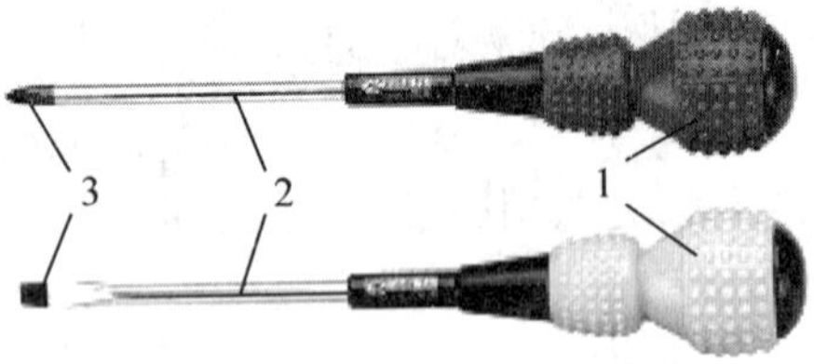


图 1-12　螺钉旋具

1—手柄；2—刀体；3—刃口

螺钉旋具又称螺丝刀、起子、改锥，用来拆装小螺钉，分一字槽和十字槽两种。

螺钉旋具由手柄、刀体和刃口组成(图 1-12)，其规格以刀体部分的长度来表示。常用的规格有 100mm、150mm、200mm 和 300mm 等几种。

使用时应根据螺钉沟槽的形状和宽度选用相应的规格。旋松螺钉时，除施加旋转力矩外，还应施加适当的轴向力，以防滑脱损坏零件。

3. 锤子

锤子有多种形式(图 1-13)，一端平面略有弧形的是基本工作面，另一端是球面，用来敲击凹凸形状的工件。规格以锤头质量来表示，以 0.5～0.75kg 最为常用。

使用锤子时，首先要仔细检查锤头和锤把是否楔塞牢固，以防止锤子脱出伤人。握锤时应握住锤把后部(图 1-14)。挥锤的方法有手腕挥、小臂挥和大臂挥三种，手腕挥锤只有手腕动，锤击力小，但准、快、省力，大臂挥锤是大臂和小臂一起运动，锤击力最大。

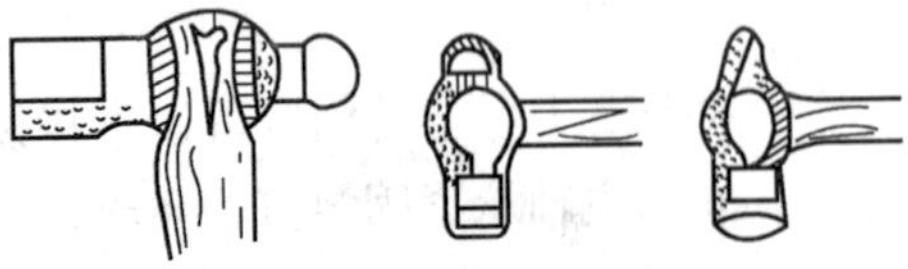

图 1-13　锤子

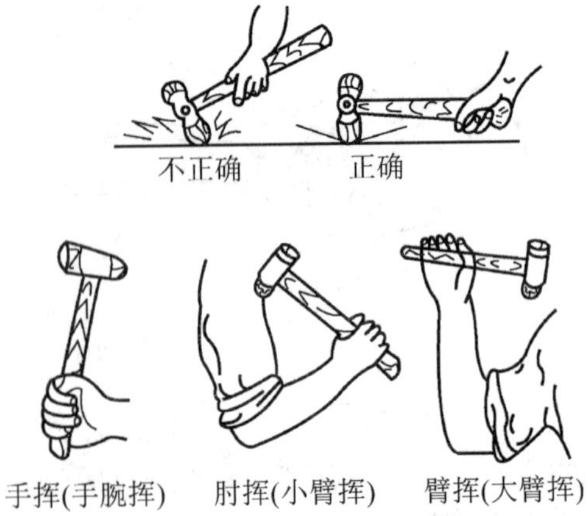


图 1-14　锤子的正确使用

4. 手钳

常见的手钳有钢丝钳、鲤鱼钳、尖嘴钳和卡簧钳等。

(1) 钢丝钳(图1-15)。按其钳长分150mm、175mm、200mm三种。钢丝钳主要用于夹持圆柱形零件，也可以代替扳手旋小螺栓、小螺母，钳口后部的刃口可剪切金属丝。

(2) 鲤鱼钳(图1-16)。鲤鱼钳的作用与钢丝钳相同，其中部凹口粗长，便于夹持圆柱形零件，由于一片钳体上有两个互相贯通的孔，可以方便地改变钳口大小，以适应夹持不同大小尺寸的零件，是汽车维修中使用较多的手钳。规格以钳长来表示，一般有165mm、200mm两种。

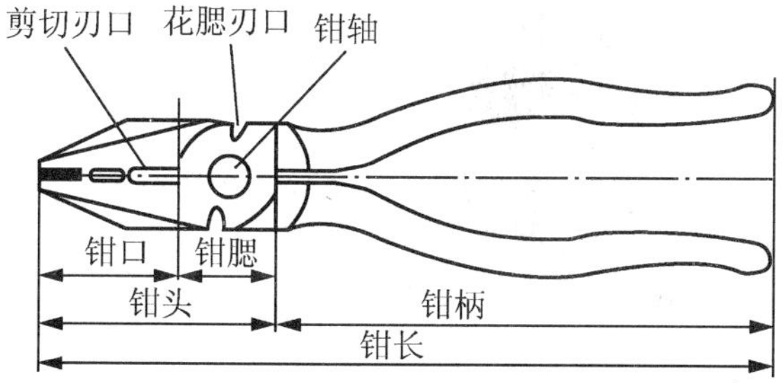


图1-15　钢丝钳

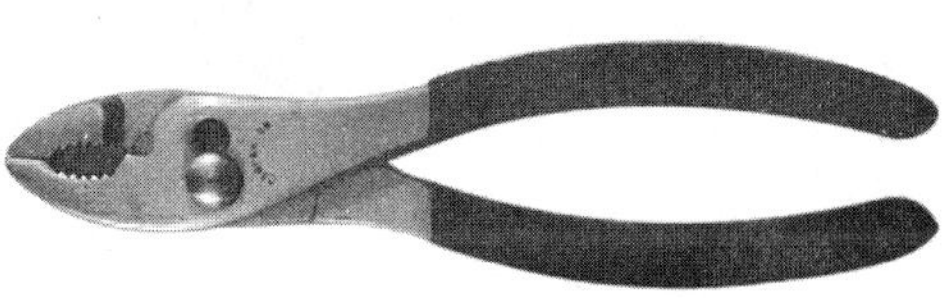

图1-16　鲤鱼钳

(3) 尖嘴钳(图1-17)。尖嘴钳因其头部细长而得名，能在较小的空间使用，其刃口也能剪切细小金属丝，使用时不能用力太大，否则钳口头部会变形或断裂，规格以钳长来表示，汽车拆装常用的是160mm的规格。

(4) 卡簧钳。卡簧钳也称挡圈钳，有多种结构形式(图1-18)，用于拆装发动机中的各种卡簧(挡圈)。使用时根据卡簧(挡圈)结构形式，选择相应的卡簧钳。

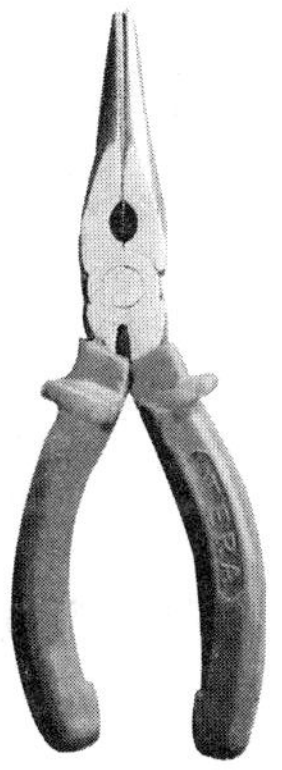

图1-17　尖嘴钳

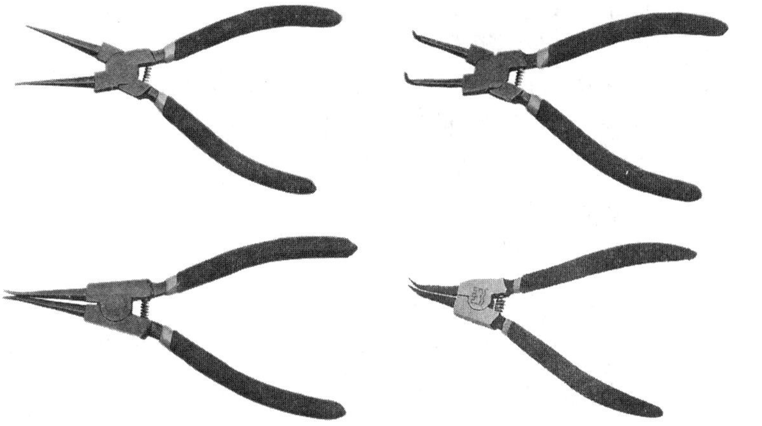

图1-18　卡簧钳

**特别提示**

使用上述手钳时，应注意不要用于钳代替扳手松紧M5以上螺纹连接件，以免损坏螺母或螺栓。

5. 顶拔器

顶拔器(图1-19)也称拉器，用来拆卸配合较紧的轴承、齿轮等零部件，它由拉爪、座架、丝杆和手柄等组成。

顶拔器使用时，根据轴端与被拉工件的距离转动顶拔器的丝杆，至丝杆顶端顶住轴端，拉爪钩住工件的边缘，然后慢慢转动丝杆将工件拉出。顶拔工件时，其中心线应与被拉工件轴线保持同轴，以免损坏顶拔器。

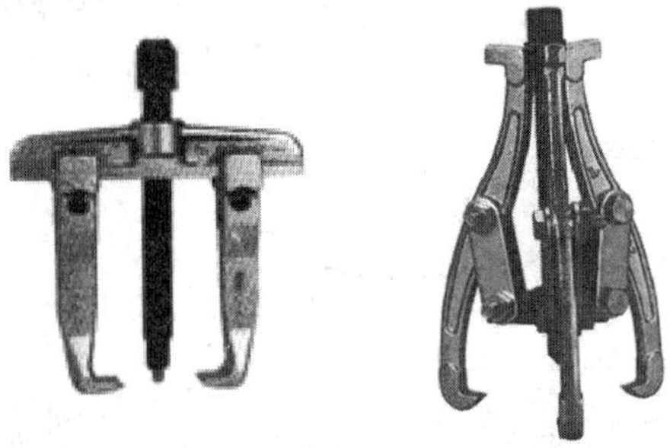

图 1-19 顶拔器

### 1.2.3 汽车发动机总体拆卸

以上海大众桑塔纳 2000GSi 轿车的 4 缸发动机为例，介绍发动机拆装过程。

1. 发动机外部零部件拆卸

发动机外部零部件的拆卸如图 1-1 所示。

(1) 旋松发电机 11 的固定螺钉，拆卸发电机。

(2) 旋松曲轴带轮 5 的固定螺钉，拆卸曲轴带轮。

(3) 抽出油尺 13。

(4) 拆卸点火线圈组件及其外部连线。

(5) 拆卸燃油分配管 14 的各连接油管及其固定螺钉，拆卸燃油分配管和喷油器。

(6) 旋松进气支管 12 的固定螺钉，拆卸进气支管，取下进气支管垫片。

(7) 旋松排气支管的固定螺钉，拆卸排气支管，取下排气支管垫片。

(8) 用专用工具拆卸机油滤清器。

(9) 拆卸发动机外部各进出水连接管。

2. 配气机构传动组件拆卸

(1) 旋松正时齿形带护罩 1(图 1-1)的固定螺钉，拆卸正时齿形带护罩，观察凸轮轴正时齿轮带轮 2(图 1-20)的记号，以备以后正确安装。

(2) 旋松气缸罩盖 15(图 1-1)的固定螺钉，拆卸气缸罩盖。

(3) 用专用工具旋转张紧轮 2(图 1-21)，拆卸发动机的正时齿形带 4。

(4) 拆卸曲轴齿形带轮 5、曲轴链轮、水泵齿轮带轮 3、张紧轮 2 和凸轮轴正时齿形带轮 1，拆下齿形皮带后防护罩。

(5) 旋松凸轮轴 2(图 1-22)的轴承座盖 1 的固定螺钉，拆卸凸轮轴轴承座盖，取下凸轮轴和气门挺柱 3。

3. 机体组件拆卸

(1) 按图 1-23 数字所示的顺序从外到内拆下气缸盖 13(图 1-20)的固定螺钉，抬下气缸盖。

(2) 取下气缸垫，注意气缸垫的安装朝向。

(3) 旋松油底壳的放油螺钉，放出油底壳内机油。

(4) 翻转发动机，拆卸油底壳固定螺钉(注意螺钉也应从两端向中间旋松)。拆下油底壳和油底壳密封垫。

(5) 旋松机油粗滤清器固定螺钉，拆卸机油滤清器、机油泵链轮和机油泵 6(图 1-20)。

**图 1-20　桑塔纳 2000GSi 轿车发动机剖视图**

1—正时齿形带；2—凸轮轴正时齿形带轮；3—水泵齿形带轮；
4—曲轴正时齿形带轮；5—机油泵链条；6—机油泵；7—曲轴；
8—水泵；9—活塞；10—排气门；11—进气门；12—气缸体；
13—气缸盖；14—挺柱；15—凸轮轴；16—喷油器；17—机油滤清器；
18—限压阀；19—连杆；20—油底壳

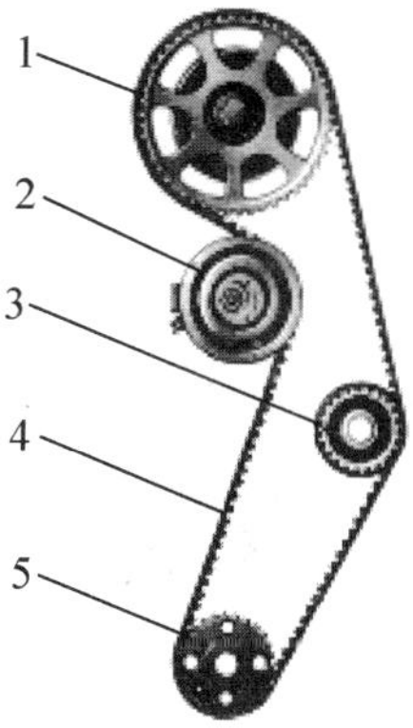


**图 1-21　配气齿轮组件**

1—凸轮轴正时齿形带轮；2—张紧轮；
3—水泵齿轮带轮；4—正时齿形带；5—曲轴齿形带轮

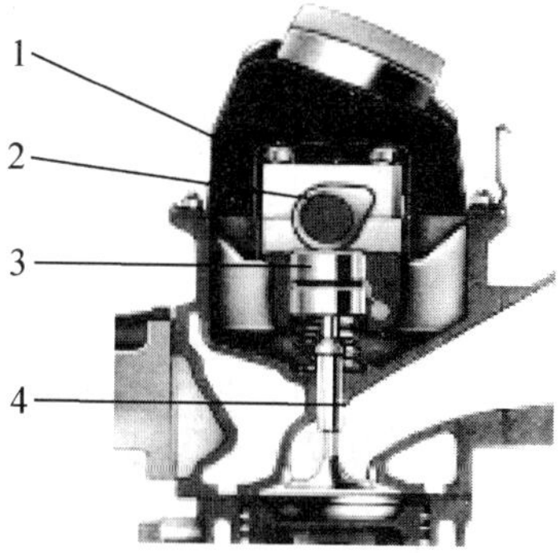


**图 1-22　凸轮轴与气门组件**

1—凸轮轴轴承座盖；2—凸轮轴；
3—气门挺柱；4—气门

4. 气门组件的拆卸

(1) 取下挺杆体，按顺序放好。

(2) 如图 1-24 所示，用专用工具将气门弹簧座压下，取下气门锁片，拆出气门弹簧。

(3) 取下气门弹簧座、气门弹簧、气门油封和气门，并按顺序放好，不可混乱。

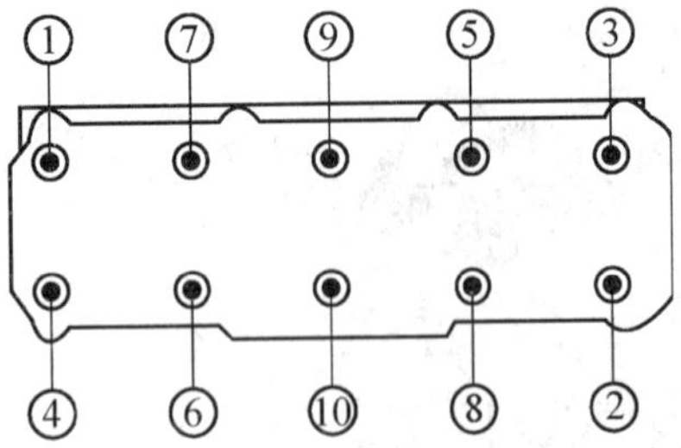


图 1-23 气缸盖螺钉拆卸顺序

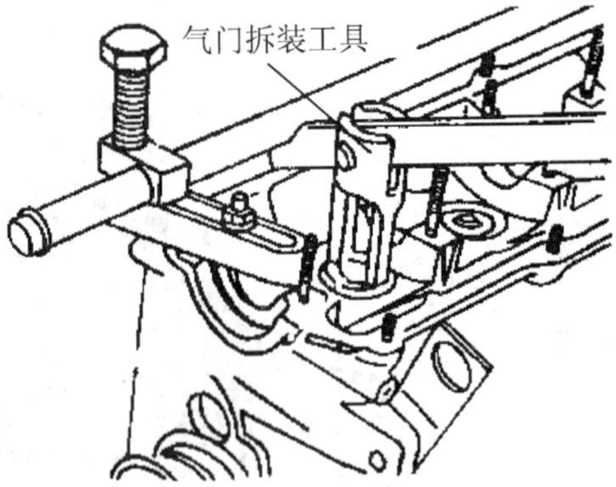


图 1-24 用专用工具拆卸气门

5. 发动机活塞连杆组拆卸

(1) 转动发动机曲轴，使发动机 1、4 缸活塞处于下止点。

(2) 分别拆卸 1、4 缸的连杆紧固螺母，取下连杆轴承盖。

**特别提示**

连杆轴承盖与连杆体侧面有配对标记(图 1-25)，应配对放好，各缸连杆也应按顺序放好。

(3) 用橡胶锤或锤子木柄分别推出 1、4 缸的活塞连杆组件，用手在气缸出口接住并取出活塞连杆组件，注意活塞安装方向(图 1-26)。

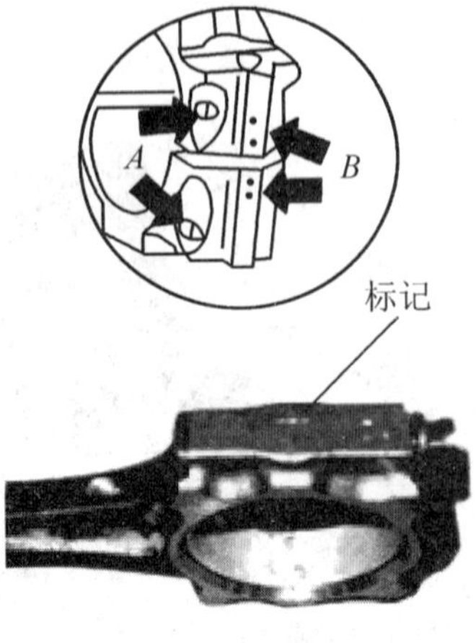


图 1-25 连杆标记

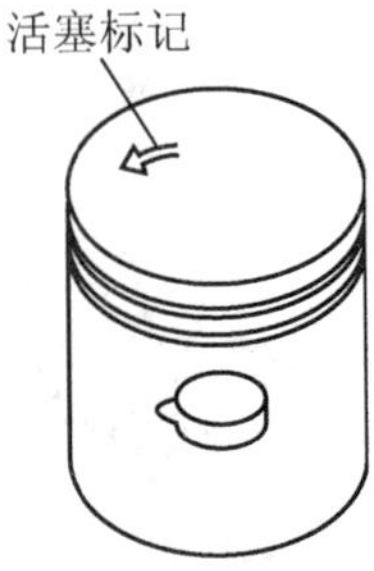


图 1-26 活塞标记

(4) 将连杆轴承盖、连杆螺栓、螺母按原位置装回，不同缸的连杆也不能互相调换。

（5）用同样方法拆卸2、3缸的活塞连杆组。

（6）采用专用的活塞环装卸钳拆装各缸活塞环(图1-27)。

（7）采用卡簧嵌拆卸活塞销卡环(图1-28)。

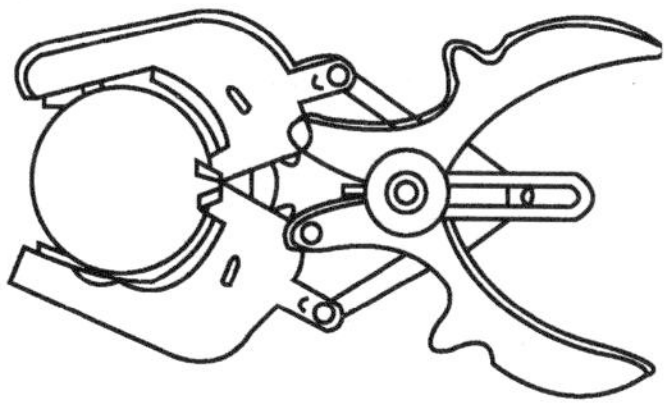

图1-27　拆装活塞环

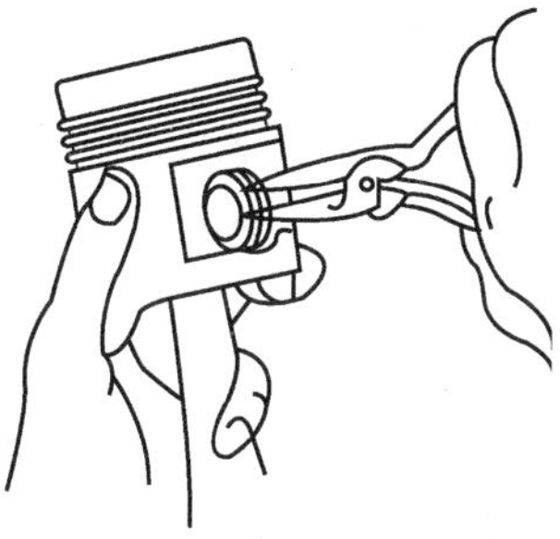

图1-28　拆装活塞销卡环

（8）在油压机上进行活塞销的拆卸。如无油压机，也可以将活塞连杆组浸入60℃的热水或机油中加热，然后用专用工具进行拆卸。

6. 发动机曲轴飞轮组拆卸

（1）旋松飞轮紧固螺钉，拆卸飞轮(飞轮较重，拆卸时注意安全)。

（2）拆卸曲轴前端及后端密封凸缘及油封。

（3）按图1-29所示的螺钉序号从两端到中间旋松曲轴主轴承盖紧固螺钉，取下主轴承盖。注意：各缸主轴承盖有装配标记，不同缸的主轴承盖及轴瓦不能互相调换。

（4）抬下曲轴，再将主轴承盖及垫片按原位装回，并将固定螺钉拧入少许。注意曲轴推力轴承的定位及开口的安装方向。

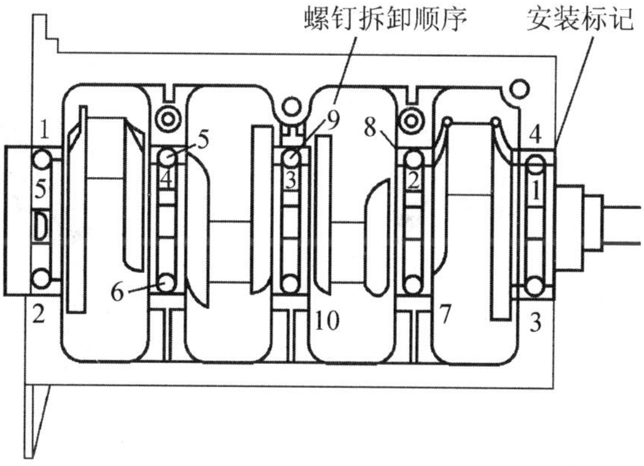


图1-29　曲轴主轴承盖螺钉拆卸顺序

### 1.2.4　发动机总体装配

发动机安装时，应注意如下事项。

（1）安装前应全面清洗发动机零部件，尤其是相互配合的运动件表面应保持清洁，并涂抹润滑油。

（2）安装顺序一般与拆卸顺序相反，由内向外进行。

(3) 各配对的零部件不能互相调换，安装方向也应该正确。各零部件相对装配关系应保持正确。

(4) 各紧固螺钉应按规定力矩和方法拧紧。

### 1. 曲轴飞轮组件安装

(1) 在发动机机体上安装曲轴主轴瓦和推力轴承，并在轴瓦表面涂抹机油。

(2) 将曲轴平稳放入主轴瓦上，注意推力轴承不要脱落或阻卡。

(3) 将主轴瓦装入主轴承盖中，再把主轴承盖固定于发动机机体上，按图1-29相反顺序和要求力矩(桑塔纳2000GSi发动机为65N·m+90°)分多次紧固螺钉。装配完毕，用手摇转曲轴，应该感觉轻松自如，无阻卡，否则应检查原因并重新安装。

(4) 安装曲轴前、后油封。

(5) 安装飞轮部件，采用专用工具固定飞轮(图1-30)，按要求拧紧飞轮固定螺栓(桑塔纳2000GSi发动机拧紧力矩为60N·m+90°)。

### 2. 活塞连杆组件安装

(1) 采用专用工具将活塞环装入活塞环槽内，使各活塞环开口互相错开120°。注意：活塞环有标记面朝向活塞顶。

(2) 将连杆瓦装入连杆，在连杆瓦表面、曲轴连杆轴颈表面、活塞表面、气缸壁表面涂抹机油。

(3) 采用专用工具(图1-31)夹紧活塞环，从气缸顶端装入活塞连杆组件，用锤子木柄将活塞组件推入气缸。

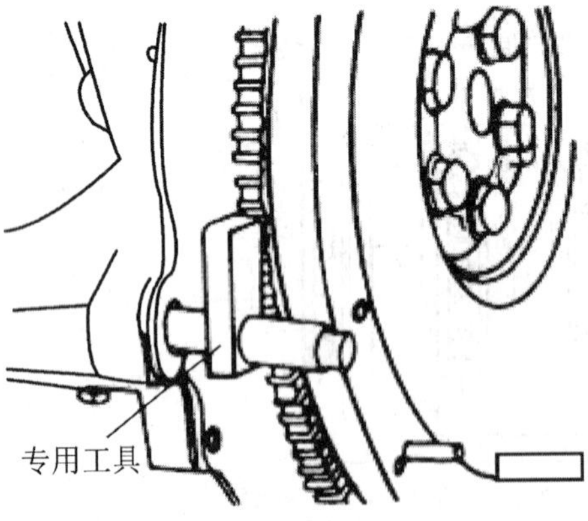


图1-30 采用专用工具固定飞轮

图1-31 活塞环夹紧工具

(4) 安装连杆轴承盖，拧紧连杆轴承盖螺母，拧紧力矩为45N·m+90°(M9×1螺母)、30N·m+90°(M8×1螺母)，并且每缸的两个螺母应交替拧紧。

### 3. 气门组件与配气凸轮轴的安装

(1) 采用如图1-24所示的专用工具，将气门、气门弹簧等组件装入气缸盖。再装入挺杆体。

(2) 润滑配气凸轮轴承表面，安装凸轮轴和轴承盖，先交替对角拧紧第2、4号轴承盖，拧紧力矩为 20 N·m；后安装 1、3、5 轴承盖，拧紧力矩为 20N·m。注意：安装凸轮轴时，第一缸的凸轮必须朝上；安装凸轮轴轴承时，要保证孔的上下部分对准。

（3）将半月键安装到凸轮轴上，安装凸轮轴同步带轮，并拧紧到 100N·m。

4. 机体组件安装

（1）安装机油粗滤清器、机油泵链轮和机油泵，装回油底壳密封垫和油底壳。注意油底壳紧固螺钉应从中间向两端旋紧。

（2）翻转发动机，安装气缸垫(注意气缸垫的安装朝向)和气缸盖，按规定力矩紧固螺钉，如桑塔纳 2000GSi 发动机气缸盖螺钉应先初步拧紧，再拧紧到 40N·m，第三次再将螺钉旋紧 180°。注意：气缸盖螺钉应从中间向两端交叉旋紧，按如图 1－23 所示的相反顺序拧紧螺钉。

5. 配气齿轮组件安装

（1）安装曲轴正时齿形带轮，并转动使其与机体记号对齐，如图 1－32 所示。

（2）转动凸轮轴正时齿形带轮，使其记号与缸盖罩记号对齐，如图 1－33 所示。

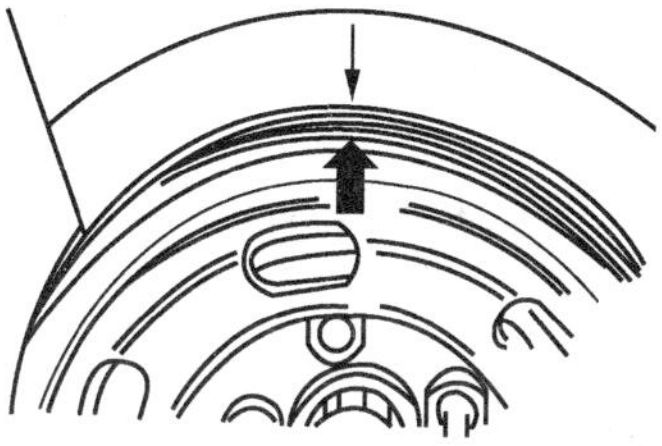

图 1－32　曲轴正时齿形带轮记

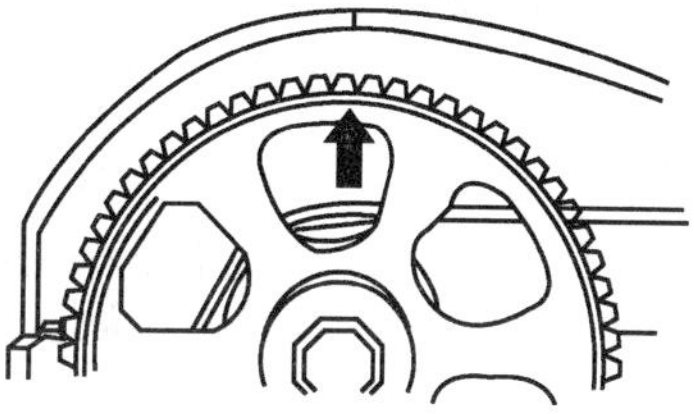

图 1－33　凸轮轴正时齿形带轮记号

（3）安装正时齿形带。

（4）转动张紧轮，调整正时齿形带的张紧度，可以用拇指和食指捏住凸轮轴齿轮和中间轴中间的齿带，以刚好可以扭转 90°为宜，如图 1－34 所示。

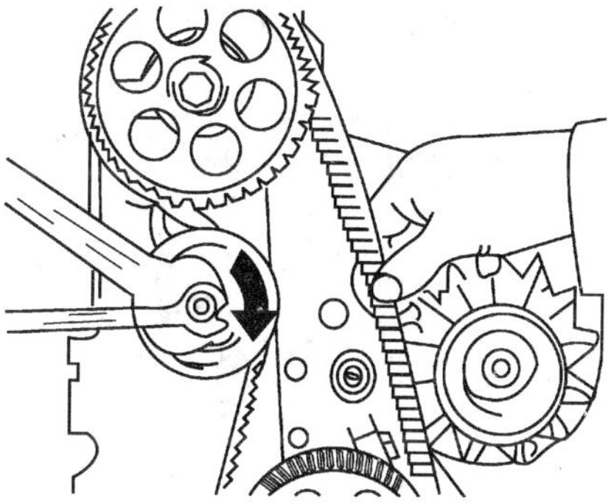

图 1－34　正时齿形带松紧度检查与调整

**特别提示**

配气齿轮组件安装完成后，应小心地转动曲轴至少两圈，以防止活塞撞击气门，如有卡阻现象，应检查并重新安装调整。

(5) 安装发动机气缸罩垫、气缸罩、正时齿形带护罩、进排气管和空气滤清器等外部零部件。

6. 发动机外部零部件安装

按照与拆卸相反的顺序进行发动机外部零部件(各进出水管、进排气管、燃油分配管和喷油器、点火线圈组件、曲轴带轮、发电机等)的安装。

## 任务 1.3 发动机基本结构及工作原理

汽车发动机是如何发出动力的?

### 1.3.1 四冲程汽油机基本结构与工作原理

1. 四冲程汽油机基本结构

从前面所拆装的桑塔纳轿车发动机看，其内部零部件众多，结构复杂，但其基本结构都是由多个相同的单缸机组成的，如图 1-35 所示。

在发动机机体上加工有圆柱形气缸，活塞在气缸中做上下往复运动，并通过连杆连接到一根曲轴上，活塞的上下运动将带动曲轴转动。

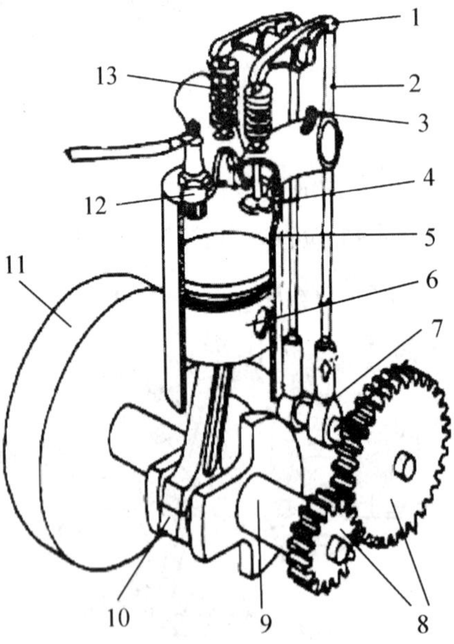


图 1-35 单缸汽油机基本结构

1—摇臂；2—顶杆；3—电喷嘴；4—进气门；5—气缸；6—活塞；7—凸轮轴；8—正时齿轮；9—曲轴；10—连杆；11—飞轮；12—火花塞；13—排气门

曲轴一端有一个飞轮，另一端安装有曲轴齿轮，通过正时齿轮、凸轮轴、顶杆、摇臂等传动机构，带动一组进、排气门运动。

进、排气门安装在气缸上方的气缸盖中，气缸盖上开有进、排气道，并分别由进、排气门控制开闭，气缸盖上还安装有火花塞，进气门前的进气道上安装有电控喷油器。

2. 四冲程汽油机基本工作原理

四冲程汽油机基本工作原理如图 1-36 所示。

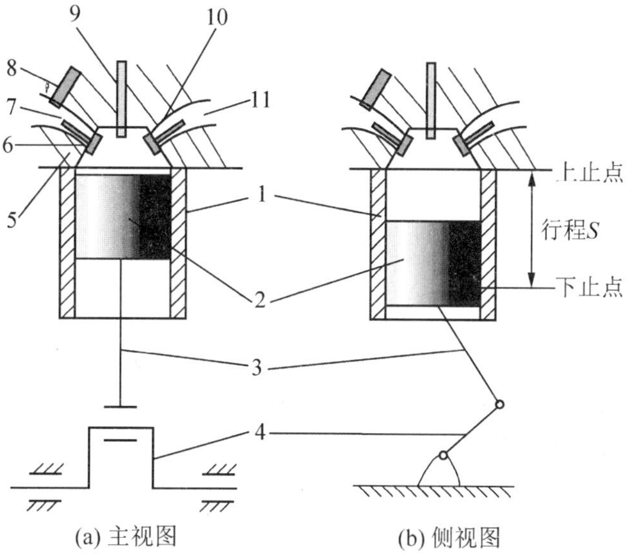


**图 1-36　四冲程汽油机工作原理**

1—气缸；2—活塞；3—连杆；4—曲轴；5—气缸盖；6—进气门；
7—进气道；8—电控喷油器；9—火花塞；10—排气门；11—排气道

四冲程汽油机由以下四个工作过程组成。

(1) 进气行程。当活塞从上止点(活塞顶面离曲轴中心最远处，TDC)向下止点(活塞顶面离曲轴中心最近处，BDC)运动时，相当于曲轴转角从 0°到 180°变化，进气门开启，排汽门关闭，电控喷油器向进气道喷油，空气与汽油混合气便被吸入气缸，该过程称为进气行程。

(2) 压缩行程。当活塞继续从下止点向上止点运动时(相当于曲轴转角为 180°～360°)，进、排气门关闭，进入气缸的混合气便被压缩，该过程称为压缩行程。

(3) 做功行程(膨胀行程)。在压缩行程末，火花塞开始点火，进、排气门都关闭，进入气缸的可燃混合气被点燃、燃烧，放出大量的热能，导致气缸内气体压力和温度迅速增加(最高压力达 5MPa，最高温度达 2 800K)，气体体积急剧膨胀，推动活塞从上止点向下止点运动(相当于曲轴转角 360°～540°)，通过连杆使曲轴旋转并输出机械能，该过程称为做功行程。

(4) 排气行程。活塞继续从下止点往上止点运动(相当于曲轴转角 540°～720°)，这时，进气门关闭，排气门开启，燃烧后产生的废气被排出气缸，该过程称为排气行程。

排气结束后，又重新进行进气、压缩、做功和排气行程，循环往复。工作过程见表 1-2。

表 1-2 四冲程汽油机工作过程

| 行程名称 | 曲轴转角 | 活塞行向 | 进气门 | 排气门 |
|---|---|---|---|---|
| 进气 | 0°～180° | ↓ | 开 | 关 |
| 压缩 | 180°～360° | ↑ | 关 | 关 |
| 做功 | 360°～540° | ↓ | 关 | 关 |
| 排气 | 540°～720° | ↑ | 关 | 开 |

3. 四冲程汽油机工作过程分析

(1) 四冲程发动机。从上述工作过程可以看出，活塞在上、下止点间往复移动四个行程(相当于曲轴旋转了两周)，完成进气、压缩、做功、排气一个工作循环，这种发动机就称为四冲程发动机。

四冲程发动机在一个工作循环的四个行程中，只有一个行程做功，其余三个行程都是耗功的，势必造成曲轴转速不均匀，工作振动大。为了克服上述缺点，发动机在曲轴后端安装了一个质量较大的飞轮，做功时飞轮吸收储存能量，其余三个行程则依靠飞轮惯性维持转动。多缸发动机将各缸做功顺序均匀分布在720°曲轴转角内，所以转速均匀性较好。

(2) 冲程与活塞行程。冲程指的是发动机的类型，行程指的是活塞在上、下两个止点之间的距离 $S$(图 1-36)。一个活塞在一个行程中所扫过的空间容积称为气缸工作容积，有

$$V_s=\frac{\pi D^2}{4\times 10^6}S$$

式中 $V_s$——工作容积($m^3$)；

$D$——气缸直径(mm)；

$S$——活塞行程(mm)。

一台发动机所有气缸工作容积之和称为该发动机的排量，即

$$V_{st}=V_s i$$

式中 $V_{st}$——发动机的排量(L)；

$i$——气缸数。

(3) 压缩行程的作用。一是提高进入气缸内混合气的压力和温度(压缩终了的气缸内气体压力为0.6～1.2MPa，温度为600～700K)，为混合气迅速着火燃烧创造条件；二是可以有效提高发动机的燃烧热效率 $\eta$。由热力学第一定律可知：

$$\eta=1-\frac{T_2}{T_1}$$

式中 $T_1$——混合气燃烧时气缸最高温度(K)；

$T_2$——发动机的排气温度(K)。

当混合气被压缩程度提高时，发动机混合气燃烧所达到的最高温度($T_1$)升高，而排气的温度($T_2$)降低，导致热效率提高。1860年，法国人勒努瓦(Lenoir)研制成功的世界第一台内燃机，没有压缩行程，热效率仅为4.5%；1876年，德国人奥托(Otto)制造出第一台四冲程内燃机，采用压缩行程，虽然压缩比只有2.66，但热效率却提高到14%，有力地证明了科学是第一生产力这个真理。

气缸内气体被压缩的程度用压缩比ε表示，即

$$\varepsilon=\frac{V_a}{V_c}$$

式中 $V_a$——气缸总容积(活塞处于下止点时，活塞顶部以上的气缸容积)；

$V_c$——气缸燃烧室容积(活塞处于上止点时，活塞顶部以上的容积)。

现代汽油机压缩比一般为7～11，如广州本田雅阁3.0V6－VTEC发动机压缩比为10。

发动机压缩比也不能过高，否则会导致压缩终了温度和压力升高，汽油机产生爆震燃烧(即爆燃)，热负荷、机械负荷、噪声和振动加大，起动困难。

目前已有汽车公司正在开发可变压缩比(SVC)发动机，它能根据发动机工作负荷变化，自动调节压缩比。低负荷时，使压缩比提高；全负荷时，使压缩比降低。可有效达到防止汽油机爆震燃烧，增加功率、降低油耗、减少排放的目的。

4. 多缸四冲程汽油机结构与工作特点

单缸发动机功率小，转速不均匀，工作振动大，现代汽车发动机都是多缸发动机，用得最多的是4缸、6缸、8缸发动机。

多缸发动机由多个结构相同的气缸组成，它们共用一个机体、一根曲轴。曲轴的曲柄布置应该使各缸做功行程均匀分布在720°曲轴转角内。如4缸发动机曲轴(图1-37)相邻工作缸的曲柄夹角为180°，曲轴每转180°便有一个气缸做功；6缸发动机，曲轴每转120°便有一个气缸在做功。气缸数越多，发动机工作越平稳，但结构也越复杂。

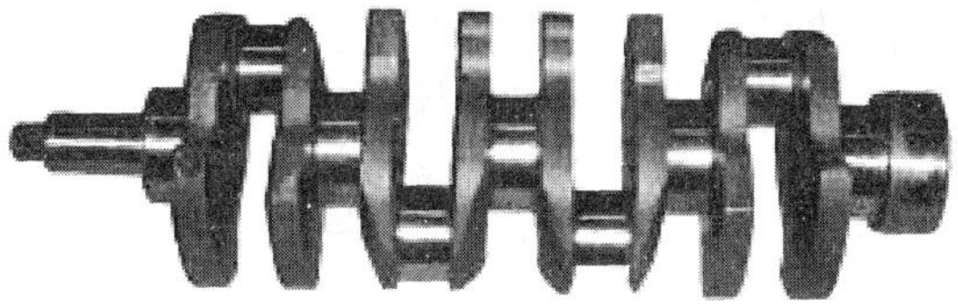

图1-37 4缸发动机曲轴

### 1.3.2 四冲程柴油机结构特点与工作原理

1. 四冲程柴油机结构特点

柴油机所用的燃料是柴油，与汽油相比，柴油自燃温度低、黏度大，不易蒸发，不能采用点火方式点燃，而是采用压缩着火，所以其结构也与汽油机有所不同。

与四冲程汽油机相比，其基本结构特点是没有火花塞，喷油器直接安装在气缸顶上，向气缸内直接喷油(图1-38)。为了使柴油雾化，在喷油器前有一个高压油泵，向喷油器提供60MPa以上的压力。

2. 四冲程柴油机工作原理

其工作过程与四冲程汽油机一样经历进气、压缩、做功和排气四个行程，但在进气行程进入气缸的是纯空气，而不是可燃混合气；在压缩行程末，喷油器向气缸喷入高压柴油，由于气缸的高温高压作用，柴油迅速着火燃烧，使气体急剧膨胀，推动活塞做功。所以其着火方式属于压燃式，而不是汽油机的点燃式。

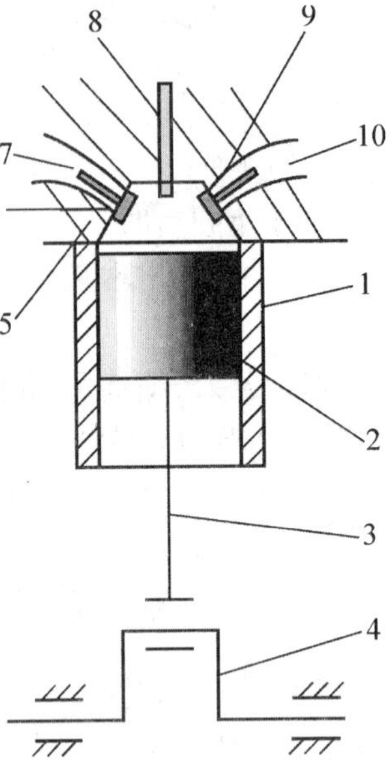


图 1-38　四冲程柴油机基本结构简图

1—气缸；2—活塞；3—连杆；4—曲轴；5—气缸盖；
6—进气门；7—进气道；8—喷油器；9—排气门；10—排气道

为了使柴油可靠着火，提高发动机燃烧热效率，柴油机的压缩比比汽油机高得多，一般为16～22，所以其压缩压力和最高燃烧压力也比汽油机高，工作也比汽油机粗暴，但热效率比汽油机高10%以上。柴油机与汽油机比较见表1-3。

表 1-3　柴油机与汽油机比较

| 性　　能 | 汽 油 机 | 柴 油 机 |
| --- | --- | --- |
| 着火方式 | 点燃 | 压燃 |
| 燃油消耗 | 高 | 低 |
| 热效率 | 30%左右 | 40%左右 |
| 工作平稳性 | 柔和 | 粗暴 |
| 发动机转速 | 高(4000～6000r/min) | 低(2500～3000r/min) |
| 升功率 | 大 | 小 |
| 起动性 | 易 | 难 |
| 制造维修成本 | 低 | 高 |
| 比质量 | 小 | 大 |
| 使用寿命 | 短 | 长 |
| 排放 | CO、HC大；$NO_x$、黑烟少 | CO、HC小；$NO_x$、黑烟多 |

随着科技的发展，发动机的一些缺点都在改进之中，如柴油机的冒黑烟问题目前已有明显改善，欧洲的柴油轿车产量已经接近50%。

# 任务 1.4　发动机分类及型号

有一台汽车发动机铭牌上标注有 EQ6105—1 是什么意思？

## 1.4.1　汽车发动机分类

汽车发动机种类繁多，根据不同特点有不同分类，见表 1-4。

表 1-4　汽车发动机分类

| 分类方法 | 类　　别 | 含　　义 |
| --- | --- | --- |
| 按冲程数分 | 二冲程内燃机 | 活塞经过两个行程完成一个工作循环的内燃机 |
| | 四冲程内燃机 | 活塞经过四个行程完成一个工作循环的内燃机 |
| 按着火方式分 | 点燃式内燃机 | 压缩气缸内的可燃混合气，并用外源点火燃烧的内燃机 |
| | 压燃式内燃机 | 压缩气缸内的空气或可燃混合气，产生高温，引起燃料着火的内燃机 |
| 按使用燃料种类分 | 液体燃料内燃机 | 燃烧液体燃料(汽油、柴油、醇类等)的内燃机 |
| | 气体燃料内燃机 | 燃烧气体燃料(液化石油气、天然气等)的内燃机 |
| | 多种燃料内燃机 | 能够使用着火性能差异较大的两种或两种以上燃料的内燃机 |
| 按进气状态分 | 非增压内燃机 | 进入气缸前的空气或可燃混合气未经压缩的内燃机。对于四冲程内燃机亦称自吸式内燃机 |
| | 增压内燃机 | 进入气缸前的空气或可燃混合气先经过压气机压缩，借以增大充量密度的内燃机 |
| 按冷却方式分 | 水冷式内燃机 | 用水或冷却液冷却气缸和气缸盖等零件的内燃机 |
| | 风冷式内燃机 | 用空气冷却气缸和气缸盖等零件的内燃机 |
| 按气缸数及布置分 | 单缸内燃机 | 只有一个气缸的内燃机 |
| | 多缸内燃机 | 具有两个或两个以上气缸的内燃机 |
| | 立式内燃机 | 气缸布置于曲轴上方且气缸中心线垂直于水平面的内燃机 |
| | 卧式内燃机 | 气缸中心线平行于水平面的内燃机 |
| | 直列式内燃机 | 具有两个或两个以上直立气缸，并呈一列布置的内燃机 |
| | V形内燃机 | 具有两个或两列气缸，其中心线夹角呈 V 形，并共用一根曲轴输出功率的内燃机[图 1-39(a)] |
| | 对置气缸式内燃机 | 两个或两列气缸分别排列在同一曲轴的两边呈 180°夹角的内燃机[图 1-39(b)] |
| | 斜置式内燃机 | 气缸中心线与水平面呈一定角度(不是直角)的内燃机 |
| 按用途分类 | 有汽车用、机车用、拖拉机用、船用、坦克用、摩托车用、发电用、农用、工程机械用等内燃机 | |

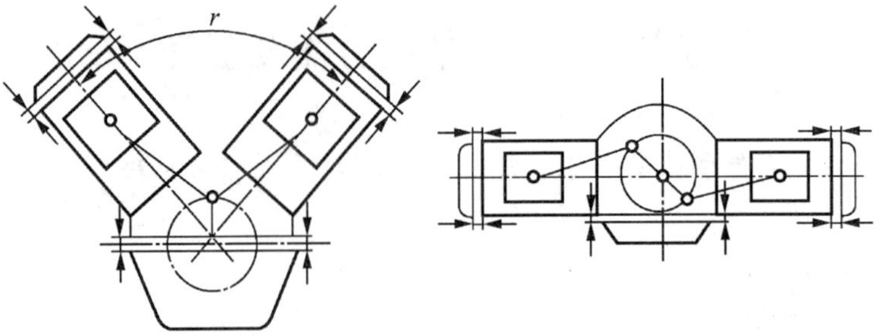


(a) V形内燃机　　(b) 对置气缸式内燃机

图 1-39　V 形与对置气缸排列内燃机

### 1.4.2　发动机型号

根据国家标准 GB/T 725—2008《内燃机产品名称和型号编制规则》规定，我国发动机型号由以下四个部分组成，如图 1-40 所示。

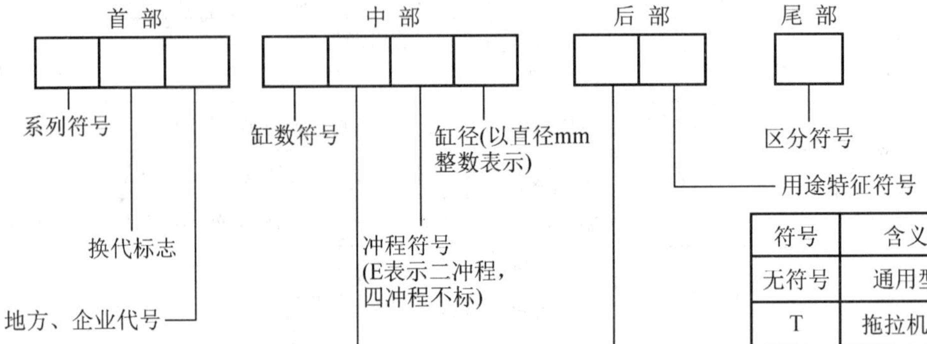


气缸布置形式

| 符号 | 含义 |
|---|---|
| 无符号 | 多缸直列及单缸 |
| V | V形 |
| P | 平卧形 |

结构特征符号

| 符号 | 含义 |
|---|---|
| 无符号 | 水冷 |
| F | 风冷 |
| N | 凝气冷却 |
| S | 十字头式 |
| Z | 增压 |
| $Z_L$ | 增压中冷 |
| $D_Z$ | 可倒转 |

用途特征符号

| 符号 | 含义 |
|---|---|
| 无符号 | 通用型 |
| T | 拖拉机用 |
| M | 摩托车用 |
| G | 工程机械 |
| Q | 车用 |
| J | 铁路机车 |
| D | 发电机组 |
| C | 船用主机，右机基本型 |
| $C_Z$ | 船用主机，左机基本型 |
| Y | 农用运输车 |
| L | 林业机械 |

图 1-40　发动机型号标注

型号示例

CA6102——表示第一汽车制造厂制造，6 缸，直列，四冲程，缸径 102mm，水冷，汽车用。

EQ6105－1——表示第二汽车制造厂制造，6 缸，直列，四冲程，缸径 105mm，水冷，汽车用，第二代变型产品。

1E65F——单缸、二冲程、缸径 65mm、风冷、通用型。

12V135ZG——12 缸、V 形、四冲程、缸径 135mm、水冷、增压、工程机械用。

# 任务 1.5 发动机性能指标与特性曲线

一台汽车发动机铭牌上标注有“1 小时功率 86kW”是什么意思？

## 1.5.1 发动机性能指标

评价一台发动机，需要用一批性能指标来衡量。常见的性能指标有动力性能指标、经济性能指标、运转性能指标和可靠性、耐久性能指标等。

1. 动力性能指标

发动机动力性能指标常以有效转矩、发动机转速和有效功率等表示。

(1) 有效转矩。发动机曲轴输出的平均转矩称为有效转矩，以 $T_e$表示，单位为 N·m。可以用发动机台架试验方法测得。

(2) 发动机转速。发动机曲轴每分的回转数称为发动机转速，用 $n$ 表示，单位为 r/min。发动机转速的高低，关系到单位时间内做功次数的多少或发动机有效功率的大小。

(3) 有效功率。发动机曲轴输出的功率称为有效功率，用 $P_e$表示。它等于有效转矩与曲轴角速度的乘积，即

$$P_e = T_e \frac{2\pi n}{60} \times 10^{-3} = \frac{T_e n}{9550} (\mathrm{kW})$$

式中 $T_e$——有效转矩(N·m)；

$n$——发动机转速(r/min)。

发动机制造厂按国家规定所标定的发动机有效功率称为标定功率，发动机铭牌上标明的功率就是标定功率。标定功率时的发动机转速称为标定转速。

标定功率是根据发动机用途、使用特点以及连续运转时间来确定的，各个国家有所不同，我国内燃机功率标定分为四级，见表 1－5。

表 1－5 我国内燃机功率标定

| 分 级 | 含 义 | 应 用 |
|---|---|---|
| 15min 功率 | 在标准环境条件下，内燃机能连续稳定运转 15min 时的最大有效功率 | 汽车等 |
| 1h 功率 | 在标准环境条件下，内燃机能连续稳定运转 1h 时的最大有效功率 | 工程机械、拖拉机等 |
| 12h 功率 | 在标准环境条件下，内燃机能连续稳定运转 12h 时的最大有效功率 | 部分拖拉机和电站等 |
| 持续功率 | 在标准环境条件下，内燃机能长期连续稳定运转的最大有效功率 | 铁路机车、船舶和发电机组等 |

相同排量的发动机，功率越大，动力性能越好。为了衡量不同发动机的动力性能，发动机还常采用升功率 $P_c$ 比较，它是指发动机在标定工况下每升气缸工作容积所发出的有效功率。升功率越大，发动机动力性能越好，计算式如下

$$p_c=\frac{p_e}{V_s i}(\mathrm{kW/L})$$

式中 $P_c$——升功率(kW/L)；

$P_e$——有效功率(kW)；

$V_s$——单缸气缸工作容积(L)；

$i$——气缸数。

2. 经济性能指标

发动机经济性能主要用燃油消耗率或有效热效率等表示。

(1) 燃油消耗率。发动机每发出 1kW 有效功率，在 1h 内所消耗的燃油质量(以 g 为单位)，称为燃油消耗率，用 $b_e$ 表示，可按下式计算

$$b_e=\frac{B}{P_e}\times 10^3(\mathrm{g/(kW\cdot h)})$$

式中 $B$——发动机每小时消耗的燃油质量(kg/h)；

$P_e$——发动机的有效功率(kW)。

(2) 有效热效率。燃料中所含的热量转变为有效功的比例称为有效热效率，用 $\eta_e$ 表示，即

$$\eta_e=\frac{W_e}{Q_1}$$

式中 $W_e$——发动机有效功(kJ)；

$Q_1$——燃料中所含的热量(kJ)。

当测得发动机有效功率 $P_e$ 和每小时消耗的燃油质量 $B$ 时，则

$$\eta_e=\frac{3.6\times 10^3 P_e}{BHu}$$

或

$$\eta_e=\frac{3.6\times 10^6}{b_e Hu}$$

式中 $Hu$——燃料低热值(kJ/kg)。

现代汽车汽油机 $\eta_e$ 值一般为 0.30 左右，柴油机在 0.40 左右。

3. 运转性能指标

发动机的运转性能指标主要指排放指标、噪声、起动性能等。

(1) 排放指标。发动机的排气中含有多种对人体有害的物质，主要有一氧化碳(CO)、碳氢化合物(HC)、氮氧化物($NO_x$)、二氧化硫($SO_2$)、醛类和微粒(含碳烟)等。其主要危害见表 1-6。

据资料介绍，目前世界汽车保有量为 10 亿辆左右，每年排向大气中的有害物质高达 7 亿吨，严重污染了大气，已形成公害。为此，各国都制定了相应的汽车排放标准，如美国加州汽车排放法规，它是目前世界上最严的标准。EUⅣ号排放标准已经于 2005 年 1 月 1 日通过形式认证，并于 2006 年 1 月 1 日通过一致性认证。

表 1-6　发动机主要有害排放及危害

| 有害排放 | 有害物特征 | 危　害 |
|---|---|---|
| CO | 无色、无臭、有毒气体 | 使人出现恶心、头晕、疲劳等缺氧症状，严重时窒息死亡 |
| $NO_2$ | 赤褐色带刺激性的气体 | 伤害心、肝、肾。与光化学反应形成臭氧和醛等 |
| HC | 刺激性的气体 | 破坏造血机能，造成贫血、神经衰弱，降低肺对传染病的抵抗力。与光化学反应形成臭氧和醛等 |
| 光化学烟雾 | HC与$NO_x$在阳光作用下所形成的烟雾，有刺激性 | 降低大气可见度，伤害眼睛、咽喉，影响植物生长 |
| 醛类 | 较强的刺激性臭味 | 伤害眼睛、上呼吸道、中枢神经 |
| PM(微粒) | 碳烟等 | 伤害肺组织 |
| $SO_2$ | 无色、刺激性气体 | 刺激鼻喉，引起咳嗽、胸闷、支气管炎等 |

我国排放标准参照欧洲法规体系，2000年开始执行EUⅠ号标准，2003年开始执行EUⅡ号标准，2005年12月30日起，正式执行国家第三、四阶段机动车排放标准(相当于EUⅢ号、EUⅣ号排放标准)，自2007年1月1日起，对轻型柴油车实施国Ⅳ排放标准。具体排放标准见表1-7。

表 1-7　汽车排放标准

单位：g/km

| 法规名称 | 车　型 | CO | HC | $NO_x$ | HC+$NO_x$ | PM |
|---|---|---|---|---|---|---|
| EUⅠ号 | 汽油车 | 2.72 | | | 0.97 | 0.14 |
| | 柴油车 | 3.16 | | | 1.13 | 0.18 |
| EUⅡ号 | 汽油车 | 2.2 | | | 0.5 | |
| | 非直喷柴油车 | 1.0 | | | 0.7 | 0.08 |
| | 直喷柴油车 | 1.0 | | | 0.9 | 0.10 |
| EUⅢ号 | 汽油车 | 2.3 | 0.2 | 0.15 | | |
| | 柴油车 | 0.64 | | 0.5 | 0.56 | 0.05 |
| EUⅣ号 | 汽油车 | 1.0 | 0.1 | 0.08 | | 0.025 |
| | 柴油车 | 0.5 | | 0.25 | 0.3 | |

(2) 噪声。噪声是发动机工作时发出的一种声强和频率无一定规律的声音，主要有燃烧噪声和机械噪声。它不仅损害人的听觉器官，还伤害神经系统、心血管系统、消化系统和内分泌系统，容易使人性情烦躁、反应迟钝，甚至耳聋，诱发高血压和神经系统的疾病。汽车是城市主要噪声源之一，发动机又是汽车的主要噪声源，应该给予控制。我国的噪声标准GB/T 18697—2002《声学 汽车车内噪声测量方法》规定，轿车的噪声不得大于79dB(A)。

(3) 起动性能。起动性能是表征发动机起动难易的指标。发动机起动性能好，便于汽车起步行驶，同时减少了起动时的功率消耗和发动机的磨损。

起动性能一般以一定条件下的起动时间长短来衡量。我国标准规定，不采用特殊的低温起动措施，汽油机在－10℃、柴油机在－5℃以下的气温条件下起动，应能在15s以内达到自行运转。

4. 可靠性与耐久性能指标

可靠性与耐久性也是汽车发动机使用中的两个重要指标。

(1) 可靠性。可靠性是指发动机在规定的运转条件下，具有持续工作，不至于因为故障而影响正常运转的能力。一般以保证期内的不停车故障数、停车故障数、更换主要零件和重要零件数等具体指标来衡量。按照汽车发动机可靠性试验方法的规定，我国汽车发动机应能在标定工况下连续运行300～1000h。

(2) 耐久性。耐久性是指发动机在规定的运转条件下，长期工作而不大修的性能。一般以发动机从开始使用到第一次大修前累计运转的时间表示。

### 1.5.2 发动机特性与特性曲线

1. 发动机特性与特性曲线

汽车发动机的工况(即工作状况，常以负荷和转速表征)在很大的范围内变化，当发动机的工况发生变化时，其性能指标(包括动力性、经济性、运转性能等)也随之改变。发动机性能指标随调整状况及运行工况而变化的关系就称为发动机特性，将其绘制成曲线就是特性曲线，如图1－41所示。利用特性曲线可以方便、全面地评价发动机性能，指导汽车的正确使用与维修。

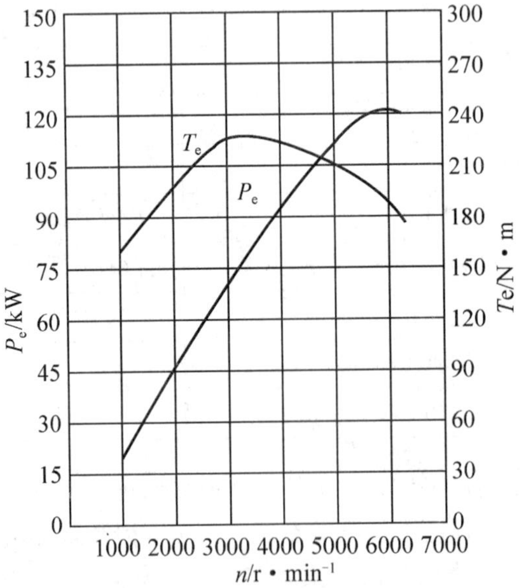


图1－41 发动机特性曲线

(Audi 2.4L 5气门V6汽油机外特性)

2. 发动机特性分类

发动机特性分调节特性和性能特性两大类。

（1）调节特性。指发动机的性能指标随调节情况而变化的关系，如柴油机的供油提前角调节特性、汽油机的点火提前角调节特性、汽油机的燃料调节特性等（在以后相关项目介绍）。

（2）性能特性。指内燃机的性能指标随运行工况而变化的关系，如负荷特性、速度特性、调速特性、万有特性等，它们可以通过试验测得。本节先介绍汽车应用较多的速度特性。

3. 发动机速度特性

速度特性是指当燃料供给调节机构（汽油机的节气门或柴油机喷油泵的油量控制拉杆）位置不变时，发动机性能指标（转矩、功率、燃油消耗率等）随转速的改变而变化的关系。对应的曲线称为速度特性曲线。

当燃料供给调节机构固定在全负荷位置（汽油机节气门全开位置或柴油机的油量控制拉杆在额定供油量位置）时，所测得的速度特性称为外特性或全负荷速度特性。当燃料供给调节机构固定在全负荷以内各位置时，所测得的速度特性就称为部分负荷速度特性。

图1－42为YC6108ZQ柴油机外特性曲线。从外特性曲线可以看出该发动机所能达到的最大功率、最大转矩、最低燃料消耗率及其对应的转速，还可以看出在任一转速下所对应的功率和转矩，以便进行动力、经济性能评价。

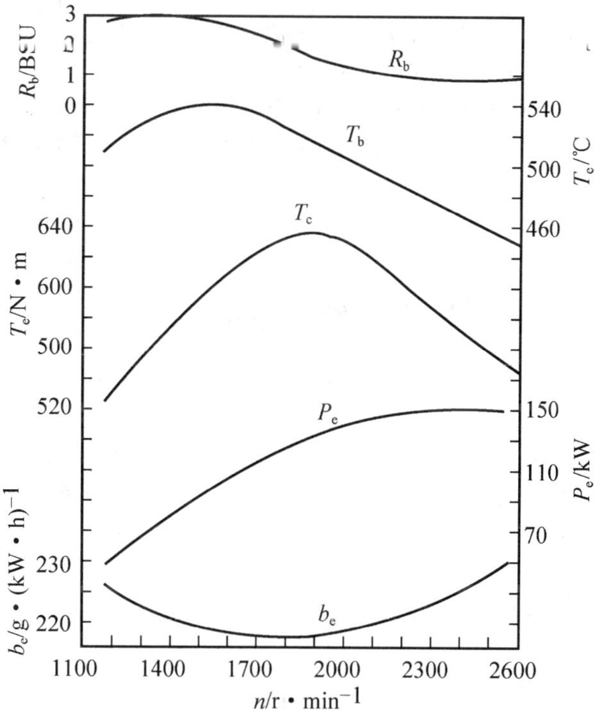


图1－42　YC6108ZQ柴油机外特性曲线

使用时若要获得较大功率，发动机转速就应该高一些；而要发挥最大转矩，则应该适当降低发动机转速；要使发动机油耗最小，就应该在油耗最低点所对应的工况下工作。

## 项目小结

1. 内燃机是将燃料在气缸内燃烧所产生的热能转化为机械能的机器，它具有热效率高、体积小、质量轻、便于移动和起动性好等优点。现代汽车发动机基本都采用内燃机。

2. 汽车发动机总体结构由机体组件、曲柄连杆机构、换气系统、燃油系统、润滑系统、冷却系统、点火系统(汽油机)和起动系统所组成。

3. 拆装发动机应注意安全，注意正确选用拆装工具，拆卸发动机应从外到内、由表及里进行，安装时按相反顺序进行，注意各零部件的配合。

4. 四冲程发动机是活塞在气缸内上、下止点间往复移动四个行程，完成进气、压缩、做功、排气一个工作循环的发动机。二冲程发动机是活塞在气缸内往复移动二个行程，完成一个工作循环的发动机。

5. 汽油机在进气时吸入气缸的是可燃混合气，而柴油机是纯空气；汽油机着火方式是点燃式，柴油机是压燃式。

6. 衡量汽车发动机性能的主要指标有动力性能指标(有效转矩、有效功率、转速等)、经济性能指标(燃油消耗率、有效热效率)、运转性能指标(排放指标、噪声、起动性能)和可靠性、耐久性能等。发动机铭牌上标明的功率及相应的转速即为标定功率和标定转速。我国分四级进行功率标定，汽车一般采用15min功率标定。

7. 发动机性能指标随调整状况及运行工况而变化的关系称为发动机特性，将其绘制成曲线就是特性曲线。利用它可以方便地评价发动机各项性能，指导使用和维修。

8. 速度特性是指当燃料供给调节机构位置不变时，发动机性能指标随转速的改变而变化的关系。对应的曲线称为速度特性曲线。当燃料供给调节机构固定在全负荷位置时的速度特性称为外特性或全负荷速度特性，当燃料供给调节机构固定在全负荷以内各位置时的速度特性就称为部分负荷速度特性。

## 学习评价与技能测试

### 一、选择题

1. 下列说法正确的是(　　)。

A. 内燃机是将燃料在气缸内部燃烧产生的热能直接转化为机械能的动力机械

B. 蒸汽机是内燃机

C. 柴油机是内燃机

D. 电动摩托车的发动机是内燃机

2. 下列说法正确的是(　　)。

A. 活塞上止点是指活塞顶平面运动到离曲轴中心最远点位置

B. 活塞在上、下两个止点之间的距离称为活塞冲程

C. 一个活塞在一个行程中所扫过的容积称为气缸总容积

D. 一台发动机所有气缸工作容积之和称为该发动机的排量

3. 发动机压缩比的正确说法是(　　)。

A. 气缸燃烧室容积与气缸总容积之比
B. 气缸燃烧室容积与气缸工作容积之比
C. 气缸总容积与气缸燃烧室容积之比
D. 气缸工作容积与气缸燃烧室容积之比

4. 下列说法正确的是(　　)。
A. 四冲程发动机完成进气、压缩、做功、排气一个工作循环，曲轴转过了360°
B. 二冲程发动机完成进气、压缩、做功、排气一个工作循环，活塞在气缸内上下运动两次
C. 柴油机在做功行程时，进、排气门处于关闭状态
D. 压缩比越高越好

5. 在进气行程中，汽油机和柴油机分别吸入的是(　　)。
A. 纯空气和可燃混合气　　B. 可燃混合气和纯空气
C. 可燃混合气和可燃混合气　　D. 纯空气和纯空气

6. 下列表示发动机动力性能指标的有(　　)。
A. 发动机有效转矩　　B. 热效率
C. 燃油消耗率　　D. 升功率

7. 下列说法正确的是(　　)。
A. 我国内燃机功率标定分为四级：15min功率、1h功率、12h功率和持续功率
B. 1h功率是指内燃机连续稳定运转1h时的最大有效功率
C. 同一台内燃机，按1h标定的功率比15min标定的功率大
D. 发动机铭牌上标明的功率就是标定功率

8. 下列是发动机主要排气污染物的有(　　)。
A. 碳氢化合物(HC)　　B. 氮氧化物($NO_x$)
C. 噪声　　D. $CO_2$

9. 在发动机排放的废气中，能够在阳光的作用下形成光化学烟雾的气体是(　　)。
A. HC　　B. CO　　C. $NO_x$　　D. $SO_2$

10. 下列说法正确的是(　　)。
A. 发动机功率、油耗随负荷而变化的关系也是发动机特性
B. 发动机性能指标随转速的改变而变化的关系称为该发动机的速度特性
C. 汽油机节气门位置不变时的速度特性称为发动机外特性
D. 柴油机在部分油门位置时的速度特性称为部分负荷速度特性

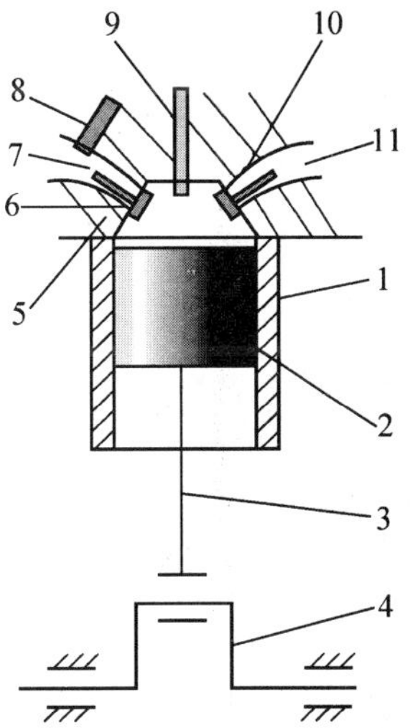

图1-43　汽油机基本结构

二、问答题

1. 图1-43是四冲程汽油机基本结构简图，请将下列名称填入相应的序号中，并且说明其四冲程工作过程。

电控喷油器、火花塞、连杆、气缸、进气道、活塞、曲轴、曲轴主轴承、气缸盖、进气门、排气道、排气门

2. 什么是发动机有效功率和标定功率？请写出表达式 $P_e=\frac{T_e n}{9550}$ 中每个符号的含义，并注明其单位。

3. 已知某发动机铭牌标注为标定功率为96kW，标定转速为6000r/min，测得该工况下每小时燃油消耗量为28kg，求该发动机在标定工况时的燃油消耗率。

4. 有一台发动机的外特性如图1-41所示，请写出该发动机所能够达到的最大功率、最大转矩，以及它们所对应的转速。

三、实操题

正确拆装一台汽车发动机。

# 项目2

# 机体组件构造与维修

## 教学目标与要求

- 掌握机体组件组成与结构原理
- 学会气缸的正确检测
- 学会机体结合面变形的正确检测与维修
- 学会机体裂纹的正确检测与维修
- 理解机体组件常见故障及分析方法

## 教学重点

- 机体组件组成、结构与维修
- 机体组件主要部件检测
- 机体组件常见故障分析

## 教学难点

- 气缸检测

# 任务2.1　机体组件的结构原理认识

故障案例：

桑塔纳2000GSi汽车发动机起动后，发现机体与气缸盖间的结合面有漏气现象，如图2-1所示，涂肥皂液检查可见气泡。

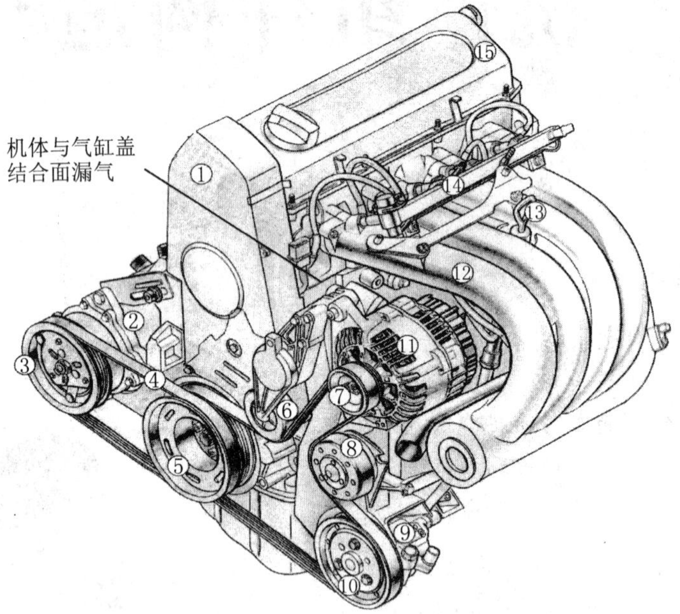


图2-1　机体与气缸盖结合面漏气

## 2.1.1　机体组件结构原理

机体组件是发动机的骨架，安装着发动机的所有零部件和附件。它主要由机体、气缸盖和气缸盖罩等零部件组成(图2-2)。

1. 机体

机体是由气缸(或气缸套)与曲轴箱形成一体的零件(图2-2)，一般由灰铸铁或铝合金等铸成。

(1) 气缸。它是发动机燃烧做功的场所，活塞在其间做高速往复运动，表面精度要求极高。

气缸有直接加工和镶气缸套两种。为了节省贵金属材料，降低成本，方便维修，现代汽车广泛采用镶入气缸套的方法。为了提高气缸表面的耐磨性，目前已经有采用等离子或激光表面处理的气缸套。

按气缸套是否与冷却水接触分为干式气缸套和湿式气缸套(图2-3)两种。干式气缸套外壁不直接与冷却水接触，而和机体的壁面直接接触，强度和刚度都较好，但壁厚较薄，一般为1～3mm，拆装不方便，加工比较复杂，修理时要进行镗缸和磨缸。

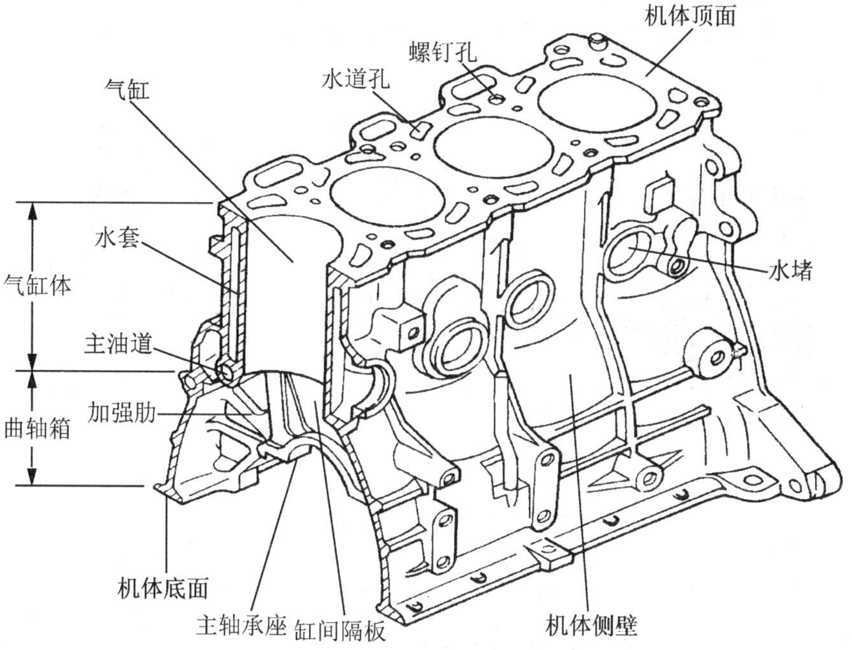


**图 2-2 汽车发动机机体**

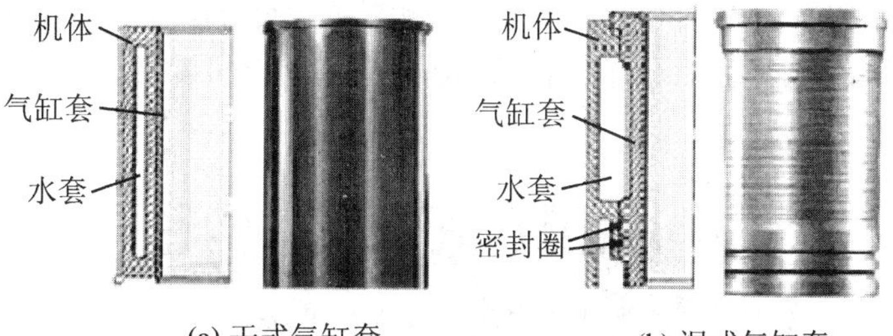


(a) 干式气缸套 (b) 湿式气缸套

**图 2-3 气缸套**

湿式气缸套外壁直接与冷却水接触，气缸套仅在上、下各有一圆环地带和机体接触，壁厚一般为 5～9mm。它散热良好，冷却均匀，加工容易，拆装方便，但其强度、刚度不如干式气缸套好，而且容易产生漏水现象，所以常加 1～3 道橡胶密封圈或垫片等防止漏水，使用和维修时应密切注意，否则将产生冷却液漏入油底壳的严重后果。气缸套装入气缸后，要高出气缸 0.05～0.15mm，以保证可靠压紧气缸垫，防止气缸漏气。

(2) 曲轴箱。它是指部分围住曲轴回转空间，有主轴承和安装用的箱形部件(图 2-3)。曲轴箱有通气口与大气相通，其下部与油底壳相连。

根据机体与油底壳安装平面的位置不同，机体通常分为如下三种形式。

(1) 一般式机体[图 2-4(a)]。其特点是油底壳安装平面和曲轴旋转中心在同一高度。这种气缸体质量轻，结构紧凑，曲轴拆装方便，但刚度和强度较差。

(2) 龙门式机体[图 2-4(b)]。其特点是油底壳安装平面低于曲轴的旋转中心。它的优点是强度和刚度都好，能承受较大的机械负荷；但结构笨重。

(3) 隧道式机体[图 2-4(c)]。其特点是曲轴的主轴承孔为整体式，主轴承孔较大，曲轴从气缸体后部装入。优点是结构紧凑、刚度和强度好；但加工精度要求高，曲轴拆装不方便。

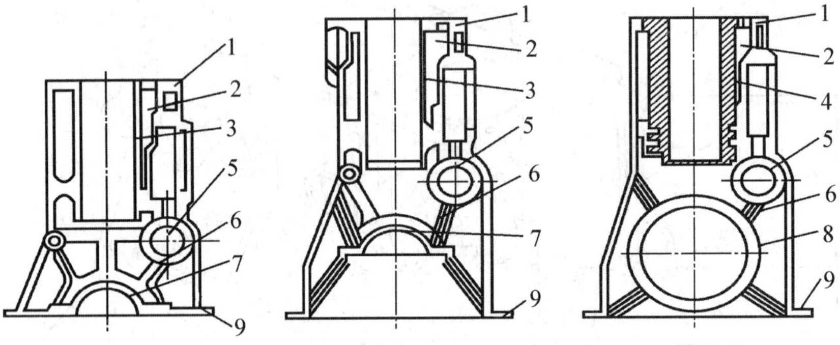


**图 2-4　气缸体结构形式**

1—机体；2—水套；3—气缸；4—湿式气缸套；5—凸轮轴座孔；
6—加强筋；7—主轴承座；8—主轴承座孔；9—油底壳座面

机体除了气缸和曲轴箱外，内部有许多水道和油道，外部还铸有发动机号和生产商标记，可作为维修、配件选配和管理的依据。

2. 气缸盖

气缸盖是密封燃烧室的部件(图 2-5)，它由铸铁或铝合金制造，用螺栓固定在机体上面。螺栓紧固方法不正确或拧紧力矩不当，容易造成气缸盖变形与机体结合面漏气，应予注意。

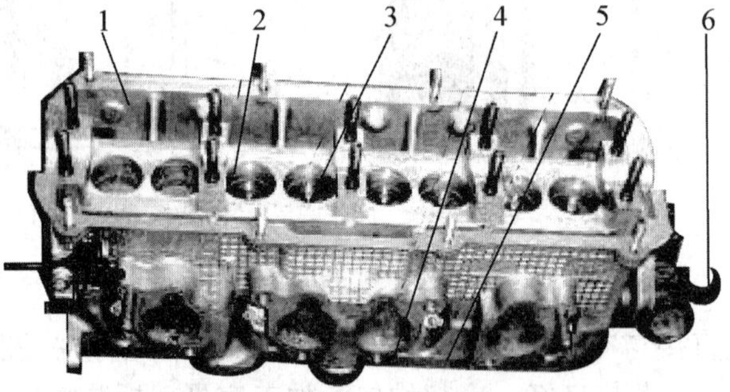


**图 2-5　桑塔纳 2000GSi 汽车发动机气缸盖**

1—气缸盖；2—凸轮轴轴承孔；3—气门及挺柱安装孔；
4—进气道；5—火花塞；6—水管接头

气缸盖分单体式、块状和整体式三种。单体式气缸盖只覆盖一个气缸，块状气缸盖能覆盖部分(两个以上)气缸，整体式气缸盖能覆盖所有气缸。

气缸盖内部铸有冷却水套，与机体的冷却水孔相通。气缸盖上还装有进、排气门座和气门导管孔，用于安装进、排气门，还有进、排气道等。汽油机的气缸盖上加工有安装火花塞和电控喷油器的孔，柴油机的气缸盖上加工有安装喷油器的孔。顶置凸轮轴式发动机的气缸盖上还加工有凸轮轴轴承孔。

燃烧室表面容易产生积炭，维修时应予以清除。

3. 气缸盖垫片

气缸盖垫片(图 2-6)安装在气缸盖和气缸体之间，其功用是保证气缸盖与气缸体接触面的密封，防止漏气、漏水和漏油。目前应用较多的是金属(铜、钢等)——石棉结构的气缸盖垫片，有的气缸盖垫片还在石棉中心用编织的钢丝网或有孔钢板为骨架，以适应发动机强化要求。

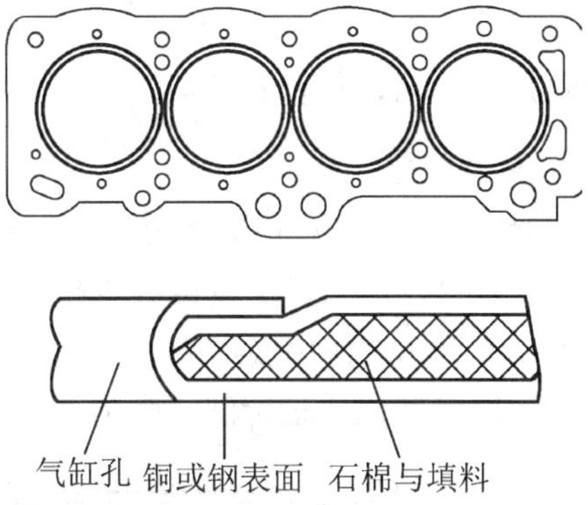


图 2-6　气缸盖垫片

安装气缸盖垫片时，应注意将光滑的一面朝向机体，否则容易被高压气体冲坏。所有气缸垫上的孔要和机体上的孔对齐。

### 2.1.2　机体结合面漏气的故障分析

1. 机体结合面漏气导致的后果

发动机起动困难，功率下降，油耗升高，排放恶化。

2. 机体结合面漏气可能原因

机体结合面漏气的可能原因如图 2-7 所示。

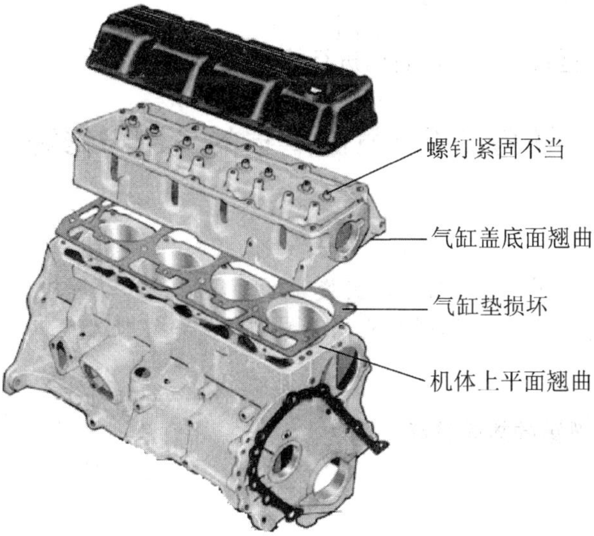


图 2-7　机体结合面漏气原因

### 2.1.3 机体结合面检测

1. 气缸盖紧固螺钉检查

可松开气缸盖紧固螺钉，按照由内及外、分多次拧紧螺钉到规定转矩的方法(参见项目1)重新紧固。

2. 气缸盖垫片检查

检查气缸盖垫片安装方向是否正确，是否有破损。

3. 机体上平面翘曲变形检查与修理

机体上平面检测可采用标准直尺沿机体上平面边缘(如图2-8中的*AB*、*AF*、*BG*、*GF*)和过中心交叉放置(如*AG*、*BF*)，用塞尺测量标准直尺与机体上平面之间的间隙，一般轿车发动机平面度标准值为0.07mm，使用极限值为0.1mm。

如发现平面翘曲超差，应予以更换或通过铲削、磨削加工修理。

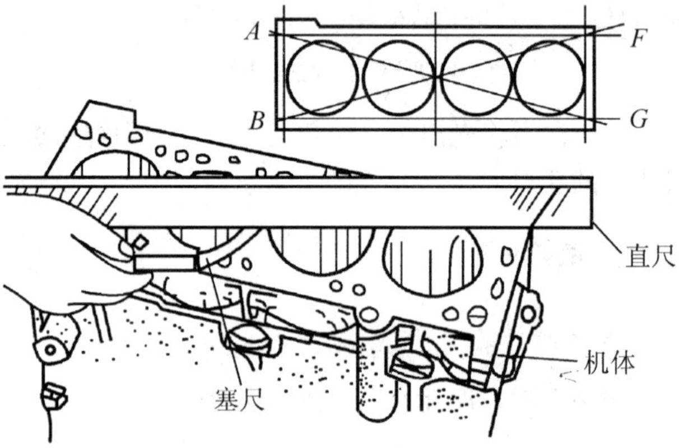


图2-8 机体上平面翘曲度检测

4. 气缸盖下平面翘曲变形检查与修理

参照机体上平面翘曲变形方法自己进行检查修理。

## 任务2.2 气缸磨损的检测与修理

故障案例：

有一台捷达轿车ATK发动机检修更换新活塞环后，起动困难，工作时曲轴箱严重窜气(图2-9)，排气管冒蓝烟，燃料和机油消耗增加。检修时活塞环已经安装正确，气门密封也状态良好。

### 2.2.1 曲轴箱窜气严重的故障分析

1. 可能原因

气缸磨损严重。

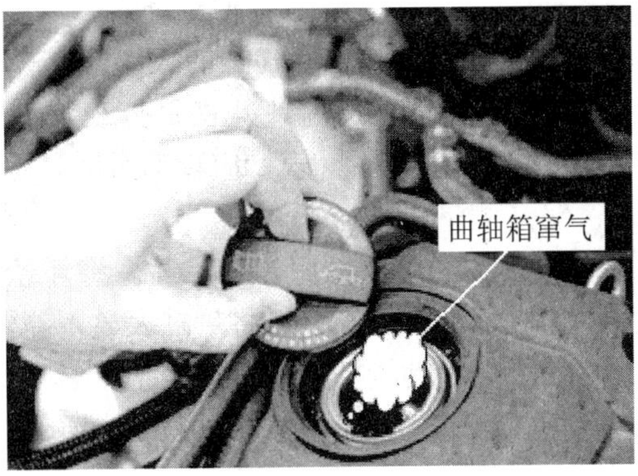


图 2-9　曲轴箱严重窜气

2. 产生后果

发动机起动困难，功率下降，排气管冒蓝烟，燃料和机油消耗增加，排放恶化。

### 2.2.2　气缸磨损的检测与修理实训

1. 气缸磨损的特征

呈上大下小的不规则锥形，对应于第一道活塞环上止点稍下的位置磨损最大，在气缸最上部与活塞环不接触的部位则没有磨损，形成一个明显的台阶，俗称"缸肩"；在横截面的磨损呈不规则椭圆，一般是活塞侧压力作用区磨损较大。

2. 气缸磨损检测

(1) 检测仪器设备：量缸表(图 2-10)。

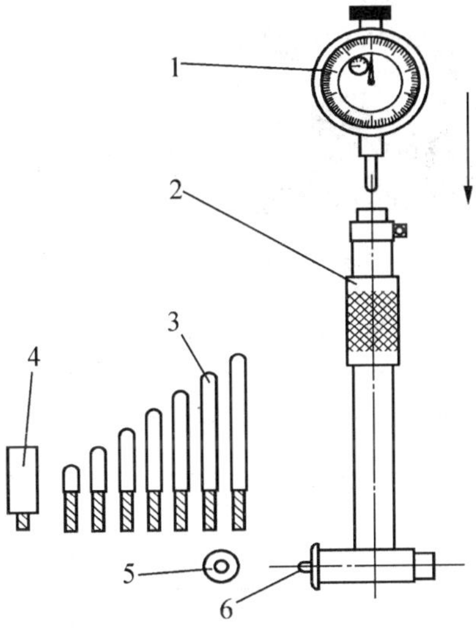


图 2-10　量缸表

1—百分表；2—表杆；3—接杆；4—接杆座；
5—固定螺母；6—活动量杆

(2) 检测方法。

① 选择量缸表接杆。使用时先根据所测量气缸的大小，选择相应量程的接杆3插入量缸表的下端，并将百分表装入量缸表杆上端的安装孔中(安装后，表针应转动灵活，可用手压缩量缸表的下端测量头)。

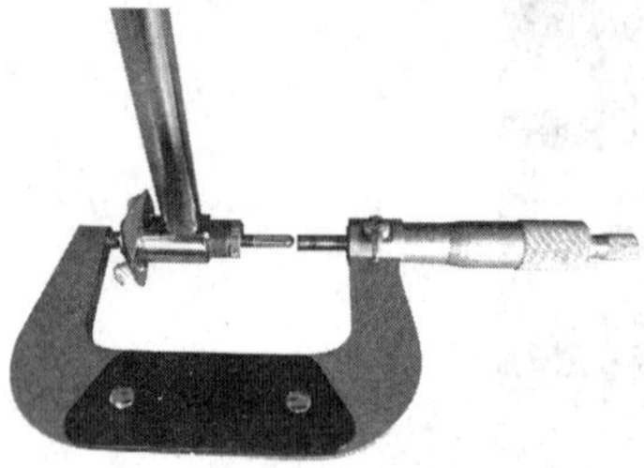

图2-11　量缸表校正

② 校对量缸表尺寸。将外径千分尺调到所量气缸的标准尺寸，然后将量缸表放入外径千分尺(图2-11)，稍微旋动接杆，使量缸表指针转动约2mm，使指针对准刻度零处，扭紧接杆的固定螺母。为使测量正确，重复校零一次。

**特别提示**

千分尺使用前应注意校准零位。

③ 测量气缸直径。在气缸中取上(活塞位于上止点时第一道活塞环所对应的位置)、中(气缸中部)、下(距气缸下边缘10mm左右)三个截面，在每个截面上沿发动机的前后方向和左右方向分别测出气缸的直径，如图2-12所示。将测量值填入表2-1中。

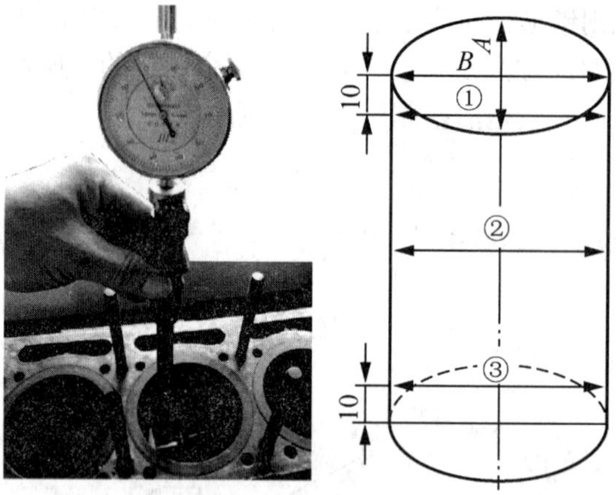


图2-12　气缸检测

表2-1　气缸直径测量

| 位置 \ 气缸 | | 第1缸 | 第2缸 | 第3缸 | 第4缸 |
|---|---|---|---|---|---|
| 上部 | 横向 | | | | |
| | 纵向 | | | | |
| 中部 | 横向 | | | | |
| | 纵向 | | | | |
| 下部 | 横向 | | | | |
| | 纵向 | | | | |

**操作注意事项**

(1) 使用量缸表，应一手拿住隔热套，另一只手托住管子下部靠近本体的地方。

(2) 量缸表的测杆与气缸的轴线应保持垂直。可前后摆动量缸表，指针指示到最小数字时，即表示量杆与气缸轴线垂直(图 2-13)。

(3) 指针顺时针方向离开“0”位，表示气缸直径小于标准尺寸的缸径；若逆时针方向离开“0”位，表示气缸直径大于标准尺寸的缸径。

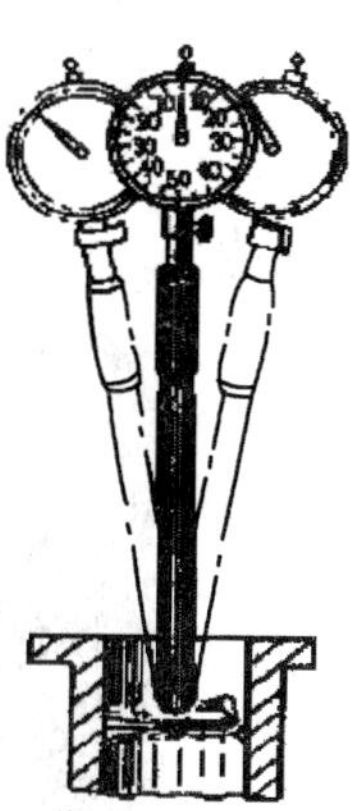

图 2-13　量缸表与气缸垂直

④ 计算气缸的磨损量。

磨损量=1/2(实际测量时的最大直径-标准气缸直径)

⑤ 计算气缸的圆度和圆柱度误差。

圆度=1/2(相同横截面最大直径-相同横截面最小直径)

对三个截面所测得的圆度误差进行比较，取其最大值作为该气缸的圆度误差。

圆柱度=1/2(不同横截面最大直径-不同横截面最小直径)

⑥ 判断。一般轿车发动机气缸圆度标准值为 0.005～0.01mm，使用极限值为 0.050～0.063mm；圆柱度标准值为 0.02mm，使用极限值为 0.175～0.250mm；各缸直径之差不得超过 0.05mm。具体维修数据应根据各车型的维修手册确定。

气缸的圆度或圆柱度误差超过标准规定值时应更换新缸套或送专业修理厂进行镗缸和磨缸，配加大的活塞，如桑塔纳 AJR 型发动机气缸有 3 种加大尺寸见表 2-2。

表 2-2　活塞与气缸配合尺寸

| | 活塞直径/mm | 气缸直径/mm |
|---|---|---|
| 标准尺寸 | 80.98 | 81.01 |
| 第 1 次修理尺寸 | 81.23 | 81.26 |
| 第 2 次修理尺寸 | 81.48 | 81.51 |
| 第 3 次修理尺寸 | 81.98 | 82.01 |

## 任务 2.3　机体裂纹的检测与修理

故障案例：

有一台捷达轿车 ATK 发动机出车检查机油时，发现油底壳机油变成乳白色，如图 2-14 所示。

### 2.3.1　油底壳机油变乳白色的故障分析

1. 可能原因

新机油正常颜色是亮黄色，使用一段时间后，颜色会逐渐变黑。出现乳白色，主要是机油中进了水，机体组件有裂纹，气缸或缸盖与水道串通，会导致冷却水流入油底壳。

(a) 使用中机油　　(b) 乳化机油

图 2-14　机油变成乳白色

2. 产生后果

机油黏度下降、润滑性能变差，发动机磨损加剧，严重的会造成运动件卡死。

### 2.3.2　机体裂纹的检测与修理

机体组件裂纹一般可以用眼睛直接看出，观察有水锈的印迹即为裂纹处。

对于不易觉察的裂纹，可以通过水压试验、气压试验、磁力探伤、荧光粉检查、染色渗透剂检查、气雾探伤等方法检查。

这里介绍水压试验检查(图 2-15)，方法是将机体、气缸、气缸盖、气缸盖垫片按要求组装成一体，将水压机出水管与机体水泵入水口连接，堵住其他出水口，然后将水压入水套，在 300～400kPa 的压力下保持 5min，机体组件应无渗漏。如有水珠渗出，说明该处有裂纹，应予修复。

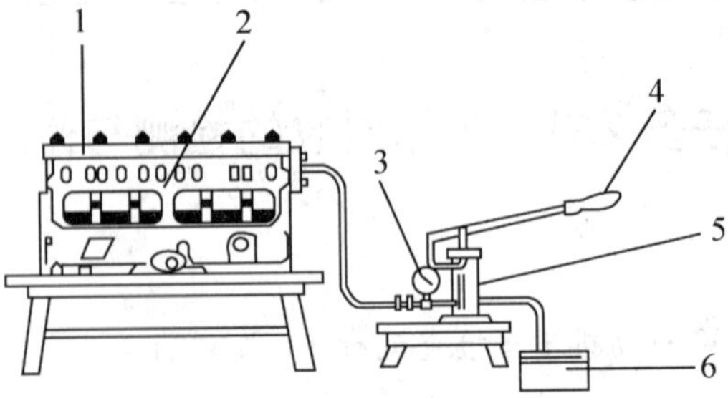


图 2-15　机体组件水压试验

1—机体组件；2—发动机水泵；3—压力表；
4—手柄；5—水压机水泵；6—储水槽

机体组件裂纹一般应予以更换。轻度的也可以采取如下修理方法。

(1) 胶粘剂粘补。对于温度不高的外部裂纹，可用环氧树脂胶粘剂粘补。方法是先将裂纹部位刨去约3mm，再将玻璃纤维布和钢板(与刨削部位尺寸相同)表面涂环氧树脂胶粘剂，依次粘贴在裂纹刨削部位，并攻螺纹，用M6螺钉固定。

(2) 焊补。对裂纹发生在零件内部或强度要求较高的部位，一般用气焊冷焊或电焊冷焊进行焊修。焊前注意在裂纹两端钻止裂孔，开V形槽，焊前和焊后都要用氧-乙炔焰在裂纹两端加热减小应力，以免收缩变形。

## 项目小结

1. 机体组件是发动机的骨架，主要由机体、气缸盖和气缸盖垫片等零部件组成。

2. 气缸使用后会出现磨损和失圆，严重时将导致起动困难，工作时曲轴箱严重窜气，排气管冒蓝烟，燃料和机油消耗增加。可采用量缸表测量其磨损量、圆度和圆柱度。磨损超过极限值时，应进行更换和镗、磨缸。

3. 机体、气缸盖结合面翘曲，或气缸垫安装不当或损坏，会导致机体结合面出现漏气，可采用水平尺检查平面翘曲，通过铲削或磨削加工修理。

4. 机体组件出现裂纹，可导致漏水、漏油和漏气，可采用水压法等方法检查，采用胶粘剂粘补和焊补方法修理，严重的应予以更换。

## 学习评价与技能测试

### 一、选择题

1. 下列说法正确的是(　　)。

A. 干式气缸套外壁直接与冷却水接触

B. 干式气缸套壁厚比湿式气缸套薄

C. 干式气缸套安装后比湿式气缸套强度和刚度好

D. 干式气缸套比湿式气缸套散热好

2. 学生a说，三种形式的气缸体中，一般式气缸体曲轴拆装最方便。学生b说一般式气缸体发动机质量轻，机体高度小。下列说法正确的是(　　)。

A. 只有学生a正确　　B. 只有学生b正确

C. 学生a和b都正确　　D. 学生a和b都不正确

3. 学生a说，安装气缸垫时，不应将光滑的一面朝向气缸体，否则容易被高压气体冲坏。学生b说，拧紧气缸盖螺栓时，必须按照由中央对称地向四周扩展的顺序一次拧紧到规定的力矩。下列说法正确的是(　　)。

A. 只有学生a正确　　B. 只有学生b正确

C. 学生a和b都正确　　D. 学生a和b都不正确

### 二、问答题

1. 机体组件由哪些主要零部件组成？结构特征如何？

2. 分析气缸磨损的特征是什么？磨损后会产生什么后果？
3. 机体与气缸盖平面翘曲会产生什么后果？

三、实操题

1. 检测一台发动机气缸盖平面是否翘曲。
2. 检测一台发动机气缸磨损量、圆度和圆柱度。

# 项目3

# 曲柄连杆机构构造与维修

## 教学目标与要求

- 掌握活塞连杆组的组成与结构原理
- 学会活塞连杆组的检查与维修
- 掌握曲轴飞轮组的组成与结构原理
- 学会曲轴飞轮组的检查与维修
- 理解曲柄连杆机构常见故障及分析方法
- 学会连杆校正器使用

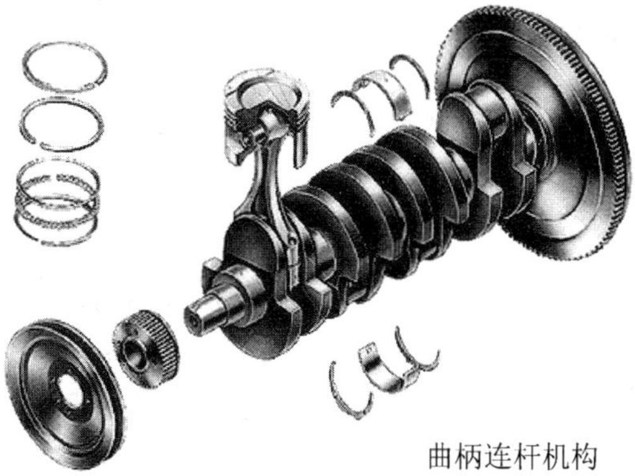

曲柄连杆机构

## 教学重点

- 活塞连杆组的组成、结构与维修
- 曲轴飞轮组的组成、结构与维修
- 曲柄连杆机构常见故障分析

## 教学难点

- 连杆检测与校正
- 曲柄连杆机构常见故障分析

# 任务 3.1 发动机活塞连杆组件的结构与维修

故障案例：

桑塔纳 2000GSi 汽车起动后，发现发动机排气管冒蓝烟，经检查进排气门密封良好，气门与气门导管无松旷，气缸垫也密封良好。

## 3.1.1 活塞连杆组件的组成与结构原理

活塞连杆组件用来传递燃烧所产生的压力。它主要由活塞、活塞环、活塞销、连杆、连杆轴瓦和连杆螺钉等零部件组成，如图 3-1 所示。

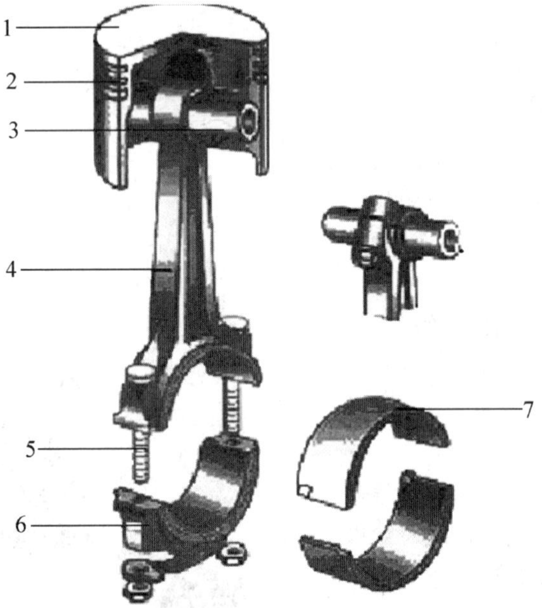


**图 3-1 活塞连杆组件**

1—活塞；2—活塞环；3—活塞销；4—连杆；
5—连杆螺钉；6—连杆盖；7—连杆轴瓦

1. 活塞

活塞的功用是将气缸中的燃烧压力传递给活塞销，并与气缸盖、气缸壁一起组成燃烧室。

活塞工作在高温(顶部高达 700K)、高压(最大压力汽油机达 5MPa，柴油机达 9MPa)、高速(运动速度达 14m/s)等恶劣条件下，一般都采用高强度铝合金制造，只在一些低速柴油机上采用高级铸铁或耐热钢，活塞结构也作了精巧设计。

活塞由顶部、头部、槽部和裙部四部分组成，如图 3-2 所示。

(1) 活塞顶部。活塞顶部有各种形状(图 3-3)，其作用是有利于可燃混合气形成和燃烧。

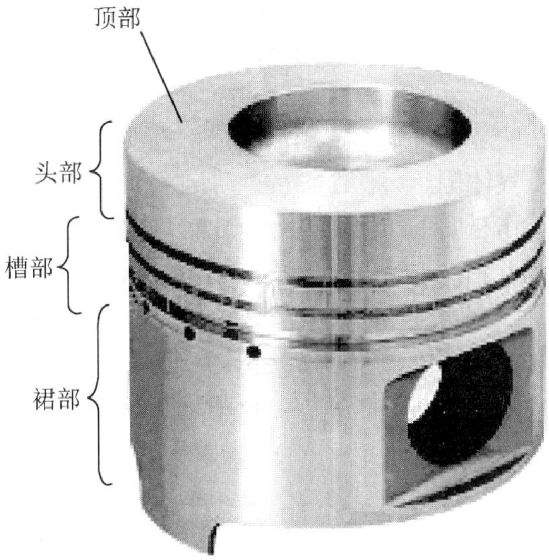


图3-2　活塞构造

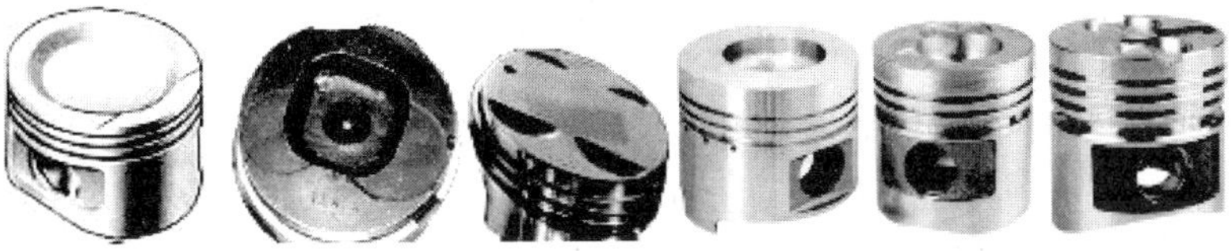

图3-3　活塞顶部形状

有些活塞顶部打有各种记号(图3-4)，用以显示活塞安装方向、质量组别、尺寸代码及与活塞销的选配要求等，维修时应予注意。

(2) 活塞头部。活塞第一道气环槽以上的部分，用来承受气体压力和传达热量。有的活塞在头部还加工有迷宫槽(图3-4)，俗称隔热槽，起隔热作用，将活塞顶的热量分流，把原来由第一活塞环承担的热量传给第二、第三环。

(3) 活塞槽部。也称防漏部，是指活塞环槽部分，用以安装活塞环，起密封、传热等作用，一般有2～3道气环槽和1道油环槽，在油环槽底面上钻有许多径向小孔，使被油环从气缸壁上刮下的机油经过这些小孔流回油底壳。

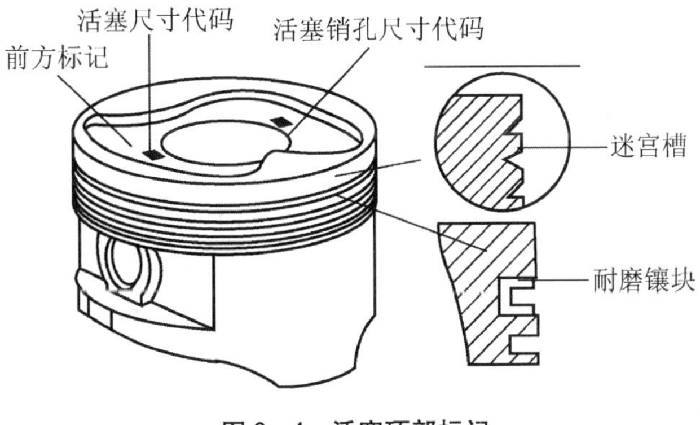


图3-4　活塞顶部标记

为了提高第一道环槽的耐磨性，有的在第一道环槽部位铸入耐磨镶块(耐热合金钢护圈)，如图 3-4 所示，部分大负荷发动机的活塞头部采用耐热材料制成活塞，形成一种组合式活塞。

(4) 活塞裙部。指从油环槽下端面起至活塞最下端的部分，它对活塞在气缸内的往复运动起导向作用，并承受气体侧压力。

为了使活塞在正常工作温度下与气缸壁保持比较均匀的间隙，以免在气缸内卡死或加大局部磨损，必须在冷态下预先把活塞加工成不同的形状。

① 预先将活塞裙部加工成椭圆形[图 3-5(a)]。因为裙部活塞销座孔部分的金属多，受热膨胀量大，同时裙部承受气体侧压力的作用，均导致沿活塞销轴的变形量大于其他方向。为了使裙部在工作时具有正确的圆柱形，在加工时预先把活塞裙部做成椭圆形状，椭圆的长轴方向与销座垂直。

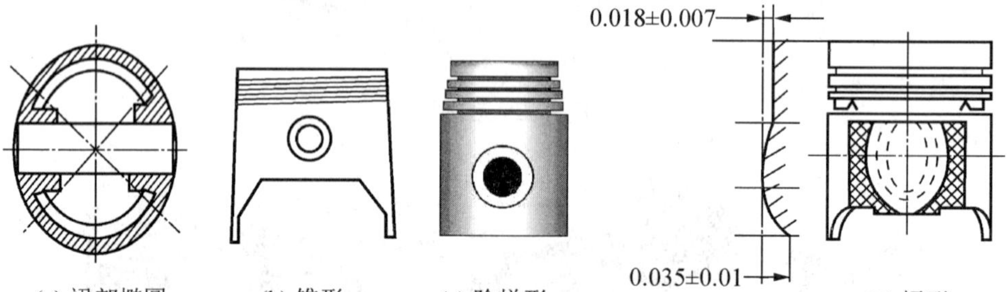

(a) 裙部椭圆　(b) 锥形　(c) 阶梯形　(d) 桶形

**图 3-5　活塞裙部结构一**

② 预先将活塞做成锥形、阶梯形或桶形。活塞工作时的温度是上部高、下部低，造成膨胀量上部大、下部小。为了使工作时活塞上下直径趋于相等，即为圆柱形，就必须预先把活塞制成上小下大的锥形[图 3-5(b)]、阶梯形[图 3-5(c)]或桶形[图 3-5(d)]。

③ 预先在活塞裙部开槽[图 3-6(a)]。在裙部开横向的隔热槽，可以减小活塞裙部的受热量；在裙部开纵向膨胀槽，可以补偿裙部受热后的变形量。槽的形状有“T”形或“Π”形。裙部开竖槽后，会使其开槽的一侧刚度变小，在装配时应使其位于做功行程中承受侧压力较小的一侧。通常柴油机活塞受力大，裙部一般不开槽。

④ 拖板式活塞[图 3-6(b)]。为了减轻活塞质量，减小惯性力和销座附近的热变形量，把裙部不受侧压力的两边切去一部分，称拖板式活塞。

⑤ 裙部铸恒范钢[图 3-6(c)]。恒范钢为低碳铁镍合金，其膨胀系数仅为铝合金的 1/10，活塞销座内铸入恒范钢片，牵制了裙部的热膨胀变形量。

⑥ 活塞销孔偏置结构(图 3-7)。有些高速汽油机的活塞销孔中心线偏离活塞中心线平面，向做功行程中受侧压力的一方偏移了 1～2mm，可使活塞在压缩行程到做功行程中较为柔和地从压向气缸的一面过渡到压向气缸的另一面，以减小敲缸的声音。在安装时要注意，活塞销偏置的方向不能装反，否则换向敲击力会增大，使裙部受损。

为了提高裙部摩擦性能，有的还喷镀石墨、锡或二氧化钼。

为了加强活塞的冷却，有的采用整体油冷活塞，在活塞内部铸有蛇形冷却油管或冷却油腔(图 3-8)。

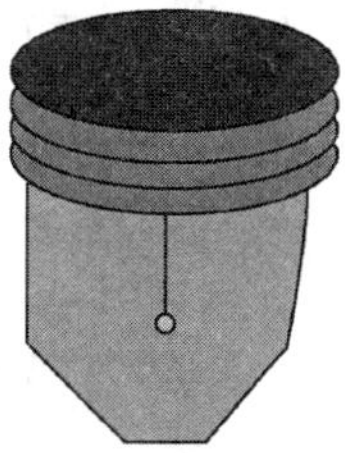

(a) 裙部开槽

(b) 拖板式

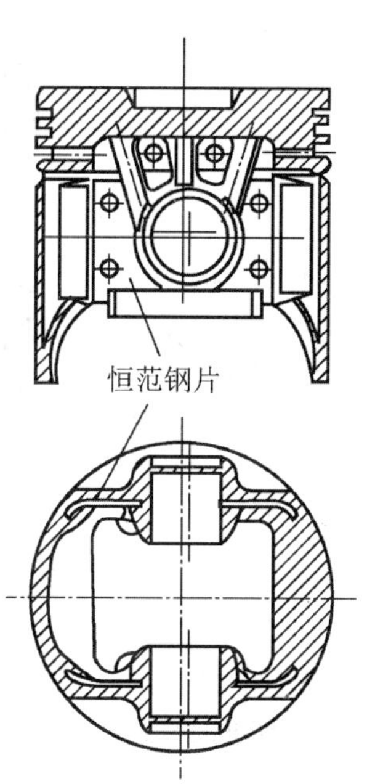


(c) 裙部铸恒范

**图 3-6　活塞裙部结构二**

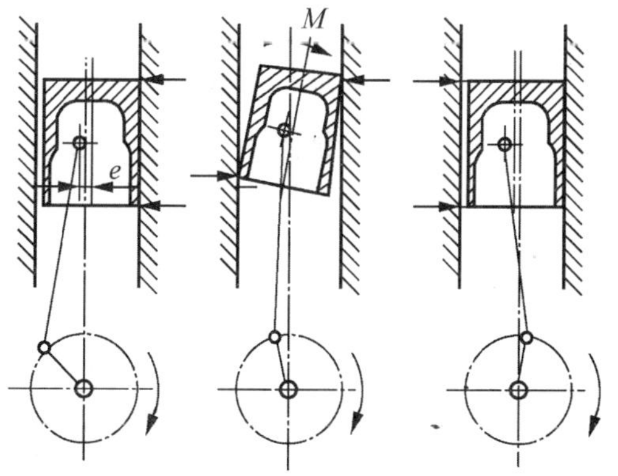


**图 3-7　活塞销孔偏置结构**

(a) 蛇形油管冷却活塞

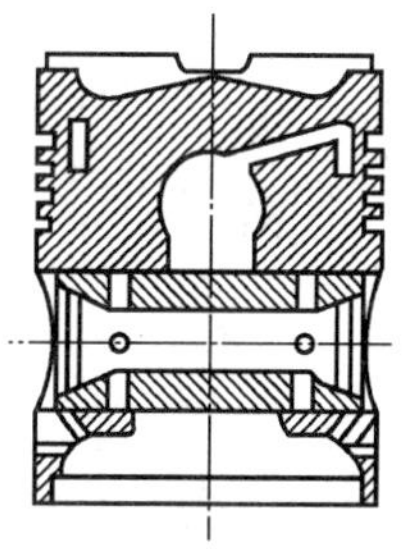

(b) 冷却油腔活塞

**图 3-8　整体油冷活塞**

2. 活塞环

活塞环是一种具有较大向外扩张的金属弹性环，有气环和油环之分。

(1) 气环。气环是防止气体泄漏的活塞环，并且把活塞顶部吸收的大部分热量传给气缸壁，由冷却水带走。一般汽油机采用 2 道气环，柴油机采用 3 道气环。

气环开有切口，具有弹性，在自由状态下外径大于气缸直径，它与活塞一起装入气缸后，外表面紧贴在气缸壁上，形成第一密封面(图 3-9)；被封闭的气体不能通过环周与气缸之间，便进入了环与环槽的空隙，一方面把环压到环槽端面形成第二密封面，另一方面，作用在环背的气体压力又大大加强了第一密封面的密封作用。

气环的断面形状很多，常见的有矩形环、扭曲环、锥面环、梯形环和桶面环(图 3-10)。

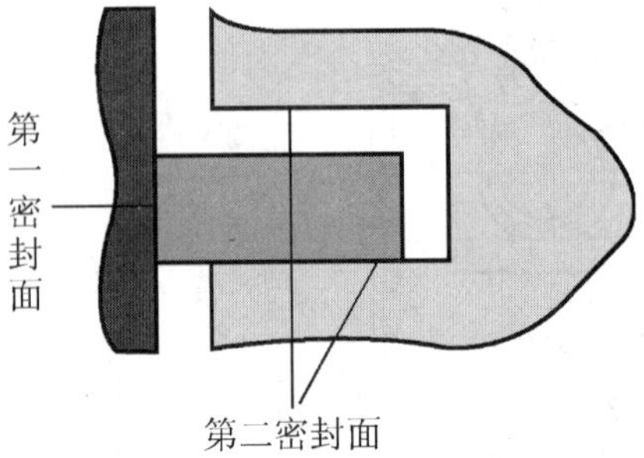


图 3-9　气环密封原理

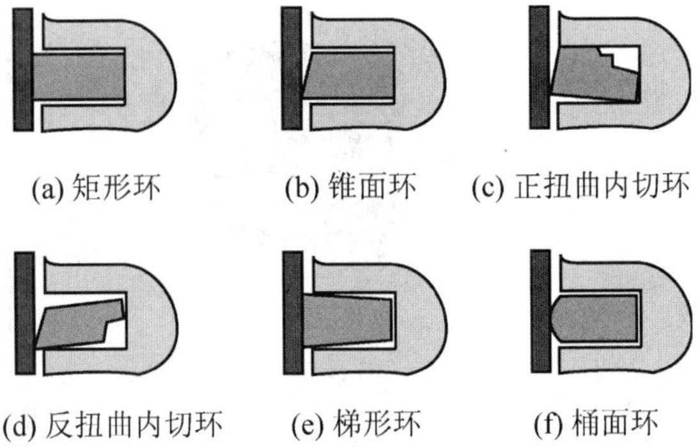


图 3-10　气环的断面形状

① 矩形环[图 3-10(a)]。其断面为矩形，结构简单，传热面积大，大量用在第一道气环。为了提高第一道环的耐磨性，有的矩形环外圆面上会镀铬。

但矩形环会产生“泵油作用”，即会把气缸壁面上的机油不断送入气缸中。这是因为活塞下行时，由于环与气缸壁的摩擦阻力及环的惯性，环被压靠在环槽的上端面上(图 3-11)，气缸壁面上的油被刮入下边隙和内边隙；活塞上行时，环又被压靠在环槽的下端面，结果第一道环背隙里的机油就进入燃烧室，燃烧后形成蓝烟冒出，造成机油消耗量增加；还会在燃烧室内形成积炭，造成气缸、活塞、活塞环磨损加剧，甚至使活塞环在环槽内卡死失效；会使火花塞积炭，不能正常点火。所以除第一道气环外，广泛采用锥面环和扭曲环。

② 锥面环[图 3-10(b)]。其断面呈锥形，外圆工作面上加工一个很小的锥面(0.5°～1.5°)，减小了环与气缸壁的接触面，提高了表面接触压力，有利于磨合和密封。活塞下行时，便于刮油；活塞上行时，由于锥面的“油楔”作用，能在油膜上“飘浮”过去，减小磨损，安装时要注意有标志的一面朝上(图 3-12)，不能装反，否则会引起机油上窜。

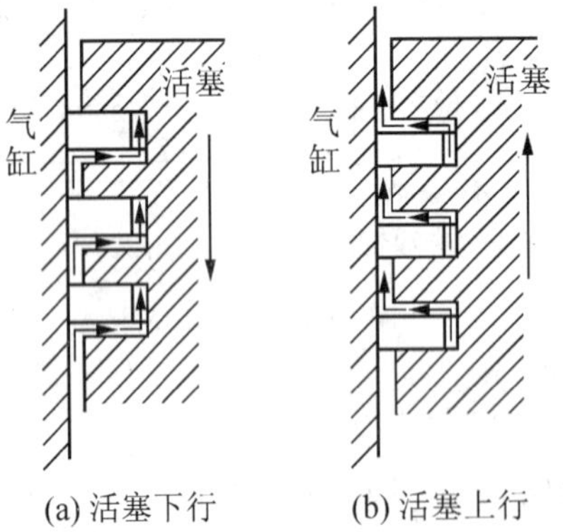


图 3-11　矩形环泵油作用

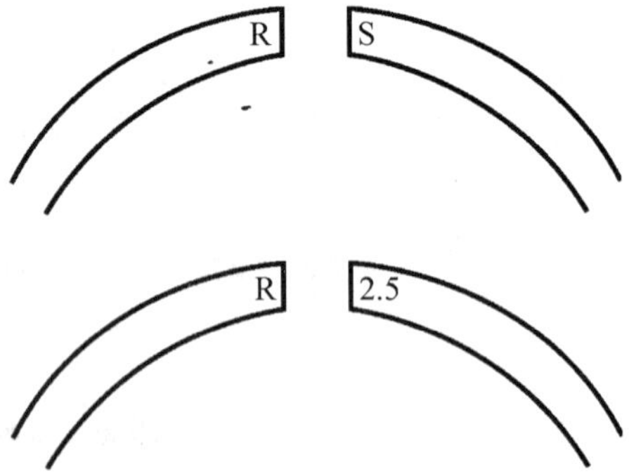


图 3-12　活塞环安装标记

活塞环标志常见的有“0、”“00”、“T1”、“T2”、“R”、“R1”、“R2”、“S”、“2.5”等，一般“R”代表厂标，“S”代表标准环，“2.5”代表修理尺寸为+0.25mm，字母后的“1”、“2”表示安装顺序为第一道、第二道等。

③ 扭曲环[图 3-10(c)、(d)]。扭曲环是在矩形环的内圆上边缘或外圆上下边缘切去一部分，使断面呈不对称形状。在环的内圆部分切槽或倒角的称内切环，在环的外圆部分切槽或倒角的称外切环。装入气缸后，由于断面不对称，外侧作用力合力 $F_1$[图 3-13(b)]

与内侧作用力合力 $F_2$之间有一力臂 $e$，产生了扭曲力矩 $M$，使活塞环发生扭曲变形。活塞上行时，扭曲环在残余油膜上“浮过”，可以减小摩擦和磨损。活塞下行时，则有刮油效果，避免机油上窜。安装时必须注意断面形状和方向，内切口朝上，外切口朝下，不能装反。

④ 梯形环[图 3－10(e)]。其断面呈梯形，工作时，梯形环在压缩行程和做功行程随着活塞受侧压力的方向不同而不断地改变位置，这样会把沉积在环槽中的积炭挤出去，避免了环被粘在环槽中而折断，可以延长环的使用寿命。

⑤ 桶面环[图 3－10(f)]。桶面环的外圆为凸圆弧形。当桶面环上下运动时，均能与气缸壁形成楔形空间，使机油容易进入摩擦面，减小磨损。由于它与气缸呈圆弧接触，故对气缸表面的适应性和对活塞偏摆的适应性均较好，有利于密封，但表面加工较困难，价格高。

(2) 油环。油环是具有回油孔或等效结构，能从气缸壁上刮下机油的活塞环。在活塞下行时刮除气缸壁上多余的机油，上行时在气缸壁上铺涂一层均匀的油膜，有利于润滑和密封。

油环有整体油环和组合油环两种(图 3－14)。

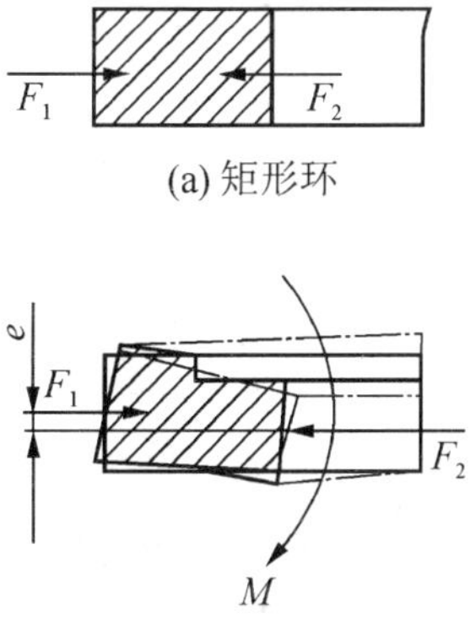


(a) 矩形环

(b) 扭曲环

**图 3－13　扭曲环作用原理**

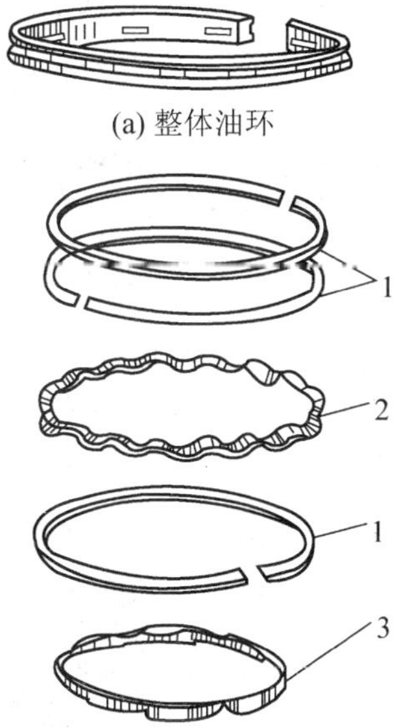


(a) 整体油环

(b) 组合油环

**图 3－14　油环**

1—刮油钢片；2—轴向衬环；3—径向衬环

① 整体油环[图 3－14(a)]。整体油环只有一个零件。环的外圆柱面中间加工有凹槽，槽中钻有小孔或开切槽，当活塞上下运动时，将缸壁上多余的机油刮下，通过小孔或切槽流回曲轴箱。油环上边外侧一般制有倒角，使环在随活塞上行时形成油楔，可起均布润滑油的作用，下行刮油能力强，减少了润滑油的上窜，安装时不能装反。

② 组合油环[图 3－14(b)]。它由上下数片刮油钢片 1 与中间的扩张器组成。扩张器由轴向衬环 2 和径向衬环 3 组成，轴向衬环产生轴向弹力，径向衬环产生径向弹力，使刮油钢片紧紧压向气缸壁和活塞环槽。刮油钢片 1 表面镀铬，很薄，对气缸的比压力大，刮油效果好；而且数片刮油钢片彼此独立，对气缸壁面适应性好；回油通道大，质量轻。

不少油环将轴向衬环和径向衬环加工成螺旋弹簧等结构(图 3－15)，能够同样起到作用，加工更简便。

3. 活塞销

如图 3－16 所示，活塞销的作用是连接活塞和连杆小头，将活塞承受的气体作用力传给连杆。

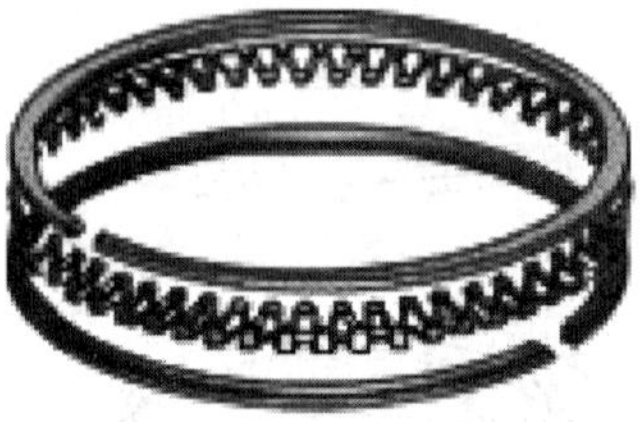

图 3－15　螺旋弹簧油环

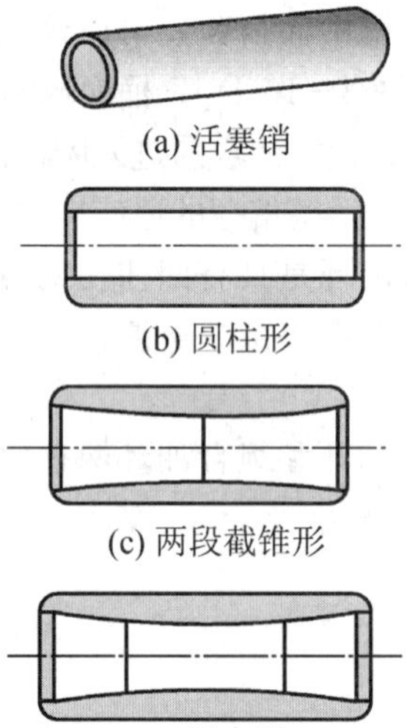

(a) 活塞销　(b) 圆柱形　(c) 两段截锥形　(d) 组合形

图 3－16　活塞销

活塞销的内孔有三种形状：圆柱形、两段截锥形和组合形(两段截锥与一段圆柱组合)。

活塞销与活塞销座孔及连杆小头衬套孔的配合有全浮式和半浮式两种方式(图 3－17)。

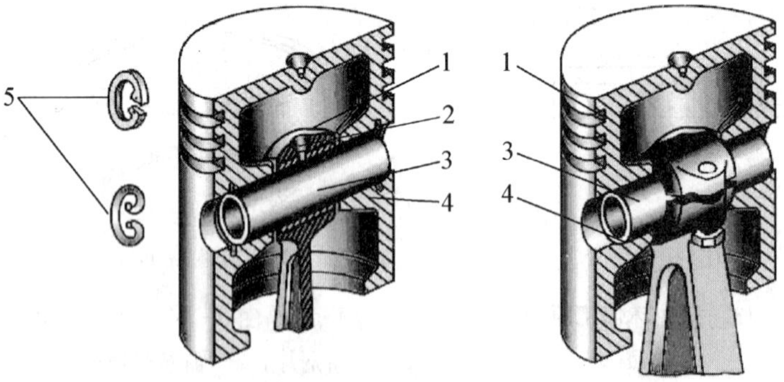


(a) 全浮式　(b) 半浮式

图 3－17　活塞销的连接方式

1—连杆小头；2—连杆衬套；3—活塞销；4—活塞销座；5—卡环

“全浮式”是指当发动机工作时，活塞销、连杆小头和活塞销座都有相对运动，使磨损均匀。为了防止活塞销轴向窜动刮伤气缸壁，在活塞销两端装有卡环 5 进行轴向定位。由于铝活塞热膨胀量比钢大，为了保证高温工作时活塞销与活塞销座孔有正常间隙(0.01～0.02mm)，在冷态时为过渡配合，装配时，应先把铝活塞加热到一定程度，再把活塞销装入。

“半浮式”的特点是活塞中部与连杆小头采用紧固螺栓连接，活塞销只能在两端销座内做自由摆动，而和连杆小头没有相对运动。活塞销不会做轴向窜动，不需要卡环，小轿车上应用较多。

4. 连杆

连杆的作用是连接活塞与曲轴，将活塞的往复运动转变成曲轴的旋转运动。

连杆由连杆小头2、连杆杆身3和连杆大头5等部分组成(图3-18)。

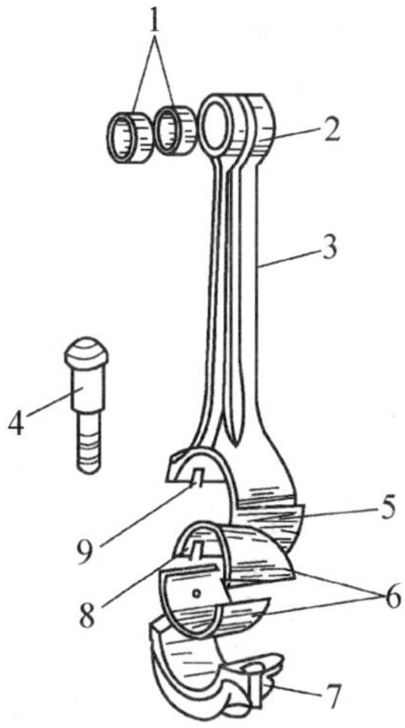


**图3-18　连杆的结构**

1—连杆衬套；2—连杆小头；3—连杆杆身；
4—连杆螺钉；5—连杆大头；6—连杆轴瓦；
7—连杆盖；8—连杆轴瓦凸键；9—凹槽

连杆小头与活塞销相连。对全浮式活塞销，由于工作时小头孔与活塞销之间有相对运动，所以在连杆小头孔中压入减磨的青铜连杆衬套1。为了润滑活塞销与衬套，在小头和衬套上铣有油槽或钻有油孔以收集发动机运转时飞溅上来的润滑油并用以润滑。有的发动机连杆小头采用压力润滑，在连杆杆身内钻有纵向的压力油通道。

连杆杆身通常做成“工”字形断面，抗弯强度好，质量轻，采用压力法润滑的连杆，杆身中部制有连通大、小头的油道。

连杆大头与曲轴的连杆轴颈相连，大头有整体式和分开式两种。一般都采用分开式，分开式又分为平分和斜分两种(图3-19)。

平分连杆的剖分面与连杆杆身轴线垂直[图3-19(a)]，汽油机多采用这种连杆。因为一般汽油机连杆大头的横向尺寸都小于气缸直径，可以方便地通过气缸进行拆装。

斜分连杆的剖分面与连杆杆身轴线成30°～60°夹角[图3-19(b)]，柴油机多采用这种连杆。因为柴油机压缩比大，受力较大，连杆大头的横向尺寸往往超过了气缸直径，为了使连杆大头能通过气缸，便于拆装，一般都采用斜切口。斜切口的连杆盖安装时应注意方向。

把连杆大头分开可取下的部分称连杆盖，连杆与连杆盖配对加工，加工后，在它们同一侧打上配对记号，安装时不得互相调换或变更方向。为保证连杆盖准确定位，连杆与连杆盖加工有各种精确的螺栓孔或锯齿、圆销、套筒和止口(图 3－20)。

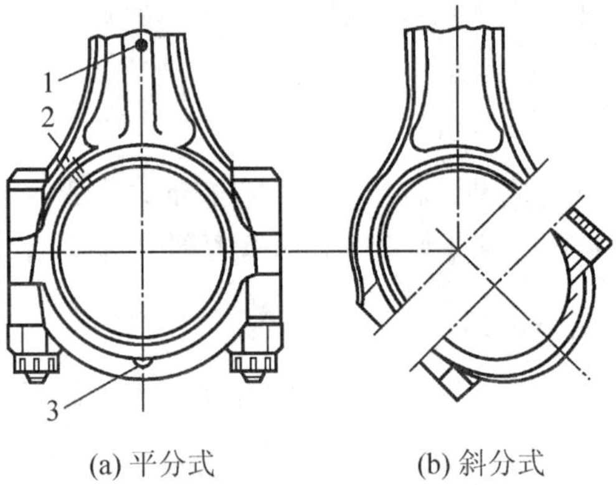


图 3－19　连杆大头

1—连杆装配标志；2—机油喷孔；3—连杆盖装配标志

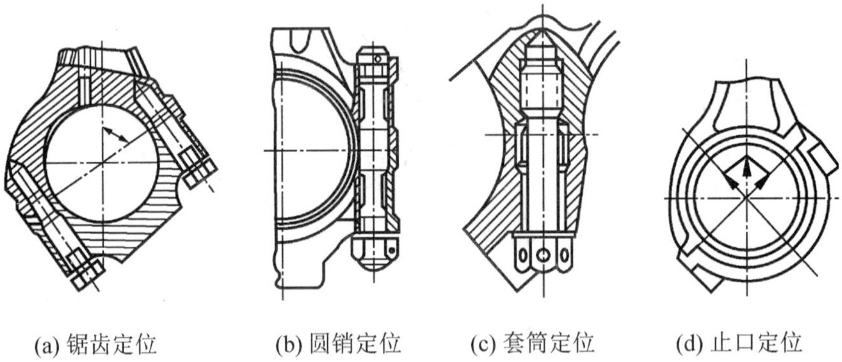


图 3－20　连杆定位方法

连杆盖和连杆大头用连杆螺栓紧固在一起，连杆螺栓在工作中承受很大的冲击力，若折断或松脱，将造成严重事故。为此，连杆螺栓都采用优质合金钢，并经精加工和热处理特制而成，损坏后绝不能用其他螺栓来代替。安装连杆盖拧紧连杆螺栓螺母时，要用扭力扳手分 2～3 次交替均匀地拧紧到规定的扭矩，拧紧后还应可靠地锁紧。

连杆大头孔内装有瓦片式滑动轴承(图 3－21)，简称连杆轴瓦。

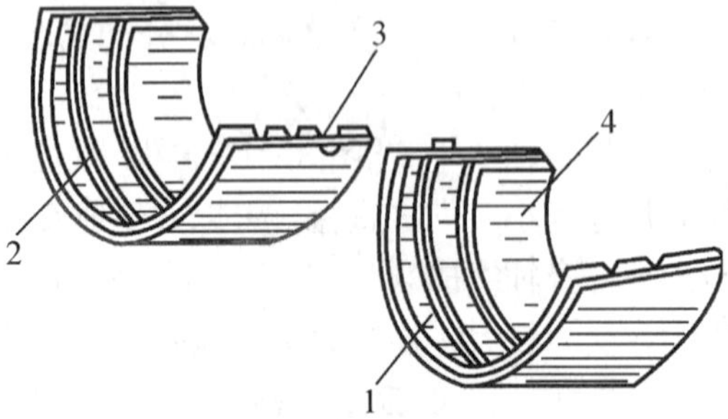


图 3－21　连杆轴瓦

1—钢背；2—油槽；3—定位凸键；4—减磨合金层

轴瓦分上、下两个半片。半个轴瓦在自由状态下不是半圆形，当它们装入连杆大头孔内时，又有过盈，故能均匀地紧贴在大头孔壁上，具有很好的承受载荷和导热的能力。

连杆轴瓦上制有定位凸键，供安装时嵌入连杆大头和连杆盖的定位槽中，以防轴瓦前后移动或转动，有的轴瓦上还制有油孔，安装时应与连杆上相应的油孔对齐。

轴瓦目前多采用薄壁钢背轴瓦，在其内表面浇铸有耐磨合金层。耐磨合金层具有质软，容易保持油膜，磨合性好，摩擦阻力小，不易磨损等特点。耐磨合金常采用的有巴氏合金、铜铝合金和高锡铝合金。如桑塔纳轿车轴瓦是在钢背上镀有三层合金，底层是铅锡铜，第二层是薄层镍，表层是巴氏合金，表面有严格的粗糙度要求，维修中不能修刮。有的轴瓦采用五层合金(加 Al－Si－Mn 过渡层)，性能更好。

V 形发动机左右两侧对应两个气缸的连杆是装在曲轴的一个连杆轴颈上的，称为叉形连杆，它有如下三种形式。

(1) 并列式[图 3－22(a)]。相对应的左右两缸连杆并列安装在同一连杆轴颈上。

(2) 主副式[图 3－22(b)]。一列气缸为主连杆，直接安装在连杆轴颈上，另一列连杆为副连杆，铰接在主连杆大头(或连杆盖)上的两个凸耳之间。

(3) 叉式[图 3－22(c)]。左右对应的两列气缸连杆中，一个连杆大头做成叉形，跨于另一个连杆厚度较小的大头两端。

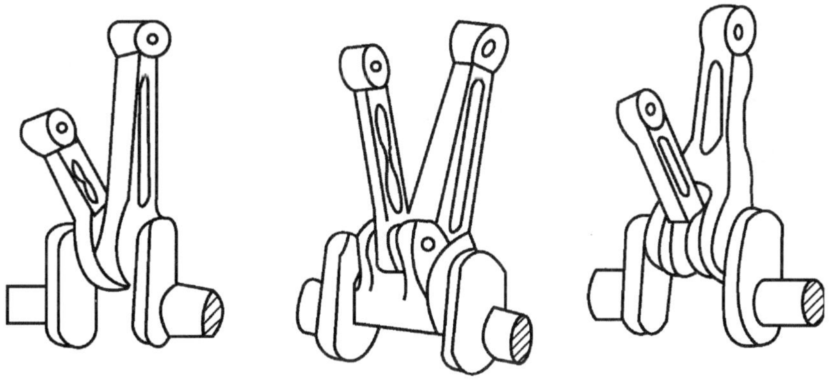

(a) 并列式　　(b) 主副式　　(c) 叉式

图 3－22　叉形连杆

### 3.1.2　发动机排气管冒蓝烟的故障分析

根据故障案例，发动机冒蓝烟的可能原因主要是活塞、活塞环磨损、安装不当、连杆弯扭曲等造成。

### 3.1.3　活塞连杆组件的检查与维修

#### 1. 活塞检查与维修

活塞常见的缺陷是顶部积炭、裙部刮伤、磨损、活塞环槽及活塞销座磨损，严重的会出现活塞顶部烧蚀和脱顶(图 3－23)。

图 3-23　活塞常见缺陷

活塞裙部刮伤、顶部烧蚀和脱顶属于非正常损坏。裙部刮伤主要由活塞与气缸配合间隙过小、机油变质、润滑条件差及较大杂质进入摩擦表面引起。顶部烧蚀由发动机长时间超负荷工作等引起。活塞脱顶即活塞顶脱落，往往是由于活塞环卡死，裙部受连杆拉力作用而造成的。活塞其他缺陷则应逐项检查，酌情处理。

(1) 活塞积炭清理。活塞顶部积炭往往是燃烧不正常引起的，积炭反过来又会影响正常燃烧，引起爆震燃烧和表面点火等现象，应及时清理。可按机体组件积炭处理方法进行。

(2) 活塞裙部直径检查。活塞裙部磨损一般在侧压力区较大，它导致裙部与活塞的间隙变大，容易产生敲缸和窜机油等不良后果。

活塞裙部直径可用千分尺在距活塞裙部下边缘 10～15mm 处与活塞销垂直方向测量(图 3-24)，一般测量值与标准尺寸的偏差最大不超过 0.04mm，超出偏差，应该更换活塞。

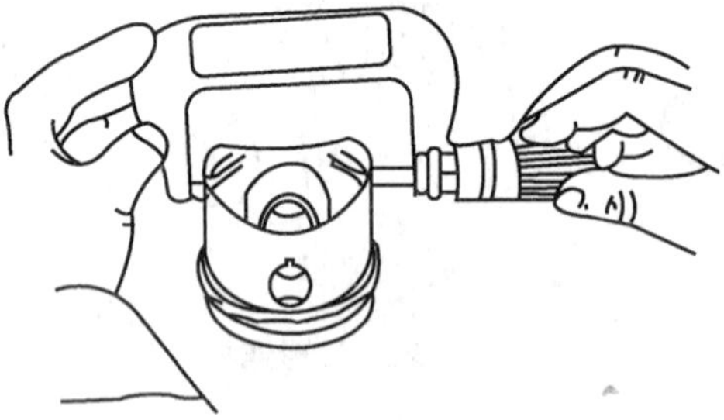

图 3-24　活塞裙部直径检查

活塞更换应结合气缸进行，如气缸磨损严重，进行镗缸，活塞也应换加大的活塞，一般有+0.25mm、+0.50mm、+0.75mm 和+1.00mm 等修理级别，如桑塔纳发动机活塞与缸套的分组见表 3-1。每个修理级别中又分 3～6 组，相邻两组直径差为 0.01～0.015mm，要注意活塞的分组标志和涂色标志，同一台发动机应该选用同一级别的活塞。

有的发动机采用薄型缸套，不进行镗缸，活塞也不设修理尺寸，只分标准和维修系列活塞，每个系列有若干组供选配，活塞分组号常打在活塞顶上，通过测量气缸尺寸，选择相应的新活塞。

表 3-1　活塞与缸套修理尺寸分组

| 分　组 | 活塞尺寸/mm | 缸套尺寸/mm | 配合间隙/mm |
|---|---|---|---|
| 基本尺寸 | 80.98 | 81.01 | 0.03 |
| 一 | 81.23 | 81.26 | |
| 二 | 81.48 | 81.51 | |
| 三 | 81.98 | 82.01 | |

(3) 活塞销座孔与活塞销的配合情况检查与修理。由于气体压力和活塞惯性力作用，活塞销座孔会产生上下方向较大而水平方向较小的椭圆形磨损，导致间隙变大，活塞销异响。

活塞销座孔与活塞销的配合间隙汽油机为 0.0025～0.0075mm，柴油机为 0.02～0.05mm，可以分别测量活塞销座孔与活塞销的尺寸计算出。一般是采用经验法检查，方法是将活塞加热至 333K，用拇指仅需较小的力就应能将涂有机油的活塞销压入活塞销座孔中(图 3-25)。而且在垂直状态时，活塞销不能在自重作用下从销座孔中自行滑出，用手晃动活塞销时应无间隙感，这表明活塞销与销座孔配合适宜，否则应酌情铰削活塞销座孔或更换零件。

活塞销也设有四级修理尺寸，可以根据活塞销座孔和连杆的磨损情况选用。

活塞销座孔与活塞销的选配，一般是通过铰削、镗削或滚压来实现。常用的手工铰削步骤如下。

① 铰刀选择。根据活塞销的尺寸选择相应的长刃活动铰刀，将选好铰刀的刀把夹入台虎钳，并与钳口平面保持垂直。

② 铰削。第一刀调整铰刀到上刃刚露出销座，两手平握活塞(图 3-26)，按顺时针方向转动活塞并向下轻轻施压进行初铰，注意用力均匀平稳。铰削至刀刃下端与销座平齐时停止铰削，压下活塞从铰刀下方退出，并在不调整铰刀的情况下从反向再铰一次。

以后各刀各旋转铰刀调整螺母 60°～90°，重复上述方法进行铰削。

③ 试配。在铰削过程中，每一刀都要用活塞销试配，以防止铰大。当铰削到用手掌力能将活塞推入一端销座深度的 1/3 时，应停止铰削。然后在活塞销一端垫以阶梯冲轴，用锤子将活塞销反复从一端打向另一端，取下活塞销视其压痕用刮刀修刮。销座经刮削后，应能用手掌力将活塞打入一端销座的 1/2，接触面呈点状均匀分布，轻重一致，面积在 75%以上。

图 3-25　活塞销座与活塞销配合检查

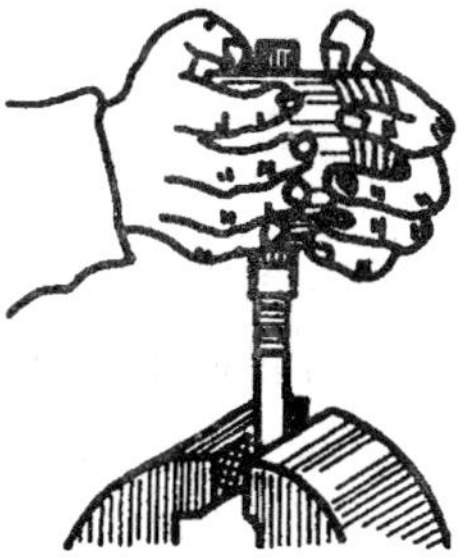

图 3-26　活塞销座孔铰削

现代汽车发动机改进了制造工艺，活塞销磨损轻微，一般只需更换活塞，不再提倡用铰削或刮削的方法修复。活塞销与销座和连杆衬套采用分组选配。相邻两组的直径差只有0.0025mm，通常用涂色标记加以识别。

(4) 活塞环槽检查。由于活塞环的冲击，会使活塞环槽产生磨损，以第一道环槽下平面磨损最严重。环槽的磨损将导致活塞环侧间隙变大，出现气缸漏气、起动困难、功率下降和窜机油、冒蓝烟等现象。具体检查方法参见下述“活塞环的检查与维修”。

2. 活塞环的检查与维修

活塞环常见的缺陷是磨损、三隙(闭口间隙、侧间隙、径向间隙)变化、弹力减弱和折断等。

(1) 活塞环侧间隙检查。活塞环与活塞环槽之间的间隙称侧间隙，用于活塞环受热膨胀。间隙过小，容易使活塞环受热卡死；间隙过大，气缸压缩气体容易泄漏。桑塔纳2000GSi轿车发动机各环侧间隙及磨损极限值见表3-2。

表3-2 活塞环侧间隙及磨损极限值

| 间隙名称 | 活塞环名称 | 新活塞环/mm | 磨损极限值/mm |
|---|---|---|---|
| 活塞环侧间隙 | 第一道气环 | 0.06～0.09 | 0.20 |
| | 第二道气环 | 0.06～0.09 | 0.20 |
| | 油环 | 0.03～0.06 | 0.15 |
| 活塞环闭口间隙 | 第一道气环 | 0.20～0.40 | 0.80 |
| | 第二道气环 | 0.20～0.40 | 0.80 |
| | 油环 | 0.25～0.45 | 0.80 |

活塞环侧间隙可采用塞尺测量(图3-27)。侧间隙过小，可车削活塞环槽修整，现代汽车活塞环表面一般采用喷钼等强化措施，不宜通过磨修活塞环侧面方法修理；侧间隙过大，应酌情更换活塞或活塞环。

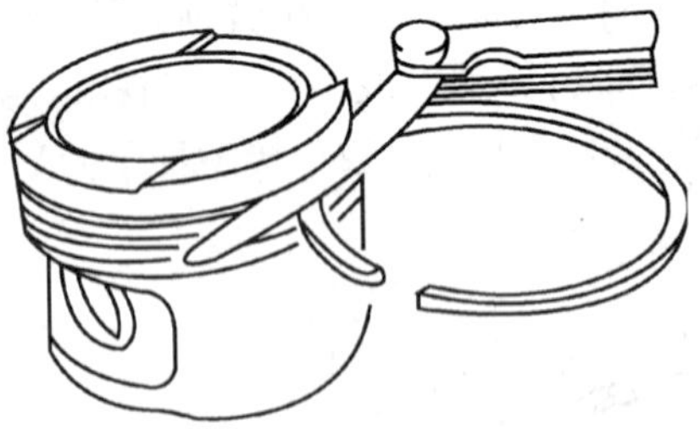

图3-27 活塞环侧间隙测量

(2) 活塞环闭口间隙检查。活塞环装入气缸后的端口距离称闭口间隙，其作用同活塞环侧间隙，各环闭口间隙要求也不一样，见表3-2。

测量时将活塞环从气缸体上端压入气缸，用活塞顶平面将其压平，在距气缸边缘约15mm(图3-28)处，用塞尺测量活塞环的闭口间隙。闭口间隙过小，可用细平锉修磨，只能对一端修磨，修磨后端口应平整、无毛刺；闭口间隙过大，应更换活塞环。

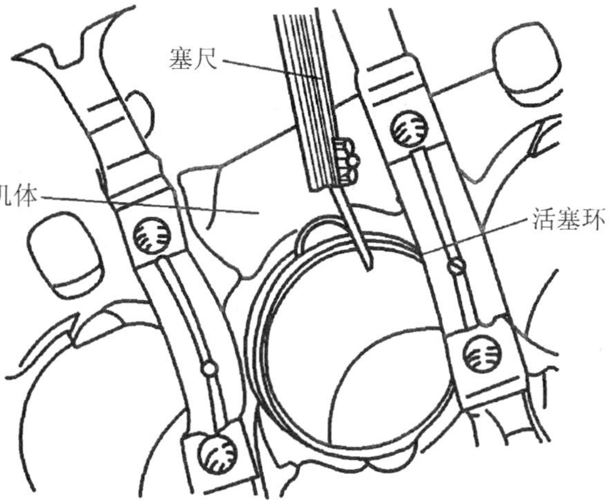


图 3-28　活塞环闭口间隙测量

(3) 活塞环径向间隙检查。活塞环径向间隙是指活塞环内圆面与活塞环槽之间的间隙，其作用是建立背压，储存积炭和热膨胀用。

测量时，将活塞环落入环槽底部，用游标深度尺测出活塞环外圆柱面沉入环岸值，一般该值在 0.35mm 左右，过小，应更换活塞环或车深活塞环槽底部。

(4) 活塞环径向弹力检查。活塞环使用后，弹力会下降，弹力过弱，气缸密封性能下降，发动机动力经济性能下降；而弹力过大，活塞环与气缸磨损加大。

活塞环弹力采用专用的弹力测量仪测量(图 3-29)，移动活动量块，即可测出活塞环径向弹力，如奥迪轿车第一道气环弹力为 8.5～12.8N，第二道为 7.5～11.3N，油环弹力为 35～52.5N。弹力不足，应更换新活塞环。

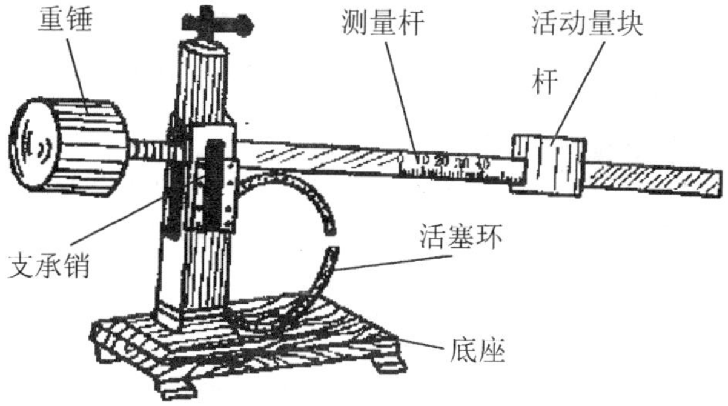


图 3-29　活塞环弹力测量仪

(5) 活塞环漏光度检查。由于气缸和活塞环磨损，会造成活塞环与气缸壁面贴合不良，造成漏气和窜机油，通过检查活塞环漏光度，可以检查活塞环与气缸壁面贴合状况。

检查方法如图 3-30 所示，要求在活塞环端口左右 30°范围内不应该有漏光点，同一活塞环上的漏光不应多于 2 处，每处漏光弧长所对应的圆心角不超过 25°，总和不超过 45°，漏光处的缝隙不大于 0.03mm，当弧长小于 0.015mm 时，其弧长所对应的圆心角之和可以放宽到 120°。

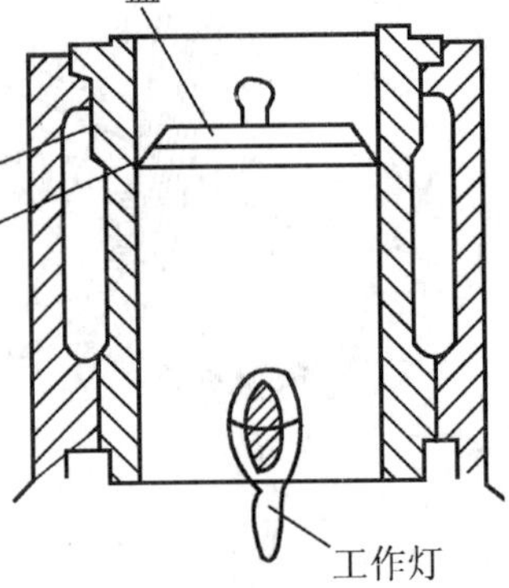


图 3-30 活塞环漏光度检查

3. 连杆的检查与维修

连杆承受着复杂的交变负荷，特别是发动机超负荷工作时，容易造成连杆弯曲、扭曲、连杆衬托磨损、连杆轴向间隙和径向间隙过大等缺陷。

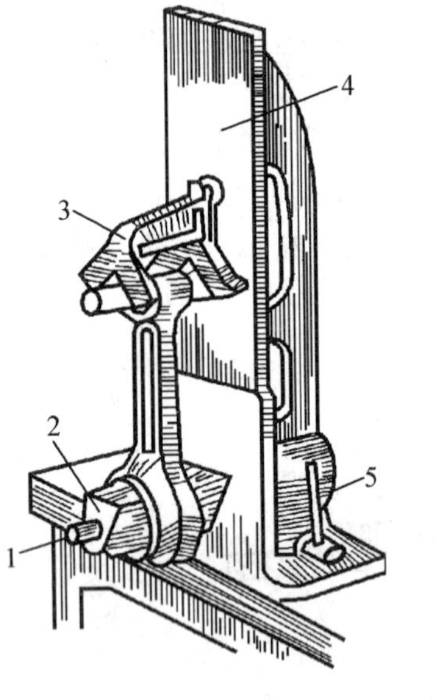


图 3-31 连杆检测

1—调整螺钉；2—支承轴；3—量规；4—检验平板；5—锁紧支承轴板杆

(1) 连杆弯曲、扭曲的检查与校正。连杆弯曲、扭曲，会导致活塞偏缸，引起活塞与气缸、连杆轴瓦与轴颈偏磨，发动机工作受到较大影响。

连杆的弯曲、扭曲检验要在连杆校验仪(图 3-31)上进行。检验时，首先将连杆大端的轴承盖装好，不装连杆瓦，并按规定的扭力将连杆螺栓拧紧，同时将心轴装入连杆小端衬套孔中。然后将连杆大端套装在连杆校验仪支承轴 2 上，通过调整螺钉 1 使支承轴扩张将连杆固定在校验台上。

连杆校验仪的测量工具是一个有 V 形槽的量规(也称三点规，图 3-31 的 3)。量规上的三点构成的平面与 V 形槽的对称平面垂直，下面两测量点的距离为 100mm，上测量点与两个下测量点的距离也是 100mm。

测量时，将量规的 V 形槽靠在心轴上并推向检验平板 4。如量规的三个点都与校验平板接触，说明连杆不变形。若上测点与平板接触，两个下测点不接触且与平板的间隙一致，或下两测点与平板接触，而上测点不接触，表明连杆弯曲(图 3-32)，可用塞尺测出测点与平板之间的间隙，即为该连杆在 100mm 的弯曲量。若只有一个下测点与平板接触，另一下测点与平板不接触(图 3-33)，且间隙为上测点与平板间隙的两倍，这时下测点与平板的间隙即为该连杆在 100mm 的扭曲度。

有时连杆会出现双重弯曲(图 3-34)，检查时先测量连杆小端面与平板的距离，再将连杆翻转 180°，按同样方法测量该距离，如果两次测量的数值不一样，说明连杆有双重弯曲，量程测量值之差为连杆双重弯曲度。

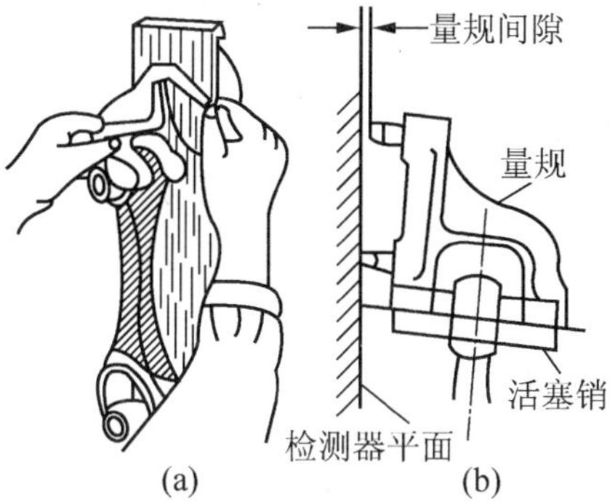


图 3-32　连杆弯曲检测

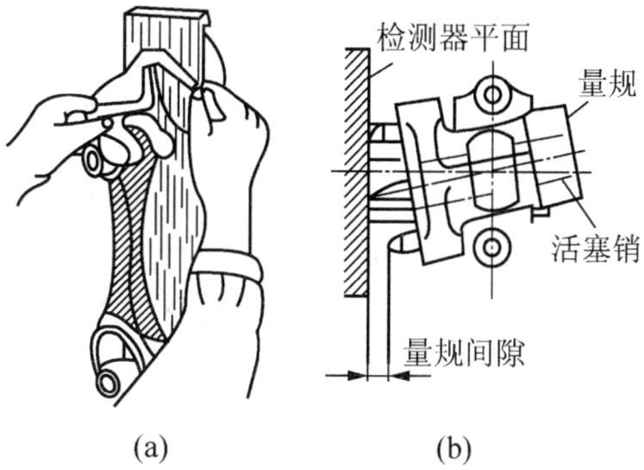


图 3-33　连杆扭曲检测

有的连杆校验仪采用百分表测量，其原理是一样的。

一般要求连杆在 100mm 长度上的弯曲度不大于 0.03mm，扭曲量不得大于 0.06mm，若超过应进行校正(双重弯曲度连杆不进行校正，应予以更换)。

连杆的弯曲和扭曲的校正如图 3-35 所示，一般是先校正扭曲，后校正弯曲。由于常温下校正连杆会发生弹性变形，对校正量较大的连杆，应加热到 573K，保温处理一段时间。

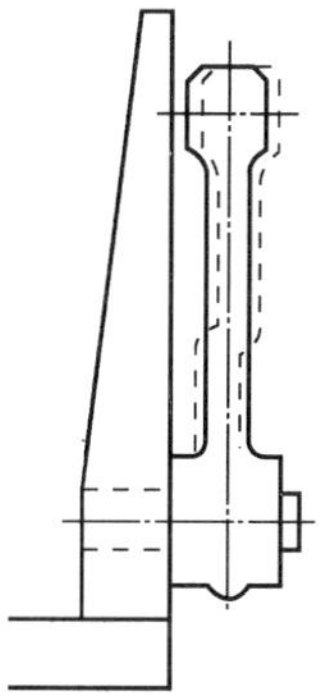

图 3-34　连杆双重弯曲检测

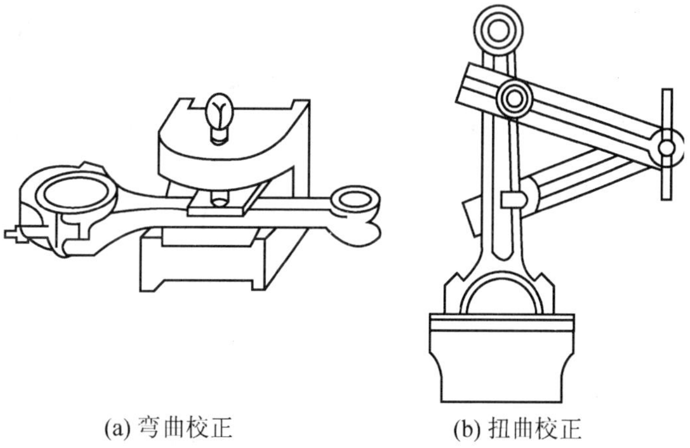


图 3-35　连杆校正

(2) 连杆轴向间隙检查。连杆轴向间隙是指连杆大头侧端面与曲轴连杆轴颈端面的间隙。该间隙过小，容易造成连杆运动阻卡；间隙过大，容易产生异响。

检查时将连杆安装在曲轴上，百分表表头靠在连杆端面(图 3-36)，轴向移动连杆，测量轴向间隙。如桑塔纳 2000GSi 连杆的轴向间隙为 0.10～0.35mm，磨损极限值为 0.40mm。

(3) 连杆径向间隙检查。该项检查实际上是检查连杆瓦与曲轴连杆轴颈之间的径向间隙；该间隙过小，容易产生“拉瓦、抱轴”；间隙过大，会导致异响、机油压力下降和做功能力下降等不良后果。

检查时先拆下连杆轴承盖，清洁连杆轴瓦和曲轴轴颈。将塑料间隙测量片沿着轴向置于轴颈上(图 3-37)。装上连杆轴承盖，按规定力矩紧固连杆螺栓(注意不要转动曲轴)，然后拆下连杆轴承盖，测量塑料间隙测量片压扁后的厚度，与规定值相比较。如桑塔纳2000GSi 连杆螺栓紧固力矩为 30N·m，连杆的径向间隙为 0.024～0.048mm，磨损极限值为 0.12mm。不符合要求应重新配瓦或磨修曲轴。

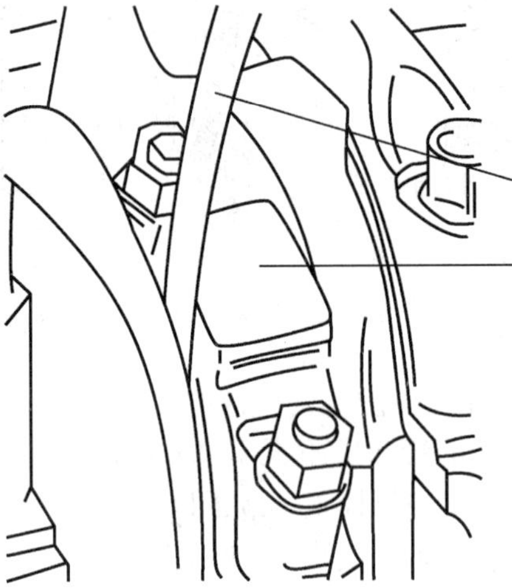


图 3-36 连杆轴向间隙检查

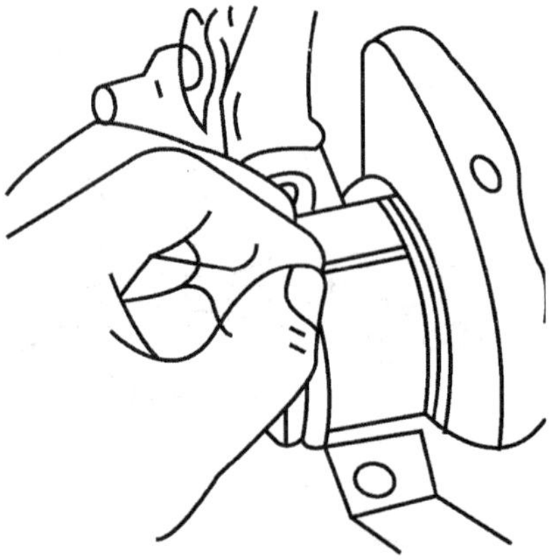

图 3-37 在曲轴轴颈上放置塑料测量片

4. 连杆衬套的检查与维修

连杆衬套承受着复杂的作用力，又是铜合金材料，容易产生磨损，引起活塞销响，所以在发动机大修时，或更换活塞、活塞销的同时，必须更换连杆衬套，以恢复其正常配合。

(1) 连杆衬套的检查。连杆衬套与连杆小头一般应有一定的过盈量，如已经出现松动，一定要更换。

连杆衬套偏磨，或与活塞销间隙过大，也应更换，两者正常配合间隙只有 0.005～0.010mm，可以采用千分尺分别测量活塞销外径和连杆衬套内径后计算出来，一般采用经验方法检验，方法是用大拇指能把活塞销推入连杆衬套内，并没有间隙感觉即可，如图 3-38 所示。

(2) 连杆衬套的更换。先用专用工具将旧连杆衬套压出，清理连杆小头，分别测量连杆小头内径和新衬套外径，其差值就是衬套的过盈量，一般为 0.06～0.10mm。过盈量过小，容易产生连杆衬套在工作时松动走外圆；过盈量过大，容易在安装衬套时胀裂。

新衬套的压入可在台虎钳上进行，衬套倒角应朝向连杆小头倒角一侧，并将其放正，同时对正衬套的油孔和连杆小头油孔(图 3-39)，确保润滑油畅通。

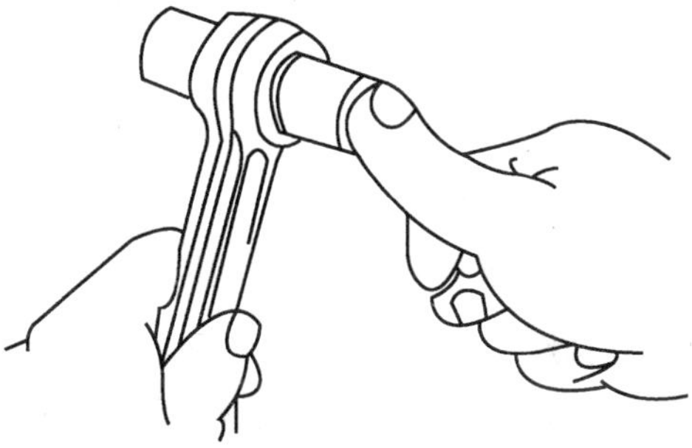

图 3-38　检查活塞销与连杆衬套的配合

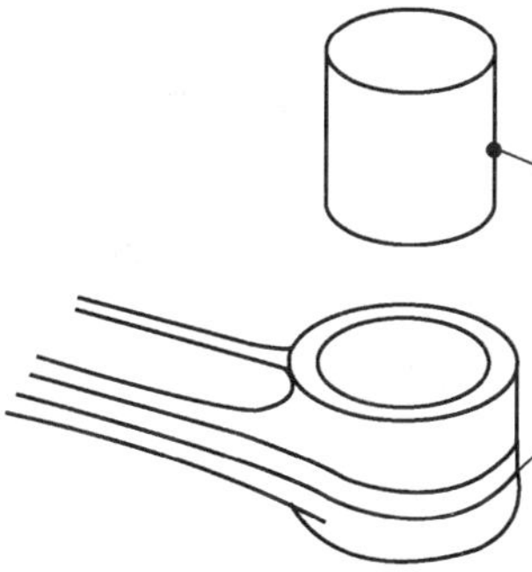


图 3-39　连杆衬套油孔对准连杆油孔

(3) 连杆衬套的铰削。根据活塞销的尺寸选择相应的长刃活动铰刀，将铰刀的刀把夹入台虎钳，并与钳口平面保持垂直。

将连杆衬套孔套入铰刀，一手托住连杆大头，一手压下连杆小头，以刀刃刚露出衬套上端面 3～5mm 作为第一刀铰削量。铰削时应均匀扳转连杆大端，始终保持连杆轴线垂直铰刀轴线(图 3-40)，铰削至刀刃下端与连杆衬套平齐时停止铰削，压下连杆从铰刀下方退出，并在不调整铰刀的情况下从反向再铰一次。

以后各刀各旋转铰刀调整螺母 60°～90°，重复上述方法进行铰削。每铰削一次，都要用活塞销试配，以防止铰大。当铰削到用手掌力能将活塞销推入衬套的 1/3 时停止铰削。用木锤将活塞销打入衬套内，并夹在台虎钳上左右扳转连杆(图 3-41)，再压出活塞销，视其压痕用刮刀修刮，要求接触面呈点状均匀分布，轻重一致，面积在 75%以上，用大拇指能把活塞销推入连杆衬套内，并没有间隙感觉。

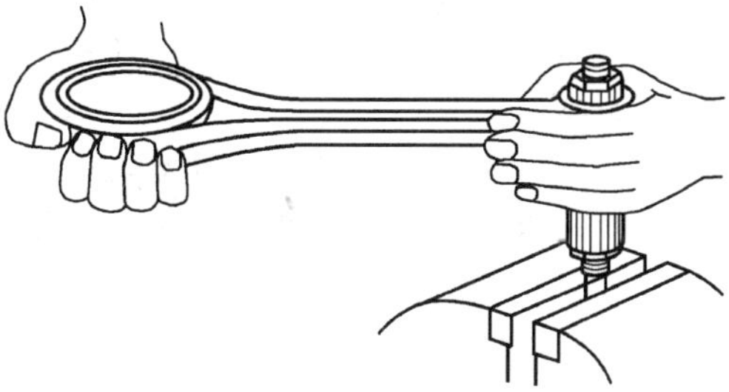

图 3-40　连杆衬套铰削

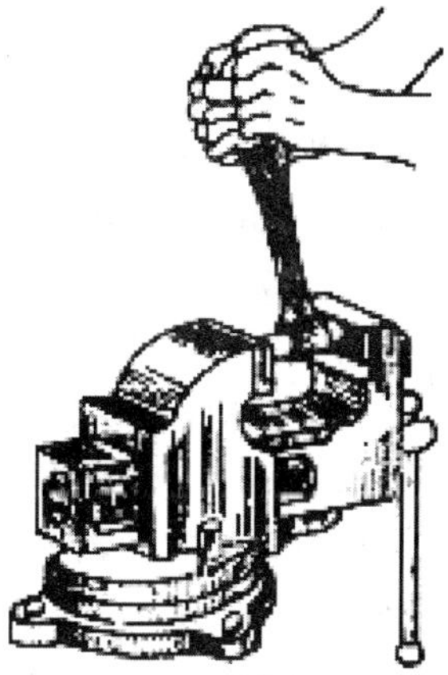

图 3-41　左右转动连杆

5. 连杆其他缺陷检修

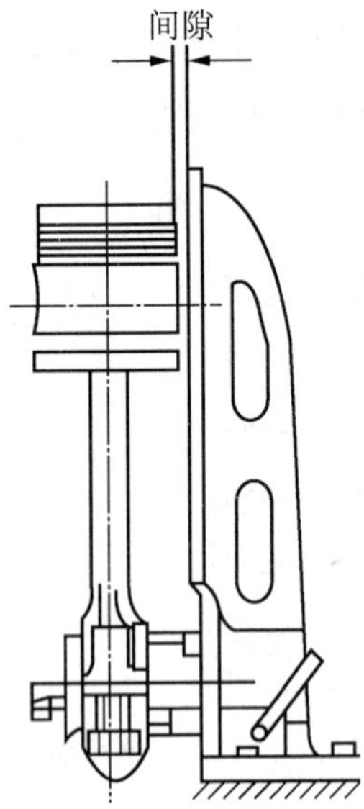

图 3-42　活塞连杆组垂直度检查

目测连杆发现裂纹，应该立即更换。内部裂纹则需要用磁力探伤仪等检测，一经发现，立即更换。

连杆轴承孔的圆柱度误差应不大于0.025mm，可用量缸表检测。不符应修理或更换。

连杆杆身与下盖结合面应平整，两结合面与平板缝隙不大于0.026mm，否则应修理或更换。

连杆螺钉应无裂纹、拉长或滑牙，严禁使用普通螺钉代替连杆螺钉。

6. 活塞连杆组垂直度检查

活塞与连杆装合后，还应该进行活塞轴线与连杆大端轴承孔垂直度检查，方法是将活塞连杆组套装在连杆校验仪上(图 3-42)，用塞尺分别测量活塞顶部前后方向的边缘与平板的间隙应该一致，两次测量的差值即为垂直度，要求在 0.05～0.08mm，超过应分析原因，重新校正。

## 任务 3.2　发动机曲轴飞轮组件的结构与维修

故障案例：

桑塔纳 2000GSi 汽车发动机变速时，可以听见明显的“镗镗”异响，并且伴随机油压力下降现象。

### 3.2.1　曲轴飞轮组件的结构原理

曲轴飞轮组件主要由曲轴、飞轮和一些附件组成(图 3-43)。

1. 曲轴

曲轴是发动机最重要的机件之一，起传递动力和改变运动方向的作用，它将动力传给底盘的传动机构，同时驱动配气机构和其他辅助装置，如风扇、水泵、发电机等。

曲轴一般用中碳钢或中碳合金钢模锻而成，轴颈表面经高频淬火或氮化处理，并经精磨加工，以达到较高的表面硬度和表面粗糙度要求。

曲轴一般由主轴颈 5，曲柄销(连杆轴颈)7、曲柄臂 6、平衡重块 8 等组成。一个主轴颈、一个连杆轴颈和一个曲柄臂组成了一个曲柄，直列式发动机曲轴的曲柄数目等于气缸数；V 形发动机曲轴的曲柄数等于气缸数的一半。

主轴颈是曲轴的支承部分，通过主轴瓦支承在曲轴箱的主轴承座中。曲轴的支承方式一般有两种，一种是全支承曲轴，另一种是非全支承曲轴(图 3-44)。

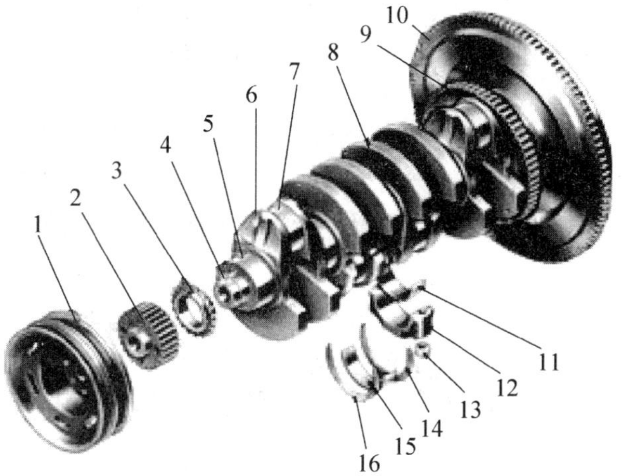


**图 3-43　桑塔纳 2000GSi 曲轴飞轮组件**

1—曲轴带轮；2—曲轴正时齿形带轮；3—曲轴链轮；4—曲轴前端；5—曲轴主轴颈；6—曲柄臂；7—曲柄销(连杆轴颈)；8—平衡重块；9—转速传感器脉冲轮；10—飞轮；11、15—主轴承；12—主轴承盖；13—螺母；14、16—止推垫片

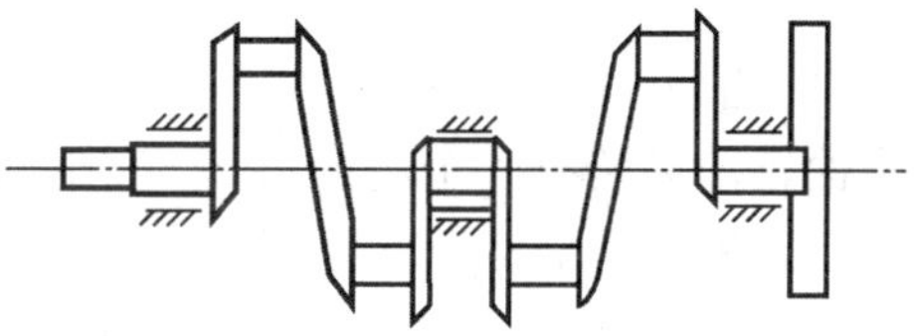

(a) 非全支承

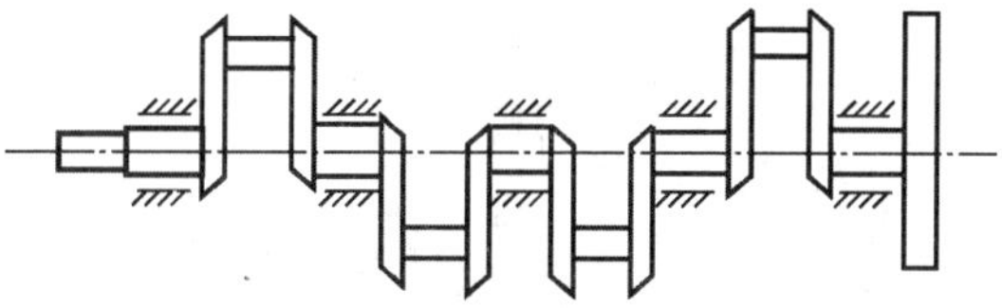

(b) 全支承

**图 3-44　曲轴的支承方式**

全支承曲轴的主轴颈数比气缸数目多一个，即每一个连杆轴颈两边都有一个主轴颈。这种支承，曲轴的强度和刚度都比较好，并且减轻了主轴瓦载荷，减小了磨损。

非全支承曲轴的主轴颈数比气缸数目少或与气缸数目相等，主轴瓦载荷较大，但缩短了曲轴的总长度，使发动机的总体长度有所减小。

有的大型发动机曲轴采用组合式，由若干段组合在一起，由滚动轴承支承在机体上。

曲柄销(连杆轴颈)是曲轴与连杆的连接部分，直列发动机的连杆轴颈数目和气缸数相等。V 形发动机的连杆轴颈数等于气缸数的一半。

曲柄臂是主轴颈和连杆轴颈的连接部分。为了平衡惯性力，曲柄臂处铸有(或紧固有)平衡重块。它用来平衡发动机不平衡的离心力矩，有时还用来平衡一部分往复惯性力，使曲轴旋转平稳。

对于4缸、6缸等多缸发动机，由于轴柄对称布置，往复惯性力和离心力及其产生的力矩，从整体上看相互平衡。如图3-45(a)所示4缸机第一和第四连杆轴颈的离心力 $F_1$ 和 $F_4$ 与第二和第三连杆轴颈的离心力 $F_2$ 和 $F_3$ 因大小相等、方向相反而互相平衡；$F_1$ 和 $F_2$ 形成的力偶矩 $M_{1-2}$ 与 $F_3$ 和 $F_4$ 形成的力偶矩 $M_{3-4}$ 也能互相平衡。但两个力偶矩都给曲轴造成了弯曲载荷，曲轴若刚度不够就会产生弯曲变形，引起主轴颈和轴瓦偏磨。为了减轻主轴瓦负荷，一般都在曲柄的相反方向设置平衡重，如图3-45(b)所示。

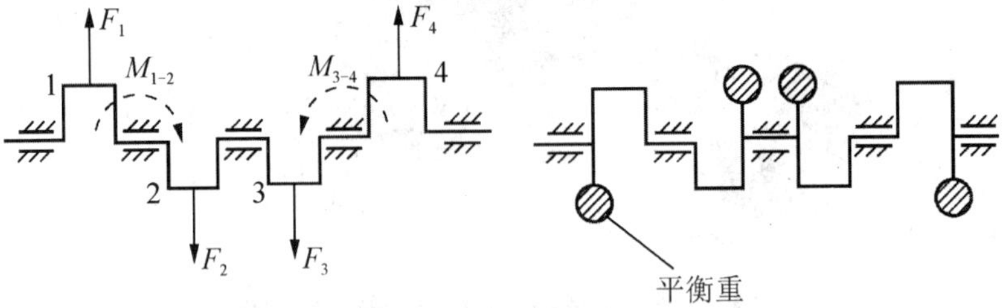


(a) 受力　　(b) 惯性力平衡

**图3-45　4缸机曲轴受力与平衡**

在一些发动机上，还采用加装平衡轴的方法进行惯性力的平衡，使发动机运转更加平稳。

曲轴前端(图3-46)装有定时齿轮4、驱动风扇和水泵的带轮7以及起动爪8等。为了防止机油沿曲轴轴颈外漏，在曲轴前端装有一个甩油盘5，它随曲轴转动，将漏出的机油甩回油底壳。甩油盘外斜面向后，安装时应注意，否则会产生相反效果。在齿轮室盖上装有油封6，防止机油外漏。

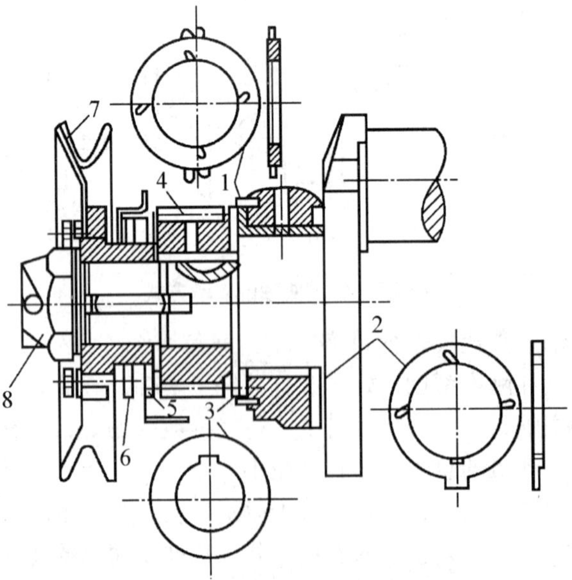


**图3-46　曲轴前端结构**

1—滑动推力轴承；2、3—止推片；4—定时齿轮；
5—甩油盘；6—油封；7—带轮；8—起动爪

由于曲轴经常受到离合器施加于飞轮的轴向力作用，有的曲轴前端采用斜齿传动，使曲轴产生前后窜动，影响了曲柄连杆机构各零件的正确位置，增大了发动机磨损、异响和振动，所以必须进行曲轴轴向定位。另外，曲轴工作时会受热膨胀，还必须留有膨胀的余地。

曲轴轴向定位一般采用滑动止推轴承，安装在曲轴前端或中后部主轴颈上。止推轴承有两种形式：翻边主轴瓦的翻边部分或具有减磨合金层的止推片 2、3，磨损后可更换。

曲轴的后端用来安装飞轮，在后轴颈与飞轮凸缘之间制成挡油凸缘与回油螺纹，以阻止机油向后窜漏。有的曲轴后端还装有转速传感器脉冲轮，用来传递曲轴转动信息。

为了润滑曲轴主轴颈和连杆轴颈，在轴颈上还钻有油孔，并有斜油道相通，再与机体的主油道连通。

曲轴的形状取决于气缸数、气缸排列和发动机的点火顺序。多缸发动机的点火顺序应均匀分布在 720°曲轴转角内，并且使连续做功的两缸相距尽可能远，以减轻主轴瓦的载荷，避免可能发生的进气重叠现象。

4 缸四冲程发动机的点火间隔角为 720°/4＝180°，4 个曲柄布置在同一平面内(图 3－47)。1、4 缸与 2、3 缸互相错开 180°，其点火顺序的排列有两种可能，即 1—3—4—2 或 1—2—4—3，其工作循环分别见表 3－3 和表 3－4。

6 缸四冲程直列发动机的点火间隔角为 720°/6＝120°，6 个曲柄分别布置在三个平面内(图 3－48)，有两种点火顺序，即 1—5—3—6—2—4 和 1—4—2—6—3—5，国产汽车都采用前一种，其工作循环见表 3－5。

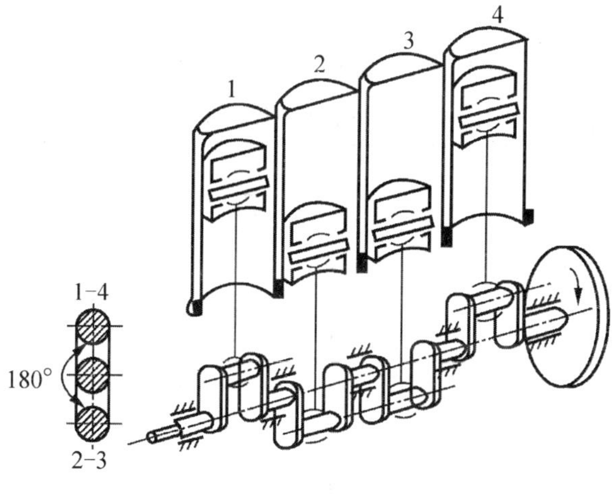


**图 3－47　4 缸四冲程发动机曲柄布置**

**表 3－3　4 缸机工作循环(点火顺序 1—3—4—2)**

| 曲柄转角/(°) | 第一缸 | 第二缸 | 第三缸 | 第四缸 |
|---|---|---|---|---|
| 0～180 | 做功 | 排气 | 压缩 | 进气 |
| 180～360 | 排气 | 进气 | 做功 | 压缩 |
| 360～540 | 进气 | 压缩 | 排气 | 做功 |
| 540～720 | 压缩 | 做功 | 进气 | 排气 |

表 3-4　4 缸机工作循环(点火顺序 1—2—4—3)

| 曲柄转角/(°) | 第一缸 | 第二缸 | 第三缸 | 第四缸 |
|---|---|---|---|---|
| 0～180 | 做功 | 压缩 | 排气 | 进气 |
| 180～360 | 排气 | 做功 | 进气 | 压缩 |
| 360～540 | 进气 | 排气 | 压缩 | 做功 |
| 540～720 | 压缩 | 进气 | 做功 | 排气 |

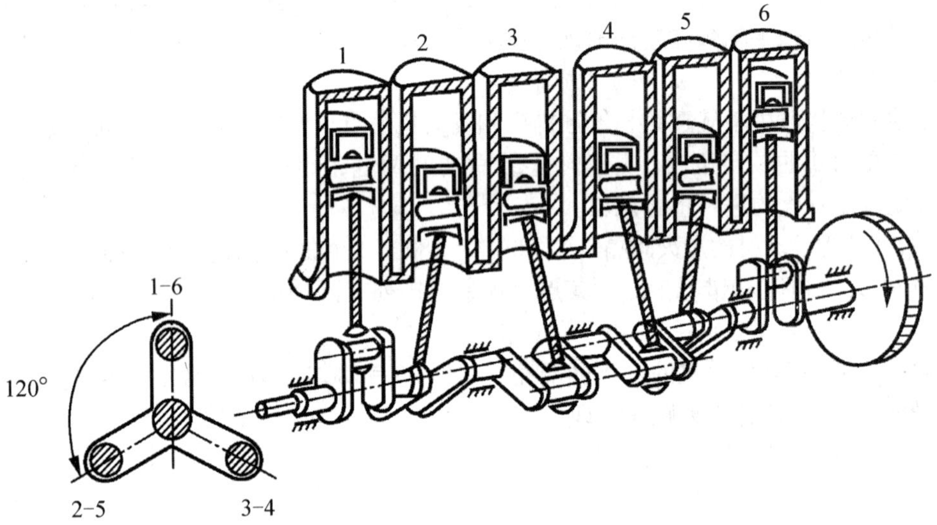


图 3-48　6 缸四冲程发动机曲柄布置

表 3-5　6 缸机工作循环(点火顺序 1—5—3—6—2—4)

<table>
<tr><th colspan="2">曲柄转角/(°)</th><th>第一缸</th><th>第二缸</th><th>第三缸</th><th>第四缸</th><th>第五缸</th><th>第六缸</th></tr>
<tr><td rowspan="3">0～180</td><td>60</td><td rowspan="3">做功</td><td rowspan="2">排气</td><td>进气</td><td>做功</td><td rowspan="2">压缩</td><td rowspan="3">进气</td></tr>
<tr><td>120</td><td rowspan="3">压缩</td><td rowspan="3">排气</td></tr>
<tr><td>180</td><td rowspan="3">进气</td><td rowspan="3">做功</td></tr>
<tr><td rowspan="3">180～360</td><td>240</td><td rowspan="3">排气</td><td rowspan="3">压缩</td></tr>
<tr><td>300</td><td rowspan="3">做功</td><td rowspan="3">进气</td></tr>
<tr><td>360</td><td rowspan="3">压缩</td><td rowspan="3">排气</td></tr>
<tr><td rowspan="3">360～540</td><td>420</td><td rowspan="3">进气</td><td rowspan="3">做功</td></tr>
<tr><td>480</td><td rowspan="3">排气</td><td rowspan="3">压缩</td></tr>
<tr><td>540</td><td rowspan="3">做功</td><td rowspan="3">进气</td></tr>
<tr><td rowspan="3">540～720</td><td>600</td><td rowspan="3">压缩</td><td rowspan="3">排气</td></tr>
<tr><td>660</td><td rowspan="2">进气</td><td rowspan="2">做功</td></tr>
<tr><td>720</td><td>排气</td><td>压缩</td></tr>
</table>

8 缸四冲程 V 形发动机的点火间隔角为 720°/8=90°，发动机左右两列对应的一对连杆共用一个曲柄，所以 V 形八缸发动机只有四个曲柄(图 3-49)。曲柄布置可以

与 4 缸发动机相同，4 个曲柄布置在同一平面内，也可以布置在两个互相错开 90°的平面内，使发动机得到更好的平衡。点火顺序为 1—8—4—3—6—5—7—2。其工作循环见表 3-6。

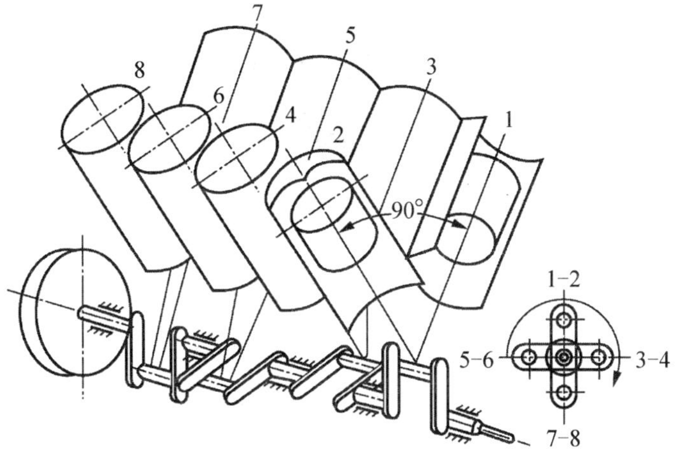


图 3-49　8 缸四冲程发动机曲柄布置

表 3-6　8 缸机工作循环(点火顺序 1—8—4—3—6—5—7—2)

<table>
<tr><th colspan="2">曲柄转角/(°)</th><th>第一缸</th><th>第二缸</th><th>第三缸</th><th>第四缸</th><th>第五缸</th><th>第六缸</th><th>第七缸</th><th>第八缸</th></tr>
<tr><td rowspan="2">0～180</td><td>90</td><td rowspan="2">做功</td><td>做功</td><td>进气</td><td rowspan="2">压缩</td><td>排气</td><td rowspan="2">进气</td><td rowspan="2">排气</td><td>压缩</td></tr>
<tr><td>180</td><td rowspan="2">排气</td><td rowspan="2">压缩</td><td rowspan="2">进气</td><td rowspan="2">做功</td></tr>
<tr><td rowspan="2">180～360</td><td>270</td><td rowspan="2">排气</td><td rowspan="2">做功</td><td rowspan="2">压缩</td><td rowspan="2">进气</td></tr>
<tr><td>360</td><td rowspan="2">进气</td><td rowspan="2">做功</td><td rowspan="2">压缩</td><td rowspan="2">排气</td></tr>
<tr><td rowspan="2">360～540</td><td>450</td><td rowspan="2">进气</td><td rowspan="2">排气</td><td rowspan="2">做功</td><td rowspan="2">压缩</td></tr>
<tr><td>540</td><td rowspan="2">压缩</td><td rowspan="2">排气</td><td rowspan="2">做功</td><td rowspan="2">进气</td></tr>
<tr><td rowspan="2">540～720</td><td>630</td><td rowspan="2">压缩</td><td rowspan="2">进气</td><td rowspan="2">排气</td><td rowspan="2">做功</td></tr>
<tr><td>720</td><td>做功</td><td>进气</td><td>排气</td><td>压缩</td></tr>
</table>

2. 曲轴扭转减振器

曲轴转速高达 6000r/min 以上，转速变化范围大，在发动机工作过程中，经连杆传给连杆轴颈的作用力的大小和方向都是周期性变化的，所以曲轴旋转速度也是忽快忽慢呈周期性变化的，导致曲轴产生扭转振动。当振动强烈时甚至会扭断曲轴。扭转减振器的功用就是吸收曲轴扭转振动的能量，消减扭转振动，避免发生强烈的共振及其引起的严重恶果。

目前用的较多的是橡胶式曲轴扭转减振器(图 3-50)，皮带轮毂 5 固定在曲轴前端，通过橡胶垫 1 和橡胶体 4 分别与带轮(前惯性盘)2 和后惯性盘 3 连接。当曲轴转动发生扭转时，因后惯性盘及带轮惯性盘转动惯量大，角速度均匀，从而使橡胶体和橡胶垫产生很大的交变剪切变形，消耗了曲轴扭转能量，减轻了共振。

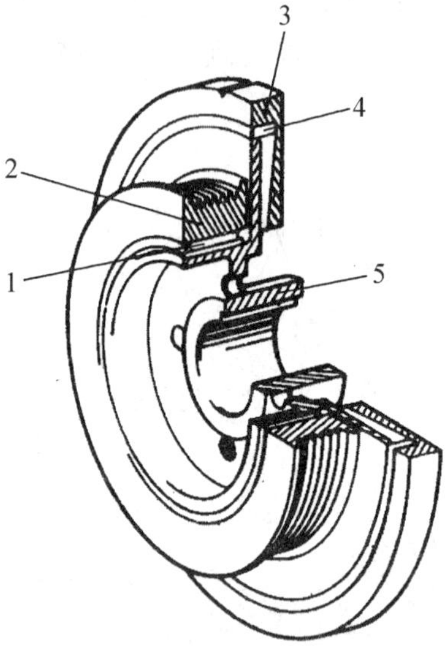


图 3-50 曲轴扭转减振器

1—橡胶垫；2—带轮(前惯性盘)；
3—后惯性盘；4—橡胶体；5—皮带轮毂

3. 飞轮

它是一个很重的铸铁圆盘(图 3-51)，用螺栓固定在曲轴后端的接盘上，具有很大的转动惯量。其主要功用是用来储存做功行程的能量，用于克服进气、压缩和排气行程的阻力和其他阻力，使曲轴能均匀地旋转。飞轮外缘压有齿圈与起动电机的驱动齿轮啮合，供起动发动机用。汽车离合器也装在飞轮上，利用飞轮后端面作为驱动件的摩擦面，用来对外传递动力。

图 3-51 飞轮

在飞轮轮缘上作有记号(刻线或销孔)供寻找压缩上止点用。当飞轮上的记号与外壳上的记号对正时，正好是压缩上止点。有的还有进、排气相位记号的供油(柴油机)或点火(汽油机)记号。

飞轮与曲轴在制造时一起进行过动平衡实验，在拆装时应严格按相对位置安装。飞轮紧固螺钉承受作用力大，应按规定力矩和正确方法拧紧。

### 3.2.2 发动机变速异响和机油压力下降的故障分析

根据故障案例，发动机变速异响和机油压力下降的可能原因主要是曲轴磨损或变形等。

### 3.2.3 曲轴飞轮组件的检查与维修

1. 曲轴的检查与维修

曲轴是发动机的主要部件，转速高达 6000r/min 以上，承受复杂的交变应力作用，常常会引起曲轴弯曲、扭曲、轴颈磨损、烧伤、轴向与径向间隙过大、裂纹等缺陷，应及时检查排除。

(1) 曲轴裂纹的检查。曲轴裂纹常发生在曲柄销与曲柄及曲柄与主轴颈的接合处(危险断面处)，应及时排查，以免造成严重后果。

曲轴裂纹可用磁粉探伤机或超声波探伤仪进行检查。检查时，先把曲轴用探伤机磁化，再用干燥的细铁屑撒在需要检查的部位，同时用小锤轻轻敲击曲轴，这时注意观察，在铁屑聚积的中间就有清楚的裂纹。

如果缺乏上述设备，也可用锤击法进行粗略检查。检查前先清洗曲轴，然后将曲轴的两端支撑在木架上，用小锤子轻轻敲击每道曲柄。曲轴如无裂纹，会发出连续“锵锵”的金属尖锐声；曲轴如有裂纹，则发出不连续的“噗，噗”短促声音，然后就在这附近容易产生裂纹的部位，用放大镜仔细检查，如发现有油渍冒出一黑线的地方，就是裂纹所在。

还有一种检查方法，是将曲轴洗净后，再在曲轴表面均匀地涂上一层滑石粉，然后用锤子轻轻敲曲轴，曲柄如有裂纹，油渍就由裂纹内部渗出而使曲轴表面的滑石粉变成黄褐色。

(2) 曲轴弯曲检查与校正。曲轴弯曲是由于使用和维修不当造成的，如发动机超负荷工作，个别缸不工作或工作不均匀，主轴承孔同轴度偏差太大等，它将导致活塞连杆组和气缸的磨损，影响发动机的动力、经济性能和工作稳定性。

曲轴弯曲检查方法是用V形铁将曲轴两端水平支承在平台上(图3-52)，使百分表的测量头垂直抵压到中间主轴颈上。转动曲轴一周，百分表指针所指示的最大和最小读数差值的一半即为曲轴的直线度误差，其值一般应不大于0.03mm。直线度误差在0.03～0.07mm之间，可结合曲轴磨修予以修理；超过0.07mm，应进行压校或更换曲轴。

常用的曲轴校正方法有冷压校正、火焰校正和表面敲击校正。

冷压校正是将曲轴两端主轴颈用V形铁架上，用油压机沿与曲轴弯曲相反的方向加压(图3-53)，注意在压头与主轴颈间垫以铜块。由于曲轴的弹性作用，压弯量应为曲轴弯曲量的10～15倍，保持2～4min后即可基本校直。如弯曲量较大时，校压应分多次进行，以防曲轴折断，对球墨铸铁曲轴应特别注意这一点，压校后的曲轴应进行消除冷压时的内应力处理，方法是将校直的曲轴加热到573～773K，保温0.5～1h。

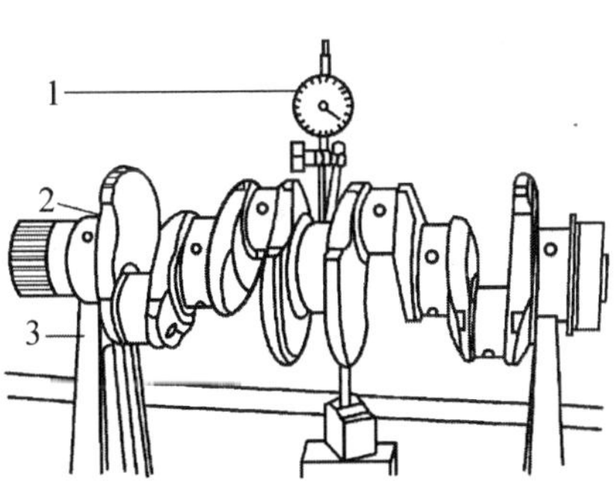


**图3-52　曲轴弯曲量检查**

1—百分表；2—曲轴；3—支架

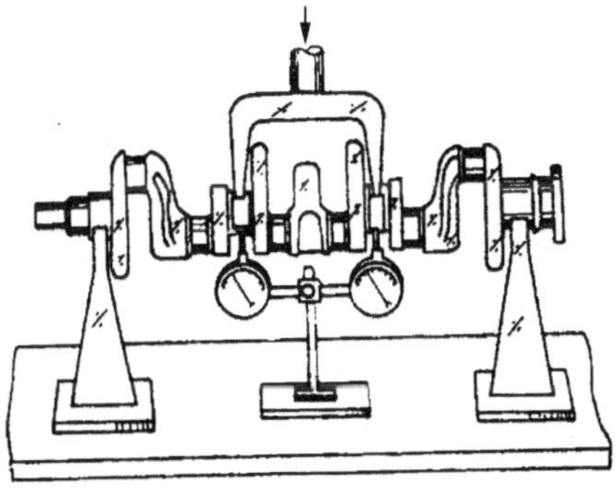

**图3-53　曲轴弯曲校正**

火焰校正是利用气焊炬对变形工件弯曲凸起的一点或几点迅速局部加热和急剧局部冷却，靠冷缩应力得到校正。

表面敲击校正是通过敲击曲柄表面，使其发生变形而得到校正。火焰校正和表面敲击校正都没有冷压校正好。

(3) 曲轴扭曲检查与校正。曲轴扭曲主要由烧瓦和活塞拉缸造成，起步过猛、紧急制动和超速、超载也会引起曲轴扭曲。曲轴扭曲将引起连杆轴颈分配角改变，使配气和点火正时改变。

曲轴扭曲可采用K形规测量，方法是将曲轴两端主轴颈用V形铁架上，用K形规靠在头尾两道连杆轴颈上(图3-54)，如果头尾连杆轴颈都与K形规两侧接触，说明曲轴没有扭曲；如果一道连杆轴颈接触，另一道只能单边接触，说明连杆扭曲，扭曲量可以通过百分表测量两个连杆轴颈的高度差$\Delta A$，通过公式$\theta=57\Delta A/R$($R$为曲轴曲柄半径)，求出曲轴扭转角$\theta$，如果$\theta$大于0°30′，就要进行校正。

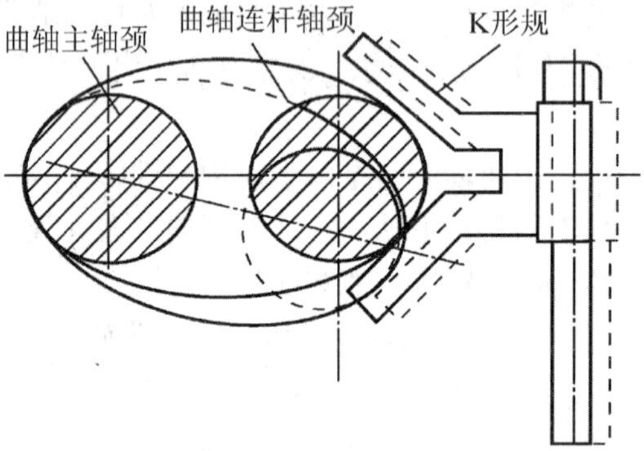


**图3-54　曲轴扭曲检查**

(4) 曲轴磨损测量。曲轴轴颈磨损后将出现失圆，曲轴主轴颈一般在靠近连杆轴颈一侧磨损较大，而连杆轴颈在靠近主轴颈一侧磨损较大(如图3-55加粗线段所示)，这主要是由曲轴旋转离心力所致，还有机油偏积在连杆轴颈上，也造成连杆轴颈的磨损不均匀。

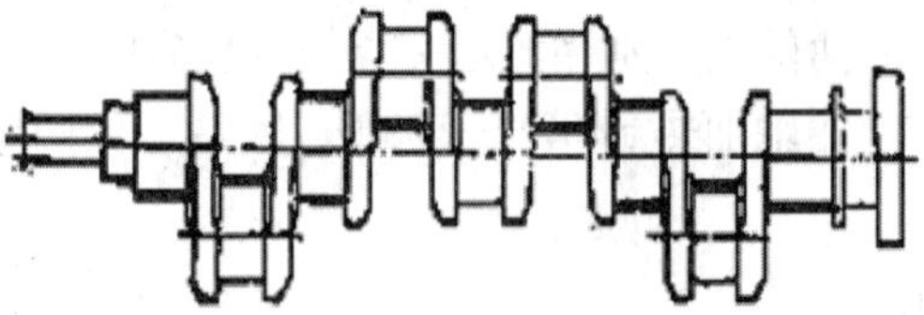

**图3-55　曲轴磨损特征**

曲轴磨损将导致机油压力下降，油膜形成困难，曲轴磨损加剧，严重的甚至造成烧瓦抱轴，曲轴断裂，应注意检查。

曲轴磨损可采用千分尺分别测量每道主轴颈与连杆轴颈的两个截面Ⅰ-Ⅰ、Ⅱ-Ⅱ的最大与最小尺寸(图3-56)，即可以计算出曲轴磨损量、圆度与圆柱度。

磨损量=标准直径-实际测量的最小直径

圆度=(相同截面最大直径-最小直径)/2

圆柱度=(不同截面最大直径-最小直径)/2

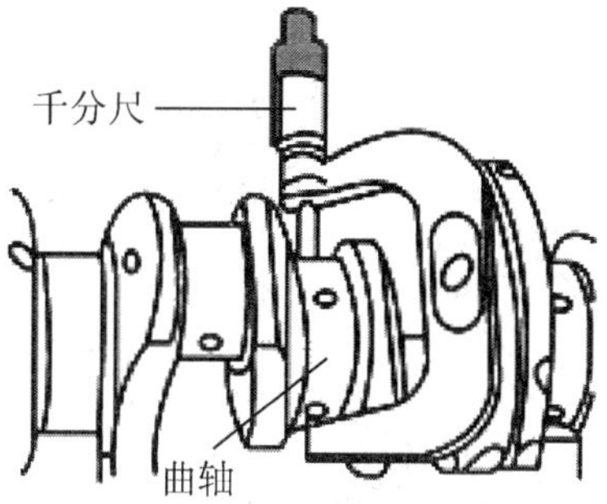


(a) 曲轴测量

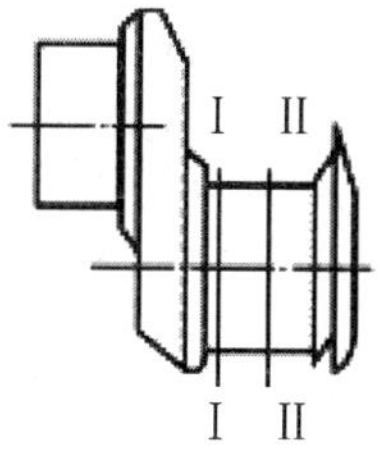


(b) 测量位置

**图 3-56　曲轴磨损测量**

一般曲轴圆度与圆柱度标准值为 0.01mm，极限值为 0.025mm。磨损量应不大于 0.15mm，超过上述任何一项标准要求时，就应按修理尺寸法对轴颈进行修磨，一般是 0.25mm 为一级磨修级别，可连续磨修 3～4 次。如桑塔纳 2000GSi 发动机曲轴磨修数据见表 3-7。磨修后的曲轴应配加大的主轴瓦和连杆瓦。

**表 3-7　曲轴的修理尺寸**

| 尺　寸 | 主轴颈/mm | | 连杆轴颈/mm | |
|---|---|---|---|---|
| 标准尺寸 | 54.00 | −0.022<br>−0.042 | 47.80 | −0.022<br>−0.042 |
| 第一次缩小尺寸 | 53.75 | −0.022<br>−0.042 | 47.55 | −0.022<br>−0.042 |
| 第二次缩小尺寸 | 53.50 | −0.022<br>−0.042 | 47.30 | −0.022<br>−0.042 |
| 第三次缩小尺寸 | 53.25 | −0.022<br>−0.042 | 47.05 | −0.022<br>−0.042 |

曲轴磨修应在专用的曲轴磨床上进行。

有些曲轴轴颈表面采用软氮化等处理，强化层有 0.20mm，有很高的硬度和耐磨性，不能进行修磨，俗称一次性曲轴。判断该曲轴能否继续使用的方法是将曲轴轴颈表面清洗干净，用 5%～10%的氯化铜溶液涂布表面，待 30～40s 后，如果表面不改变颜色可继续使用，如果溶液有浅蓝变成透明，轴颈表面变为铜色，说明强化层已经磨尽，应更换曲轴。

(5) 曲轴轴向间隙检查与调整。曲轴轴向间隙是指曲轴主轴颈侧面与主轴承盖之间的纵向配合间隙。该间隙过小，容易产生曲轴膨胀卡死故障；间隙过大，会导致曲轴窜动，产生异响。

曲轴轴向间隙测量方法如图 3-57 所示，将百分表头触及曲轴一端，轴向推动曲轴，观察百分表摆动情况，也可以用塞尺塞入主轴颈与主轴承盖之间测量。如超过极限值应更换或修磨曲轴止推垫片。如桑塔纳 2000GSi 发动机曲轴轴向间隙标准值为 0.07～0.21mm，磨损极限值为 0.30mm。

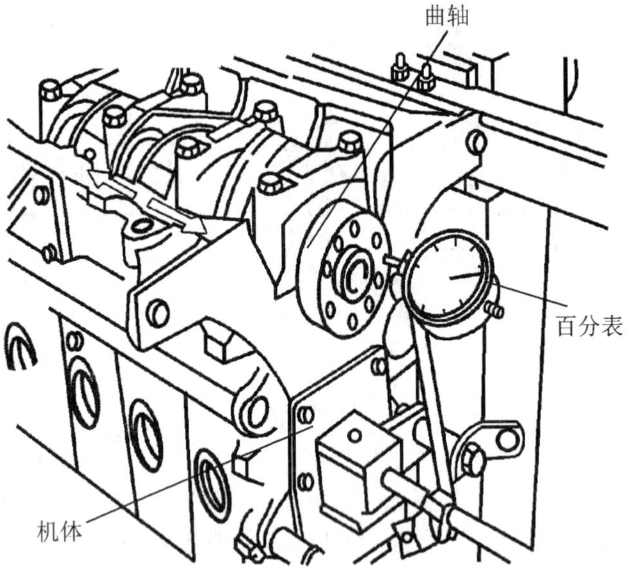


图 3-57　曲轴轴向间隙检查

(6) 曲轴径向间隙测量。曲轴径向间隙是指曲轴主轴颈与主轴瓦之间的配合间隙。该间隙过小，容易产生“抱轴”；间隙过大，会导致曲轴异响、机油压力下降、做功能力下降等不良后果。

可采用内径和外径千分尺分别测量主轴瓦内径和曲轴主轴颈外径后求其差值，也可以采用塑料间隙测量片塞入曲轴轴颈与主轴瓦之间测量(图 3-37)，塑料间隙测量片沿轴向置于轴颈上，按规定力矩紧固主轴承螺栓(不要转动曲轴)，测量压扁后的塑料间隙测量片的厚度，与规定值相比较。如桑塔纳 2000GSi 发动机该间隙标准值为 0.01～0.04mm，磨损极限值为 0.15mm，超过极限值应结合测量曲轴磨损变形，酌情磨修曲轴或配加厚的主轴瓦。

2. 曲轴轴瓦的检查与维修

曲轴轴瓦包括主轴瓦和连杆瓦，是发动机的易损件。常见的缺陷有轴瓦磨损、表面剥落、拉瓦等，拉瓦主要是机油压力过低，轴颈表面油膜形成困难引起的，一旦拉瓦，应立即停机维修。

轴瓦磨损导致曲轴径向间隙或连杆径向间隙达 0.15mm(轿车)时就应更换轴瓦，否则将引起机油压力急剧下降、缺油拉瓦的严重后果。大修的发动机必须更换全部轴瓦。

轴瓦的选配应根据曲轴轴颈尺寸确定，有标准和加大厚度的一系列尺寸供选择，如曲轴磨修一级，直径减小 0.25mm，应配+0.25mm 轴瓦。

现代轿车轴瓦表面有较高的粗糙度要求，不能刮削。但考虑野外作业需要，仍有部分汽车提供有刮削余量的轴瓦。

可刮削的轴瓦余量一般为 0.03～0.06mm，刮削时刮刀与轴瓦轴线保持 15°～20°夹角，走刀方向与轴瓦中心线成 45°左右夹角，用力均匀，避免刮刀跳动，刮削后与曲轴配合的接触面应达 75%以上，且分布均匀。

为了保证各轴瓦的同轴度，有条件的企业采用镗瓦机进行镗瓦，使发动机缸体在变形条件下也能保证各轴瓦的同轴度，提高了修理质量。

3. 飞轮的检查与维修

检查飞轮工作表面(与离合器摩擦片接触面)是否有明显的划伤沟槽、偏磨，严重时应更换。目测检查飞轮安装螺栓孔附近有无龟裂、损伤，必要时更换。

用直尺、塞尺或百分表检查飞轮的平面度，应不大于 0.10mm，否则应更换飞轮。与曲轴装配后端面圆跳动不得大于 0.15mm。

飞轮齿圈轮齿磨损严重或出现裂纹时，可将齿圈均匀加热至 373K 左右，然后轻轻敲下，再将新齿圈加热到 623～673K，趁热压装到飞轮上，以保证齿圈与飞轮有 0.30～0.60mm 过盈量。更换齿圈后，必须对飞轮进行静平衡试验，不平衡量不得超过 10g·cm。

4. 曲轴扭转减振器检查

检查扭转减振器的内环(轮毂)与外环(风扇带轮或平衡盘)之间的橡胶层是否脱层，内外层是否出现相对转动，装配记号是否错位，如有，说明减振器已经丧失工作能力，应予以更换。

## 项目小结

1. 曲柄连杆机构是将活塞顶的燃气压力转变为曲轴的转矩输出机械能的传动机构，它包括活塞连杆组件(活塞、活塞环、活塞销、连杆、连杆轴瓦等)及曲轴飞轮组件(曲轴、飞轮、主轴瓦、止推垫片、油封、扭转减振器、曲轴齿轮、曲轴带轮等)。

2. 活塞结构特点主要有上小下大，裙部椭圆，开有膨胀槽，顶部有各种形状的燃烧室。主要检修内容有活塞积炭清除、直径测量、活塞销孔铰削等。

3. 活塞环有气环和油环两类。气环起密封、传热作用，有矩形环、扭曲环、锥面环、梯形环、桶面环等各种截面形状；油环起布油、刮油、传热作用，有普通油环和组合油环两种。活塞环安装时应注意安装位置和方向。活塞环检修主要有三隙(闭口间隙、侧间隙、径向间隙)测量、漏光度测量和弹力测量。

4. 连杆大头有平分和斜分两种，通过连杆螺钉将连杆盖固定在杆身上。连杆检修主要有连杆弯、扭曲检查与校正、连杆轴向和径向间隙检查、连杆铜套刮配等。

5. 曲轴由主轴颈和连杆轴颈等组成，曲轴的曲柄布置应该使各缸点火顺序均匀分布在 720°曲轴转角内。根据曲轴的曲柄布置和点火顺序，可分析多缸发动机各缸的工作状况。曲轴检修主要有曲轴弯曲、扭曲检查与校正、曲轴轴向和径向间隙检查、曲轴磨修和主轴瓦刮配等。

6. 飞轮用于储存转动惯量，使发动机工作平稳。飞轮齿圈用于起动，飞轮圆周上止点等记号方便维修。

## 学习评价与技能测试

一、选择题

1. 下列说法正确的是(　　)。

A. 活塞一般制成上小下大的锥形或阶梯形
B. 活塞一般制成上大下小的锥形或阶梯形
C. 活塞内部的蛇形油管是为了得到良好润滑
D. 活塞一般制成上下直径相等的圆柱形

2. 活塞气环的主要作用是(    )。

A. 密封　　B. 布油　　C. 导热　　D. 刮油

3. 学生 a 说，锥面环外圆工作面上加工有 30°～45°锥面。学生 b 说，锥面环可以减小活塞环运动的摩擦力，还有利于磨合和密封。下列说法正确的是(    )。

A. 只有学生 a 正确　　B. 只有学生 b 正确
C. 学生 a 和 b 都正确　　D. 学生 a 和 b 都不正确

4. 学生 a 说，桶面环的外圆为凸圆弧形，对气缸表面的适应性和对活塞偏摆的适应性均较好，有利于密封，应该安装在第一道活塞环位置。学生 b 说，桶面环可以减小活塞环磨损。下列说法正确的是(    )。

A. 只有学生 a 正确　　B. 只有学生 b 正确
C. 学生 a 和 b 都正确　　D. 学生 a 和 b 都不正确

5. 学生 a 说，连杆轴瓦材料内表面浇铸有耐磨合金层，其耐磨合金层具有高硬度特点。学生 b 说，连杆轴瓦材料内表面常采用巴氏合金，其合金层具有质软特点。下列说法正确的是(    )。

A. 只有学生 a 正确　　B. 只有学生 b 正确
C. 学生 a 和 b 都正确　　D. 学生 a 和 b 都不正确

二、问答题

1. 图 3-58 是发动机活塞连杆组件结构图，请将下列名称填入相应的序号中，并且说明安装活塞环应注意的事项。

连杆轴瓦；活塞环；活塞；活塞销；连杆螺栓；连杆盖；连杆

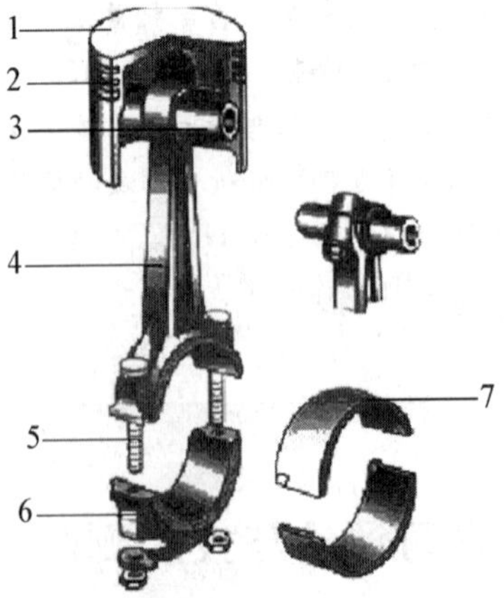


图 3-58　活塞连杆组件

2. 图 3-59 是发动机曲轴飞轮组件结构图，请将下列名称填入相应的序号中，并且说明曲轴止推片的作用原理。

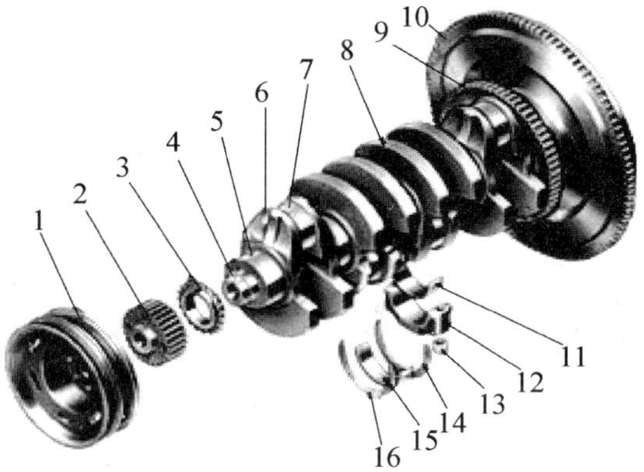


图 3－59　曲轴飞轮组件

曲柄臂；主轴瓦；曲轴带轮；平衡重块；螺母；曲轴正时齿形带轮；曲轴链轮；曲轴前端；止推垫片；连杆轴颈；转速传感器脉冲轮；飞轮；主轴瓦；主轴承盖

3. 有一台 4 缸内燃机，工作顺序为 1—3—4—2，当第 3 缸处于排气下止点时，请分析各缸活塞的工作状况。

三、实操题

1. 正确进行活塞环检测与判断。

2. 正确进行连杆检测与判断。

3. 正确进行曲轴检测与判断。

# 项目4

# 换气系统结构与维修

## 教学目标与要求

- 掌握换气系统的组成与基本工作原理
- 理解充气效率概念与影响因素
- 掌握配气定时概念及作用，学会配气定时检查调整
- 掌握换气系统主要部件的结构与工作原理
- 学会换气系统主要部件的检查与维修
- 学会换气系统的故障分析
- 理解可变气门控制系统的结构与工作原理
- 理解发动机废气涡轮增压的结构与工作原理

## 教学重点

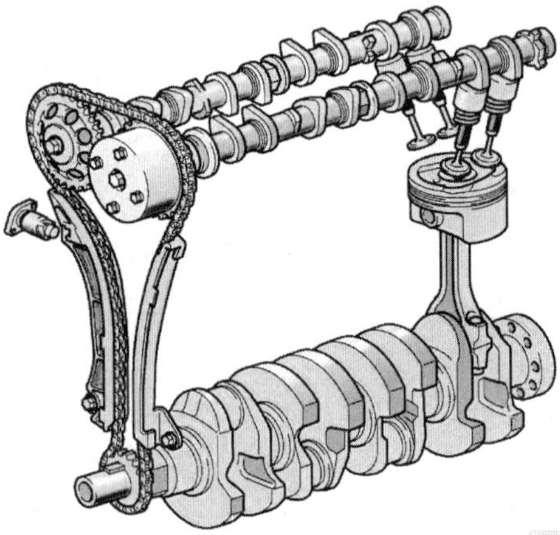

- 换气系统的组成与基本工作原理
- 充气效率和配气相位概念
- 换气系统主要部件的结构与工作原理
- 换气系统主要部件的检查

## 教学难点

- 充气效率和配气相位概念
- 可变气门控制系统的结构与工作原理
- 配气定时与气门间隙的检查调整

# 任务 4.1 认识换气系统

观察一台汽车发动机，看它是如何完成进、排气过程的。

## 4.1.1 换气系统的作用与总体组成

1. 换气系统的作用

换气系统的作用是按照发动机的要求，定时打开、关闭气缸进气门和排气门，使新鲜的空气或可燃混合气及时足量地进入气缸，燃烧产生的废气及时干净地排出气缸。

2. 换气系统的总体组成

换气系统主要由空气滤清器、进气管系、配气机构、排气管系和消声器等组成(图 4-1)。

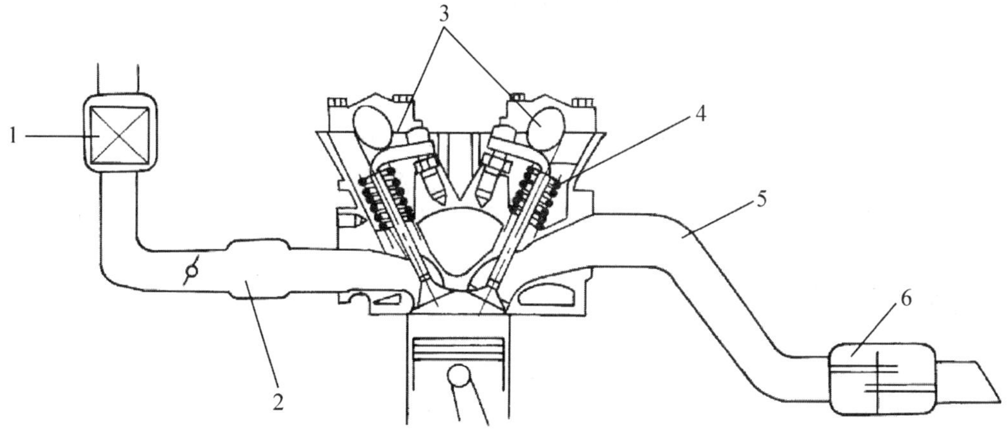


**图 4-1 发动机换气系统组成**

1—空气滤清器；2—进气管系；3、4—配气机构；5—排气管系；6—消声器

## 4.1.2 换气系统的基本工作原理

以顶置双凸轮轴齿形带传动的配气机构(图 4-2)为例，当发动机工作时，曲轴通过齿形带 3 带动进、排气凸轮轴旋转。当进气凸轮轴上某缸的进气凸轮克服气门弹簧力作用压下进气门时，进气门开启，活塞从上止点向下止点运动，吸入空气，空气经过空气滤清器过滤，经进气管道、进气门进入气缸；当进气凸轮轴转到凸轮的基圆段时，该进气门在气门弹簧作用下回位，关闭进气门，进气停止。

排气原理与进气类似，当排气凸轮轴带动某缸的排气凸轮压下排气门时，排气门开启，活塞从下止点向上止点运动，排出废气，废气经排气管道、消声器进入大气；当排气凸轮轴转到凸轮的基圆段时，该排气门在气门弹簧作用下回位，关闭排气门，排气停止。

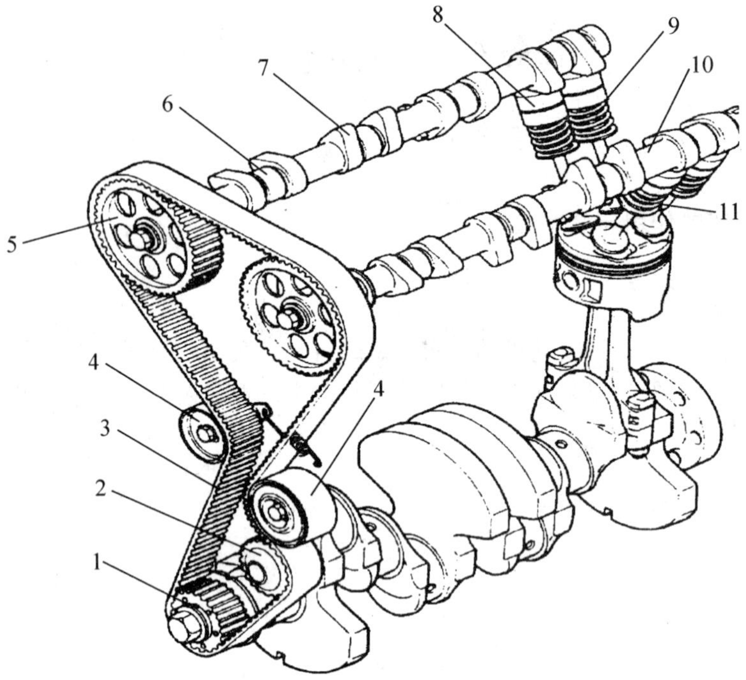


图 4-2　换气系统基本工作原理

1—曲轴正时带轮；2—中间轴正时带轮；3—齿形带；4—张紧轮；5—凸轮轴传动带轮；6—进气凸轮轴；7—凸轮；8—液压挺柱；9—进气门组件；10—排气凸轮轴；11—排气门组件

### 4.1.3　换气系统的性能指标

1. 充气效率

(1) 充气效率概念。充气效率指每循环实际进入气缸的充量与进气状态下充满气缸工作容积的理论充量的比值，是评价发动机换气过程完善程度的指标：

$$\eta_v=\frac{V_1}{V_h}=\frac{m_1}{m_S}$$

式中　$\eta_v$——充气效率；

$V_1$、$m_1$——实际进入气缸充量的体积、质量；

$V_h$、$m_s$——进气状态下充满气缸工作容积的理论充量的体积、质量。

进气状态是指当时、当地的大气状态(非增压机型)或增压器压气机出口的气体状态(增压机型)。

$\eta_v$ 高，表示每循环进入气缸的充量多，则发动机的功率、转矩增加，动力性、经济性能及排放性能好。

柴油机充气效率一般为 0.75～0.9，汽油机为 0.70～0.85。

(2) 充气效率影响因素分析。

① 进气终了气缸压力。进气终了气缸压力愈高，$\eta_v$ 值也愈大。

减少进气系统流通阻力，也可提高进气终了气缸压力。在使用中，应特别注意对空气滤清器的清洁维护，以保证进气畅通。

发动机增压，可以较大幅度地提高进气终了压力，有效改善发动机性能。

② 进气终了温度。进气终了温度越高，充入气缸中的介质密度越小，新鲜充量越少。

③ 气缸内残余废气数量。残余废气量增多，不仅使 $\eta_v$ 下降，而且使燃烧恶化，燃油消耗提高，排放恶化。提高压缩比，采用多排气门机构，合理的排气相位，都可以减少气缸内残余废气数量。

④ 配气定时(相位)。合理的配气定时对提高发动机的充气效率有重要的意义。它可以有效延长进、排气延续时间，利用气流惯性进行充气和排气。

2. 配气相位

(1) 概念。进、排气门实际开启和关闭的时刻所对应的曲轴转角就称配气定时，也称配气相位。

用环形图表示的配气相位就称为配气相位图(图 4-3)。

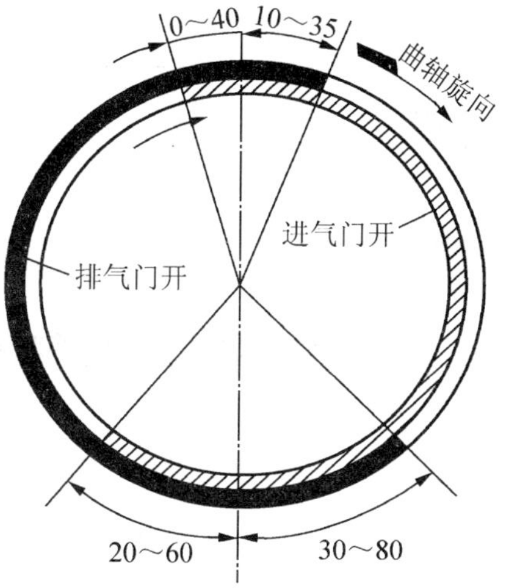


**图 4-3 配气相位图**

为了使进气充分，排气彻底，进气门在上止点前打开，下止点后关闭，而排气门则在下止点前打开，上止点后关闭。

(2) 配气相位相关参数。

① 进气提前角。指发动机从进气门打开时刻到活塞行至上止点所转过的曲轴转角。其目的是保证进气开始时，进气门已开启较大，增加进入气缸的新鲜气体或可燃混合气量。非增压发动机进气提前角一般在 0°～40°CA。该角度过小，进气充量增加少；该角度过大，又会导致废气流入进气管。

② 进气迟后角。指活塞从下止点行至进气门完全关闭时的曲轴转角。其目的是利用进气气流惯性和压力差继续进气。非增压发动机进气迟后角一般在 40°～70°CA。该角度过小，进气气流惯性未能得到充分利用，降低了进气充量；而该角度过大，进气气流惯性已用完，会导致已经进入气缸的新鲜充量又被排出。

③ 排气提前角。从排气门打开到活塞行至下止点所转过的曲轴转角。其目的是利用废气压力，使气缸内废气排得更干净。但排气提前角也不宜过大，否则将造成做功能力损失。非增压发动机一般在 45°～55°CA。

④ 排气迟后角。指活塞从上止点到排气门完全关闭所转过的曲轴转角。其目的是利用排气气流的惯性使废气排出更干净。非增压发动机该角度一般在 10°～35°CA。过大会造成排出的废气又被吸入气缸。

⑤ 气门重叠角。由于进、排气门的早开和迟闭，就会有一段时间内进、排气门同时开启的现象，这种现象称为气门重叠，重叠的曲轴转角称为气门重叠角。适宜的气门重叠角可以利用气流压差和惯性清除残余废气，增加新鲜充量，称此为燃烧室扫气。非增压发动机气门重叠角一般为 20°～80°CA，增压发动机一般为 80°～160°CA，所以增压发动机可以有效提高充气量。

不同发动机配气相位不同，如桑塔纳 2000 轿车配不同发动机的配气相位见表 4－1。

**表 4－1　桑塔纳 2000 轿车配气相位**

| 气门正时 | JV 型 | AFE 型 | AJR 型(凸轮轴行程 1mm 时) |
|---|---|---|---|
| 进气门开(上止点前) | 1° | 2° | 1.2°(上止点后) |
| 进气门关(下止点后) | 37° | 34° | 37.45° |
| 排气门开(下止点前) | 42° | 44° | 40.8° |
| 排气门关(上止点后) | 2° | 8° | 4.55° |

## 任务 4.2　空气滤清器与进排气管系检修

故障案例：

一辆桑塔纳 2000 轿车，起动正常，但行驶中加速不起来，有时发生抖动，发动机排气冒黑烟。

### 4.2.1　空气滤清器的结构与维修

1. 空气滤清器的作用

空气滤清器的作用是去除新鲜空气中的尘埃和油雾，减轻发动机气缸与活塞的磨损。

2. 空气滤清器的结构与工作原理

现代轿车常用干式纸滤芯空气滤清器(图 4－4)，在滤清器内装有纸滤芯，它是用经过树脂处理的微孔滤纸做成的，滤芯的上下两端由塑料密封圈密封。

发动机工作时，空气由盖与外壳间的空隙进入，经纸质滤芯过滤，进入进气总管。

3. 空气滤清器的分类

(1) 按工作原理分。有惯性式和过滤式两大类。惯性式是利用气流高速旋转的离心力作用，将空气中的尘埃和杂质分离；过滤式则是利用滤芯材料滤除空气的尘埃和杂质。根据发动机使用环境不同，可以采用其中的一种或两种(也称综合式)过滤方式。

(2) 按滤芯材料分。有纸滤芯、铁丝网滤芯等。纸滤芯具有质量轻、成本低、滤清效

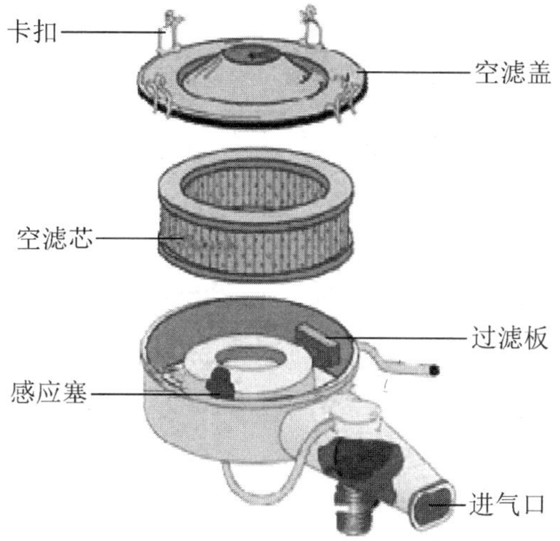


**图 4-4 综合式空气滤清器结构图**

1—螺杆；2—滤清器盖；3—气管；4—纸滤芯；5—滤芯支承盘；6—滤清器壳；
7—曲轴通风管；8—紧固夹螺栓；9—支承固定螺母；10—机油

果好等优点。纸质滤芯有干式和湿式两种。湿式纸质滤芯经油浸处理，使用寿命更长，滤清效果更好，但不能反复使用，需定期更换。干式纸质滤芯可以反复使用，广泛应用于汽车发动机上。

4. 空气滤清器的维护

空气滤清器纸滤芯使用一段时间后，外表面会集聚大量尘埃和杂质，给进气增加了阻力，降低充气效率，影响发动机的动力经济性能。应根据空气滤清器的维护周期，及时将滤芯取出，用软毛刷沿折缝方向轻轻刷去滤芯表面尘土，并轻轻敲击端面使尘土脱落；也可以用压缩空气从滤芯内向外吹气（图 4-5），注意气压不得超过 0.3MPa，以防损坏滤纸。

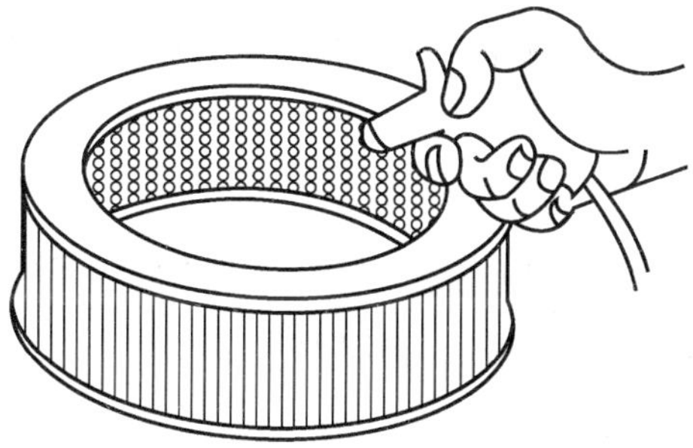

**图 4-5 清洁滤芯**

空气滤清器维护时应注意不能用水或油清洗纸滤芯，否则滤芯孔隙被堵塞，增加空气阻力。当发现滤芯破损，或滤芯上、下端面翘曲不平，或橡胶密封圈老化变形、破损时，均应更换新件。

### 4.2.2 进气管系的结构与维护

1. 进气管系的结构与工作原理

进气管系由进气总管和进气支管等组成(图4-6)。

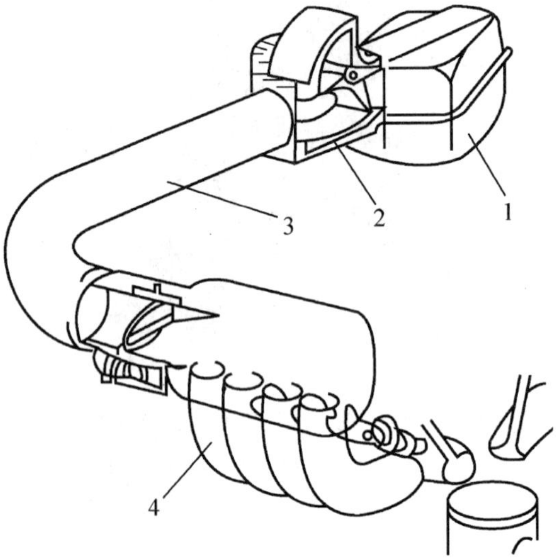


图4-6 发动机进气管系

1—空气滤清器；2—空气流量计；3—进气总管；4—进气支管

(1) 进气总管。指空气滤清器至进气支管之间的管道。为了提高发动机的充气效率，通常按有效利用进气压力波的原理设计进气管的长度、形状和结构。

进气总管上常附有各种形状的气室，以减小节气门开度频繁变化时的进气脉动。

在电控燃油喷射发动机中，进气总管还装有空气流量计或进气压力传感器，以便对进入气缸的空气量进行计量。

(2) 进气支管。指进气总管后向各气缸分配空气的支管。

对于化油器式汽油机和单点电控燃油喷射式发动机，进气支管的温度很重要，因为温度太低，汽油将凝结在管壁上，混合气雾化不良，应进行适当的加热，以利于燃油的蒸发。

2. 进气管系的维护

进气管系一般故障较少，平时应注意进气总管的橡胶管不得破损和漏气。拆装进气支管时应检查进气管垫，不得破损和漏气，进气管不得阻塞。

### 4.2.3 排气管系的结构与维护

1. 排气管系的结构与工作原理

排气管系由排气支管和排气总管组成(图4-7)。其作用是汇集发动机各缸的废气，使之安全地排入大气中。

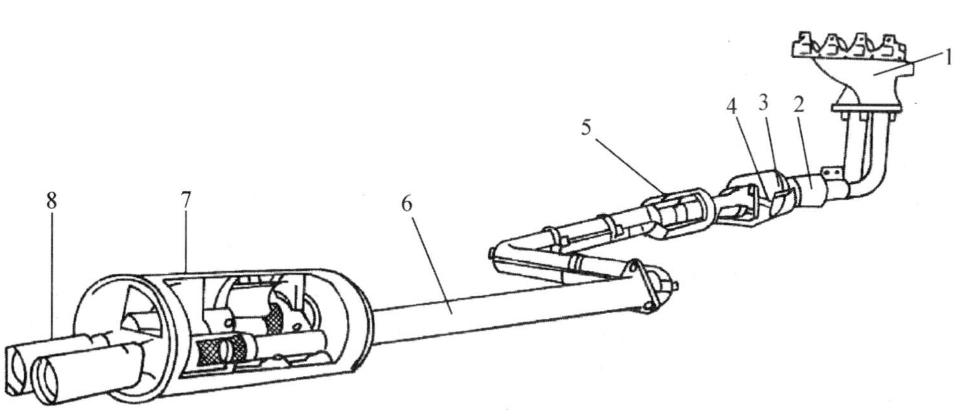


**图 4-7　排气管系与消声器**

1—排气支管；2—排气总管；3—催化转化器；4—排气温度传感器；
5—副消声器；6—后排气管；7—主消声器；8—排气尾管

根据发动机排气管数可分为单排气系统和双排气系统。直列型发动机通常采用单排气系统(图 4-7)；V 形发动机有采用单排气系统[图 4-8(a)]的，也有采用双排气系统[图 4-8(b)]的。

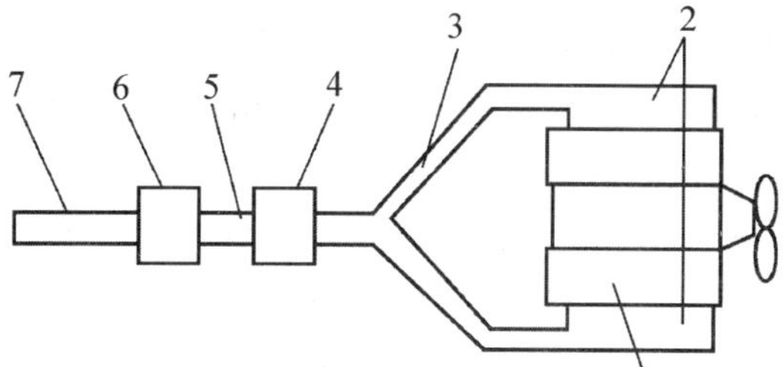


(a) 单排气系统

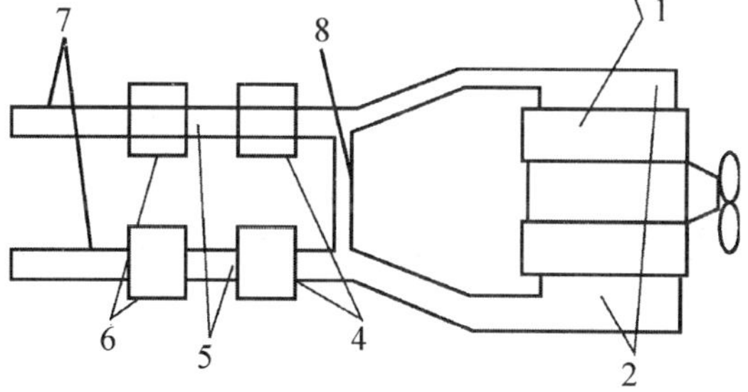


(b) 双排气系统

**图 4-8　V 形发动机排气管布置**

1—发动机；2—排气支管；3—叉形管；4—催化转化器；
5—排气总管；6—消声器；7—排气尾管；8—连通管

2. 排气管系的维护

排气管系在拆装时应检查排气管垫，不得破损和漏气。排气管不得阻塞。

### 4.2.4 消声器

1. 消声器的作用

消声器(图4-9)的作用是减小排气噪声和消除废气中的火焰或火星，使废气安全地排入大气。

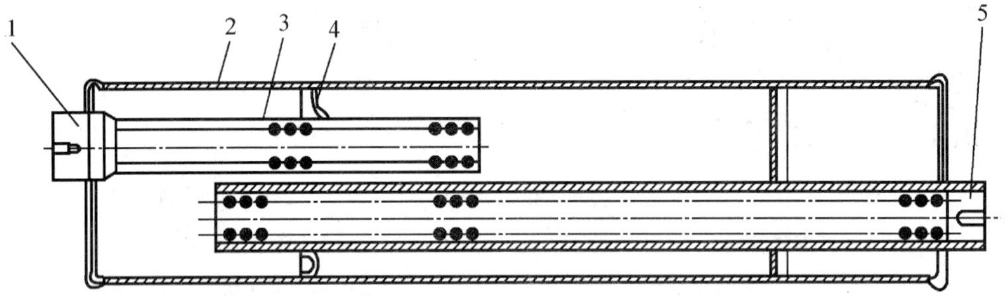


图4-9 消声器

1—排气入口；2—外壳；3—多孔管；4—隔板；5—排气出口

2. 消声器的结构原理

消声器的基本工作原理是通过多次变动排气气流方向或使气流重复地通过收缩又扩大的断面，或将气流分割为许多小的支流并沿着不平滑的平面流动等方法，以消耗废气中的能量，衰减排气气流的压力波，降低噪声。

典型的排气消声器构造如图4-9所示。其外壳用薄钢板制造，有的还在消声器内填充吸声材料。消声器两端各有一入口和出口，中间由隔板4将其分隔成几个尺寸不同的消声室，各消声室间用多孔管3连接。废气进入多孔管和消声室后膨胀冷却，不断改变流动方向，逐渐降低和衰减其压力和压力波动，消耗了能量，最终使排气噪声得到消减。

3. 消声器的维护

消声器使用中应注意检查，不得破损和漏气，及时清除积炭阻塞。

## 任务4.3 配气机构结构认识与检查

故障案例：

一捷达轿车发动机加速不良(发闷)，油耗增高，没顶过气门，也没动过气缸盖。

### 4.3.1 配气机构综述

1. 配气机构功用

配气机构是发动机换气系统的核心，其作用是根据发动机工作循环和点火次序，适时地开启和关闭各缸的进、排气门，使纯净空气或空气与燃油的混合气及时地进入气缸，废气及时地排出。

2. 配气机构总体组成

如图 4－2 所示，配气机构主要由气门组件(图中 9 和 11)、气门驱动机构(图中液压挺柱 8)、凸轮轴(图中 6 和 10)以及凸轮轴传动机构(含曲轴正时带轮 1、凸轮轴传动带轮 5、齿形带 3、张紧轮 4 等)组成。

3. 配气机构的分类

1）按气门的布置位置分

配气机构有侧置气门式和顶置气门式。侧置式的气门布置在气缸的一侧，燃烧室结构不紧凑，热量损失大，气道曲折，进气流通阻力大，发动机的经济性和动力性变差。目前，这种布置形式已被淘汰。现代汽车发动机均采用气门布置在气缸盖上部的顶置式气门结构。

2）按凸轮轴布置位置分

配气机构有上置凸轮轴、中置凸轮轴、下置凸轮轴三种。

下置凸轮轴配气机构(图 4－10)将凸轮轴 1 布置在曲轴箱上，由曲轴正时齿轮带动凸轮轴旋转。这种结构布置的主要优点是凸轮轴离曲轴较近，可用齿轮驱动，传动简单；缺点是零件较多，传动链长，系统弹性变形大，影响配气准确性等。在现代轿车高速发动机中已趋于淘汰。目前国产轻、中型汽车上还有应用。

中置凸轮轴配气机构(图 4－11)将凸轮轴 1 布置在气缸体上部。与下置凸轮轴相比，省去了推杆，由凸轮轴经过挺柱直接驱动摇臂，减小了气门传动机构的往复运动质量，适应更高速的发动机。

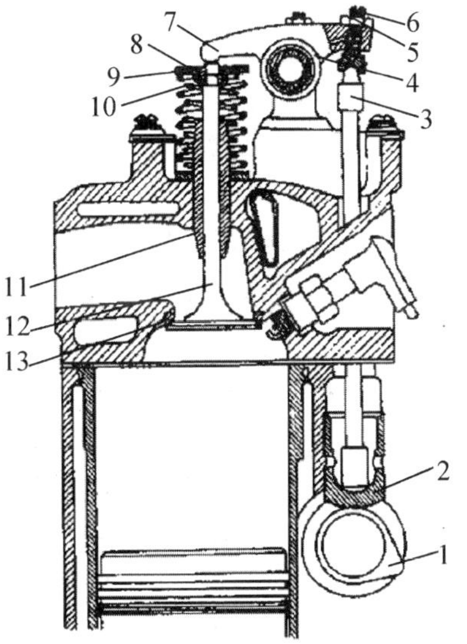


**图 4－10　下置凸轮轴配气机构**

1—凸轮轴；2—挺柱；3—推杆；4—摇臂轴；
5—锁紧螺母；6—调整螺钉；7—摇臂；
8—气门锁夹；9—气门弹簧座；10—气门弹簧；
11—气门导管；12、13—气门

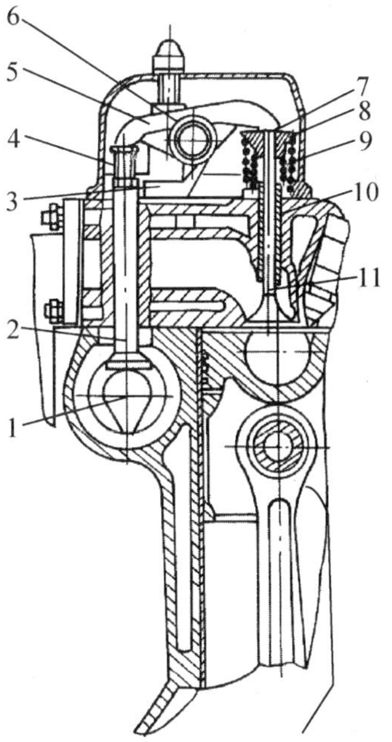


**图 4－11　中置凸轮轴配气机构**

1—凸轮轴；2—挺柱；3—支架；4—调整螺钉；
5—摇臂；6—摇臂轴；7—锁夹；8—气门弹簧座；
9—气门弹簧；10—气门导管；11—气门

上置凸轮轴配气机构将凸轮轴直接布置在缸盖上，直接通过摇臂或凸轮来控制气门的开启和关闭。这种传动机构没有推杆等运动件，系统往复运动质量大大减小，非常适合现代高速发动机，尤其是轿车发动机。

根据凸轮轴的个数，又分为单顶置凸轮轴(SOHC)和双顶置凸轮轴(DOHC)两种。

单顶置凸轮轴(图 4-12)仅用一根凸轮轴同时驱动进、排气门，结构简单，布置紧凑。

双顶置凸轮轴驱动由两根凸轮轴分别驱动进、排气门。有两种布置形式，一种是凸轮通过摇臂驱动气门(图 4-13)；另一种是凸轮直接驱动气门(图 4-2)。这种双凸轮轴布置有利于增加气门数目，提高进、排气效率，提高发动机转速，是现代高速发动机配气机构的主要形式。

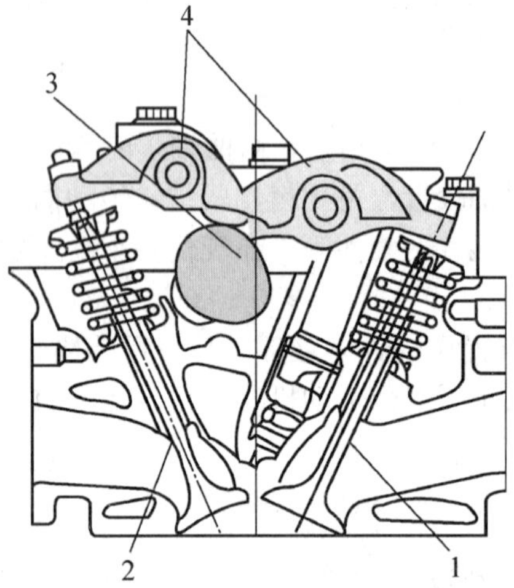


**图 4-12 单顶置凸轮轴**

1—进气门；2—排气门；3—凸轮轴；4—摇臂

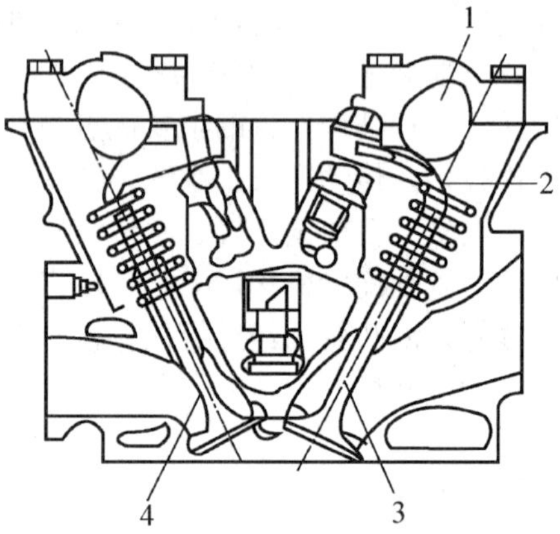


**图 4-13 双顶置凸轮轴**

1—凸轮轴；2—摇臂；3—进气门；4—排气门

3) 按凸轮轴的传动方式分

配气机构可分为齿轮传动、链传动和齿形带传动三种。

(1) 齿轮传动(图 4-14)。凸轮轴下置、中置的配气机构大多采用齿轮传动。一般从曲轴到凸轮轴间的传动只需一对正时齿轮，必要时可加装中间齿轮。为了啮合平稳，减小噪声，正时齿轮多用斜齿轮。

为了装配时保证配气相位的正确，齿轮上都有正时记号，装配时必须按要求对齐。

(2) 链传动(图 4-15)。链传动多用在凸轮轴顶置的配气机构中。为使链条在工作时具有一定的张力而不至于脱落，一般装有导链板和张紧轮等。这种传动的优点是布置容易，若传动距离较远时，还可用两级链传动。缺点是结构质量及噪声较大，链的可靠性和耐久性不易得到保证。

(3) 齿形带传动(图 4-2)。现代高速发动机广泛采用齿形带传动。齿形带的张力可以由张紧轮进行调整。这种传动方式可以减小噪声，减少结构质量和降低成本。

4) 按每缸气门的数目分

配气机构有 2 气门、3 气门、4 气门和 5 气门。

传统发动机都采用每缸两气门(一个进气门，一个排气门)。为了改善发动机的充气性能，应尽量加大气门的直径，但由于气缸的限制，气门的直径不能超过气缸直径的一半。

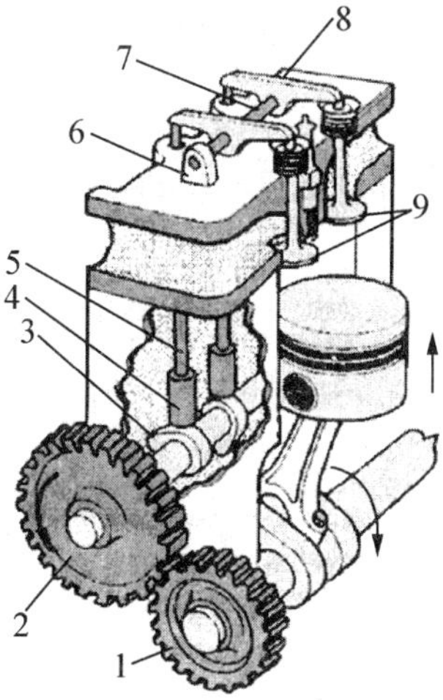


图 4-14　凸轮轴的齿轮传动

1—曲轴正时齿轮；2—凸轮轴正时齿轮；3—凸轮轴；4—挺柱；5—推杆；6—摇臂座；7—摇臂轴；8—摇臂；9—气门

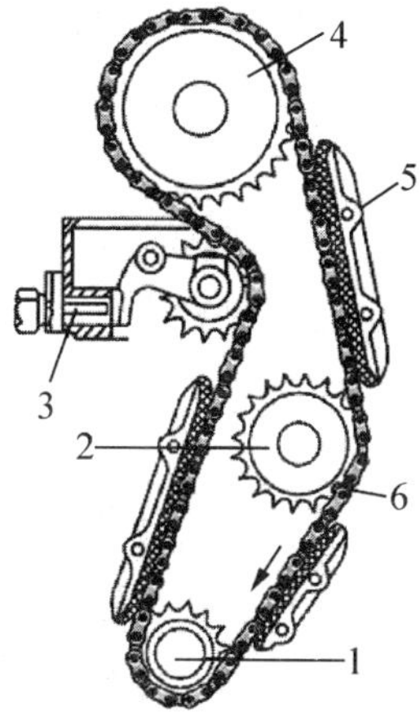


图 4-15　凸轮轴的链传动

1—曲轴链轮；2—油泵驱动链轮；3—液力张紧装置；4—凸轮轴链轮；5—导链板

因此，现代汽车发动机中，普遍采用多气门结构(3～5 气门)，使发动机的进排气流通截面积增大，提高了充气效率，改善了发动机的动力、经济性能和排放性能。

### 4.3.2　配气机构主要部件结构与检修

1. 配气机构主要部件结构

配气机构主要由气门组件、凸轮轴及其传动机构和气门驱动机构组成。

1）气门组件结构

气门组件主要由气门、气门座、气门导管、气门弹簧、气门锁夹等零件组成，如图 4-16 所示。

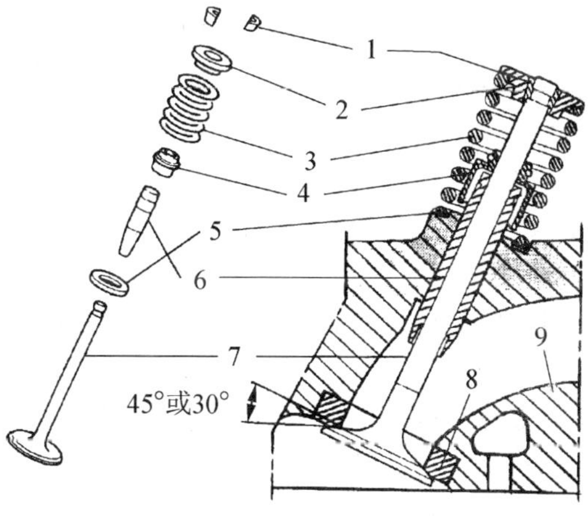


图 4-16　气门组件

1—气门锁夹；2—气门弹簧座；3—气门弹簧；4—气门油封；5—气门弹簧垫圈；6—气门导管；7—气门；8—气门座；9—气缸盖

(1) 气门。气门分进气门和排气门两种，用来封闭进排气道。

气门由杆身、头部和带密封锥面的气门盘组成(图 4－17)。

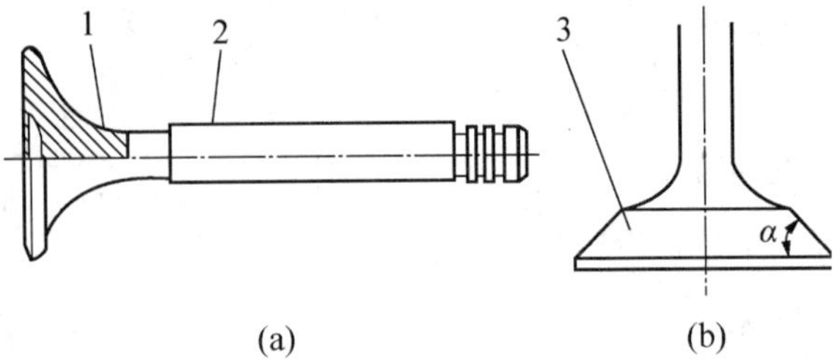


**图 4－17　气门结构**

1—气门头；2—气门杆；3—气门盘

气门盘顶面的形状有凸顶、平顶和凹顶(图 4－18)。平顶结构简单，制造方便，吸热面积小，质量也小，应用最多；凸顶的刚度大，受热面积也大，用于某些排气门；凹顶气门质量小，惯性小，与杆部的过渡成流线形，可以减小进气阻力，常用作进气门。

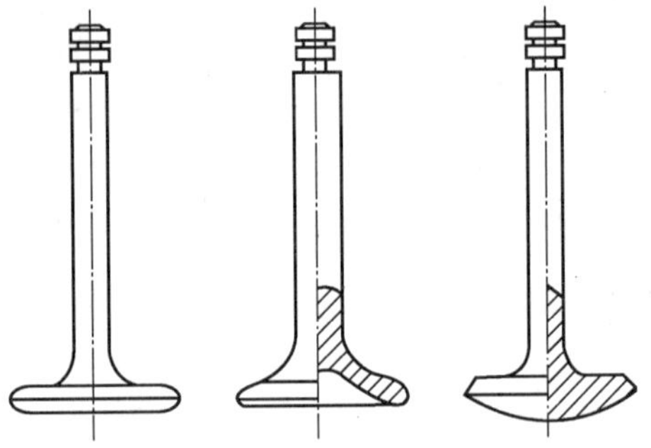


**图 4－18　气门盘结构**

为了增加进气量，进气门盘的面积要比排气门大。

气门盘有一密封锥面，其锥角为 $\alpha$[图 4－17(b)]，大多数发动机的进气门锥角为 30°，排气门的锥角为 45°。工作中由于气门与气门座之间的撞击及高温气体作用，使密封锥面产生磨损和凹陷，应注意修磨或更换。

气门杆呈圆柱形，在气门导管中做往复运动。气门杆尾部加工有环形槽，用以安装气门弹簧锁片。

(2) 气门导管。气门导管的功用是在气门做往复直线运动时进行导向，保证气门与气门座能紧密贴合，密封燃烧室。

气门导管压嵌在气缸盖上的气门导管孔内(图 4－19)，为防止气门导管在工作中松落，有的采用卡环 2 定位。

气门与气门导管间留有 0.05～0.12mm 的微量间隙，使气门能在导管中自由运动，适量的润滑油由此间隙对气门杆和气门导管进行润滑。该间隙过小，会导致气门杆受热膨胀与气门导管卡死；间隙过大，会使机油进入燃烧室燃烧，产生积炭，加剧活塞、气缸和气门磨损，增加润滑油消耗，同时造成排气冒蓝烟。为了防止过多的润滑油进入燃烧室，有的在气门导管上安装有橡胶油封 4(图 4－16)。

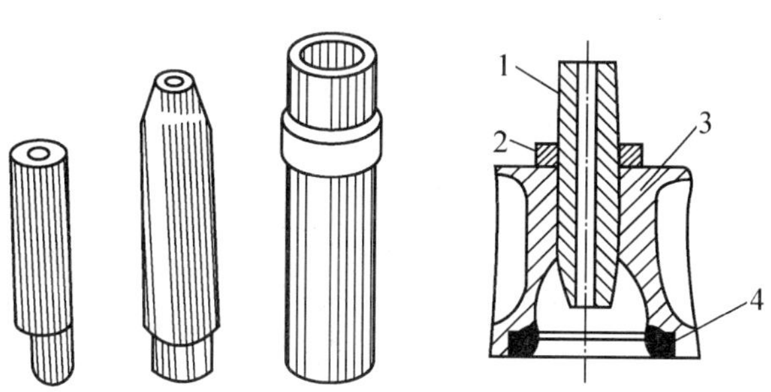


**图 4-19 气门导管**

1—气门导管；2—卡环；3—气缸盖；4—气门座

(3) 气门座。气门座的功用是与气门头部共同构成对燃烧室的密封。气门座大部分用耐热合金钢单独制成座圈，然后镶嵌在气缸盖上(图 4-19 中的零件 4)，以提高使用寿命和便于维修更换。

(4) 气门弹簧。气门弹簧的功用是克服气门关闭时气门及传动件的惯性力，保证气门及时回位，防止因振动而引起的气门跳动破坏其密封性。

气门弹簧套装在气门杆上，一端支承在气缸体(或气缸盖)上，另一端支承于装在气门杆尾端的弹簧座上(图 4-20)。

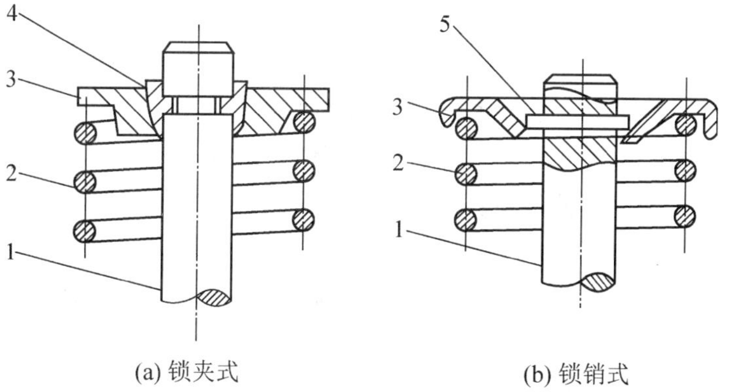


**图 4-20 气门弹簧及固定方式**

1—气门杆；2—气门弹簧；3—弹簧座；4—锁夹；5—锁销

气门杆与弹簧座连接有两种方式。一种是锁夹式[图 4-20(a)]，在气门杆端部的沟槽上装有两个半圆形锥形锁夹 4，弹簧座 3 紧压锁夹，使其紧箍在气门杆端部，从而使弹簧座、锁夹与气门连接成一整体，与气门一起运动。

另一种是以锁销代替锁夹[图 4-20(b)]，在气门杆端有一个用来安装锁销的径向孔，通过锁销 5 进行连接。

为了减小弹簧高度和气门共振，采用了内、外两根螺旋弹簧，旋向相反安装(图 4-21)。

2) 凸轮轴及其传动机构

(1) 凸轮轴。凸轮轴由数个轴颈和凸轮组成(图 4-22)。

凸轮轴轴颈用于支承凸轮轴，通过镶有巴氏合金或青铜薄壁衬套的轴承安装于机体轴承座孔中，凸轮轴轴颈直径一般都大于凸轮的轮廓，并从前向后逐级缩小，以便拆装。

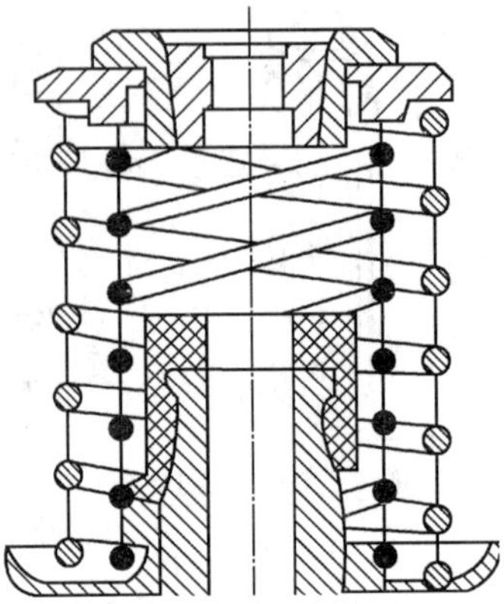

图 4-21 双气门弹簧

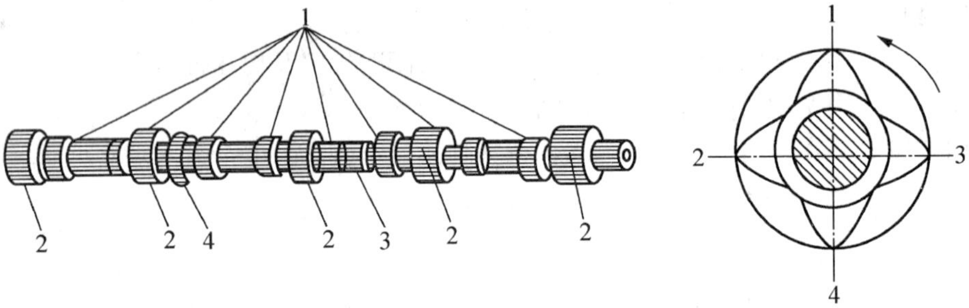


图 4-22 凸轮轴的构造

1—凸轮；2—凸轮轴颈；3—偏心轮；4—螺旋齿轮

凸轮分进、排气凸轮两种，分别用来驱动进、排气门。同一缸的进排气凸轮称为异名凸轮，各缸的进气凸轮(或者排气凸轮)称为同名凸轮。

凸轮的轮廓形状决定着气门开启与关闭过程的运动规律，传动过程中，基圆与挺柱接触时，挺柱保持不动，气门处于关闭状态。当凸轮曲线与挺柱开始接触时，挺柱开始升起，气门开始运动(存在气门间隙的发动机气门仍然不能打开)。凸轮转到在最高点与挺柱接触时，气门开度最大。凸轮继续转动，挺柱开始下移，气门在气门弹簧的作用下开始关闭。

有的凸轮轴上设有偏心轮和螺旋齿轮(图 4-22 的 3 和 4)，分别用来驱动膜片式汽油泵和分电器及机油泵。凸轮轴的前端装有正时齿轮、链轮或带轮等。

(2) 凸轮轴传动机构。指驱动凸轮轴的机构，有齿轮传动(图 4-14)、链传动(图 4-15)和齿形带传动(图 4-2)三种。

传动机构安装时应特别注意曲轴正时齿轮(或链轮、带轮)与凸轮轴正时齿轮(或链轮、带轮)的相互位置关系。安装不当将导致排气定时错乱，严重影响发动机的动力经济性能，甚至无法进行工作。一般制造厂出厂时都打有配对记号，应严格按要求安装。

3) 气门驱动机构

气门驱动机构是把凸轮轴的转动转变为气门往复运动的机构，主要包括挺柱、推杆、摇臂、摇臂轴组件、气门间隙调节螺钉等(图 4-23)。

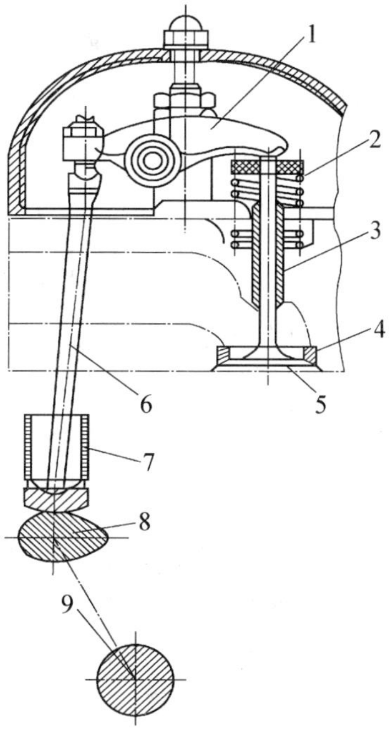


**图 4-23　YC6105QC 柴油机凸轮轴驱动机构**

1—摇臂；2—气门弹簧；3—气门导管；4—气门座；
5—气门；6—推杆；7—挺柱；8—凸轮轴；9—曲轴

（1）挺柱。挺柱的作用是将凸轮的推力传递给推杆或气门。常见的结构形式有菌式、筒式和滚轮式三种，如图 4-24 所示。大多数发动机采用筒式挺柱，其下端有油孔，以便使从气缸盖流下来的机油顺利流出润滑凸轮。挺柱安装在挺柱导管内，有些发动机的挺柱导管直接在气缸体或者气缸盖上镗出，也有些发动机采用可拆式挺柱导管。

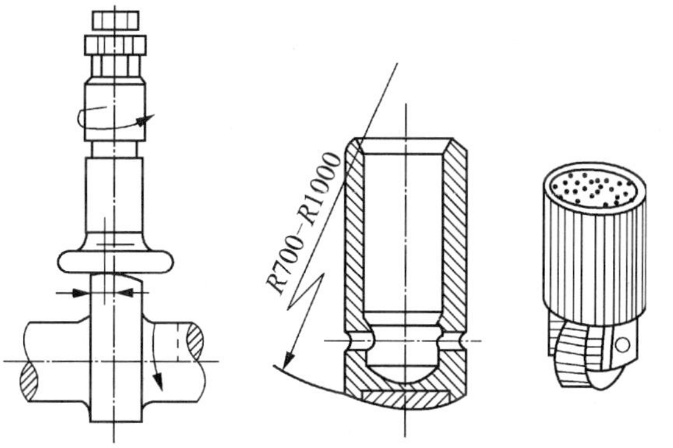


(a) 菌式　　(b) 筒式　　(c) 滚轮式

**图 4-24　普通挺柱的结构形式**

（2）推杆。推杆的作用是将挺柱传来的力传给摇臂。推杆常见的结构形式如图 4-25 所示，上端常做成凹球形，与摇臂调整螺钉的凸球形头部配合，下端常做成凸球形，与挺柱的凹球面配合。

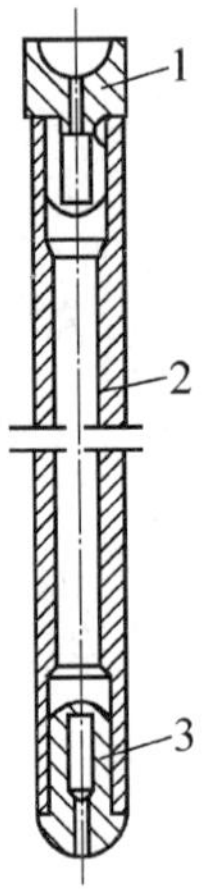


图 4-25　推杆

1—上凹球头；2—空心杆；3—下凸球头

(3) 摇臂。它是传递推杆运动并改变方向和升程的零件。摇臂的结构如图 4-26 所示，实际上是一个双臂杠杆，两臂一般不等长，长臂端用于推动气门，其工作面制成圆弧状，保证摆动时与气门杆端面做滚滑运动；短臂端安装有调整螺钉，用来调整气门间隙。上置凸轮轴式配气机构，因其摇臂的短臂端与凸轮接触而将工作面制成弧形，在长臂端安装有气门调整螺钉。摇臂上端面钻有油孔与中间轴孔相通，以便中间轴孔的润滑油通过该油孔流向摇臂两端进行润滑。摇臂中间轴孔内镶有摇臂轴套和摇臂轴配合。

国外一些发动机上有一种无声摇臂(图 4-27)能消除气门开启时产生的噪声。它与普通摇臂的区别在于长臂端加设有凸环、弹簧和柱塞。当气门处于关闭状态时，柱塞在弹簧的作用下，将凸环向外摆开，使凸环与气门杆尾部紧密接触，消除了气门间隙。气门开启时，由于气门杆尾部与凸环接触点偏向柱塞一侧，凸环受气门杆的顶压偏向柱塞一侧，压缩柱塞及弹簧，直至将柱塞压到底后气门开始开启。由于始终没有间隙，因而消除了噪声。

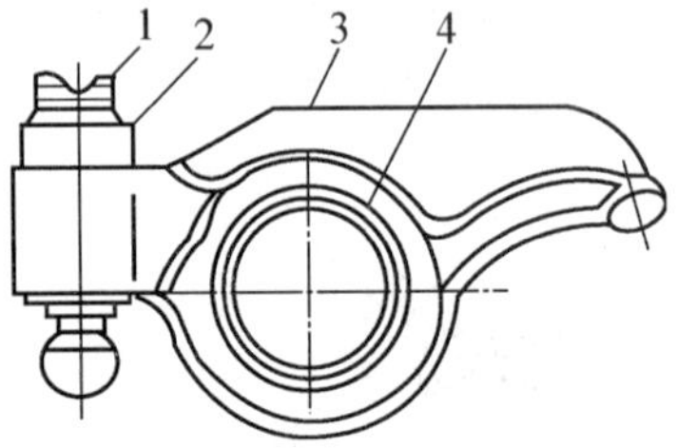


图 4-26　摇臂的结构

1—气门间隙调整螺钉；2—锁紧螺母；
3—摇臂；4—摇臂轴套

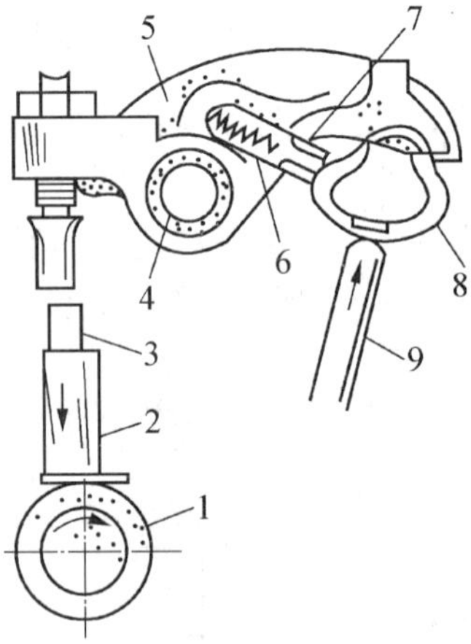


图 4-27　无声摇臂结构

1—凸轮；2—挺杆；3—推杆；4—摇臂轴；
5—摇臂；6—弹簧；7—柱塞；8—凸环；9—气门杆

(4) 摇臂轴组件。主要由摇臂轴、摇臂轴支座及定位弹簧等组成(图 4-28)。

摇臂通过青铜衬套或滚针轴承支承在空心的摇臂轴上，再一起固定在摇臂轴支座上。为了防止摇臂窜动，相邻两摇臂之间装有弹簧。

摇臂轴是一根空心轴，在安装各摇臂部位的径向钻有油孔。摇臂轴支承于摇臂轴支座孔内，并用紧固螺钉固定，以防转动。摇臂轴支座用螺栓固定在气缸盖上，中间支座内有油孔与气缸盖油道相通，润滑油经支座油孔和摇臂轴上的油孔进入摇臂轴内腔和摇臂中的油道流向摇臂两端进行润滑。

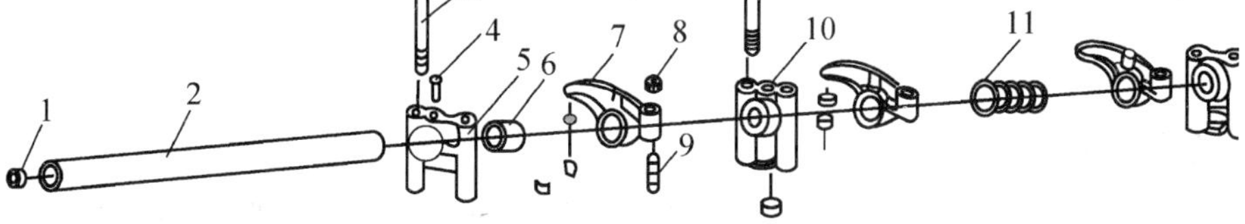


**图 4-28 摇臂轴组件**

1—碗形塞；2—摇臂轴；3—螺母；4—紧定螺钉；5—摇臂轴支座；6—衬套；
7—摇臂；8—锁紧螺母；9—调整螺钉；10—中间支座；11—定位弹簧

(5) 气门间隙调节螺钉。在摇臂一端安装有气门间隙调整螺钉 1(图 4-26)，用来调整气门间隙。

(6) 液压挺柱。气门间隙的存在，导致发动机工作时产生敲击噪声。由于气门传动组件的磨损，导致气门间隙变大，使进排气相位改变，增加了检查调整气门间隙的工作量。现代高级轿车多采用了液压挺柱，无须调整气门间隙。

液压挺柱结构如图 4-29 所示，挺柱体 14 上设有环形油槽，缸盖上的主油道通过量油孔 6 和斜油孔 5 与该油槽对齐，润滑油可沿该油路经过挺柱体 14 背面的键形槽 2 进入柱塞 13 内的低压油腔，这时缸盖主油道 7 与液压挺柱的低压油腔形成一个通路。油缸和柱塞是一对精密偶件。柱塞下端是一个球形阀座，与油缸内孔相配合，顶部与挺柱体背面接触。

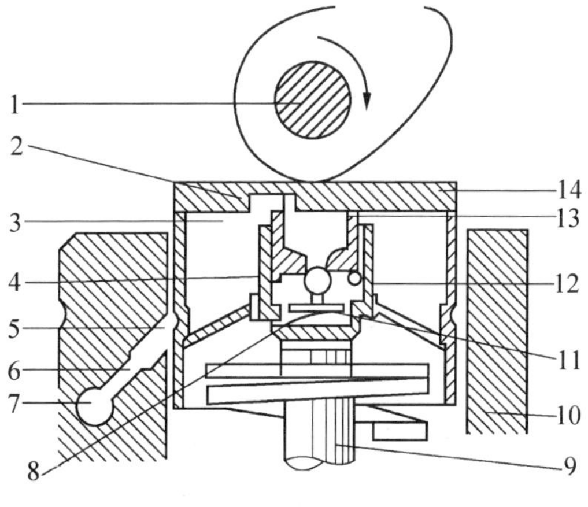


**图 4-29 液压挺柱结构及工作原理**

1—凸轮轴；2—键形槽；3—低压油腔；4—球形阀；5—斜油孔；
6—量油孔；7—缸盖主油道；8—高压油腔；9—气门；10—缸盖；
11—压力弹簧；12—油缸；13—柱塞；14—挺柱体

当凸轮转动、挺柱体和柱塞向下移动时，高压油腔 8 中的机油被压缩，油压升高，使球形阀 4 紧压在柱塞的下端阀座上，这时高压油腔与低压油腔被分隔开。由于液体具有不可压缩性，整个挺柱如同一个刚体一样下移，推开气门 9。

当挺柱达到下止点后开始上行，到凸轮处于基圆时，缸盖主油道中的压力油经量油孔 6 进入挺柱的低压油腔 3，同时，高压油腔 8 内油压下降，压力弹簧 11 推动柱塞上行。从低压油腔来的压力油推开球阀而进入高压油腔，使两腔连通充满机油。这时挺柱顶面仍和凸轮紧贴。

在气门受热膨胀时，柱塞和液压缸做轴向相对运动，高压油腔中的油液可经过液压缸与柱塞间的缝隙挤入低压油腔。因此，使用液压挺柱时，可以不预留气门间隙。

2. 配气机构主要部件的检修

1）气门组件检修

（1）气门的检修。常见的气门损伤有头部工作锥面起槽、接触面变宽、烧蚀氧化出现斑点和凹陷，气门杆部磨损和弯曲变形等。要对气门仔细检验，若出现下列问题之一时，应更换新件。

① 观察气门头部，若烧蚀、烧裂、烧损无法修复时。

② 测量气门杆的磨损量情况，若超过允许值(一般轿车大于 0.05mm，货车大于 0.10mm)或出现明显的台阶形磨损[图 4－30(a)]。

③ 测量气门盘边缘厚度，若小于 1.0mm[图 4－30(b)]。

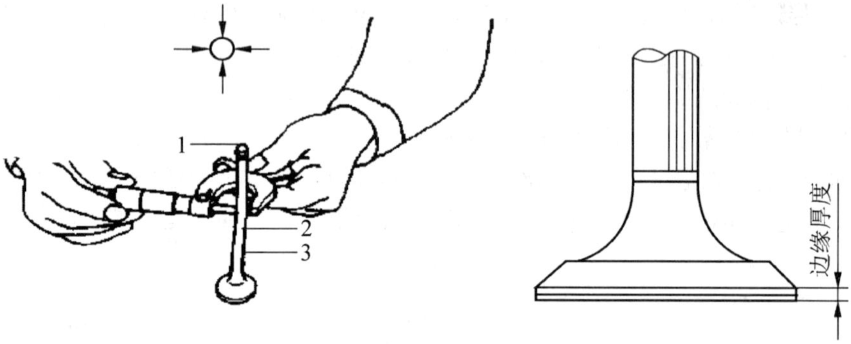


(a) 气门杆测量　　(b) 气门头部测量

**图 4－30　气门磨损的测量**

④ 测量气门杆尾端的磨损量，大于 0.5mm(有不平或起槽)。

⑤ 检查气门杆的弯曲，当其直线度误差和工作面径向圆跳动大于 0.05mm 时，应予以更换或校直，校直后的直线度误差不得大于 0.02mm(图 4－31)。

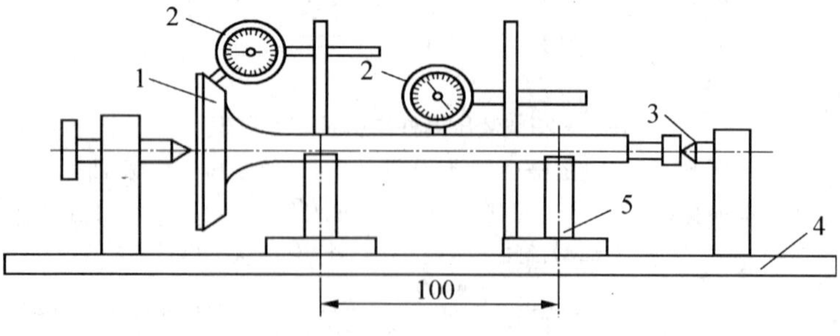


**图 4－31　气门杆弯曲情况检查**

1—气门；2—百分表；3—顶尖；4—平台；5—V 形架

当气门头部工作锥面起槽、接触面变宽、烧蚀氧化出现斑点和凹陷但不是很严重时，可在气门光磨机(图 4－32)上进行修磨后继续使用，光磨后气门头部边缘厚度不小于 1.0mm。

有些发动机的气门磨损后不允许修整光磨，只能更换，如捷达轿车发动机的气门以及奥迪轿车发动机的气门。

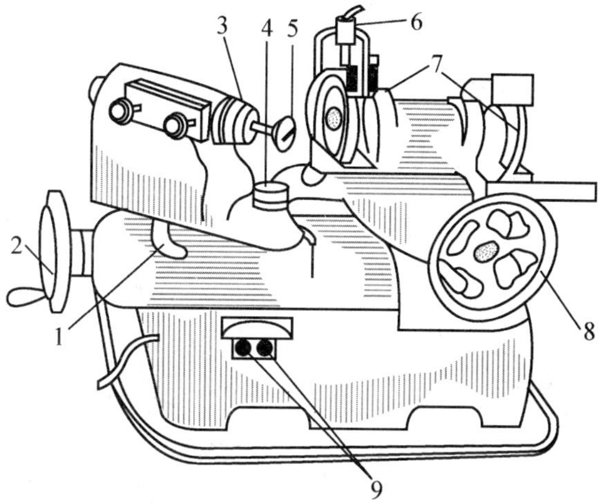


**图 4-32　气门光磨机**

1—刻度盘；2—横向手柄；3—夹架；4—夹架固定螺钉；
5—气门；6—冷却液开关；7—砂轮；8—纵向手柄；9—电机开关

(2) 气门导管的检修。气门导管的常见缺陷是内孔磨损，导致与气门的配合间隙加大。

气门导管与气门的配合间隙检查：分别测量气门导管内径和气门杆的外径，其差值就是配合间隙。如桑塔纳 2000 轿车的配合间隙见表 4-2。

**表 4-2　上海桑塔纳 2000GSi 轿车气门杆与气门导管的配合间隙**　(单位：mm)

| 进　气　门 | | | 排　气　门 | | |
|---|---|---|---|---|---|
| 气门杆直径 | 配合间隙 | 使用极限 | 气门杆直径 | 配合间隙 | 使用极限 |
| 6.98±0.007 | 0.035～0.070 | 1.0 | 6.965±0.007 | 0.035～0.070 | 1.3 |

也可使用将气门插入气门导管的方法检查，将气门提起 15mm 左右检查气门头部的摆动量，一般进气门导管的摆动量不超过 1.0mm，排气门导管的摆动量不超过 1.30mm。摆动量超限时应更换气缸盖。

(3) 气门座的检查。气门座常见的缺陷主要有密封带变宽或出现凹陷、斑点等，导致气门关闭不严，气缸的密封性降低，一般可通过铰削和磨削加工法修复。

若气门下陷量过大或座圈松动、裂纹烧蚀或磨损严重时应更换气缸盖。

(4) 气门与气门座的研磨。铰削过气门座，或更换了气门和气缸盖，修磨过气门工作锥面，都需进行气门与气门座的研磨，以保证正确的配合与可靠的密封。二级维护检测气缸压力发现气门漏气时也需对气门和气门座进行研磨。气门的研磨，有手工研磨和气门研磨机研磨两种，下面介绍手工研磨。

手工研磨步骤是：用汽油或煤油将气门、气门座和气门导管清洗干净，并在气门头部顶面按缸别打上顺序号，以免错乱，在气门工作锥面上涂薄薄一层粗研磨砂，同时在气门杆上涂机油插入气门导管内(严禁研磨砂进入气门导管)→利用气门橡胶捻子吸住气门研磨

(图 4－33)，气门头部顶面有槽的气门也可在气门下套装一弹簧用一字旋具研磨，研磨时以 2～3 次/s 的频率与气门座相拍击，在提起气门的同时旋转气门以保证研磨均匀。研磨时不应过分用力，也不要提起气门用力在气门座上撞击，否则会将气门工作面磨宽或磨出凹槽。当气门工作面磨出一条比较整齐、无斑痕、灰色无光泽且宽度一致的接触带时，粗磨结束→洗去粗研磨砂，换成细研磨砂研磨，直至合格为止。

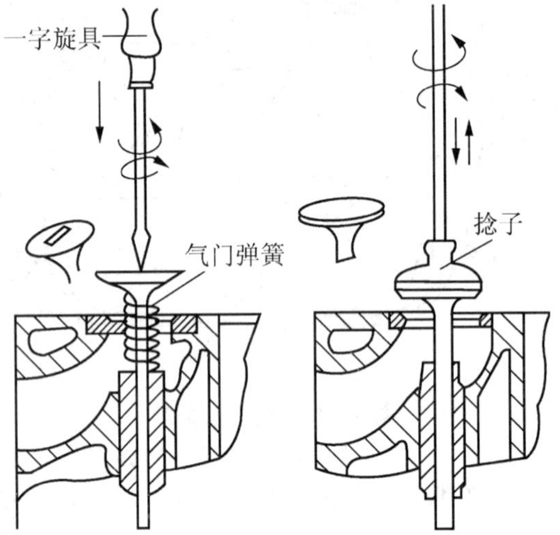


图 4－33　手工研磨气门

气门与气门座密封性检查。气门与气门座经研磨后，应对密封性进行严格地检查，方法有以下几种。

① 软铅笔画线检查法。将气门及气门座洗干净，在气门工作锥面上用铅笔沿轴向均匀地画直线[图 4－34(a)]然后将气门插入相配的气门导管放回气门座中，用橡胶捻子吸住气门顶面，将气门上下拍击数次后取出，观察铅笔线条，假若铅笔线条均被切断[图 4－34(b)]，则表示密封较好。如发现有未被切断的线条，可将气门插入气门座中转动几圈后再取出，若线条仍不被切断，则气门有缺陷；若线条被切断，则说明气门座有缺陷。

② 红印油涂色检查法。将红印油涂在气门工作锥面上，用橡胶捻子吸住气门在气门座上转几圈后再将气门提起，若红印油整齐、均匀地布满气门座的工作面上，无间断，即表示气门与气门座密封良好。

③ 汽油或煤油渗漏检查法：将汽油倒入装好气门的燃烧室内(图 4－35)，5min 后倒出汽油，取出气门，观察气门头部应没有汽油，否则说明气门与气门座密封不良。

(5) 气门弹簧的检查。气门弹簧的常见缺陷有裂纹、折断、歪斜变形、自由长度缩短、弹力减弱等，检查方法如下。

① 裂纹的检查。目测或用磁力探伤仪检查，发现裂纹立即更换。

② 垂直度的检查。可用角尺检查气门弹簧的外圆柱面全长对底面的垂直度误差(图 4－46)，不应大于 1.5mm，不合格应更换新弹簧。

③ 自由长度的检查。一般用卡尺、高度尺进行测量，也可用新的气门弹簧相比较。气门弹簧的自由长度一般可允许缩短 3%～4%，超过时应予以更换。

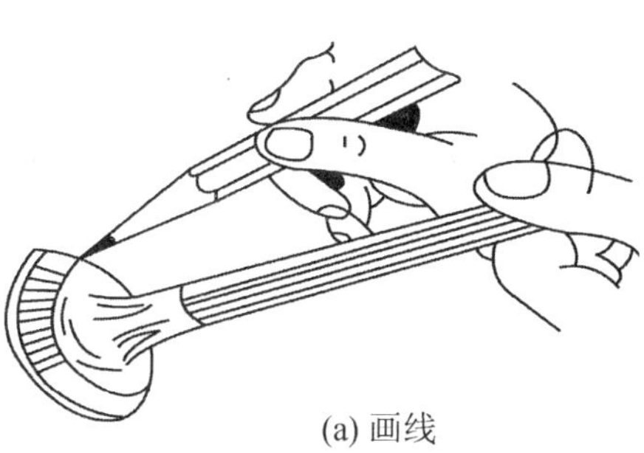
(a) 画线

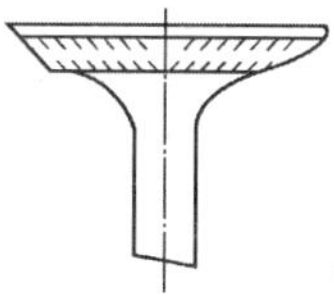
(b) 断线检查

图 4-34　软铅笔画线检查气门密封

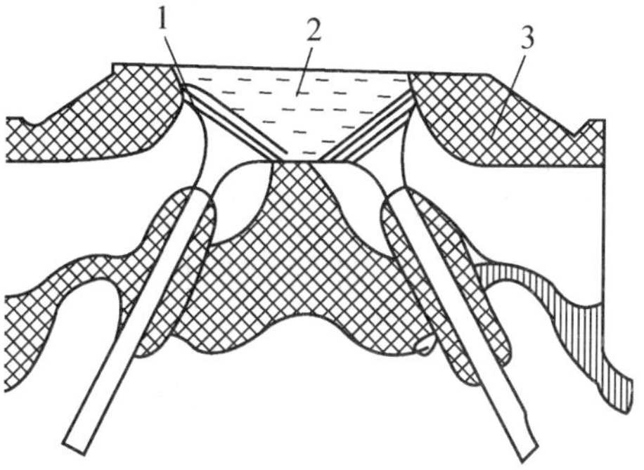

图 4-35　汽油渗漏法检查气门密封性

1—气门；2—汽油；3—缸盖

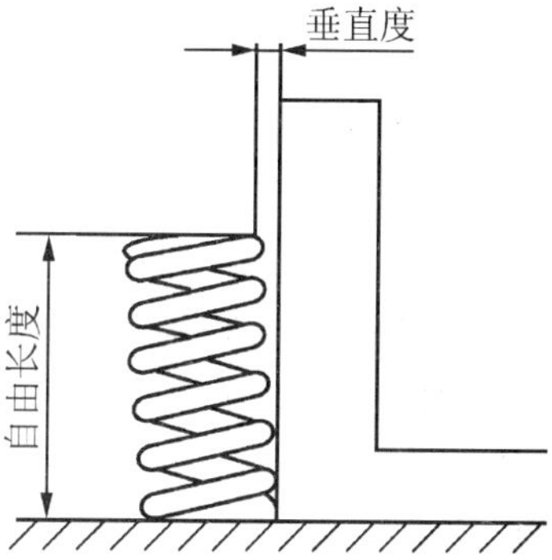

图 4-36　气门弹簧垂直度的检查

④ 弹力的检查。可在弹力试验器上将弹簧压缩到规定长度(图 4-37)，观察相应的弹力值应符合原厂规定。当弹簧弹力的减小值大于原厂规定的 10%时，应予以更换。

气门弹簧弹力正常，但修磨气门工作锥面和铰削气门座后，气门杆伸出弹簧座的距离将会加长，弹簧的安装长度也会增大，使气门弹簧的安装预紧力下降。这时可在弹簧下部加装适当厚度的垫片加以补偿，但应注意垫片的厚度不能超过气门升程的 1/4。常用的补偿垫片厚度有 0.4mm、0.8mm、1.2mm 等。

2）凸轮轴的检修

凸轮轴的常见缺陷有弯曲变形、凸轮轮廓的磨损、轴颈磨损、轴向间隙不当、正时齿轮轴颈键槽磨损、裂纹等。

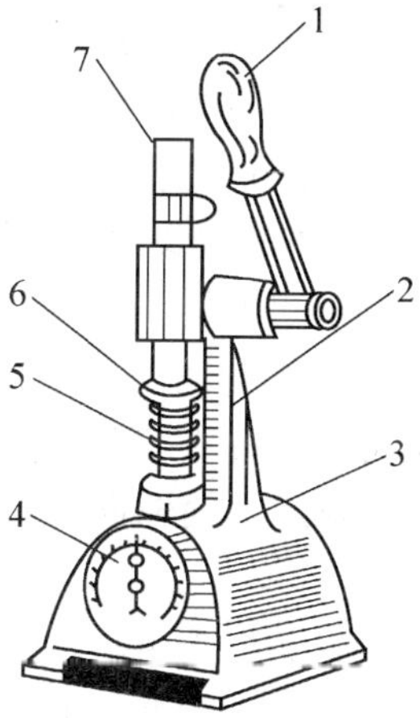

图 4-37　弹簧弹力试验器

1—手柄；2—机体；3—台架；4—压力表；5—弹簧；6—压头；7—压柱齿轮

(1) 凸轮轴弯曲变形检查。

① 检查。凸轮轴的弯曲程度是用凸轮轴中间轴颈相对两端轴颈的径向圆跳动误差来衡量的，检查方法如图 4-38 所示，将凸轮轴两端轴颈架在 V 形架上，V 形架和百分表座放置在平板上，使百分表的触头与凸轮轴中间轴颈垂直接触。转动凸轮轴，观察百分表的摆差(径向圆跳动量)。

② 凸轮轴弯曲校正。若摆差大于 0.1mm，则应在压力机上进行校正修复或更换凸轮轴。校直后的凸轮轴中间轴颈的径向圆跳动量不得大于 0.04mm。

(2) 凸轮轮廓磨损。凸轮磨损可以通过直接测量凸轮的高度来判断，如图 4-39 所示，测量凸轮的最大高度，若凸轮的最大高度低于允许值，应更换凸轮轴。

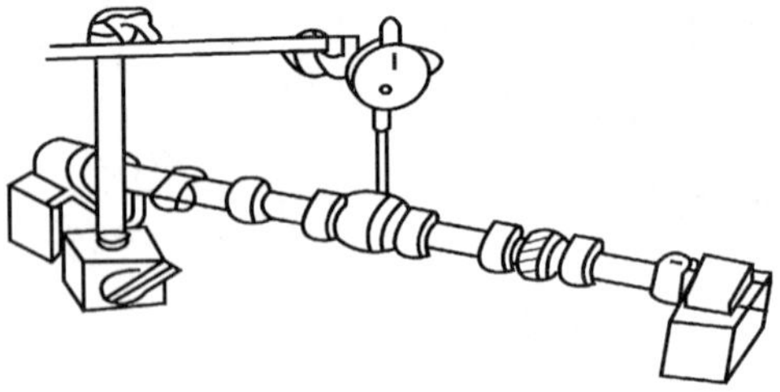

图 4-38 凸轮轴弯曲检查

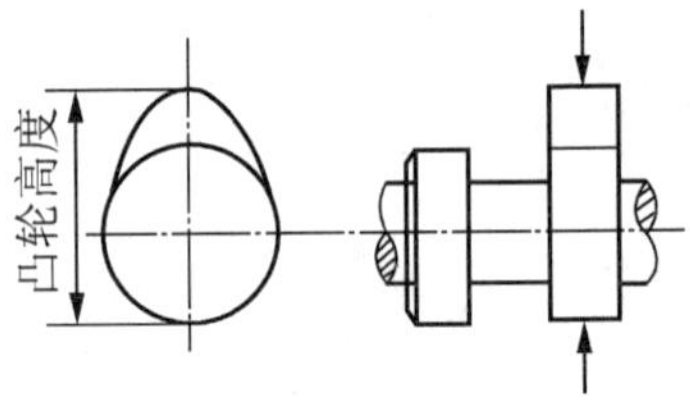


图 4-39 凸轮高度测量

(3) 凸轮轴轴颈磨损检查。用千分尺测量凸轮轴各轴颈的直径，即可计算出轴颈的圆度和圆柱度。当轴颈的圆度、圆柱度误差大于 0.015mm，各轴颈的同轴度误差超过 0.05mm 时，应更换凸轮轴。

(4) 凸轮轴的裂纹。凸轮轴的裂纹和折断很少见，一般是由制造质量差、工作中应力集中等原因造成的。可用磁力探伤法或观察法检查，如有裂纹立即更换。

(5) 凸轮轴轴向间隙的检查和调整。

① 凸轮轴轴向间隙要求。凸轮轴应有合适的轴向间隙，如桑塔纳 2000GSi 发动机标准值为 0.05～0.08mm，磨损极限值为 0.15mm。该间隙过大，易引起凸轮与挺柱底部的异常磨损；过小，又会导致凸轮轴受热膨胀卡死。

② 凸轮轴轴向间隙检查。对于采用止推凸缘轴向定位的发动机，可用塞尺插入凸轮轴第一轴颈前端面与止推凸缘之间或正时齿轮毂端面与止推凸缘之间进行测量(图 4-40)。也可以用百分表的测头触在凸轮轴的前端测量，沿轴向推拉凸轮轴，百分表的摆动量就是凸轮轴的轴向间隙。

③ 凸轮轴轴向间隙调整。不同汽车调整方法和位置不同，可通过更换止推凸缘或更换卡块式止推垫片、更换凸轮轴的第一、五道轴承(大众车系)来调整。对于曲轴用润滑油自动控制凸轮轴轴向间隙的发动机(如北京切诺基)，修理时不需检查和调整轴向间隙。

(6) 凸轮轴径向间隙检查与调整。

① 凸轮轴径向间隙要求。凸轮轴及其轴承磨损都会导致凸轮轴径向间隙变大，出现振动和异常响动。而径向间隙过小则容易导致凸轮轴受热膨胀卡死。如桑塔纳 2000GSi 发动机标准值为 0.06～0.086mm。

② 凸轮轴径向间隙检查。可分别测量凸轮轴轴承内径和凸轮轴轴颈直径直接计算出。

对配件中配有专用塑料间隙塞尺的凸轮轴，也可用图 4－41 所示方法进行检查。检查时，拆下轴承盖，将塑料间隙塞尺纵向放入轴承盖内，以 20N·m 的力矩拧紧轴承盖螺栓(拧紧过程防止凸轮轴转动)。然后拆下轴承盖，取出已压扁的塑料间隙塞尺，与附带有不同宽度色标的标尺相对比，标尺上与塑料间隙塞尺压扁宽度相等的刻线值，即为轴承的间隙值。

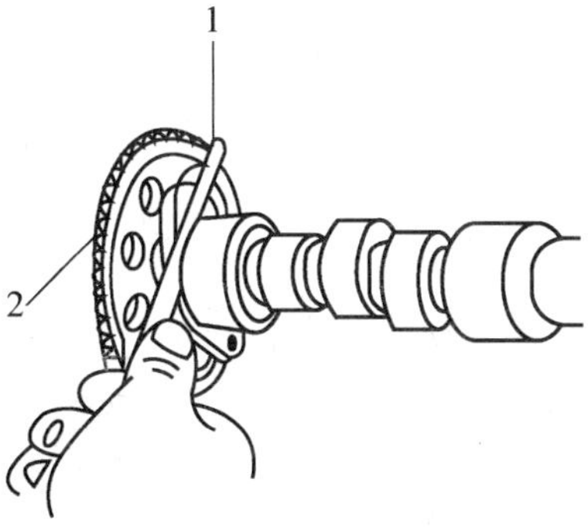


**图 4－40 凸轮轴轴向间隙检查**

1—塞尺；2—正时齿轮

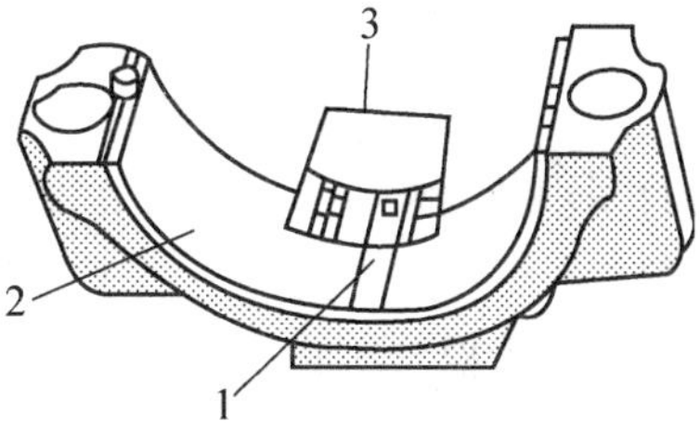


**图 4－41 凸轮轴径向间隙检查**

1—塑料塞尺；2—轴承盖；3—标尺

③ 凸轮轴径向间隙调整。当配合间隙超过使用限度或凸轮轴按修理尺寸修磨后，应更换新轴承，其修配工艺如下：拆卸旧轴承→选择新轴承。注意新轴承内径与凸轮轴轴颈修理尺寸一致，外径与轴承座孔的过盈量适当，剖分式轴承为 0.07～0.19mm，铸铁气缸体(气缸盖)配合的整体式轴承为 0.05～0.13mm，与铝合金气缸体(气缸盖)配合的整体式轴承为 0.03～0.07mm→安装凸轮轴轴承→轴承内孔修配，可通过刮削、铰削、拉削和镗削等方法进行→凸轮轴径向间隙检验，要求凸轮轴轴颈与轴承的接触面积应达到 75%以上，转动灵活，配合间隙符合规定要求。

3) 凸轮轴传动机构的检修

(1) 正时链条和链轮的检查。

① 正时链条和链轮常见缺陷。采用链传动的配气机构，由于链条和链轮的磨损，发动机工作中易造成节距变长、工作噪声增大等问题，严重时还会使配气正时失准。

② 正时链条检查。选择链条三个以上位置，用弹簧秤钩拉链条，在拉力为 50N 时，测量链条长度(图 4－42)，若链条长度超过了极限值，应更换新链条。

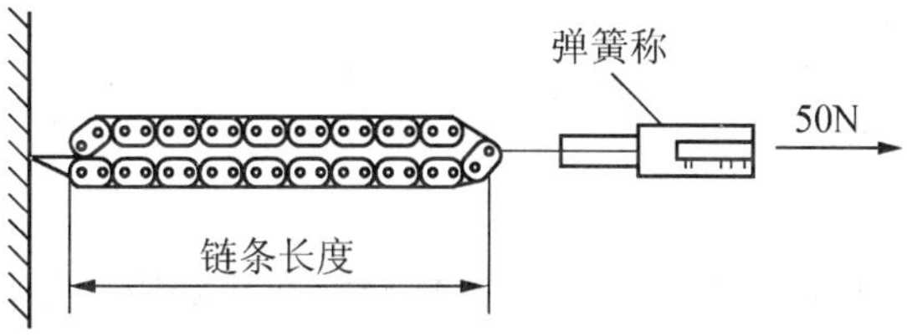


**图 4－42 链条长度的测量**

③ 正时链轮的检查。可以通过测量最小链轮直径来判断链轮的磨损程度，如图 4－43 所示，把链条套在凸轮轴正时链轮和曲轴正时链轮上，用手指捏紧链条后，用游标卡尺分别测量其链轮直径，如最小链轮直径小于允许值则磨损严重，应更换链轮。

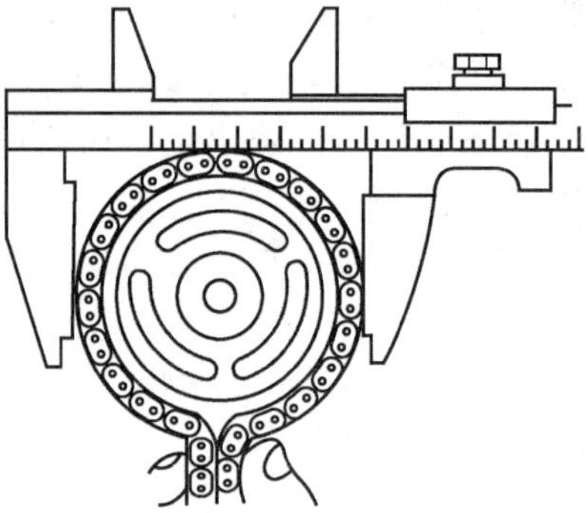

图 4－43　链轮直径的测量

(2) 正时同步带的检查。目测正时同步带有裂纹、磨损、橡胶老化、纤维拉毛起层、掉牙等损坏现象时，应立即更换。由于水泵漏水等造成正时同步带与水持续地接触，机油黏附在同步带上引起橡胶膨胀，凸轮轴卡住使同步带承受过大的作用力而存在断裂隐患的也应更换。

(3) 正时同步带轮的检查。一般检查正时同步带轮的外径来确定它的磨损程度，如果已超过了磨损极限，则应更换正时同步带轮。

(4) 正时同步带张紧轮的检查。转动张紧轮，判断轴承有否卡滞现象，有无不正常响声，并检查同步带张紧轮与同步带的接触表面有无磨损和损伤。如有不正常现象，应更换轴承或张紧轮。

4) 气门驱动组件的检修

(1) 挺柱与挺柱孔的检修。

① 普通挺柱与挺柱孔的检修。

a. 外观检查。目测挺柱不转或转动不良、底部有条状磨损、拉伤、拉毛、疲劳剥落斑点、由于磨损不均匀出现环形光环的应予以更换。

b. 挺柱与挺柱孔配合间隙检查。挺柱与挺柱孔磨损后配合间隙将会变大，导致挺柱工作时产生撞击噪声和摆动。正常的配合间隙一般为 0.03～0.07mm，使用极限为 0.12mm。若用手把挺柱稍微提起摇晃，如果感到有明显的间隙，说明挺柱与挺柱孔磨损严重，应更换挺柱或对挺柱孔进行镶套修理，使其间隙符合装配标准。对有挺柱衬套的车型(如东风)可直接更换衬套。

② 液压挺柱的检修。

a. 液压挺柱与挺柱孔的配合间隙检查。分别测量液压挺柱的外径与挺柱孔的内径所得到的尺寸差即为它们的配合间隙，正常间隙一般为 0.01～0.05mm，使用极限为 0.1mm，超过极限值应更换液压挺柱。

b. 液压挺柱偶件密封性检查。把液压挺柱浸泡在机油中，并将其油孔向上，轻轻转动并推拉柱塞，使其腔内的空气排出，再把液压挺柱放在降漏试验台上测试(图 4－44)，如果测试的结果不符合标准，则应更换液压挺柱。

(2) 气门推杆的检修。气门推杆常见缺陷是发生弯曲和两端球面磨损。检修方法如下。

① 推杆的直线度检查。推杆的直线度误差应小于等于 0.3mm。检查时把推杆放在

平板的一角，使杆身与平板接触，两端悬空，滚动推杆，用塞尺测量推杆与平板的间隙（图4-45）。如果测量值超出范围就要校直或更换推杆。

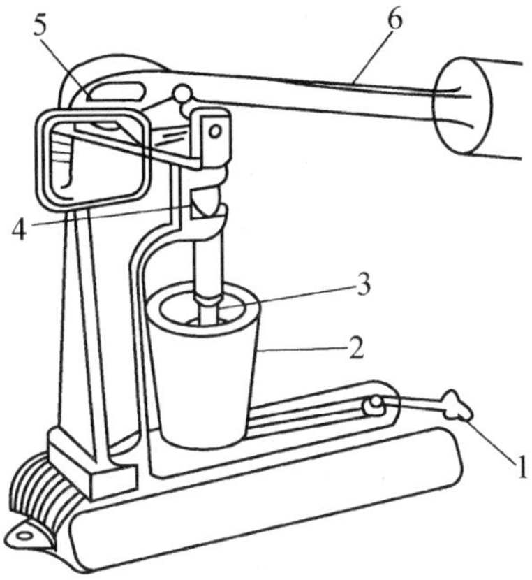


**图4-44 液压挺柱的降漏试验**

1—手柄；2—检验环；3—挺柱；4—加力杆；5—刻度盘；6—加载臂

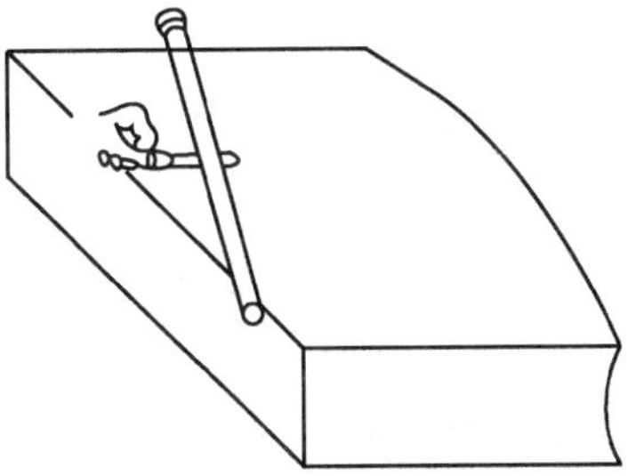

**图4-45 推杆的检查**

② 推杆两端球面的检查。要求两端球面的半径误差不能超出0.30mm，否则应更换推杆或用弹簧钢丝堆焊后修磨成形。

## 任务4.4 气门间隙和配气相位检查与调整

故障案例：

一辆东风EQ2102型越野车，采用康明斯6BT型发动机，出现行驶无力，同时伴有“嘭嘭”的响声，功率明显下降。

故障检查：

起动发动机进行检查，在原地能够听到“嘭嘭”的响声(非金属敲击声)。进行路试，车辆行驶无力。打开机舱盖进行检查，在空气滤清器处响声特别明显。用手捂住空气滤清器进气口，响声明显减弱，但却出现了“嗒嗒”声。

### 4.4.1 气门间隙的检查与调整

1. 气门间隙

气门间隙指发动机冷态，气门关闭时，气门与摇臂之间的间隙，其作用是为气门及驱动组件工作时留有受热膨胀的余地。

发动机工作中，由于气门、驱动机构及传动机构零件磨损，会导致气门间隙产生变化，应注意检查调整。如果气门间隙过小，发动机在热态下可能关闭不严而发生漏气，导致功率下降，甚至烧坏气门。如果气门间隙过大，则使传动零件之间以及气门与气门座之间撞击声增大，并加速磨损，同时，也会使气门开启的延续角度变小，气缸的充气及排气情况变坏。

2. 气门间隙调整方法

气门间隙调整一般在冷态(发动机停机处于室温)下进行，有逐缸调整和二次调整两种方法。逐缸调整气门间隙的步骤如下。

1）拆下气门室盖

拆下气门室盖的固定螺钉，小心取下气门室盖，注意不要损坏气门室盖衬垫。用抹布擦净气门及摇臂轴上的油污，以方便气门调整作业。

2）找到一缸压缩上止点

用摇手柄转动曲轴或撬动飞轮，使一缸处于压缩上止点位置。

从发动机前面看，曲轴带轮的正时凹坑与正时记号对准。在部分大型车上飞轮壳的检视孔1－6缸刻线与飞轮壳正时记号对齐。例如，东风EQ6100－1型发动机，飞轮1－6缸刻线应与飞轮壳的钢球对齐。

此时从气门处看：一缸的气门应都处于关闭的状态。如果一缸的气门不全是关闭状态，说明一缸活塞在下止点位置，应再转动曲轴360°，使一缸处于压缩上止点位置。

3）确定各缸处于压缩上止点的方法

由发动机构造原理可知，各缸处于压缩上止点时，该缸的气门均处于关闭状态。因此，我们可以打开分电器盖并确定各缸高压分线的位置，摇转曲轴，当分火头指向该缸高压分线位置时，触点张开的瞬间，则该缸处于压缩行程的上止点位置。这样就可以比较准确地确定各缸压缩上止点的位置，方便地调整气门。

4）测量气门间隙

气门间隙有冷车值和热车值之分，测量时应在符合该车的规定的状态下进行。

选出符合规格的塞尺插入气门杆与气门摇臂(或凸轮)之间。稍微拉动塞尺，如有轻微的阻力，表示间隙正确。

为了确定间隙是否在规定范围内，一般用范围极限值来测量。例如，间隙范围值为0.29～0.35mm，先用0.29mm的塞尺插入气门间隙，此时，塞尺如果可以通过，则是正常；再用0.35mm的塞尺插入气门间隙，塞尺应无法插入，这样才可以说明间隙在给定间隙范围内。如果0.29mm塞尺不能插入间隙，则说明间隙过小；如果0.35mm塞尺可以通过插入间隙，则说明间隙过大。

如果上述中任何一项不符合要求，表示气门间隙不正常，必须调整间隙。

5）调整气门间隙

首先松开气门调整螺钉的固定螺母，把规定厚度的塞尺插入气门间隙处，一手抽拉塞尺同手转动调整螺钉，直到塞尺稍微受到阻力。

调整妥当之后，塞尺插到气门间隙中央，调整螺钉保持不动，拧紧固定螺母锁紧调整螺钉。锁好螺钉后，再用塞尺重新测量气门间隙，因为有可能在锁紧时无意转动了调整螺钉，使气门间隙改变。如果气门间隙改变，应重新调整到正确。

如果对发动机的工作顺序及各气门开闭状态熟悉，也可以采用简便的二次调整法，同学们可互相讨论学习。

典型汽车的气门间隙值见表4－3。

表 4－3　气门间隙参考表　　（单位：mm）

| 发动机型号 | 进气门 | | 排气门 | |
|---|---|---|---|---|
| | 热车 | 冷车 | 热车 | 冷车 |
| 解放 CA6102 | | 0.20～0.30 | | 0.20～0.30 |
| 东风 EQ6100－1 | | 0.20～0.25 | | 0.20～0.25 |
| 一汽奥迪 100 | 0.20～0.30 | 0.15～0.25 | 0.40～0.50 | 0.35～0.45 |
| 上海桑塔纳 | 0.25±0.05 | 0.20±0.05 | 0.45±0.05 | 0.45±0.05 |

### 4.4.2　配气定时的检查与调整

由于配气凸轮轴和传动零部件磨损，会导致配气定时产生变化，影响发动机的动力、经济和排放性能，应注意检查调整。

1. 配气相位的检查

配气相位的检查应在调整好气门间隙和凸轮轴轴向间隙的基础上进行，一般采用静态法测定一个气缸的进气或排气相位角即可，其他各缸的配气相位由凸轮轴保证。下面就以柴油机测量为例，一般步骤如下。

(1) 在曲轴前端装上有刻线的分度盘，在发动机前盖板上安装一根可调节的指针(图 4－46)。

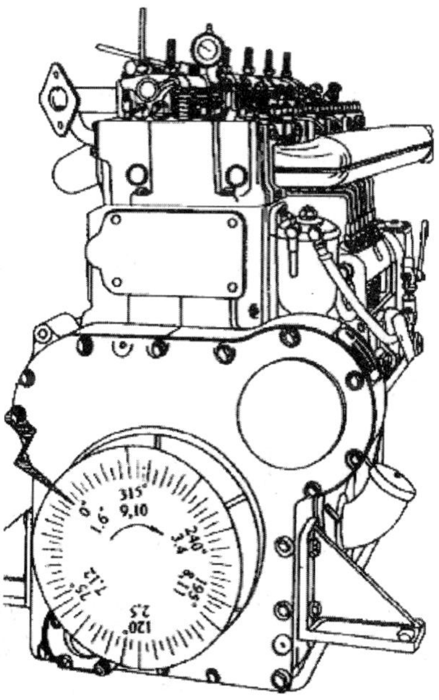

图 4－46　配气相位的检查

(2) 在第一缸火花塞孔内拧入上止点检测仪，摇转曲轴，利用止点检测仪(是一个可拧入火花塞孔带加长伸缩杆的百分表)找出第一缸压缩上止点(百分表指针由顺转到不动的瞬间)。也可以通过飞轮上的上止点记号等方法找出第一缸压缩上止点。

(3) 调整发动机前盖板上的指针，使其对准分度盘上的“0”度线并将它固定。

(4) 在气缸盖上安装一只百分表，使百分表的触头与第一缸进气门的弹簧上座垂直接触，并使百分表有一定的预压缩量。

(5) 按曲轴的旋转方向摇转曲轴，当百分表指针开始摆动的瞬时，即表示进气门开始开启，这时分度盘上被指针所指的刻线到“0”度线的夹角即为进气提前角。

(6) 如果百分表的量程足够大，可继续摇转曲轴，当百分表指针摆动到某一最大值(即气门升程)后再回到原位时，表示气门关闭，这时分度盘上被指针所指的角度与180°的差值即为进气迟闭角。从气门开始开启到气门关闭，曲轴所转过的角度即为进气持续角。

2. 配气相位调整

若配气相位角超过要求值，应分析原因，酌情重新安装、调整或更换零部件。

如个别气门开启和关闭的时间偏早或偏晚不大时，可通过调整该气门间隙的方法予以解决。

如各缸进、排气门开启和关闭的时间都不符合标准值且迟早不一样时，一般是由于凸轮磨损严重造成的，应修磨或更换凸轮轴。

如各缸进、排气门开启和关闭的时间都偏晚(或偏早)，而进、排气持续角都符合规定要求，这可能是由凸轮轴与曲轴的相对安装位置不正确引起的，应重新安装。当发动机的大多数气门配气相位角偏差6°以上时，可采用错齿法将正时齿轮记号调前或调后一个齿。当配气相位角偏差较小时，可通过偏位键法(改变正时齿轮与凸轮轴连接键的断面形状)来调整。有的发动机凸轮轴法兰盘与凸轮轴齿轮之间通过腰形孔用螺钉连接，可通过改变它们之间相对位置来调整。

## 任务4.5 发动机可变进气控制结构与维修

故障案例：

有一辆帕萨特B5轿车，发动机型号为ANQ，行驶时间断发生熄火现象，高速时动力不足，加速无力，请判断并排除故障。

### 4.5.1 发动机对配气定时的要求

传统的发动机配气定时在发动机制造装配好之后便无法改变。但理想的配气定时应随着发动机的转速、负荷及其他工况而改变。如发动机低速时，在气门重叠角范围内，由于气流惯性的减弱，可能造成废气倒流，转矩不足，尤其当转速在1000r/min以下时，更为明显。而在高转速时，又由于进气行程的时间非常短促，造成进气不足、排气不净、功率下降。

现代轿车发动机转速已达6000～9000r/min，为了使发动机在高转速时能提供较大的功率，在低转速时又能产生足够的转矩，现代轿车发动机已有不少采用可变进气控制系统，它能根据发动机的运行状况改变气门升程和配气定时。

### 4.5.2 可变进气控制机构结构与工作原理

目前可变配气定时控制机构类型比较多，下面以常见的日本本田车系的VTEC机构为例介绍。

VTEC即可变气门配气定时和气门升程电子控制系统(Variable Valve Timing and Valve Lift Electronic Control System)。VTEC发动机在4500r/min以下时与普通发动机一样，表现很平常，当突破4500r/min时，VTEC发动机的动力就会爆发出来，产生强大的后段加速度。

1. VTEC机构

图4-47所示是本田ACCORD(雅阁)F23A和F20B1发动机的VTEC机构，主要由气门、凸轮、摇臂、同步活塞等组成。

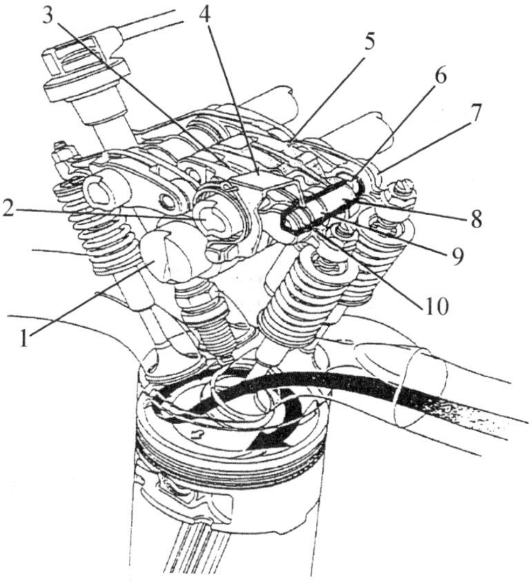


图4-47 VTEC机构

1—凸轮轴；2—摇臂轴；3—主摇臂；4—正时板；5—中间摇臂；6—止推活塞；7—辅助摇臂；8—同步活塞B；9—同步活塞A；10—正时活塞

凸轮轴对应于每一缸有五段凸轮参加工作(图4-48)，其中排气凸轮2、6与常规排气凸轮相同。进气有三个凸轮，主进气凸轮3有较大的进气提前角和较大的气门升程，辅助进气凸轮5有较小的进气提前角和较小的气门升程，还增加了一个中间进气凸轮4，其具有最大的进气提前角和最大的气门升程。

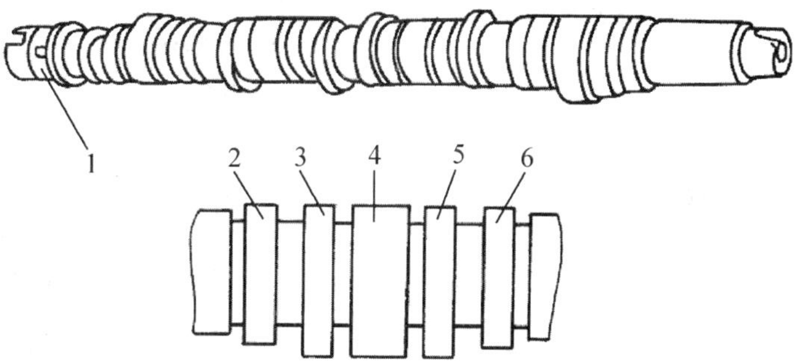


图4-48 五段工作凸轮

1—凸轮轴；2、6—排气凸轮；3—主进气凸轮；4—中间进气凸轮；5—辅助进气凸轮三个进气凸轮分别驱动三根摇臂(图 4－49)，与主凸轮、辅助凸轮和中间凸轮相对应的摇臂分别为主摇臂 7、辅助摇臂 5 和中间摇臂 6。三根摇臂内部装有由液压控制移动的同步活塞 3 和 4、正时活塞 1 等。

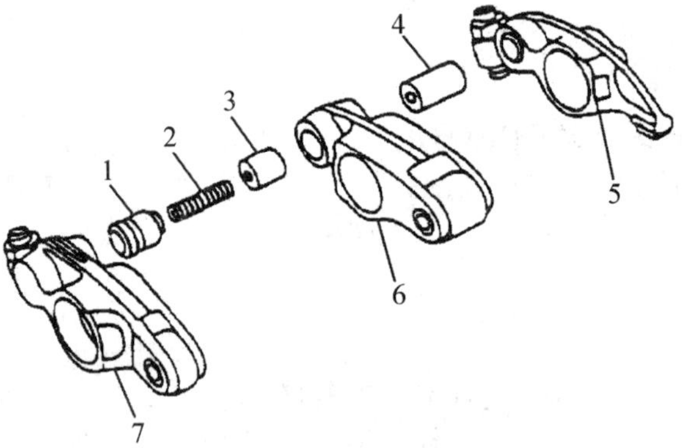


**图 4－49　摇臂组件**

1—正时活塞；2—正时活塞弹簧；3—同步活塞 A；
4—同步活塞 B；5—辅助摇臂；6—中间摇臂；7—主摇臂

2. VTEC 工作原理

当发动机低速时，VTEC 机构的油道内没有机油压力，正时活塞、同步活塞和止推活塞在回位弹簧作用下都处于左端(图 4－50)，正时板卡入正时活塞 14，使其不能移动，此时正时活塞和同步活塞 13 正好处在主摇臂 5 内，同步活塞 12 处在中间摇臂 6 内，止推活塞 11 处在辅助摇臂 7 内，使三根摇臂分离，彼此独立工作。主凸轮 2 和辅助凸轮 4 分别推动主摇臂和辅助摇臂，控制两个进气门的开闭。主凸轮升程较大，所以它驱动的气门开度较大；辅助凸轮升程较小，所以它驱动的气门开度较小。这时，中间摇臂 6 虽然也被凸

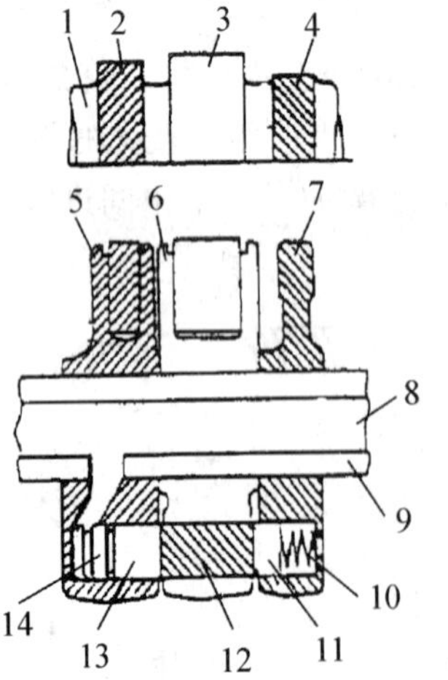


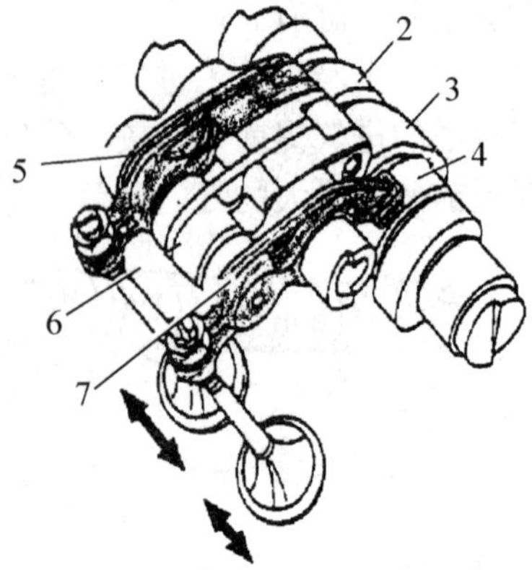


**图 4－50　发动机低速运转**

1—凸轮轴；2—主凸轮；3—中间凸轮；4—辅助凸轮；5—主摇臂；6—中间摇臂；
7—辅助摇臂；8—摇臂轴中心油道；9—摇臂轴；10—止推活塞弹簧；
11—止推活塞；12—同步活塞 B；13—同步活塞 A；14—正时活塞

轮驱动，但因为三个摇臂彼此分离独立，所以中间摇臂并不参与工作，对气门动作无影响。因此，发动机低速时，VTEC工作和普通发动机相似。

发动机达到某一个设定的高转速(如3000r/min)时，由电子控制单元(Electronic Control Unit，ECU)传来的信号打开VTEC电磁阀，压力机油通过摇臂轴上的油孔16(图4－51)进入正时活塞，正时板移出，推动摇臂内的正时活塞，使三根摇臂锁成一体。由于中间凸轮升程最高，摇臂锁为一体后由它驱动，进气门开启时间延长，升程增加。所以发动机高速运转时，VTEC改变气门正时和气门升程，使发动机功率和转矩提高。

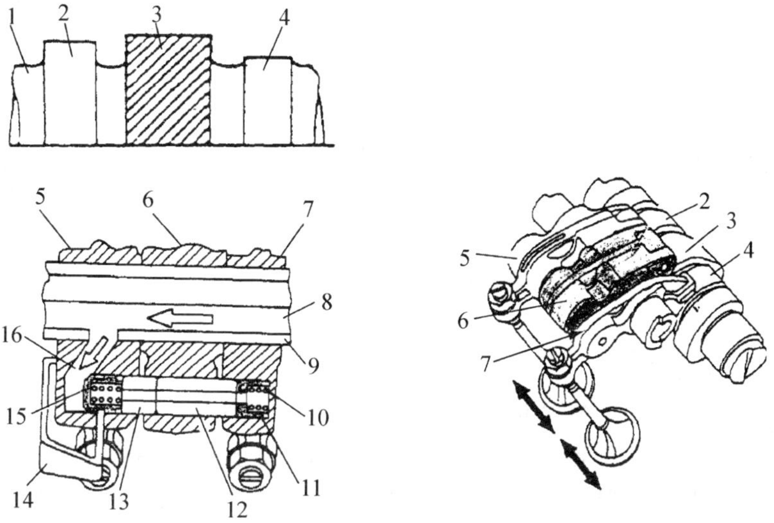


**图4－51 发动机高速运转**

1—凸轮轴；2—主凸轮；3—中间凸轮；4—辅助凸轮；5—主摇臂；6—中间摇臂；7—辅助摇臂；8—摇臂轴中心油道；9—摇臂轴；10—止推活塞弹簧；11—止推活塞；12—同步活塞B；13—同步活塞A；14—正时板；15—正时活塞；16—摇臂轴油孔

当发动机转速再次降低到某一个设定的低转速时，VTEC电磁阀断电，切断油路，摇臂内的液压也随之降低，活塞在回位弹簧作用下退回原位，三根摇臂再次分离，独立工作。

VTEC的气门工作状态的切换由控制系统控制(图4－52)，它主要由传感器、控制单

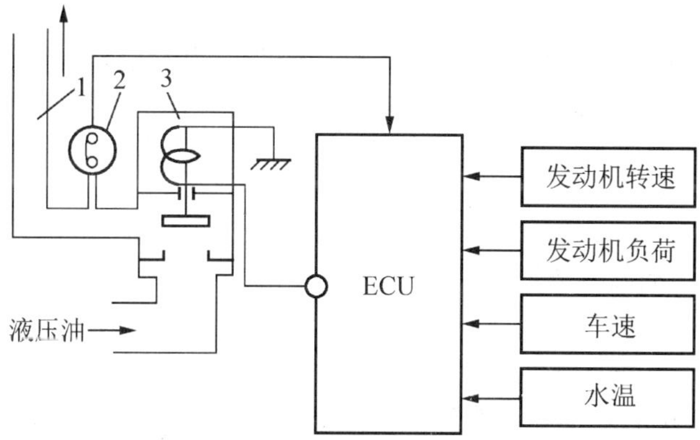


**图4－52 VTEC控制系统**

1—液压油道；2—压力开关；3—电磁阀

元(ECU)和执行器组成。ECU 根据转速传感器、车速传感器、水温传感器、负荷传感器等信号进行判断，输出相应的控制信号，通过电磁阀 3 调节摇臂内活塞液压系统，使发动机在不同的工况下由不同的凸轮控制，从而使进气门的开度和正时处于较佳状态。

VTEC 电磁阀开启后，控制系统通过压力开关 2 反馈一信号给 ECU，以监控系统工作。

## 任务 4.6 废气涡轮增压系统的结构与维修

故障案例：

有一辆一汽大众生产的奥迪 200 1.8 T 轿车，装有废气涡轮增压器的 ANZ 发动机，行驶中在压气机端发出异响，如气喘的响声，发动机工作不平稳，排气冒黑烟，请分析并排除故障。

### 4.6.1 发动机增压作用及方式

1. 发动机增压的作用

增压就是将空气预先压缩后再供入气缸，以提高进气密度、增加进气量的一项技术。

增加进气量，可相应地增加循环供油量，从而增加发动机的功率，一般可增加功率10%～60%，有的甚至成倍增长；同时增压还可以减少燃油消耗，降低有害气体排放，其CO 和 HC 排放仅为非增压发动机的 1/3～1/2。

进气增压程度常用以下两个参数衡量。

(1) 增压度。指发动机增压后增长的功率与增压前的功率之比。多数车用发动机的增压度在 0.1～0.6 的范围内，而高增压柴油机的增压度在 3 以上。

(2) 增压比。指增压后空气压力与增压前空气压力之比。增压发动机按增压比的大小可分为低增压(增压比$<$1.5)、中增压(1.5$<$增压比$\leqslant$2.5)、高增压(2.5$<$增压比$\leqslant$3.5)和超高增压(增压比$>$3.5)。

2. 发动机增压的方式

根据增压系统所用能量来源不同，增压分动力增压和废气涡轮增压两种类型。

动力增压利用发动机曲轴驱动增压器工作，要消耗发动机本身能量，较少采用。

废气涡轮增压利用废气能量驱动增压器工作。车用发动机大多采用废气涡轮增压系统。

### 4.6.2 废气涡轮增压的结构原理

1. 废气涡轮增压系统组成与工作原理

废气涡轮增压系统的基本组成如图 4－53 所示，主要由涡轮机 2、压气机 3 等组成。涡轮室进气口与排气管 6 相连，排气口接在排气管上；压气机进气口与空气滤清器管道相连，排气口接在进气管 5 上。涡轮机与压气机通过中间体组装在同一轴上，称为增压器。

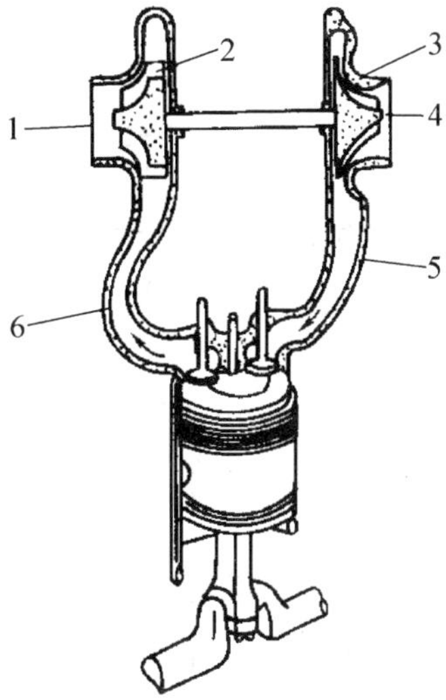


**图 4-53　废气涡轮增压示意图**

1—排气口；2—涡轮机；3—压气机；4—进气口；5—进气管；6—排气管

废气涡轮增压是利用发动机排气时的能量，冲击涡轮机 2，使它高速旋转。通过传动轴，带动压气机 3 也高速旋转，将空气增压，再经进气管进入气缸。

2. 增压器的结构原理

废气涡轮增压系统主要部件是增压器，其结构如图 4-54 所示，由涡轮、压气机、支承装置、密封装置、润滑与冷却装置五部分组成。

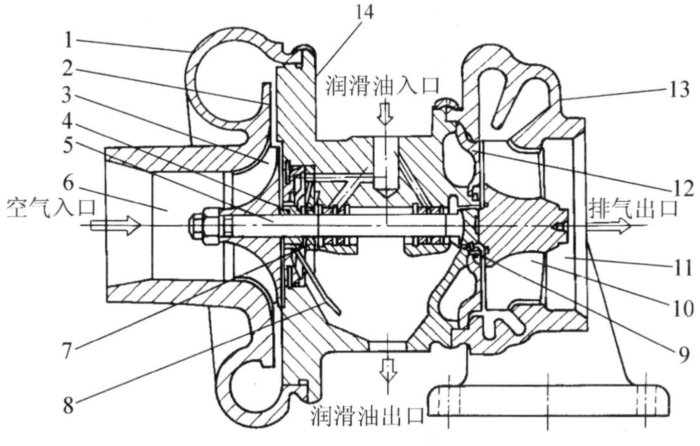


**图 4-54　废气涡轮增压器的结构**

1—压气机蜗壳；2—无叶式扩压管；3—压气机叶轮；4—密封套；
5—增压器轴；6—进气道；7—推力轴承；8—挡油板；9—浮动轴承；
10—涡轮机叶轮；11—出气道；12—隔热板；13—涡轮机蜗壳；14—中间壳

（1）涡轮部分。由涡轮机叶轮 10、增压器轴 5 和涡轮机蜗壳 13 等零部件组成，该部分主要利用废气驱动压气机，可通过控制流经涡轮的废气流量或改变废气冲击涡轮的方向控制压气机的增压强度。

发动机排气经涡轮降压、降温、增速、膨胀，使排气的压力转变为动能，推动叶轮旋转。

(2) 压气机部分。由压气机叶轮 3、压气机蜗壳 1 等零部件组成，压气机叶轮由固定螺母安装在涡轮及叶轮轴上，是增压器的转动部分，称为转子。

当压气机旋转时，空气经进气道轴向进入叶轮 3，在离心力的作用下被压缩并被甩到叶轮外缘。空气从旋转的叶轮获得能量，使其流速、压力和温度均有较大的提高，然后进入扩压管，流速降低，压力和温度均升高，将动能转变为压力能，引向压气机的出口。

(3) 支承装置。由增压器浮动轴承 9、挡油板 8、推力轴承 7 等零部件组成，支承装置使转子可靠地定位在中间壳 14 上，限制转子工作时的轴向和径向活动范围。

增压器转子的转速很高，每分上万转甚至数十万转，因此在增压器中采用的支承轴承为浮动轴承。增压器工作时，有一定压力的润滑油进入轴承的内外间隙，使轴承在内外两层油膜之间随转子转动，但轴承的转速比转子低得多，从而使轴承与轴、轴承孔的相对速度大大降低。

(4) 密封装置。由油封和气封环等零部件组成。压气机端的密封装置用来密封压气机壳内的压缩空气和防止润滑油进入压气机。涡轮端的密封装置主要是为了防止废气进入油腔污染润滑油。

(5) 润滑与冷却装置。主要由轴承壳和进油管、出油管等零部件组成。增压器一般都采用发动机润滑油进行润滑和冷却，润滑油经油管和增压器轴承壳进行循环。

#### 3. 中冷器

中冷器全称为中间冷却器，它安装在散热器前方。其功用是使增压后的空气在进入气缸前，进行中间冷却，从而降低进气温度。这是因为空气经增压后温度会升高，对增压后的空气进行冷却，可进一步提高发动机的进气量。

### 4.6.3 发动机废气涡轮系统的维修

#### 1. 废气涡轮系统日常维护

废气涡轮系统的日常维护有如下内容。

(1) 发动机使用前拨动涡轮增压器的转子，检查转动是否灵活、有无不正常的声响。

(2) 发动机熄火前，应使其在怠速工况下运转 3～5min，以便润滑油能带走热量使增压器尽快冷却，防止烧坏密封圈、轴承咬死或轴承壳变形现象。若增压器工作正常，柴油机刚熄火后，增压器转子仍可继续运转约 1min。

(3) 工作中若增压器发出尖锐的响声，要立即停机查明原因。工作中增压器有振动现象，可能是叶轮、轴或涡轮损坏引起的，要进行修复或更换。

(4) 加强空气滤清器的维护，保证压气机进气清洁。叶轮上沾有灰尘会增加空气与叶轮之间的摩擦，降低增压效果。

(5) 要保证增压器的润滑可靠。润滑油要清洁、油压要正常、油温要合适、油管密封要好，否则浮动轴承会很快损坏。增压器使用前，应通过进油管加入约 60mL 的润滑油。

(6) 严格控制涡轮进气温度，按规定调整燃油供给系统，不能随便改变供油量。

2. 废气涡轮系统定期检查

一般情况下废气涡轮增压器每使用2000～2500h后要进行一次检查，检查内容主要是转子轴的轴向间隙。

检查时，将进气支管、排气支管从增压器上拆下，将百分表触针顶在转子轴上，用力前后推动叶轮，百分表指针的摆动量就是转子轴的轴向间隙值，正常间隙值为0.1～0.3mm，若超过规定标准，应检修或更换该增压器。

3. 废气涡轮动平衡试验

拆卸增压器时，要保持清洁，各管接头一定要用清洁的布堵塞好，防止杂物掉进增压器内，损坏转子。维修时应注意不要碰撞损坏叶轮，如果需要更换叶轮，应对其做动平衡试验。

## 项 目 小 结

1. 换气系统由空气滤清器、进气管系、配气机构、排气管系和消声器等组成。

2. 配气机构的作用是按照发动机的要求，定时开、闭各缸进、排气门，以便发动机充分地吸入混合气和排出燃烧废气。

3. 配气机构按气门的布置位置不同可分为顶置式气门和侧置式气门两类；按凸轮轴的位置可分为凸轮轴下置式、凸轮轴中置式和凸轮轴上置式；按曲轴和凸轮轴的传动方式可分为齿轮传动、链传动和齿形带传动式。

4. 配气机构主要由气门组件、凸轮轴及其传动机构和气门驱动机构组成。气门组件含气门、气门座、气门导管、气门弹簧、气门锁夹等；凸轮轴及其传动机构含凸轮轴、传动齿轮、传动链条和齿带等；气门驱动机构含挺柱、推杆、摇臂、摇臂轴组件、气门间隙调节螺钉等。

5. 气门组件维修主要有气门和工作面检修、弯曲变形检查，气门座更换、铰削，气门与气门座的研磨，气门导管的更换和铰削。

6. 凸轮轴及其传动机构维修主要有凸轮轴弯曲和磨损检查，传动机构(含齿轮、链轮、链条、齿带等)的检修。

7. 气门驱动机构维修主要有挺柱、推杆、摇臂等零部件磨损、变形检查，气门间隙调整和配气定时的检查与调整等。

8. 发动机可变进气控制能够根据发动机的转速和负荷变化，改变配定时和气门升程，达到发动机在高转速时能提供较大的功率，在低转速时又能产生足够的转矩的目的。发动机可变进气控制一般都采用电控，通过故障码检测、电磁阀测量结合机械检查，可以排除相关故障。

9. 发动机增压可有效提高发动机功率，减少燃油消耗和降低有害气体排放。增压程度常用增压度(发动机增压后增长的功率与增压前的功率之比)和增压比(增压后空气压力与增压前空气压力之比)来衡量。

10. 废气涡轮增压是利用发动机废气能量驱动增压器工作达到增压目的。废气涡轮增压系统主要部件是增压器，它由涡轮、压气机、支承装置、密封装置、润滑与冷却装置五部分组成。要注意加强日常维护和定期检查。

# 学习评价与技能测试

一、选择题

1. 下列关于空气滤清器的说法正确的是(　　)。

A. 惯性式空气滤清器利用气流高速旋转的离心力作用，将空气中的尘埃和杂质分离

B. 纸质滤芯有干式和湿式两种

C. 湿式纸质滤芯经油浸处理，滤清效果更好，而且能反复使用

D. 使用空气滤清器可以提高发动机的动力经济性能

2. 气门间隙过大，发动机工作时(　　)。

A. 气门早开　　B. 气门迟开

C. 不影响气门开启时刻　　D. 不确定早开还是迟开

3. 气门传动组零件的磨损，配气相位的变化规律是(　　)。

A. 早开早闭　　B. 早开晚闭　　C. 晚开早闭　　D. 晚开晚闭

4. 理想的配气定时应随着发动机的(　　)而改变。

A. 转速　　B. 负荷　　C. 新旧　　D. 机油压力

5. 发动机增压的作用是(　　)。

A. 提高进气压力　　B. 提高排气压力

C. 增加发动机功率　　D. 增加发动机耗油率

二、问答题

1. 图4-55是配气机构总体组成，请把下列零部件名称填至相应的序号，并叙述配气机构的作用。

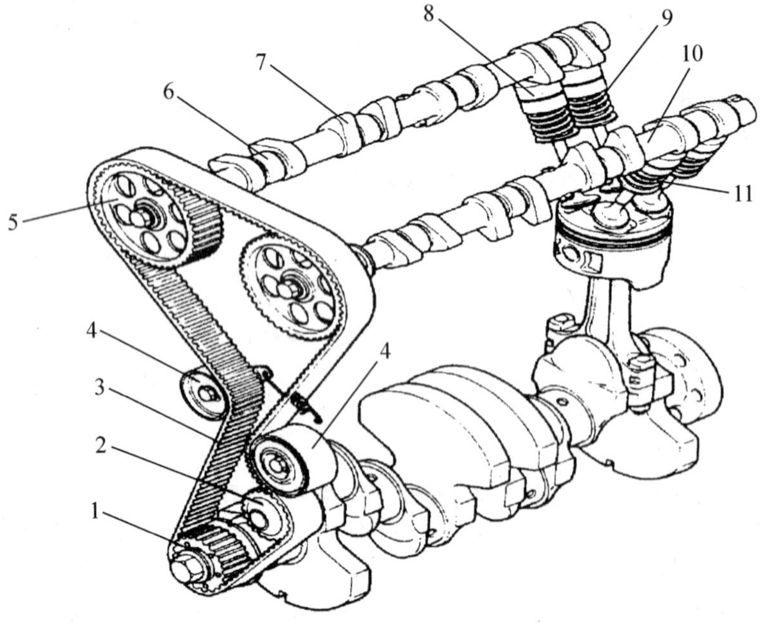


图4-55　配气机构总体组成

曲轴正时带轮；液压挺柱；中间轴；进气门组件；凸轮轴传动带轮；进气凸轮轴；凸轮；齿形带；排气凸轮轴；排气门组件；张紧轮。

2. 什么是充气效率？分析影响充气效率的因素。

三、实操题

1. 正确调整发动机气门间隙。
2. 正确检查调整发动机配气定时。
3. 正确进行气门与气门座的配合检查与研磨。

# 项目5

# 汽油机燃料供给系统构造与维修

## 教学目标与要求

- 理解汽油机混合气的形成与燃烧过程
- 掌握电控汽油喷射系统的结构和工作原理
- 学会电控汽油喷射系统的检查与维修
- 掌握电控汽油喷射系统常见故障的诊断
- 理解发动机排气污染与检测设备

## 教学重点

- 电控汽油喷射系统组成、结构与工作原理
- 电控汽油喷射系统维修
- 电控汽油喷射系统常见故障诊断

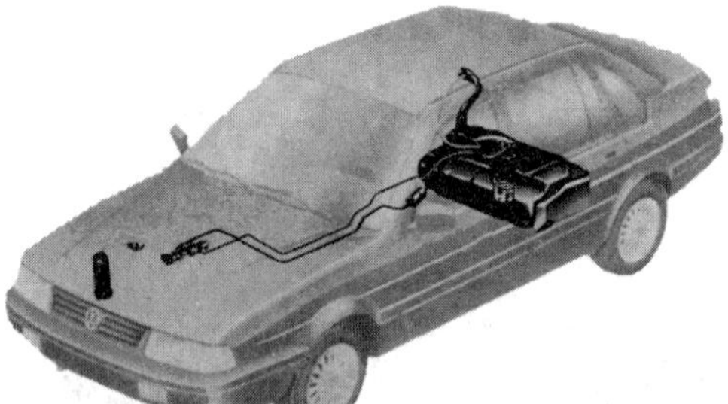

## 教学难点

- 电控汽油喷射系统传感器的工作原理及检测
- 电控汽油喷射系统常见故障诊断

# 任务5.1　汽油机混合气与燃烧过程

故障案例：

桑塔纳2000GSi轿车发动机起动后，发现排气管存在冒黑烟或放炮的现象。

## 5.1.1　汽油机可燃混合气

### 1. 汽油机可燃混合气

1）可燃混合气的概念及分类

可燃混合气是指汽油经过蒸发和雾化后，按一定比例与空气混合成的可以燃烧的气体。

可燃混合气的浓度通常用空燃比$\alpha$来表示，空燃比是每个工作循环充入气缸的空气量与燃油量的质量比($\alpha=A/F$)。理论上1kg汽油完全燃烧需要14.7kg空气，空燃比$\alpha=14.7$的混合气称标准混合气(也称理想混合气)。

可燃混合气的浓度也有用空气过量系数$\phi_a$来表示，即实际上1 kg汽油完全燃烧所需要的空气量与理论上1kg汽油完全燃烧所需要的14.7kg空气量之比。

2）可燃混合气浓度对发动机动力性和经济性的影响

(1) 标准混合气($\alpha=14.7$或$\phi_a=1$)：动力性、经济性和环保性最好(对于电喷发动机而言)，所以也称理想混合气。

(2) 浓混合气($\alpha=13\sim14$或$0.85<\phi_a<0.95$)：动力性最好，经济性和环保性稍差，所以也称功率混合气。

(3) 稀混合气($\alpha=16\sim17$或$1.05<\phi_a<1.15$)：经济性最好，动力性和环保性稍差，所以也称经济混合气。

(4) 过浓混合气($\alpha=6.5\sim13$或$\phi_a<0.8$)：空气严重不足，燃烧很不彻底；燃烧室大量积炭，排气管冒黑烟甚至放炮；发动机动力下降，油耗增加。

(5) 过稀混合气($\alpha=17\sim20$或$\phi_a>1.2$)：汽油严重不足，燃烧速度大大减慢；进气管道回火，机体温度过高；发动机动力下降，油耗增加。

(6) 燃烧极限：$\alpha=6$是燃烧上极限，$\alpha=21$是燃烧下极限。此时，发动机均不能正常工作。

由此可见，排气管存在冒黑烟或放炮的根本原因是燃烧不彻底，而导致燃烧不彻底的主要原因之一是混合气过浓。发动机加速无力甚至熄火的根本原因是燃烧速度太慢，而导致燃烧速度太慢的主要原因之一是混合气过稀。

### 2. 汽油机对可燃混合气浓度的要求

汽油机在不同的工况下工作，要求供给不同浓度的可燃混合气。

发动机工况是发动机工作情况的简称。它包括发动机的负荷和转速等情况。负荷的大小多用节气门开度的百分数表示，全负荷节气门全开为100%，半开为中等负荷，其间有许多个工况。发动机有起动、怠速、中等负荷、全负荷和加速等五种典型工况。

(1) 发动机冷起动时，由于温度低，混合气得不到足够地预热，汽油蒸发困难。混合气中的油粒会因为与冷金属接触而凝结在进气管壁上，不能随气流进入气缸，使气缸内的混合气过稀，无法引燃，因此，要求供给极浓的混合气($\alpha=6.5$)进行补偿，从而使进入气缸的混合气有足够的汽油蒸汽，以保证发动机得以起动。

(2) 发动机怠速运转时，发动机不对外输出动力，做功行程产生的动力只用来克服发动机的内部阻力，维持发动机以最低稳定转速(700～900r/min)运转。此时吸入气缸内的可燃混合气量很少，同时又受到气缸内残余废气的冲淡作用，使混合气的燃烧速度下降，因而发动机动力不足，因此要求供给较浓的混合气($\alpha=13\sim14$)。

(3) 发动机小负荷(25%以下负荷)运转时，由于混合气的数量比怠速时有所提高，废气对混合气的稀释作用也有所减弱，因而混合气浓度可以略为减小，一般为$\alpha=14\sim15$。

(4) 发动机中等负荷时，因发动机大都在此工况运行，为获得良好的汽油经济性，应供给最经济的混合气($\alpha=16\sim17$)。

(5) 发动机大负荷和全负荷时(如上陡坡、急加速等)，发动机能发出较大功率，要求供给浓混合气($\alpha=13\sim14$)。

### 5.1.2 汽油机燃烧过程

故障案例：

桑塔纳2000GSi轿车发动机起动后，发现加速时发出尖锐的金属敲击声。

1. 汽油机的正常燃烧过程

根据汽油机的正常燃烧的示功图(图5-1)的气缸压力变化特点，将燃烧过程分为着火落后期、明显燃烧期和后燃期三个阶段。

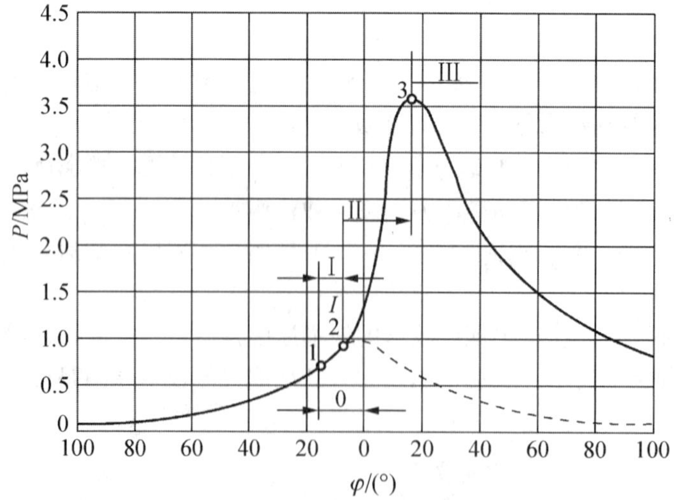


**图5-1 汽油机燃烧过程**

Ⅰ—着火落后期；Ⅱ—明显燃烧期；Ⅲ—后燃期

1—火花塞跳火点；2—出现火焰中心；3—最高压力点

1）着火落后期

着火落后期指从火花塞点火到火焰中心形成的阶段(图 5－1 中Ⅰ)，即从火花塞开始点火(1 点)至气缸压力线明显脱离压缩压力线时(2 点)的曲轴转角或时间。

这一时期主要进行物理、化学准备，它约占全部燃烧时间的 15％。由于可燃混合气存在着火延迟，必须使点火提早到上止点前进行，使缸内压力在上止点附近达到最大值。火花塞在跳火瞬时到活塞行至上止点时所转过的曲轴转角，称为点火提前角 $\theta$，它对发动机的动力性、经济性和排放性能影响极大。

2）明显燃烧期

明显燃烧期又称速燃期，是指火焰由火焰中心烧遍整个燃烧室的阶段(图 5－1 中Ⅱ)，即从图 4－1 中气缸压力线的 2 点到压力达到最高的 3 点止。

汽油机燃烧时，火焰中心形成的火焰向四周传播，形成一个近似球面的火焰层，即火焰前锋，火焰传播速度可达 80m/s。

因为绝大部分燃料在这一时期燃烧，此时活塞又靠近上止点，所以气缸压力迅速上升。常用平均压力上升比表示压力变化的速度：

$$\frac{\Delta p}{\Delta \phi}=\frac{p_3-p_2}{\phi_3-\phi_2}$$

式中 $\Delta p/\Delta\phi$——平均压力上升比(MPa/(°))；

$p_2$、$p_3$——明显燃烧期起点和终点的压力(MPa)；

$\phi_2$、$\phi_3$——明显燃烧期起点和终点相对上止点的曲轴转角(°)。

一般明显燃烧期占 20°～40°曲轴转角，平均压力上升比在 0.2～0.4MPa/(°)。平均压力上升速度越高，则燃烧的等容度越高，对动力性和经济性是有利的，但同时会使燃烧噪声和振动增加，工作越粗暴，增大排放污染。

3）后燃期

后燃期又称补燃期，是指从最高压力点开始到燃料基本燃烧完全为止的阶段(图 5－1 中Ⅲ)。此时混合气燃烧速度开始降低，加上活塞向下止点加速运动，热功转换效率明显下降，大部分热量以增加发动机热负荷的形式被释放，为了保证高的循环热效率和循环功，应使后燃期尽可能短。

2. 汽油机的不正常燃烧

汽油机不正常燃烧可分为爆震燃烧和表面点火(自行燃烧)两类。

1）爆震燃烧

爆震燃烧也称爆燃，是指火花塞点火后，在正常火焰传来之前，末端混合气即自燃并急速燃烧的现象。

轻微爆燃时，发动机功率有所上升，但严重爆燃时，火焰传播速度可高达 1000m/s，会产生爆炸性冲击波和尖锐的金属敲击声，缸内压力线出现锯齿形爆燃波，最高燃烧压力和压力升高率都急剧增大(图 5－2)，因而工作不稳定，机身有较大振动，使缸壁、缸盖、活塞、连杆、曲轴等机件的机械负荷增加，机件变形甚至损坏。

爆燃时的压力波冲击缸壁，破坏了气缸油膜层，冷却系统过热，润滑油温度明显上升，导致活塞、气缸和活塞环磨损加剧，试验表明，严重爆燃时磨损比正常燃烧时大 27 倍。

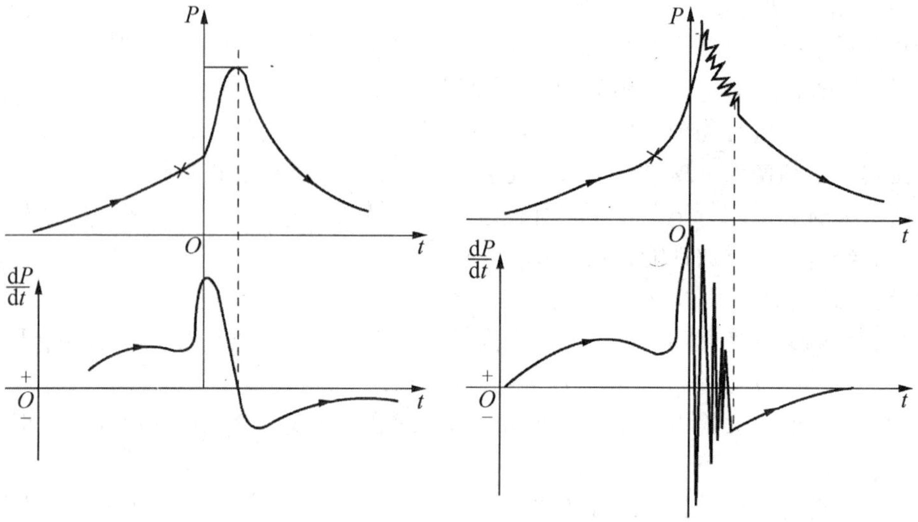


(a) 正常燃烧　　(b) 爆燃

**图 5-2　正常燃烧与爆燃比较**

严重爆燃时，局部燃气温度可高达 4000℃以上，引起燃料热分解为 CH、NO 及游离碳，排气冒烟严重，排放污染增加。

2）表面点火

由燃烧室内炽热部分(排气门盘端面、火花塞电极、金属突出点或积炭等)点燃混合气的现象称为表面点火或炽热点火，也称早燃。

表面点火发生在火花塞点火之前的现象称为早火。由于它提前点火而且热点表面比火花大，使燃烧速率加快，气缸压力、温度增高，发动机工作粗暴，并且压缩功增大，向缸壁传热增加，致使功率下降，火花塞、活塞等零件过热。

后火是指表面点火发生在火花塞点火之后的现象。在炽热点的温度比较低时，电火花点燃混合气后，在火焰传播的过程中，炽热点点燃其余混合气，但此时形成的火焰前锋仍以正常的速度传播。这种现象可在发动机断火以后发现，这时发动机仍像有电火花一样继续运转，直到炽热点温度下降以后，发动机才停车。

表面点火和爆燃之间也会相互影响，强烈的爆燃，必然增加向气缸壁的传热，从而促成燃烧室炽热点的形成，导致表面点火。早火又使气缸压力升高率和最高燃烧压力增大，使未燃混合气受到较大的压缩和传热，从而促使爆燃发生。

由上分析看见，发动机加速时发出尖锐的金属敲击声的根本原因是爆燃，而导致爆燃的主要原因有爆燃传感器失效、ECU 故障等。

## 任务 5.2　电控汽油喷射空气供给系统的结构与维修

故障案例：

有一辆捷达 GT，故障表现为发动机怠速不稳，抖动严重，同时发动机加速不良。读取故障码显示无，数据流显示混合气过稀，检测各缸的气缸压力正常。

### 5.2.1 电控汽油喷射系统的总体组成与工作原理

1. 电控汽油喷射系统的总体组成

电控汽油喷射系统在汽车上的布置如图5-3所示，它一般由燃油供给系统、空气供给系统及电子控制系统三大部分组成，如图5-4所示。

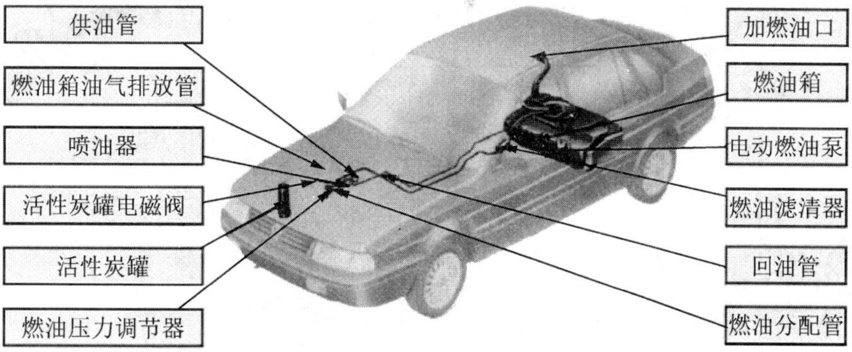


图5-3 燃油供给系统部件在汽车上的布置位置

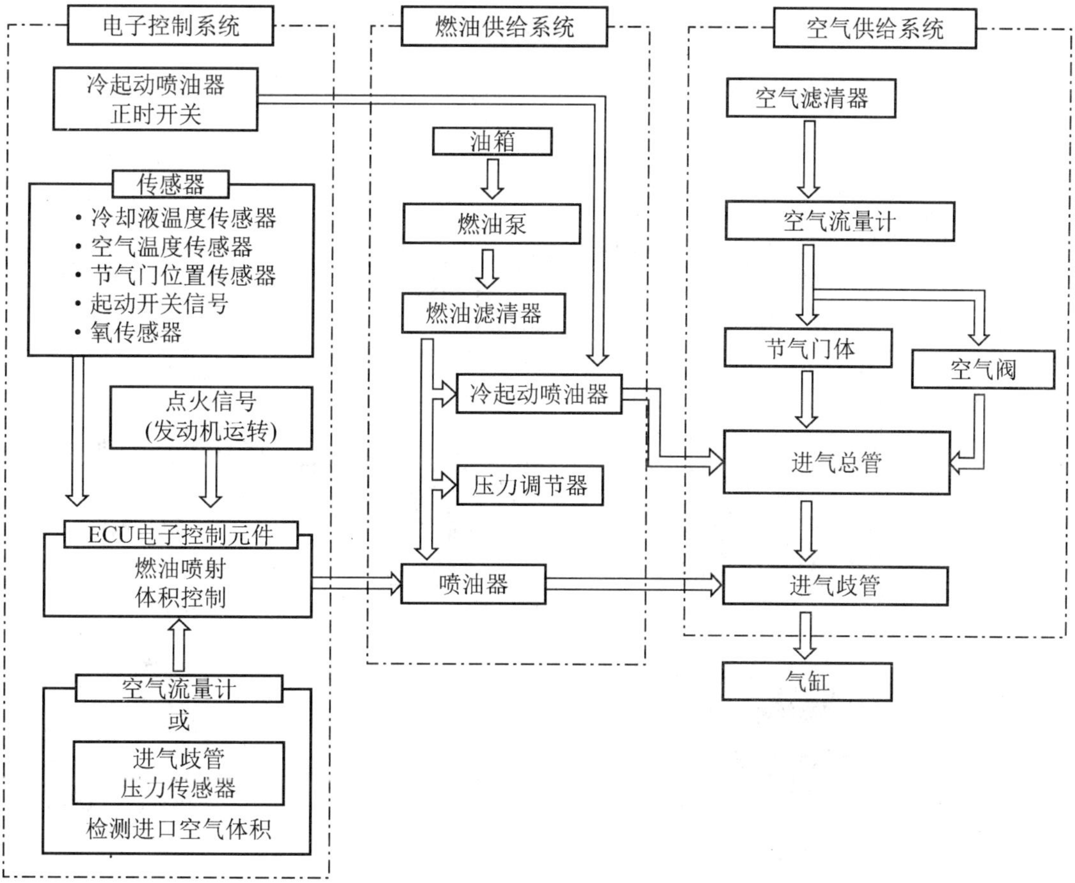


图5-4 电控汽油喷射系统组成

图 5-5 及图 5-6 分别为现代汽油机最常见 D 型电喷系统及 L 型电喷系统的总体结构组成及工作原理示意图。

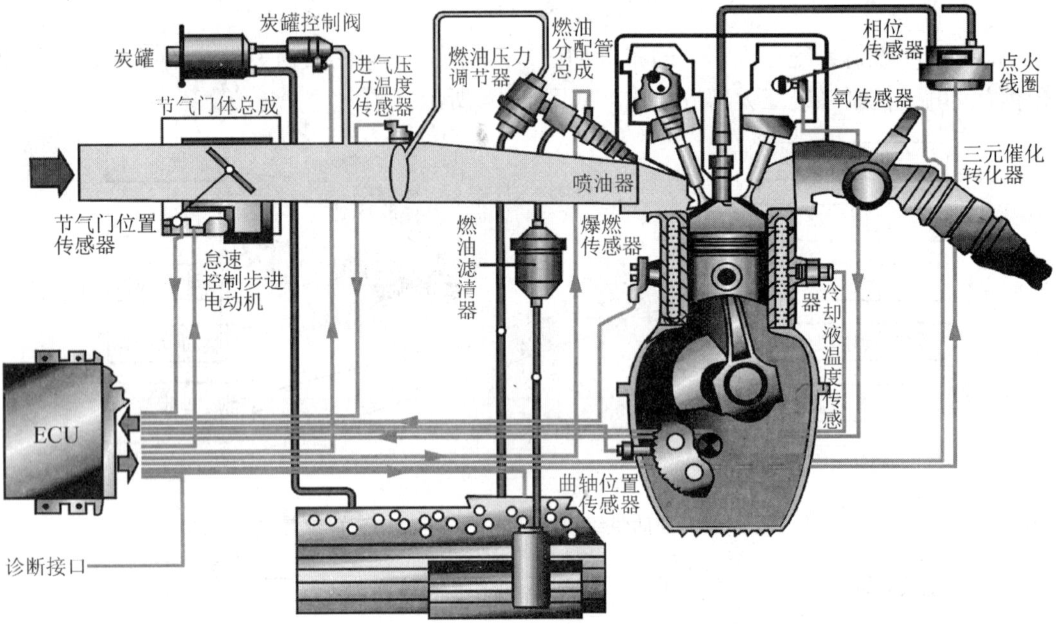


图 5-5 D 型电喷系统的总体构造及原理

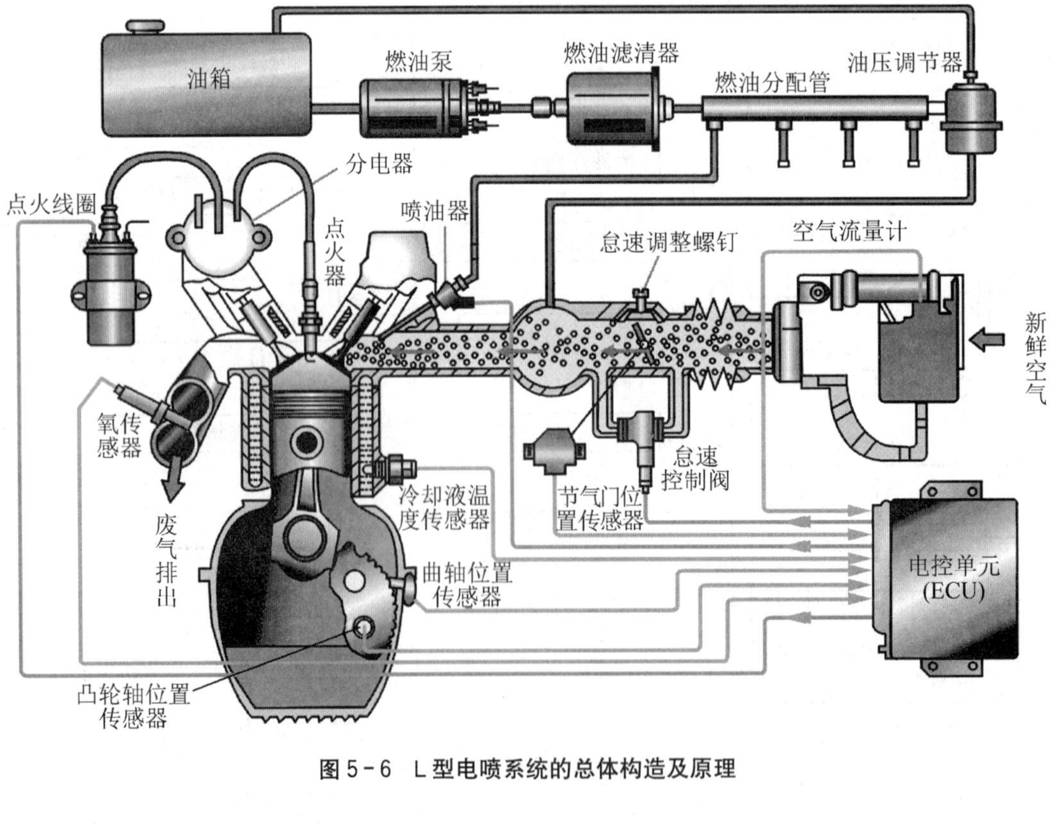


图 5-6 L 型电喷系统的总体构造及原理

2. 电控汽油喷射系统的基本工作原理

发动机电控单元(ECU)根据进气流量、发动机转速、节气门位置等传感器输入的信号，确定在该状态下发动机所需的喷油量、喷油正时和最佳点火提前角，并向燃油泵、喷油器、点火装置等发出执行指令，保证发动机正常运转。

### 5.2.2　电控汽油喷射系统的空气供给系统

1. 空气供给系统主要元件及其位置

D型电喷发动机及L型电喷发动机的进气系统之间有一定区别，但是空气供给系统基本相同，其主要组成部件包括空气滤清器、节气门体和进气管等，如图5－7所示。

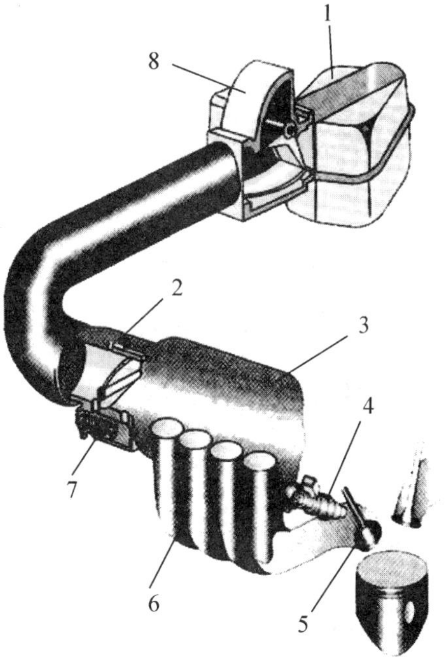


**图5－7　空气供给系统主要组成部件及安装位置**

1—空气滤清器；2—节气门体；3—进气总管；4—喷油器；
5—进气门；6—进气歧管；7—怠速空气调节器；8—空气流量计

如图5－8(a)所示，D型电喷系统中空气供给系统的特点是使用进气歧管压力传感器测量进气压力大小间接计算出进气量，与曲轴/凸轮轴位置传感器测得的发动机转速一起决定发动机的基本喷油时间，结构中没有空气流量计。

D型电喷系统进气系统结构简单，使用非常广泛，除桑塔纳车系外，美国的克莱斯勒车系的切诺基、美国通用车系的科西嘉、日本本田雅阁、日本丰田皇冠3.0轿车等均采用该类型。

如图5－8(b)所示，L型电喷系统中空气供给系统的特点是通过空气流量计检测空气量大小，与发动机转速信号一起决定发动机基本喷油量。

空气流量计对空气量的测量更精确，应用也较广泛。如日本丰田雷克萨斯LS400、

LS300；美国福特车系的林肯、天霸；美国通用车系的鲁米那 3.8L 旅游车等均装用 L 型电喷系统。

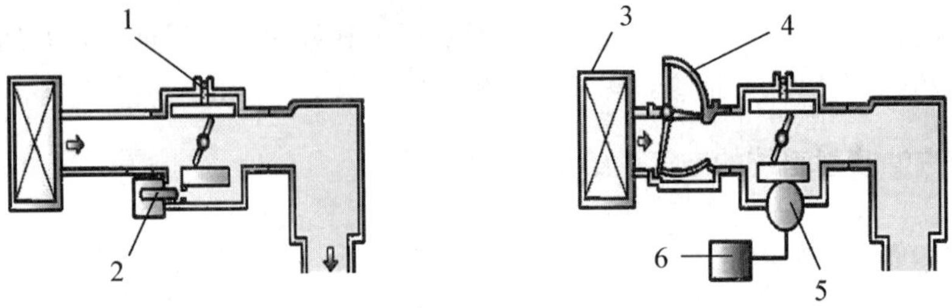


(a) D型空气供给系统　　(b) L型空气供给系统

**图 5-8　空气供给系统的主要部件**

1—节气门体；2—空气阀；3—空气滤清器；
4—空气流量计；5—怠速控制阀；6—ECU

图 5-9 为典型 D 型电喷发动机空气供给系统的结构组成及布置位置等。

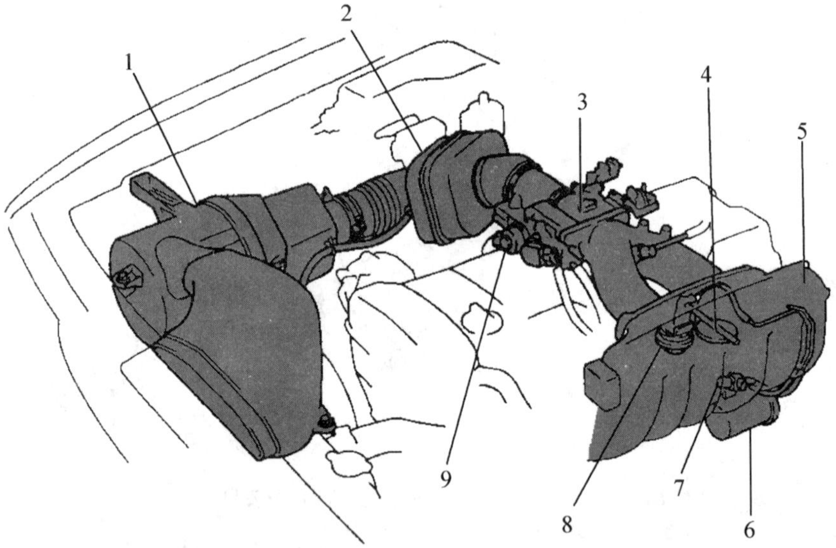


**图 5-9　皇冠 3.0 轿车 D 型空气供给系统**

1—空气滤清器；2—稳压箱；3—节气门体；4—进气控制阀 IACV；
5—进气室；6—真空罐；7—真空电磁阀；8—执行器；9—怠速控制阀 ISCV

2. 空气供给系统基本元件的构造

1) 空气滤清器

空气滤清器的作用是用于滤除空气中的灰尘。现代汽车的空气滤清器一般都为纸质滤心，其结构与普通发动机上的相同。图 5-10 所示为空气滤清器的安装位置。

2) 节气门体

(1) 作用及原理。节气门体安装在进气管中，其功能是通过改变节气门开度的大小，来调节进气通道截面积，控制发动机的运转工况。图 5-11 所示为节气门控制原理。

图 5-10　空气滤清器的安装位置

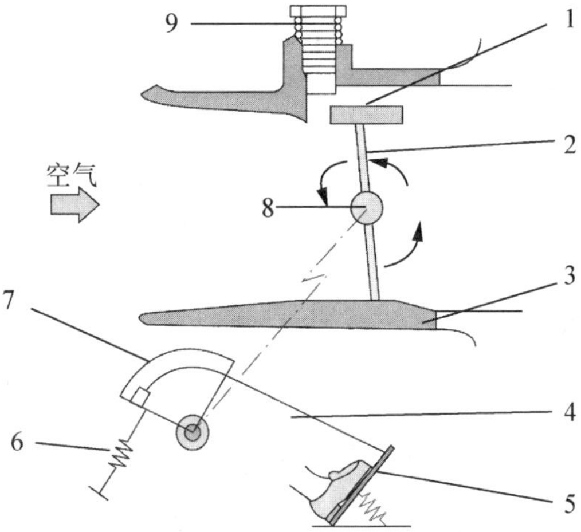


图 5-11　节气门控制及怠速调整螺钉

1—旁通道；2—节气门；3—进气总管；4—节气门拉索；
5—加速踏板；6—回位弹簧；7—节气门杆；8—轴；9—AAS

(2) 结构组成。如图 5-12 所示，节气门体的结构主要包括节气门、节气门位置传感器、怠速空气调节器等结构，大部分节气门体上还布置有怠速调整螺钉。

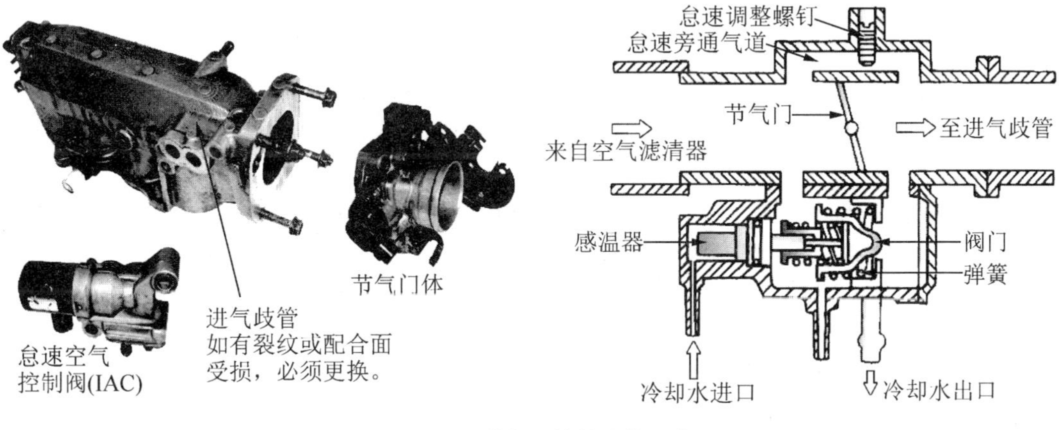


图 5-12　节气门体的结构组成

**特别提示**

有些汽车发动机节气门体上还有辅助节气门及辅助节气门传感器、辅助节气门控制器等结构。

3) 空气流量计(L 型)和进气歧管绝对压力传感器(D 型)

空气流量计和进气歧管绝对压力传感器主要作用是检测空气流量的大小并转换为电信号作为基本喷油量控制信号输入 ECU。

4) 进气总管和进气歧管

在多点电控燃油喷射式发动机上，为了消除进气波动和保证各缸进气均匀，对进气总管和进气歧管的形状、容积都有严格的要求，每个气缸必须有一个单独的进气歧管。有些发动机的进气总管与进气歧管制成一体，有些则是分开制造再用螺栓连接，如图 5－13 所示。

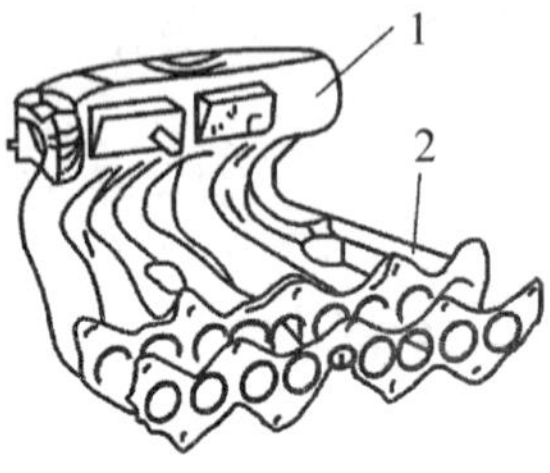


(a) 整体型

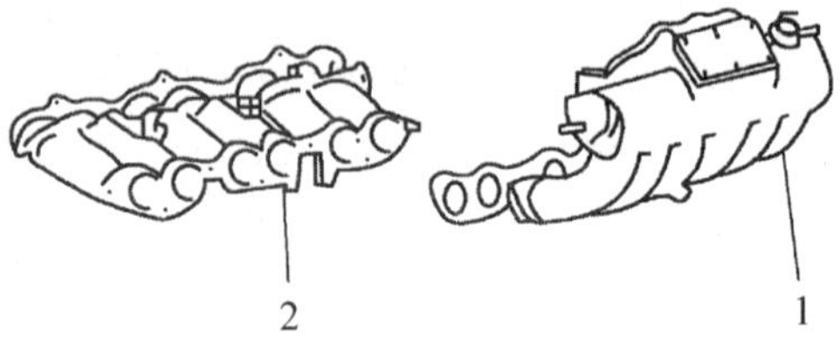


(b) 分开型

图 5－13　整体型和分开型进气总管和进气歧管

1—进气总管；2—进气歧管

3. 空气供给系统的检修

空气供给系统常见的故障是堵和漏。因此对空气供给系统进行检修的方法也是针对两者展开，其检修方法主要有利用进气管的真空度检测及利用数据流检测两种。

1) 利用进气管的真空度来检测

进气管真空度作为汽油机故障诊断的重要参数，可以检测出气缸、气门机构和配气正时等许多发动机的技术状态，测量时可在进气管找一个接口，接上真空表就可以检测，比较方便简单。

将发动机起动升温至正常工作温度，在进气管上装上真空表(将真空表接于图 5－14 圈中的进气总管左端的真空测试接头上)。发动机保持怠速运转，通过真空表读数即可进行判断。

(1) 真空表读数稳定在 57～71kPa 之间，则为正常。当迅速开启并关闭节气门时能在 7～84kPa 之间摆动，则表明技术状况良好。

(2) 如读数在 51～68kPa 之间摆动，则表明节气门关闭不严(黏滞)或点火系统有问题。

(3) 如读数明显低于正常值，则主要是进气系统、活塞等部件漏气所致。

(4) 真空表在 41～61kPa 之间摆动，表示怠速调整不良。

(5) 真空表指针在 34～74kPa 之间缓慢摆动，且随转速升高摆动不断加剧，表示节气门弹簧力不足、气门导管磨损或气缸垫泄漏。

(6) 如真空表读数逐渐下落为 0，则表明排气系统堵塞。

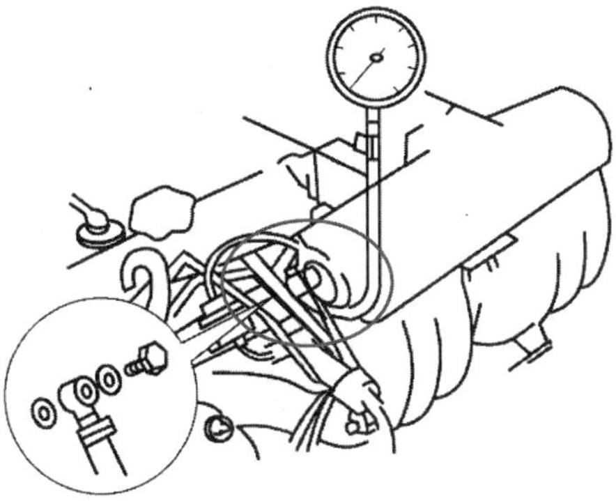

图 5-14　空气供给系统真空度检测

2) 利用数据流来检测

例如，大众捷达王轿车的数据流见表 5-1。

表 5-1　大众捷达王轿车数据流

| 显示组号 | 显示屏显示 | 显示区域内容 |
|---|---|---|
| 04(或 004) | Block 4 | |
| 怠速调整 | 1 | ① 节气门角度 |
| | 2 | ② 怠速空气流量的自适应值 |
| | 3 | ③ 空气流量(漏气) |
| | 4 | ④ 工况 |

显示区域 2 是怠速空气流量自适应值，正常为－1.70～＋1.70g/s，如果小于－1.70 g/s，则说明节气门处有漏气，应检测进气系统。如果大于 1.70 g/s，则说明有额外负荷，应关闭空调等附加设备；或者说明进气系统有堵塞及异物，应清除。

故障排除：

根据上述学习，可以对捷达 GT 发动机怠速不稳，抖动严重，同时发动机加速不良的故障判断为混合气过稀。检查进气系统，听到有“嗞嗞”漏气的响声，用肥皂泡均匀涂抹在进气管道上发现，进气管管道上有一个窟窿，混合气过稀的原因就是该窟窿漏气所致。用铝焊处理后装复试车，故障完全消除。

## 任务 5.3　电控汽油喷射燃油供给系统的结构与维修

故障案例：

一辆奥迪 V6 轿车，发动机怠速时不稳，有抖动现象。断缸检查发现第二缸不工作。

### 5.3.1 燃油供给系统的主要部件及工作原理

电控汽油喷射系统的燃油供给系统主要由汽油箱、汽油泵、汽油滤清器、油压调节器、汽油分配管(输油管)、喷油器等组成，如图 5-15 所示。

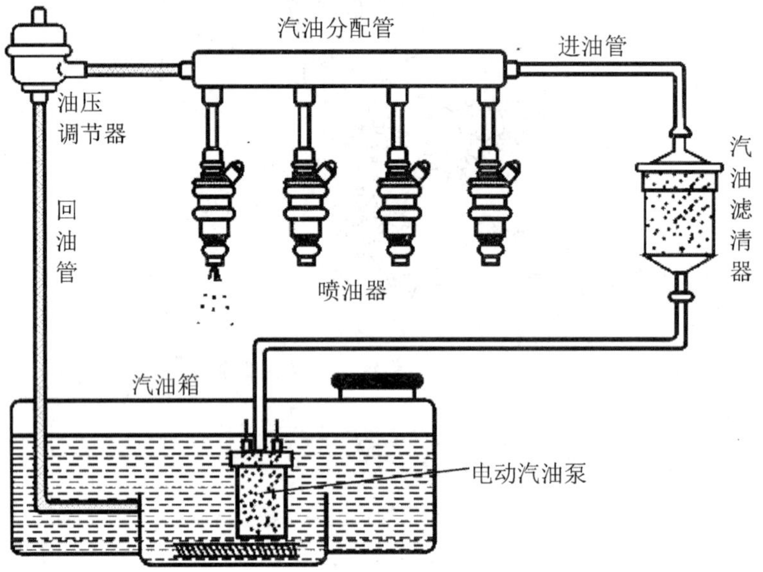


**图 5-15 燃油供给系统主要组成部件**

1. 汽油箱

汽油箱的作用是储存汽油。汽油箱的结构形式多样，在大部分货车和中大型客车中汽油箱一般做成方形(图 5-16)、圆柱形或比较复杂的形状，油箱体一般采用薄钢板冲压焊接而成，为了提高其强度，其表面往往冲压成加强筋形式。图 5-17 所示为轿车的汽油箱结构形状及一般安装位置。

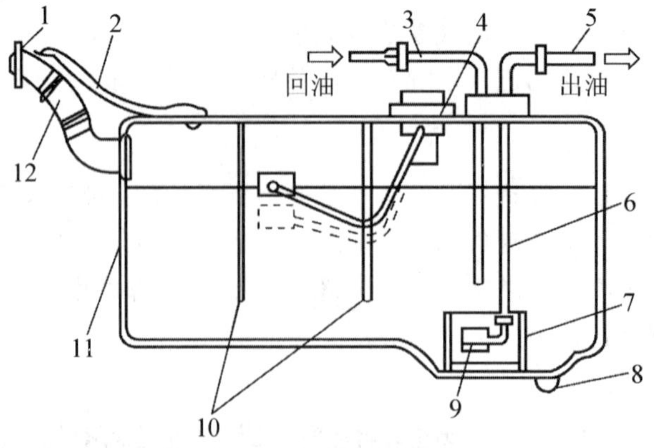


**图 5-16 汽油箱**

1—油箱盖；2—通气软管；3—回油管；4—油面传感器；5—出油管；6—燃油连接管；7—辅助油箱；8—放油螺塞；9—粗滤器；10—隔板；11—油箱体；12—燃油进口软管

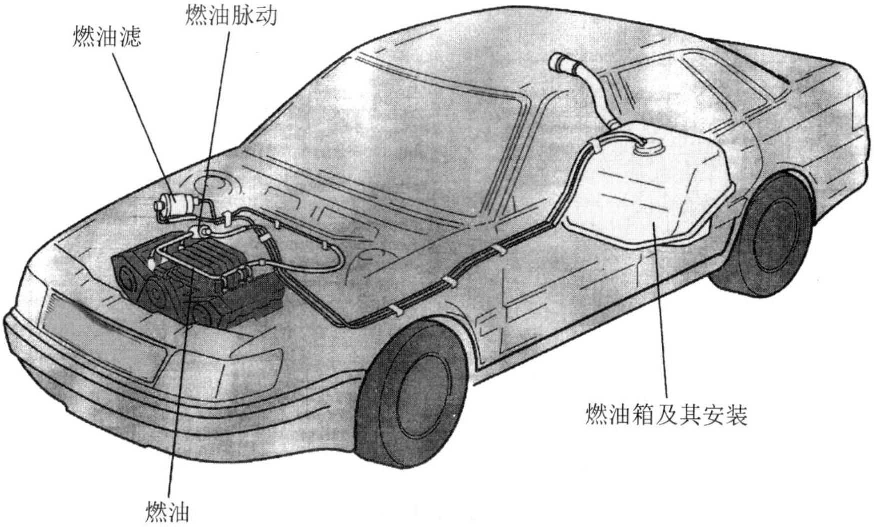


图 5-17 常见轿车汽油箱的结构及安装位置

2. 电动汽油泵

1）电动汽油泵的作用及类型

(1) 作用。电动汽油泵的作用是给汽油喷射系统提供具有一定压力的汽油。

(2) 结构类型如下。

① 电动汽油泵根据安装位置不同可分为内装式汽油泵和外装式汽油泵，分别如图 5-18 和图 5-19 所示。

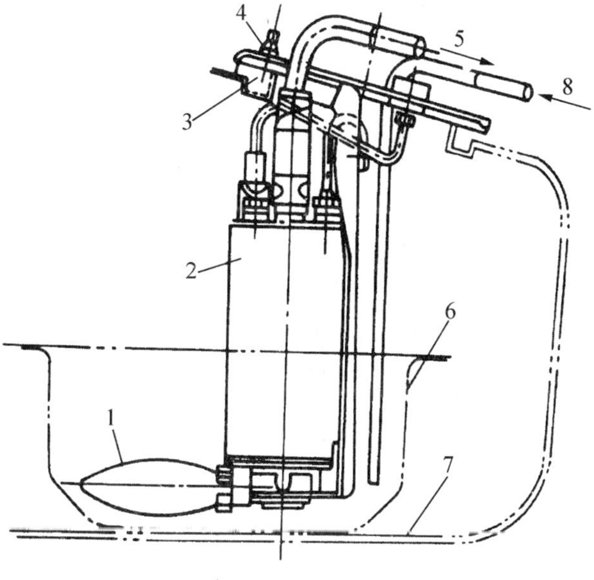


图 5-18 内装式电动汽油泵

1—进油滤网；2—电动汽油泵；3—隔振橡胶；4—支架；
5—汽油出油管；6—小油箱；7—油箱；8—回油管

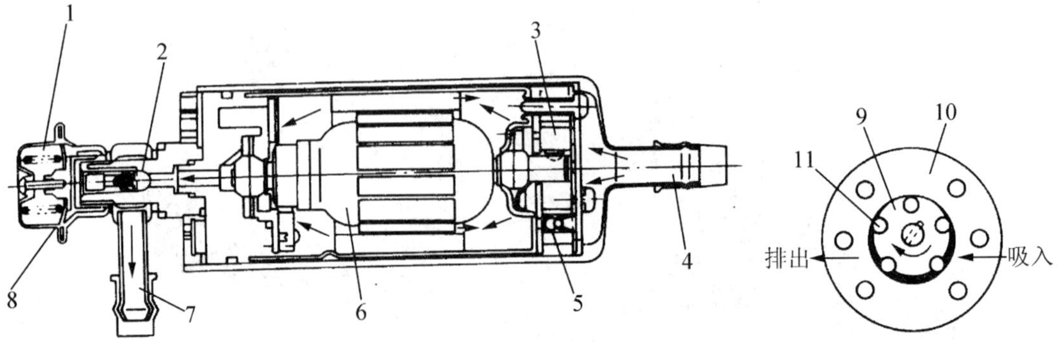


图 5-19 外装式电动汽油泵

1—阻尼稳压器；2—单向阀；3—泵室；4—吸入口；5—安装阀；
6—油泵驱动电动机；7—出口；8—膜片；9—转子；10—泵套；11—滚柱

内装式汽油泵在现代汽车中应用广泛。优点是噪声小、不易产生气阻、不易泄露、安装管路较简单，使用寿命长；缺点是拆卸和维修较麻烦。

外装式汽油泵应用在部分大型货运或客运车上。优点是容易布置、安装自由度大、拆装方便；缺点是噪声大，且容易产生气阻现象。

② 电动汽油泵根据结构原理不同可分为涡轮式、滚柱式、转子式和侧槽式等类型。内装式电动汽油泵多采用涡轮式，外置式电动汽油泵多采用滚柱式。

A. 涡轮式电动汽油泵. 涡轮式电动汽油泵主要由汽油泵电动机、涡轮泵、单向出油阀、卸压阀等结构组成，如图 5-20 所示。其中涡轮泵主要由叶轮、叶片、泵壳体和泵盖组成。涡轮式电动汽油泵的优点是：泵油量大、泵油压力较高、供油压力稳定、运转噪声小、使用寿命长等。此外，由于不需要消声器所以可以小型化，因此广泛应用在轿车上。如捷达、本田雅阁等轿车均采用这一种汽油泵。

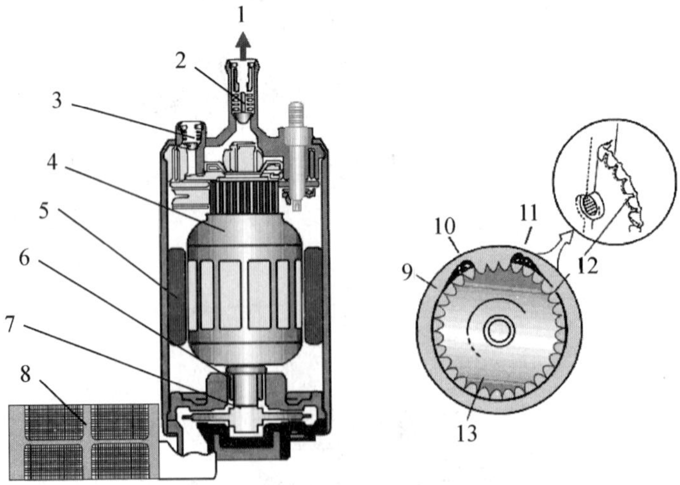


(a) 涡轮式电动汽油泵结构　　(b) 涡轮泵结构

图 5-20 涡轮式电动汽油泵

1，10—出油口；2—单向出油阀；3—卸压阀；4—电动机转子；5—电动机定子；
6—前轴承；7—叶轮；8—滤清器；9—泵壳体；11—进油口；12—叶片；13—叶轮

其工作原理为：油泵电动机通电时，电动机驱动涡轮泵叶片旋转，由于离心力的作用，使叶轮周围小槽内的叶片贴紧泵壳，将汽油从进油室带出油室。由于进油室的汽油不断减少，形成一定的真空度，将汽油从进油口吸入；而出油室汽油不断增多，汽油压力升高，当达到一定值时，顶开出油阀使油从出油口输出。

电动汽油泵中卸压阀的作用是汽油压力达到450kPa以上时，阀门开启，释放一部分汽油，以防止汽油压力上升过高。单向出油阀的作用主要是阻止汽油倒流，保持系统内具有一定的残余压力，便于下次起动。同时还可防止气阻现象出现，如图5－21所示。

(a) 汽油泵工作时　　(b) 汽油泵停止工作时

**图5－21　单向出油阀的工作过程**

B. 滚柱式电动汽油泵。滚柱式电动汽油泵主要由汽油泵电动机、滚柱式汽油泵、出油阀、卸压阀等组成。特点是输油压力波动较大，因此必须在出油端安装阻尼减振器，这使得汽油泵体积增大，所以大部分用作外装式汽油泵。其结构组成及工作原理如图5－22所示。

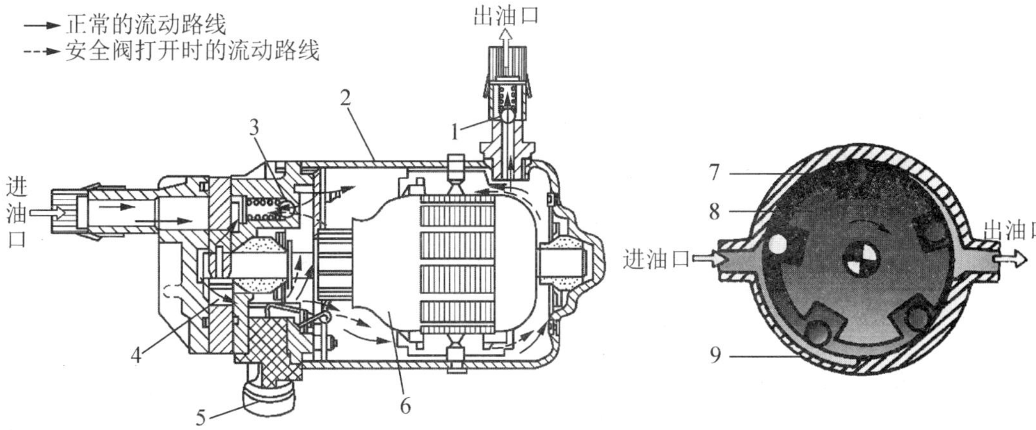


**图5－22　滚柱式电动汽油泵的结构组成及工作原理**

1—单向阀；2—外壳；3—安全阀；4—滚柱泵；5—电连接器；
6—汽油泵电动机；7—滚柱；8—转子；9—定子(泵)

滚柱式电动汽油泵的工作原理是：当转子旋转时，位于转子槽内的滚柱在离心力的作用下，紧压在泵体内表面上，对周围起密封作用，在相邻两个滚柱之间形成工作腔。在汽油泵运转过程中，工作腔转过出油口后，其容积不断增大，形成一定的真空度，当转到与进油口连通时，将汽油吸入；而吸满汽油的工作腔转过进油口后，容积不断减小，使汽油压力提高，受压汽油流过电动机，从出油口输出。

2）电动汽油泵控制电路

不同车型采用的汽油泵控制电路也不同。主要有 ECU 控制式电动汽油泵控制电路、汽油泵开关控制式电动汽油泵控制电路和带汽油泵继电器的 ECU 控制式汽油泵控制电路三种形式。

(1) ECU 控制式的电动汽油泵控制电路。该类型的控制电路主要应用在 D 型 EFI 系统和装用热式或者卡门涡旋式空气流量计的 L 型 EFI 系统中。图 5－23 所示为日本丰田皇冠 3.0 轿车 ECU 控制式电动汽油泵控制电路。

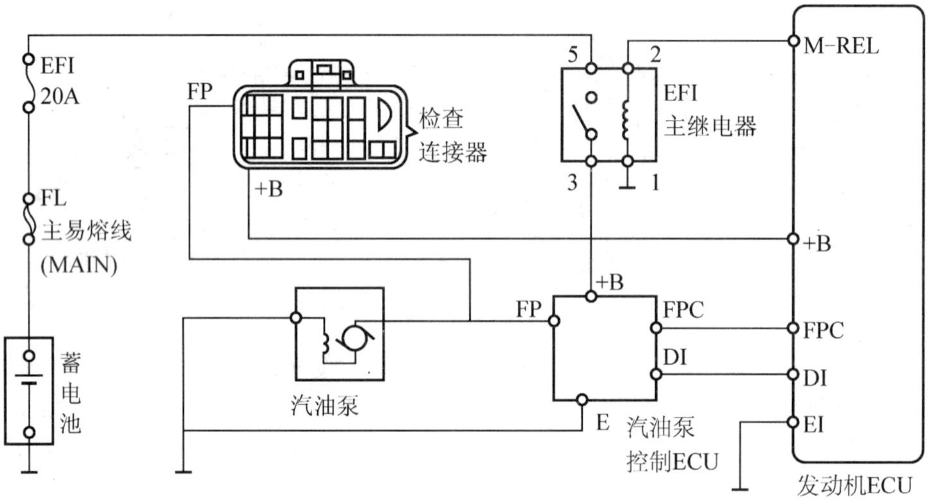


图 5－23　ECU 控制式电动汽油泵控制电路

**特别提示**

图中＋B 和 FP 端用于对汽油泵控制电路部件进行检查。

ECU 控制式电动汽油泵控制电路的原理是：当发动机处于高转速、大负荷工况时，发动机 ECU 施加给汽油泵 ECU FPC 端子 12V 电压，使汽油泵高速运转；当发动机处于怠速或小负荷工况时，发动机 ECU 施加给燃油泵 ECU FPC 端子 9V 电压，使汽油泵低速运转。

(2) 汽油泵开关控制式电动汽油泵控制电路。此种汽油泵控制电路主要用于装用叶片式空气流量计的 L 型 EFI 系统，如日本丰田雷克萨斯 ES300 轿车等。图 5－24 所示为汽油泵开关控制式电动汽油泵控制电路。其工作原理与 ECU 控制式电动汽油泵控制电路基本相似。

(3) 带汽油泵继电器的 ECU 控制式汽油泵控制电路。此种控制电路可根据发动机转速和负荷的变化，通过汽油泵继电器改变汽油供电线路从而控制汽油泵工作转速，即存在低、高速转换。当发动机低速运转，工作在中小负荷时，所需供油量少，汽油泵低速运转；当发动机工作在高速大负荷时，所需供油量多，汽油泵高速运转。图 5－25 所示为丰田雷克萨斯 LS400 型轿车汽油泵控制电路图。

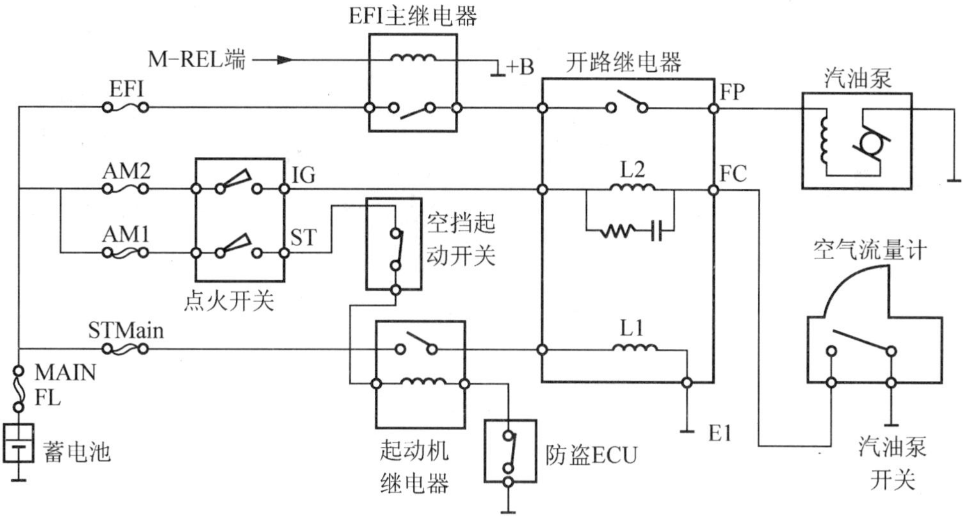


图5-24 汽油泵开关控制式电动汽油泵控制电路

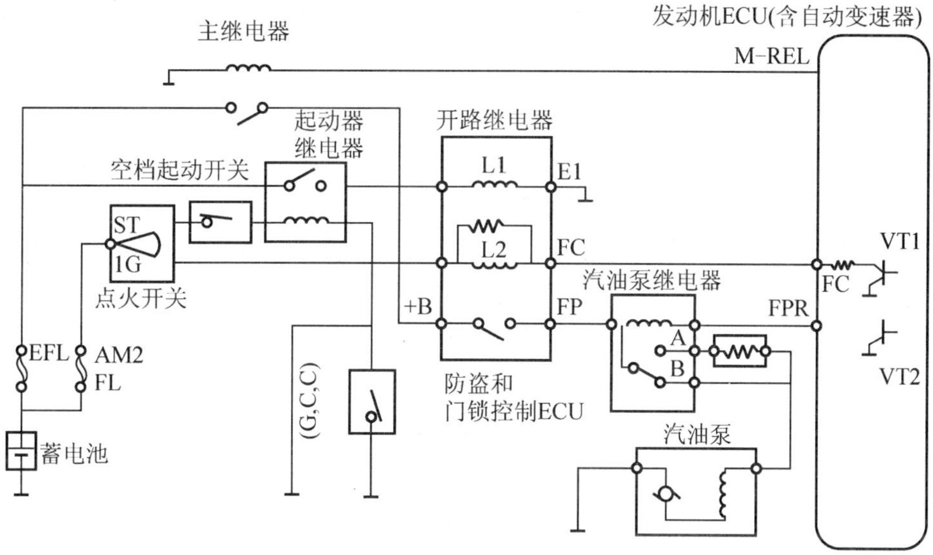


图5-25 丰田雷克萨斯LS400带汽油泵继电器的ECU控制式汽油泵控制电路

**特别提示**

低、高速转换主要取决于汽油泵继电器是否串入电阻器，串入电阻器时汽油泵低速运转，否则汽油泵高速运转。

3. 汽油滤清器

汽油滤清器的作用是滤除汽油中的杂质和水分，防止汽油系统堵塞，减小机械磨损，以保证发动机正常工作。汽油滤清器的实物及结构如图5-26所示。轿车上的汽油滤清器一般采用纸质滤芯，一次性的汽油滤清器。

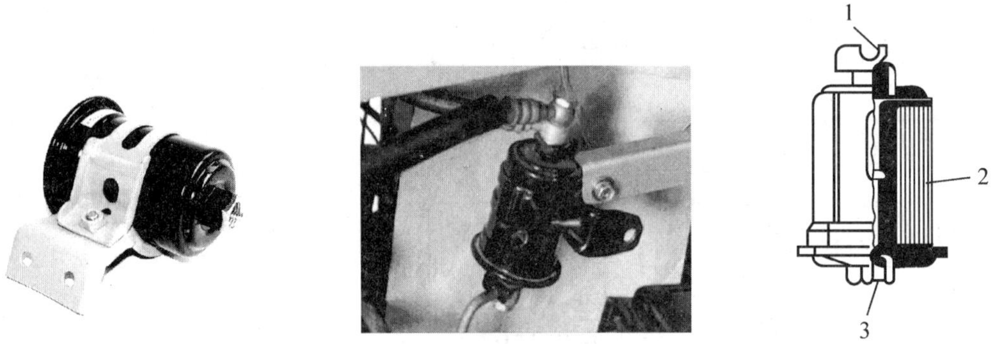


(a) (b) (c)

**图 5-26　汽油滤清器结构及安装**

1—出口；2—滤芯；3—入口

**特别提示**

(1) 一般汽车每行驶 2000～40000km 或 1～2 年，应更换汽油滤清器。

(2) 更换汽油滤清器时，应首先释放汽油系统压力，并注意汽油滤清器壳体上的箭头标记为汽油流动方向！安装时切勿装错。

4. 脉动阻尼器

部分电控汽油喷射系统中，在输油管的一端装有脉动阻尼器。其主要作用是衰减喷油器喷油时引起的汽油压力波动，使汽油系统压力保持稳定。

脉动阻尼器的结构如图 5-27 所示，主要由膜片和膜片弹簧等组成。当汽油压力产生脉动时，膜片弹簧被压缩或伸张，膜片下方的容积略有增大或者减小从而可以起到稳定汽油系统压力的作用，同时膜片的变形可以吸收脉动能量，迅速衰减汽油压力的波动。

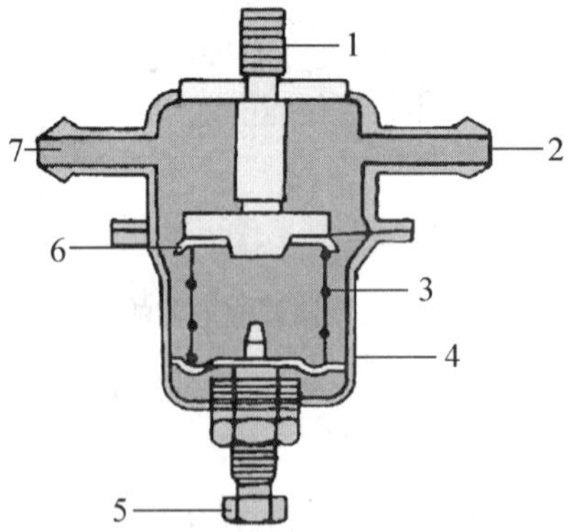


**图 5-27　脉动阻尼器**

1—固定螺纹；2—进油口；3—弹簧；4—壳体；
5—调节螺钉；6—膜片；7—出油口

**特别提示**

脉动阻尼器故障率较低，一般不需要进行修理。若需拆装，必须注意应首先卸压。

5. 油压调节器

油压调节器的作用是调节汽油压力，使输油管内汽油压力与进气管内气体压力的差值保持恒定，使喷油器喷油量仅与喷油时间有关。其外形及结构如图5－28所示，主要由阀片、膜片、膜片弹簧和外壳等组成。

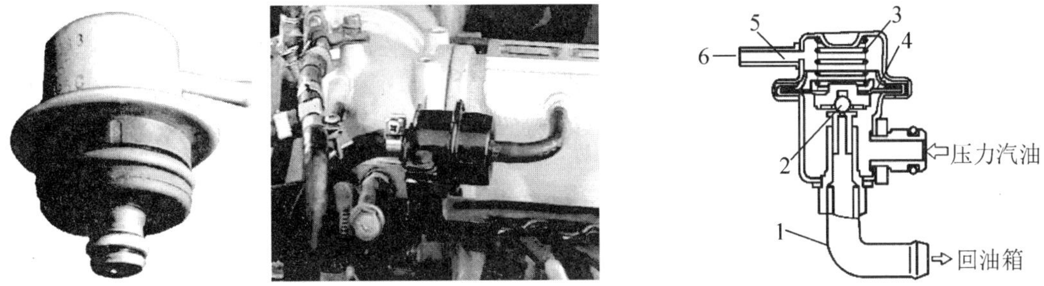


**图5－28　燃油压力调节器**

1—回油管；2—球阀；3—弹簧室；4—膜片；5—进气歧管压力；6—进气歧管

其工作原理是：发动机工作时，汽油压力调节器膜片上方承受的压力为弹簧压力和进气管内气体的压力之和，膜片下方承受的压力为汽油压力，当压力相等时，膜片处于平衡位置不动。当进气管内气体压力下降时，膜片向上移动，回油阀开度增大，回油量增多，使输油管内汽油压力也下降；反之，进气管内气体压力升高时，汽油的压力也升高。

6. 汽油分配管

汽油分配管的作用是固定喷油器和汽油压力调节器，并将高压汽油均匀地分配到各个喷油器中；汽油分配管还具有储油功能。为了克服压力波动，其容积比发动机每个工作循环喷入的汽油量大得多，从而使接在分配管上的喷油器处于相同汽油压力之下；此外，分配管使喷油器便于拆装。

汽油分配管一般安装在进气歧管或气缸盖上。汽油分配管与喷油器之间用O形圈和卡环密封，O形圈可防止汽油泄漏，并具有隔热和隔振功能，卡环将喷油器固定在汽油分配管上，如图5－29所示。

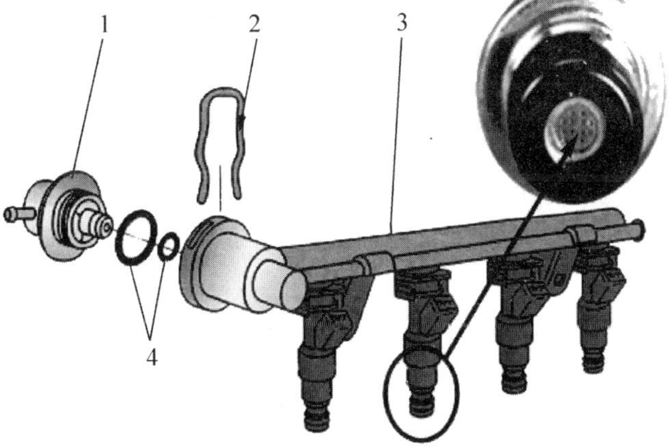


**图5－29　汽油分配管**

1—油压调节器；2—卡箍；3—汽油分配管；4—O形环

7. 电控喷油器

电控喷油器的作用是根据ECU的指令，控制汽油喷射量。电控汽油喷射系统中使用的喷油器是电磁式的，喷油器通过绝缘垫圈安装在进气歧管或进气道附近的缸盖上，并用输油管(汽油分配管)将其位置固定。喷油器的安装如图5-30所示。

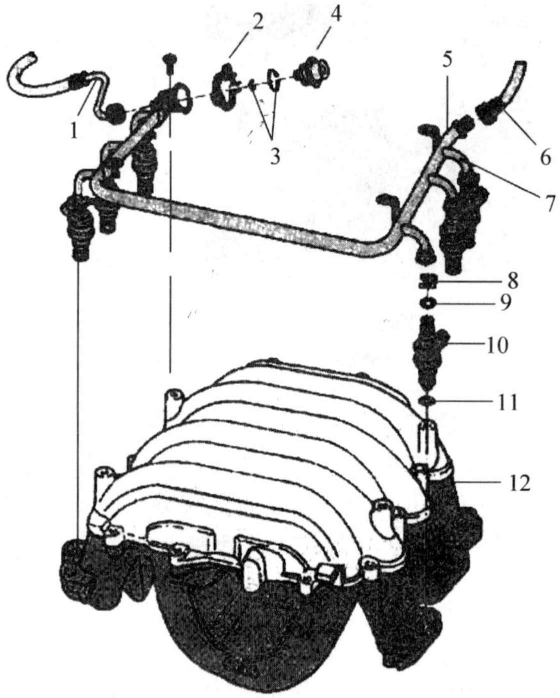


**图5-30 喷油器的安装**

1—回油管；2—油压调节器固定夹子；3，9，11—O形环；
4—油压调节器；5—汽油导轨；6—供油管；7—汽油分配管；
8—喷油器固定夹子；10—喷油器；12—进气歧管

1）喷油器类型

图5-31所示为汽油发动机用喷油器根据不同分类方法所进行的分类。

- 喷油器分类
  - 结构原理
    - 轴针式
    - 球阀式
    - 片阀式
  - 电阻值大小
    - 低阻值 ⇒ 电阻为2～3Ω
    - 高阻值 ⇒ 电阻为13～17Ω
  - 驱动方式
    - 电流驱动 ⇒ 适合于高阻值及带附加电阻的低阻值喷油器
    - 电压驱动 ⇒ 适合于低阻值喷油器

**图5-31 喷油器的类型**

2）喷油器结构

(1) 轴针式喷油器。轴针式喷油器结构如图5-32所示，主要由滤网、回位弹簧、电磁线圈、针阀和衔铁等组成。其特点是轴针可使汽油环状喷出，有利于雾化，喷口不易堵塞。

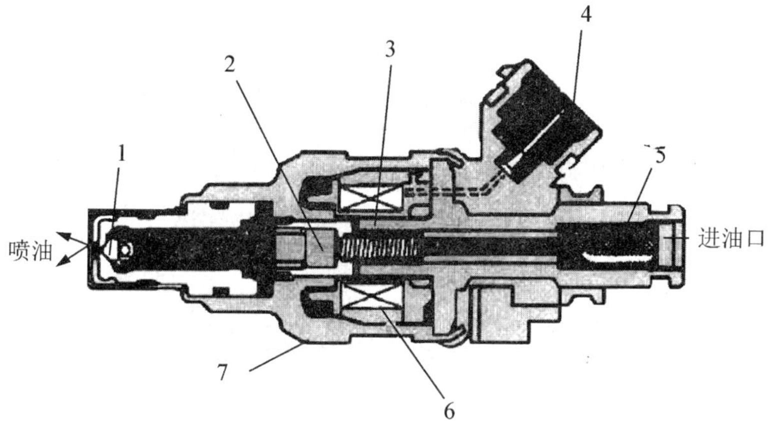


**图5-32　轴针式喷油器的结构**

1—喷油针阀；2—衔铁；3—回位弹簧；4—电接头；
5—滤网；6—电磁线圈；7—壳体

(2) 球阀式喷油器。球阀式喷油器结构如图5-33所示。球阀式喷油器与轴针式喷油器结构类似，其球阀杆为空心杆，质量较轻。另外球阀具有自动定心作用，其密封性能较好。

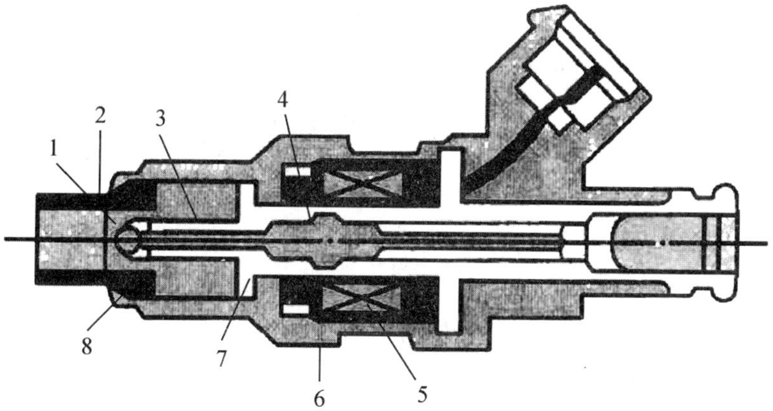


**图5-33　球阀式喷油器**

1—喷孔；2—阀座；3—阀针；4—衔铁；
5—电磁线圈；6—喷油器壳体；7—挡块；8—护套

(3) 片阀式喷油器。片阀式喷油器结构如图5-34所示。其工作过程如下：电磁线圈未通电时，阀片受弹簧力和汽油压力压紧在阀座上；当ECU对电磁线圈通电时，电磁力克服弹簧力和汽油压力作用，使阀片升起，汽油通过计量孔喷出；当ECU输出的喷油脉冲结束后，阀片在弹簧力作用下回落复位。

3) 喷油器的驱动方式

喷油器的驱动方式主要有电流驱动和电压驱动两种形式。

(1) 电流驱动。电流驱动是指 ECU 输出较大电流信号驱动喷油器的喷油。其驱动原理及电路，如图 5 - 35 所示。

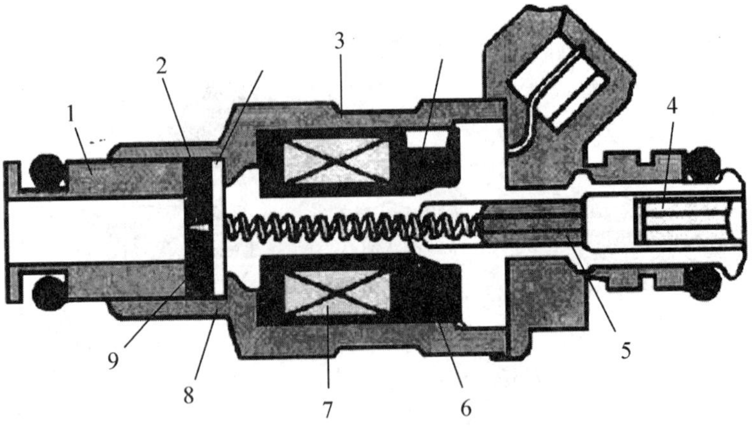


**图 5 - 34　片阀式喷油器结构**

1—喷油器；2—阀；3—喷油器壳体；4—滤网；5—调压滑套；
6—弹簧；7—电磁线圈；8—限位圈；9—阀片

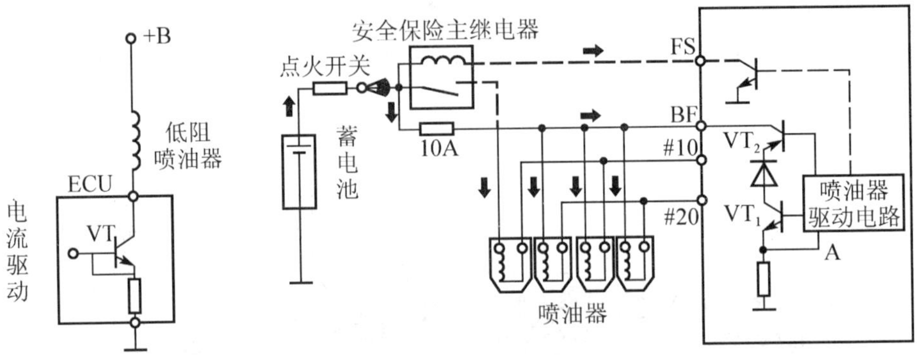


(a) 电流驱动方式　　(b) 电流驱动电路

**图 5 - 35　喷油器的电流驱动**

**特别提示**

在采用电流驱动方式的喷油器控制电路中，不需附加电阻，低阻喷油器直接与蓄电池连接，通过 ECU 中的晶体管对流过喷油器线圈的电流进行控制。

(2) 电压驱动。电压驱动是指 ECU 输出电压信号控制喷油器的喷油。其驱动原理，如图 5 - 36 所示。

**特别提示**

在采用电压驱动方式的喷油器控制电路中，对低电阻型喷油器而言，在电路中必须连接附加电阻，否则很容易烧毁喷油器。其附加电阻与喷油器的连接方式可分为独立式和分组式两种，如图 5 - 37 所示。

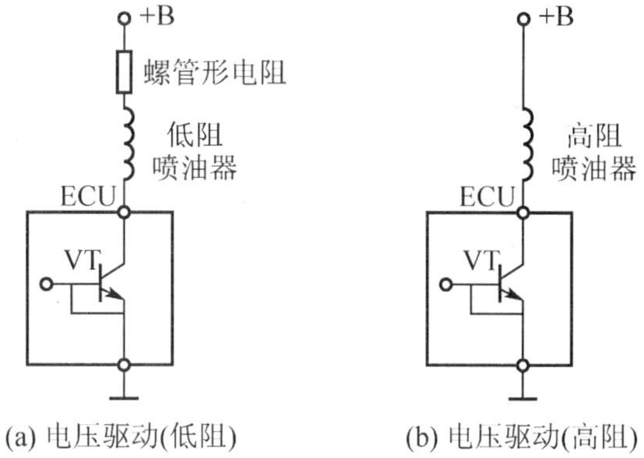


图 5-36 喷油器的电压驱动方式

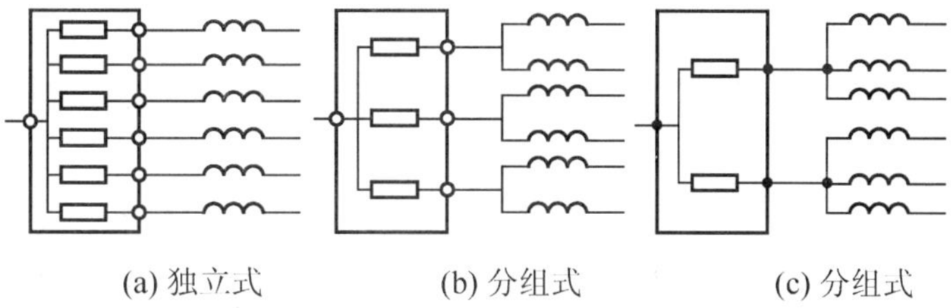


图 5-37 低阻喷油器与附加电阻的连接方式

4）喷油器的控制电路

喷油器控制电路基本相同，一般都通过点火开关和主继电器给喷油器供电，ECU 控制喷油器搭铁。不同发动机喷油器数量、喷射方式、分组方式均有所不同，其控制电路也不同。

(1) 同时喷射控制电路。这种喷射方式的控制电路是将各缸喷油器全部并联在一起，通过一条共同的线路和 ECU 连接，如图 5-38 所示。

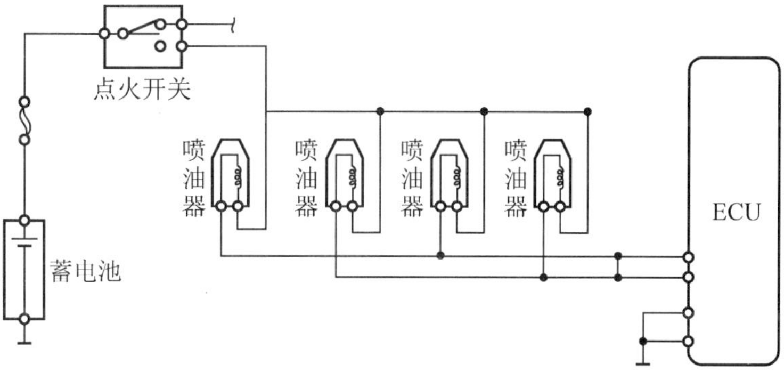


图 5-38 同时喷射方式的控制电路

**特别提示**

该种喷射方式在发动机的每个工作循环中(曲轴每转两圈)，各缸喷油器同时喷油一次或两次，如图 5-39 所示。

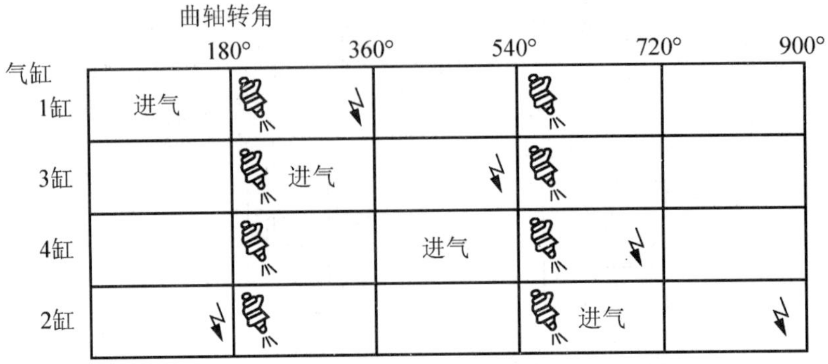


图 5-39　同时喷油一次或两次原理示意图

(2) 分组喷射控制电路。这种喷射方式的控制电路是将多缸发动机的喷油器分成2～3组，每组有2～4个喷油器，分别通过一条线路和ECU连接，如图5-40所示。

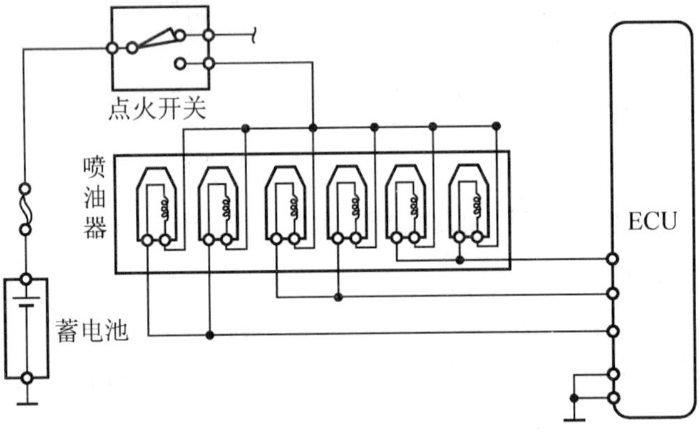


图 5-40　分组喷射方式的控制电路

**特别提示**

该种喷射方式在发动机每个工作循环中，各组喷油器各自同时喷油一次，如图5-41所示。

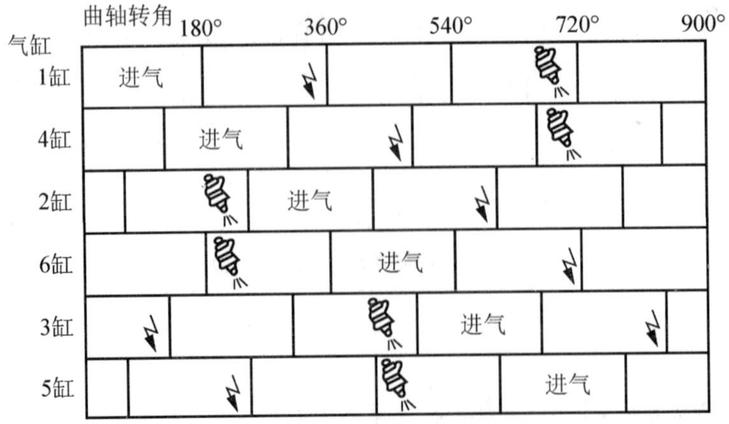


图 5-41　分组喷油一次原理示意图

（3）顺序喷射控制电路。这种喷射方式的控制电路是将各缸喷油器分别由各自的线路和 ECU 连接，如图 5－42 所示。

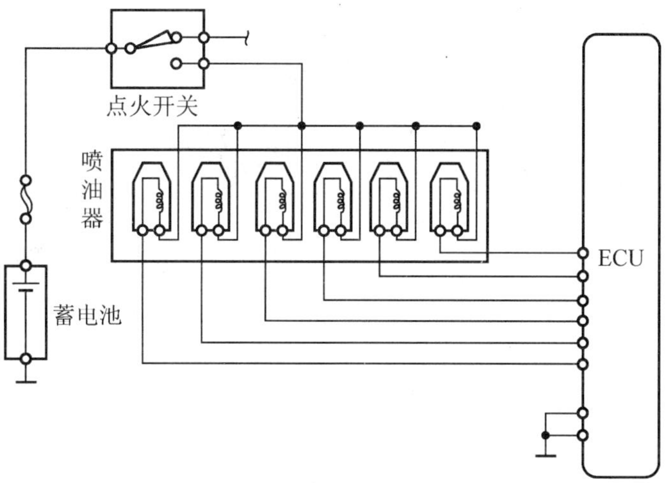


**图 5－42　顺序喷射方式的控制电路**

**特别提示**

该种喷射方式在发动机每个工作循环中，ECU 分别控制各喷油器在各自的气缸接近进气行程开始的时刻喷油，如图 5－43 所示。

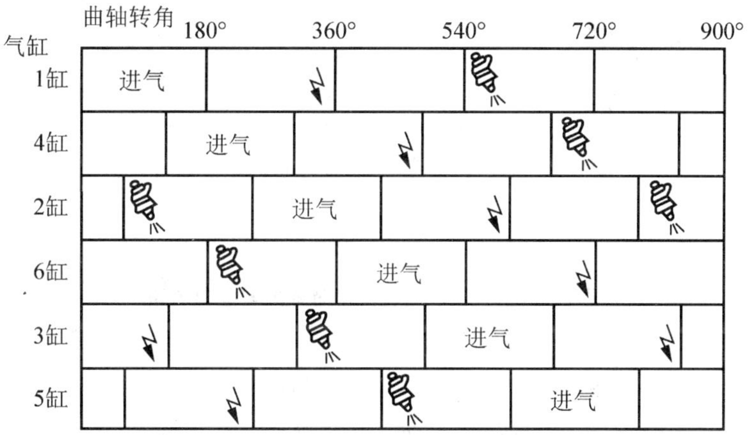


**图 5－43　顺序喷油示意图**

5）冷起动喷油器及其控制电路

（1）冷起动喷油器。冷起动喷油器安装在进气总管上，其功用是在发动机冷起动时喷油，以加浓混合气，改善发动机的冷起动性能。与前述喷油器不同之处是采用紊流式喷孔，喷油时将汽油喷成螺旋雾状旋流，有利于汽油的雾化和蒸发。

**特别提示**

安装冷起动喷油器，容易造成各缸供油不均，所以大多数发动机取消了冷起动喷油器。

（2）冷起动喷油器的控制原理。冷起动喷油器一般采用安装在冷却水套中的冷起动喷油器温度正时开关进行控制。图 5－44 所示为日本丰田雷克萨斯 LS400 型轿车冷起动喷油器及其控制电路。

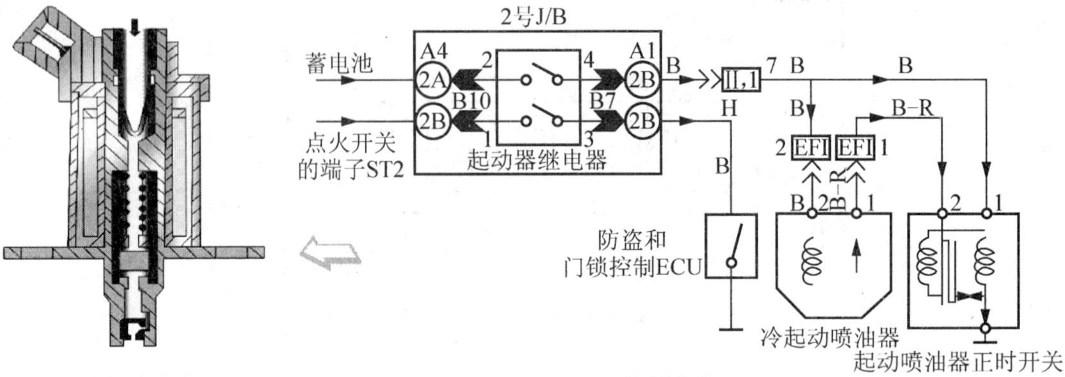


(a) 冷起动喷油器　　　　(b) 控制电路

**图 5－44　冷起动喷油器及其控制电路**

图 5－45 所示为其冷起动喷油器正时开关的结构组成及其冷起动控制原理示意图。

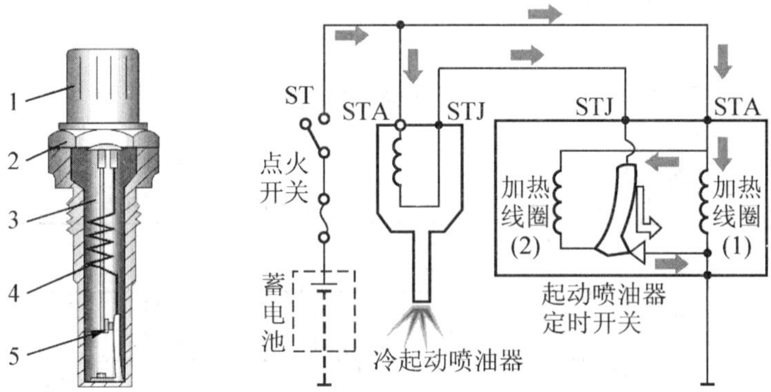


(a) 冷起动喷油器正时开关　　　　(b) 控制电路

**图 5－45　冷起动喷油器正时开关与控制电路**

1—线束连接器；2—壳体；3—双金属片；4—加热线圈；5—触点

① 冷起动时的工作原理：当发动机冷机时，定时开关触点闭合。如图 5－45 所示，冷起动时，使点火开关处于 ST 位置，冷起动喷油器电磁线圈通电，电流经蓄电池、点火开关 ST、冷起动喷油器的 STA、电磁线圈、STJ 及定时开关的 STJ、双金属、触点、搭铁构成回路，冷起动喷油器喷油。与此同时，也有电流经开关的 STA 流经加热线圈 1 和 2。两加热线圈使双金属片受热，当其弯曲打开触点时，冷起动喷油器停喷。

② 起动后的工作原理：如图 5－46 所示，起动开关断开，点火开关由 ST 位置转至 ON 位置，冷起动喷油器停喷。与此同时，加热线圈 1、2 均断电，但此时发动机水温使双金属弯曲，触点保持断开，即发动机正常运转中，冷起动喷油器定时开关的触点保持常开状态。

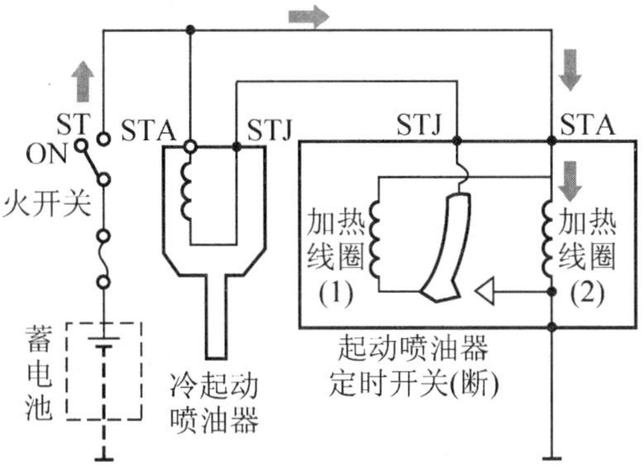


图5-46　冷起动后的控制电路

**特别提示**

也有些发动机采用ECU和温度正时开关同时控制方式的。图5-47所示为任何一条搭铁回路接通时都可以使冷起动喷油器喷油，ECU的控制目的主要是修正冷起动喷油器的喷油量。

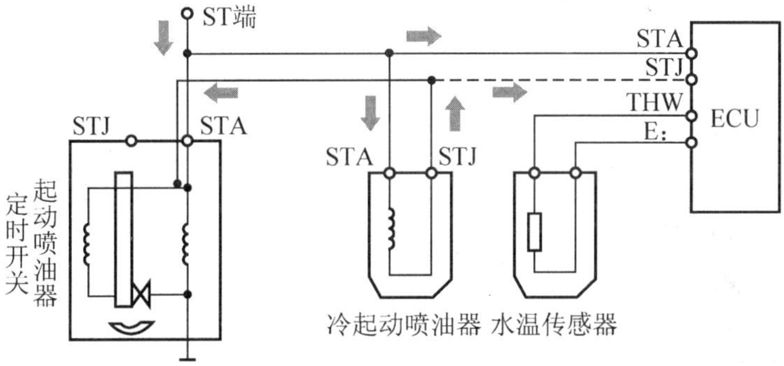


图5-47　ECU与正时开关协同控制电路

### 5.3.2　燃油供给系统的拆检流程及技术要求

电控汽油喷射系统的燃油供给系统的拆检流程及技术要求以桑塔纳2000GSi为例进行介绍。

1. 检查汽油保持压力及油压调节器

检查汽油保持压力及油压调节器时要求汽油泵继电器正常、汽油泵正常、汽油滤清器正常和蓄电池电压正常。

油压调节器是按照发动机工作时进气歧管压力(即真空度)来调节油压的。

**特别提示**

汽油系统是有压力的，在打开系统之前应在连接处周围绕上擦布，接着小心地松开连接螺栓释放油压。

检查汽油压调节器及其保持压力操作步骤如下。

(1) 短时地打开汽油滤清器盖(释放压力)，用一块擦布盖上压力接头，打开图5-48箭头所指的接头并用擦布吸净泄出的燃油，使用接头1318/11、1318/12和1318/13把压力表V. A. G1318串接到油路中，打开压力表上的开关阀(阀的手柄指向油的流向)，如图5-49所示。

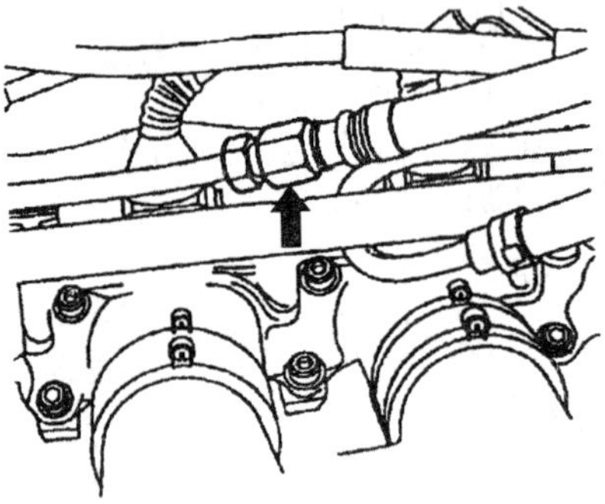

图5-48 断开油管接头

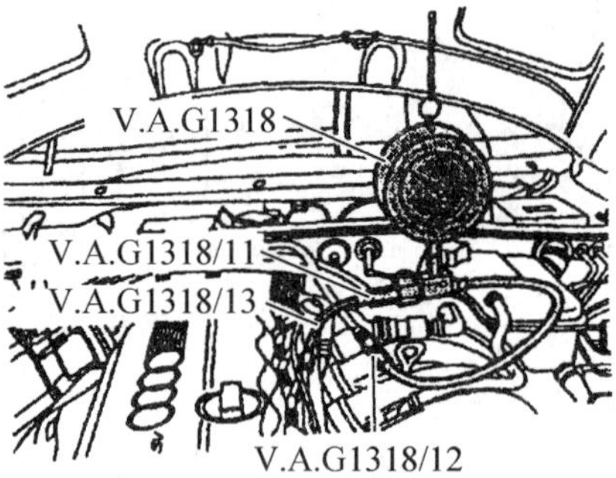


图5-49 连接汽油压力表

(2) 起动发动机使之怠速运行，测量油压，其规定值约为350kPa。

(3) 拔下图5-50箭头所指的油压调节器的真空软管，汽油压力必须均匀升高到约400kPa，重新插接上真空软管，关闭点火开关，观察压力表指示压力的降低，10min之后，保持压力不应低于250kPa。

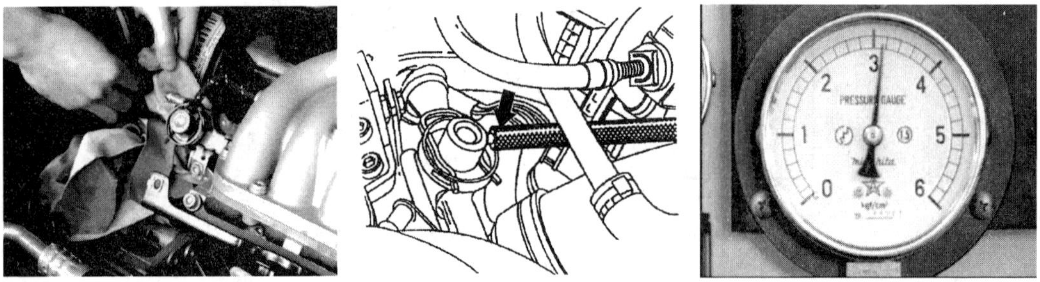


(a) (b) (c)

图5-50 拔下燃油压力调节器真空软管测油压

(4) 如果压力降到低于250kPa，则起动发动机并怠速运转，建立起油压后关闭点火开关，同时关闭压力表上的开关阀(阀的手柄与管路成90°)，观察压力表指示压力的下降。

(5) 如果压力下降，可能有下列故障：油压调节器损坏；喷油器泄漏；汽油压力表中的开关阀处泄漏。

(6) 如果压力再次下降，可能有下列故障：

① 汽油压力表与汽油管之间的部分漏油；

② 油箱上的供油管漏油；

③ 汽油泵的回油阀漏油。

(7) 当拆下汽油压力表时，先关闭表上的开关阀，从接头V. A. G1318/12上拧下压力表部分，再打开开关阀把剩下的汽油放到适当的容器内。

2. 电动汽油泵的检修

多数轿车的电动汽油泵，可在打开汽车后备箱盖或翻开后座垫后，从油箱上直接拆出。也有部分轿车需要先把油箱从汽车上拆下，才能拆卸汽油泵。拆卸汽油泵时应注意释放汽油压力并关掉用电设备。以桑塔纳2000GSi为例，其检修过程及技术要求如下。

(1) 电动汽油泵电阻值的检测。如图5－51所示，拔下电动汽油泵导线连接器的插头，用数字万用表测量电动汽油泵电阻值应为2～7Ω(此值与温度有关)。若所测阻值远小于2Ω，则说明电动汽油泵电动机线圈短路；若阻值稍大于7Ω，则为电动机电刷接触不良；若所测阻值为无穷大，则说明电动机线圈断路。

(2) 电动汽油泵供电电压的检测。如图5－52所示，拔下电动汽油泵导线连接器的插头，将点火开关置于ON，测量导线连接器插头上黑色线对应端子与搭铁之间的电压，应有12V，若无电压则应检查F2熔丝是否熔断。

图5－51　汽油泵的电阻检查

图5－52　汽油泵的工作电压检查

(3) 电动汽油泵继电器的检测。从中央线路板上拔下2号继电器(即电动汽油泵继电器)，给其“85”、“86”端加12V电压，若能听到触点的吸合声，则表明电动汽油泵继电器良好，否则应更换。

(4) 电动汽油泵泵油量的检测。将点火开关置于OFF，拆掉汽油滤清器接口，短接电动汽油泵继电器“30”、“87”端，观察泵油量及泵油压力，该种电动汽油泵的泵油量为550～650mL/30s，泵油压力为330～350kPa。

(5) 如图5－53所示，将汽油泵从汽车上拆下，用蓄电池直接通电检测汽油泵泵油量及泵油压力。

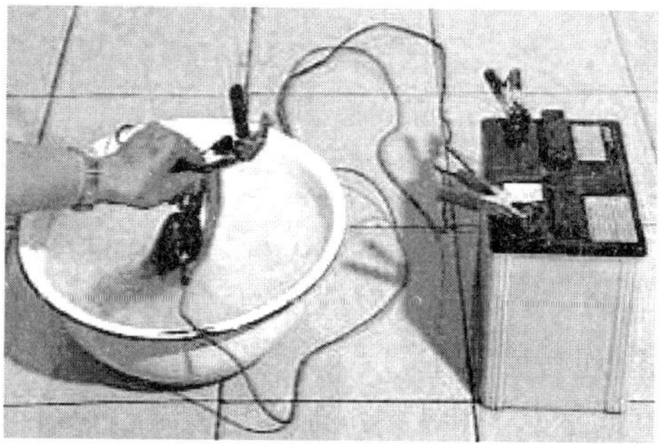

图5－53　汽油泵单件检查试验

3. 喷油器的检查

以丰田雷克萨斯 LS400 的喷油器为例，其喷油器的检修步骤如下。

1）喷油器工作情况的检查

（1）检查喷油器工作声音。发动机运转时，用手指接触喷油器，应有脉冲振动的感觉；用旋具或听诊器与喷油器接触，应能听见其节奏的工作声音(图 5－54)，否则要对喷油器或 ECU 输出的喷油信号作进一步检查。

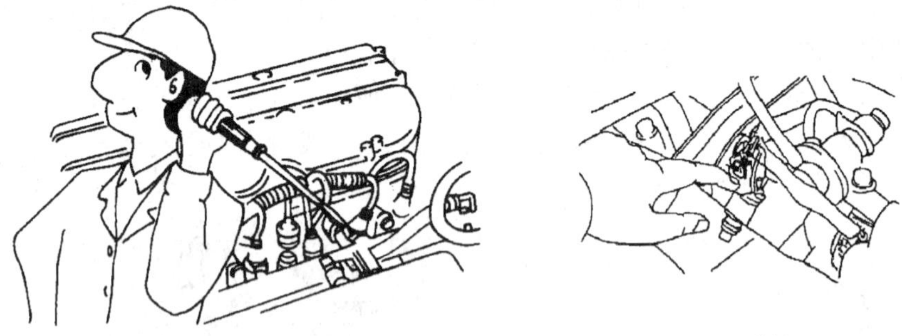

(a) (b)

图 5－54　感觉喷油器的工作

（2）检查发动机转速变化。起动发动机，拔下某缸喷油器线束插头，喷油器停止喷油，发动机转速立即下降，表明该喷油器正常；否则要更换喷油器。

2）喷油器电磁线圈电阻的检查

拔下喷油器的线束插头，用万用表电阻挡(图 5－55)测量喷油器上两个接线端子间的电阻值。在 20 ℃时，高电阻型喷油器的电阻值应为 12～16Ω，低电阻型喷油器应为 2～5Ω；否则，应更换喷油器。

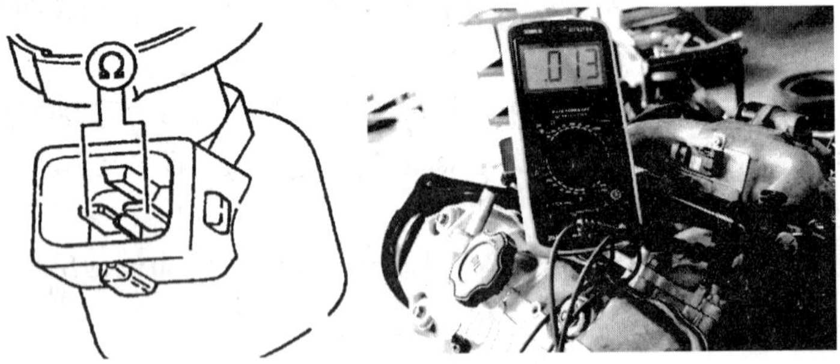


(a) (b)

图 5－55　检查喷油器电阻

3）喷油器的检验

（1）首先拔下各喷油器的线束插头，从车上拆下主输油管，再从主输油管上拆下喷油器、连接喷油器、油压调节器、进油管，检查用的软管以及专用的软管接头等。

（2）用连接线连接检查连接器的端子＋B 与 FP，将蓄电池与喷油器连接好；通电 15s，用量筒测出喷油器的喷油量，并观察汽油雾化情况，每个喷油器测试 2～3 次。标准喷油量为 70～80$cm^2$/15s，各喷油器间的喷油量允差为 9$cm^2$。如果喷油量不符合标准，则应清洗或更换喷油器。

（3）检查漏油情况。在检测喷油量后，脱开蓄电池与喷油器的连接线，检查喷油器喷嘴处有无漏油。

（4）如果条件允许，可将喷油器连接到超声波清洗机上测试，如图5－56所示。

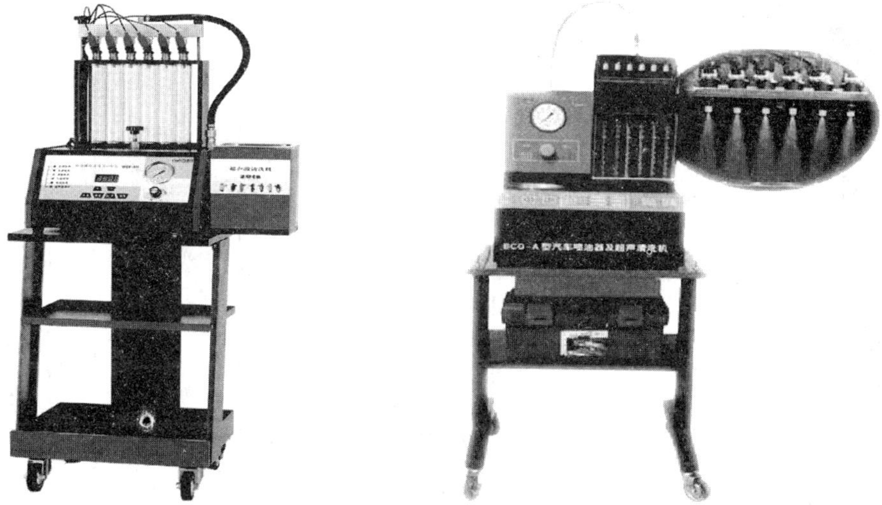

(a)　　　　(b)

图5－56　喷油器超声波清洗机测量

4）喷油器控制电路的检查

（1）拔下喷油器的线束插头。

（2）接通点火开关，不要起动发动机。

（3）测量喷油器控制线连接器插头上的电源电压，应为12V，若无电压，检查点火开关及熔断器或主继电器及线路。

（4）检查ECU的喷油器搭铁线，搭铁是否良好。

（5）将专用检查试灯串接到喷油器连接器两插头上，起动发动机，试灯应闪烁。也可以用示波器检查喷油器的脉冲波形，从而对控制电路进行检查。

通过对燃油供给系统结构原理的学习，对奥迪V6轿车发动机怠速时不稳、抖动现象进行进一步检测发现，第二缸喷油器到ECU之间的控制线路电阻为无穷大，即该线路存在断路故障。更换新的电线与ECU连接后，怠速故障不稳，抖动现象得以排除。

## 任务5.4　电控汽油喷射电子控制系统的结构与维修

故障案例：

有一辆奥迪A6 2.6L轿车，经常发生冷车和热车都不易起动。但是只要踩加速踏板，发动机就能起动，可是只要一松加速踏板，发动机就可能熄火。这样反复做几次后，汽车发动机才能起动。

电控汽油喷射系统的电子控制系统的主要作用是：通过各种传感器收集发动机运行信号并输入ECU，ECU通过内部存储数据计算出最佳喷油量并发出指令给喷油器，喷油器把相应量的汽油喷入到进气歧管或气缸中。

电子控制系统主要由信号输入装置(即传感器)、ECU、执行器三大部分组成，如图 5－57 所示。

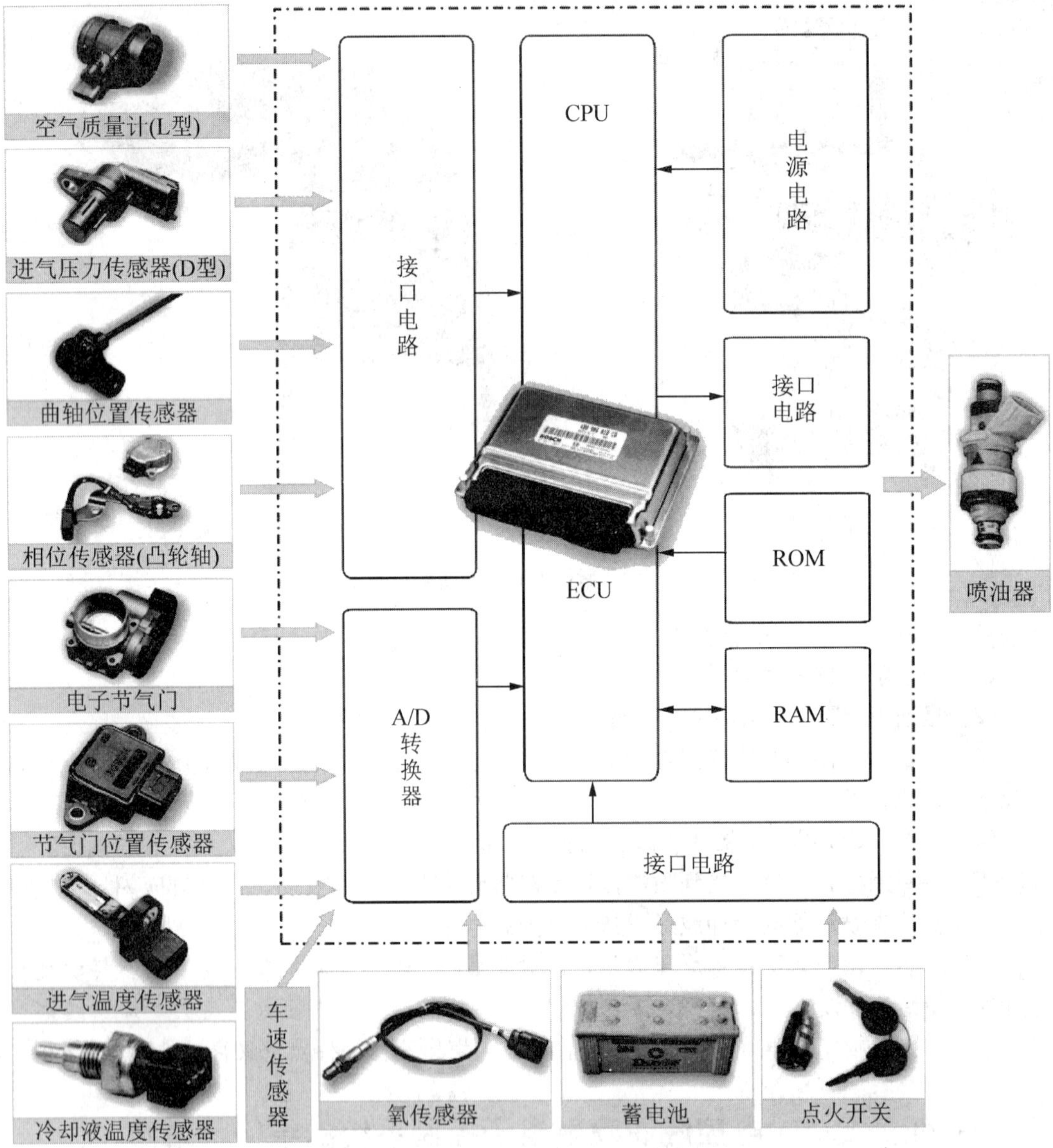


图 5－57　电控汽油喷射系统的工作原理框图

### 5.4.1　传感器的结构与检测

传感器的主要作用是收集发动机运转的各种信号。发动机上常见的传感器有：空气流量计、进气歧管绝对压力传感器、曲轴/凸轮轴位置传感器、节气门位置传感器、冷却液温度传感器(又称水温传感器)、进气温度传感器、氧传感器、爆燃传感器、车速传感器、制动开关、空调开关、空挡开关等。

1. 空气流量计

1）空气流量计的作用及结构原理

空气流量计主要应用于L型电控汽油喷射系统中，用于将单位时间内进入发动机的进气量转换成电信号，并将信号输入ECU。空气流量计一般安装位置如图5－58所示。

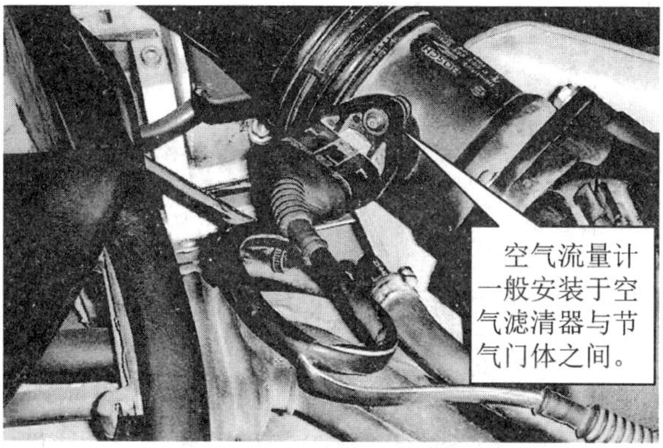


**图5－58 空气流量计的安装位置**

空气流量计主要按照测量原理可分为叶片式空气流量计、热式空气流量计和卡门涡旋式空气流量计及量芯式空气流量计四种类型，如图5－59所示。

(a) 叶片式空气流量计 (b) 热式空气流量计 (c) 卡门涡旋式空气流量计 (d) 量芯式空气流量计

**图5－59 空气流量计的分类**

（1）叶片式空气流量计。

① 叶片式空气流量计的结构。叶片式空气流量计也可以称为翼片式、翼板式空气流量计。其主要特点是结构简单、可靠性好，测量精度不受电压波动的影响；缺陷是进气阻力大，急加速响应性较慢，外形尺寸较大，布置较困难。主要应用于沃尔沃760、雷克萨斯ES300、宝马535等轿车发动机上。

叶片式空气流量计的结构如图5－60所示。主要由测量板、补偿板(缓冲板)、回位弹簧、电位计、旁通道、怠速调整螺钉及接线插头等组成。叶片式空气流量计上一般还有一个电动汽油泵开关以及一个进气温度传感器。

② 叶片式空气流量计的工作原理。叶片式空气流量计的工作主要依赖于电位计(图5－61)的工作。空气推力使测量板打开一个角度，当推开测量板的力和回位弹簧变形后的弹力相平衡时，测量板便停止转动，与测量板同轴转动的电位计轴带动可变电阻滑动触点滑动，当测量板保持某一开度时，即保持一定的空气通道面积，同时电位计也保持一定的电阻值，其测量端子便将一定的信号电压输送到发动机ECU。

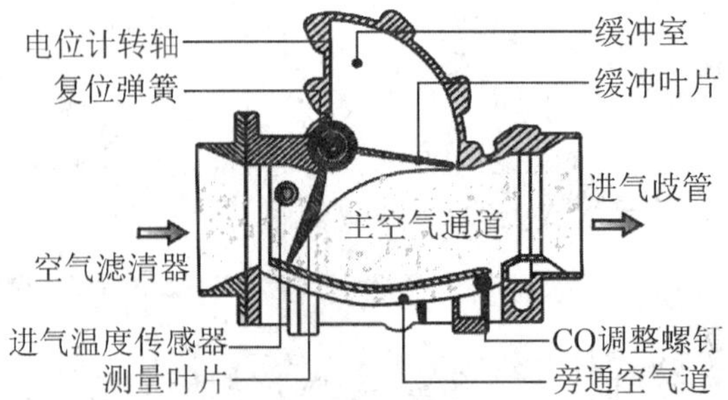


图 5-60　叶片式空气流量计结构组成

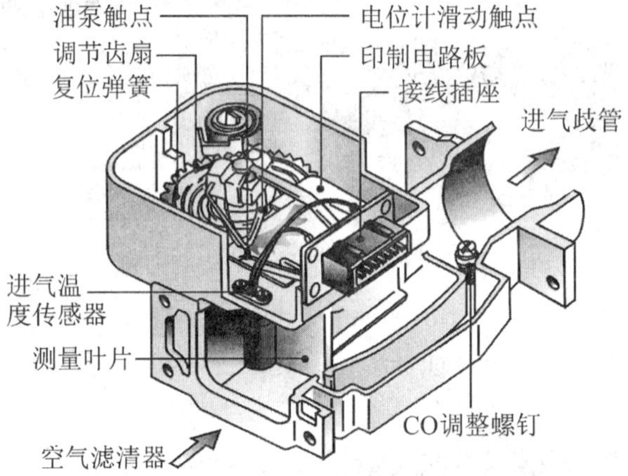


图 5-61　叶片式空气流量计的电位计

③ 叶片式空气流量计插接器及电路原理。叶片式空气流量计的插接器接口一般有七个端子，如丰田、日产系列的叶片式空气流量计，其电路原理如图 5-62 所示。

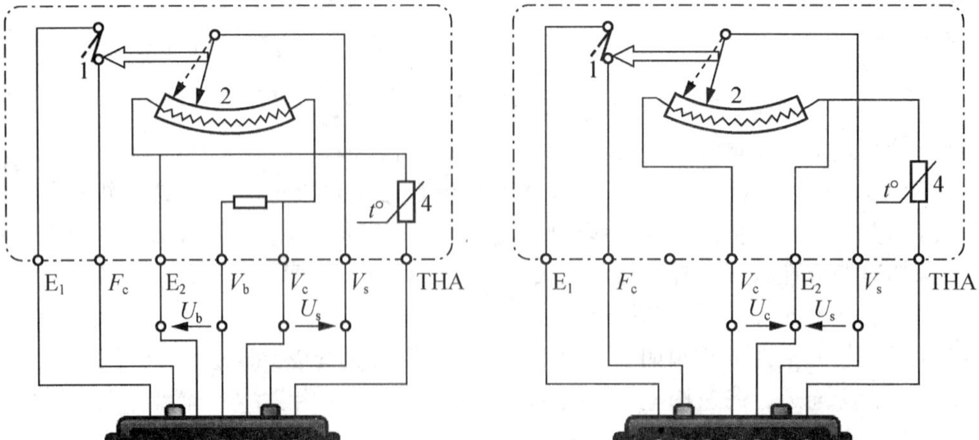


(a) 模拟控制系统采用　　(b) 数字控制系统采用

图 5-62　叶片式空气流量计工作原理图

THA—进气温度传感器信号；$U_S$—空气流量传感器输出信号；$V_C$—空气流量传感器输出信号；$V_B$—电源电压；$F_C$—油泵开关；$E_2$—搭铁；$E_1$—油泵开关搭铁

**特别提示**

目前汽车上有部分叶片式空气流量计插接器取消了电动燃油泵触点，只有五个端子，也有些只有四个端子的，主要是某些带涡轮增压的发动机中，叶片式空气流量计上没装进气温度传感器。

(2) 热式空气流量计。热式空气流量计可以分为热线式空气流量计和热膜式空气流量计，如图 5-63 所示。

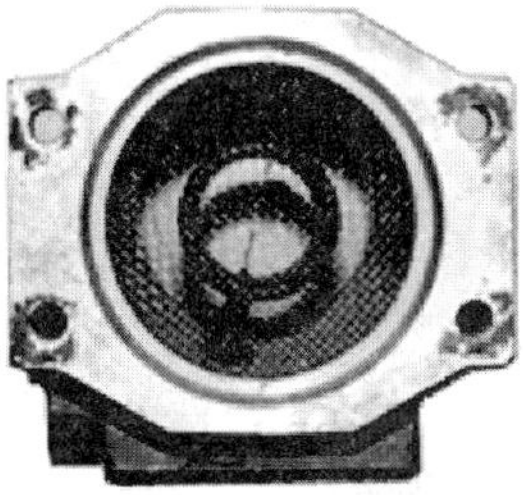

(a) 热线式空气流量计

(b) 热膜式空气流量计

**图 5-63　热式空气流量计两种形式**

① 热线式空气流量计。热线式空气流量计有主流测量方式(图 5-64)和旁通测量方式(图 5-65)两种。其结构基本相似。主流测量方式的热线式空气流量计主要由防回火和滤除脏物的防护网、取样管、白金热线、温度补偿电阻、控制电路板及接线插头等组成。热线式空气流量计主要使用于沃尔沃、日产、别克等部分车型上。

热线式空气流量计的工作原理如图 5-66 所示。

在进气管道中放置热线电阻 $R_h$，当空气流过热线时，热线的热量被空气吸收，使其变冷。热线周围通过的空气质量流量越大，被带走的热量就越多。热线式空气流量计就是利用热线与空气之间的这种热传递现象进行空气质量流量测量的。其工作中将热线温度与吸入空气温度差保持在 100℃，热线温度由混合集成电路控制，当空气质量流量增大时，由于空气带走的热量增多，为保持热线温度，混合集成电路使热线电阻通过的电流增大，反之，则减小。这样，使得通过热线电阻的电流是空气质量流量的单一函数，即热线电流随着空气质量流量的增大而增大，随空气质量流量的减小而减小。这样 ECU 根据热线电流的变化就可以计算出空气流量的大小。

热线式空气流量计都有自洁功能：发动机转速超过 1500r/min，关闭点火开关使发动机熄火后，控制系统自动将热线加热到 1000℃以上并保持约 1s，使附在热线上的粉尘烧掉。

② 热膜式空气流量计。热膜式空气流量计的结构如图 5-67 所示，其发热体不是热线而是热膜，它是由发热金属铂固定在薄的树脂膜上构成的。这种结构可使发热体不直接承受空气流动所产生的作用力，增加了发热体的强度，提高了空气流量计的可靠性和使用寿命。

热膜式空气流量计的工作原理与热线式基本相同。目前主要应用在捷达、桑塔纳 2000GSi、别克、奔驰等轿车上。

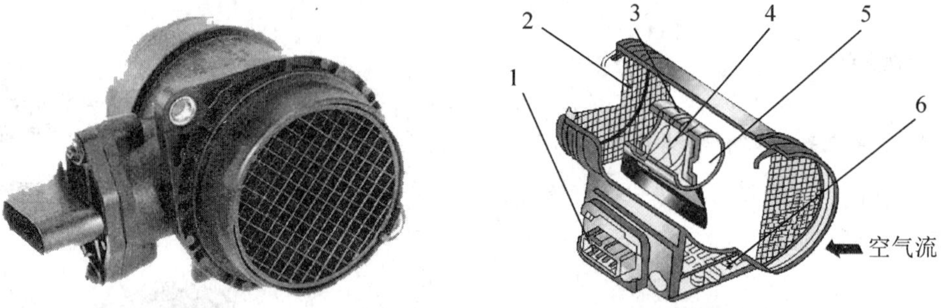


(a) 实物　　(b) 结构组成

**图 5-64　主流测量方式的热线式空气流量计实物及结构组成**

1—控制电路板；2—防护网；3—采样管；4—热线电阻；5—温度补偿电阻；6—线速连接器

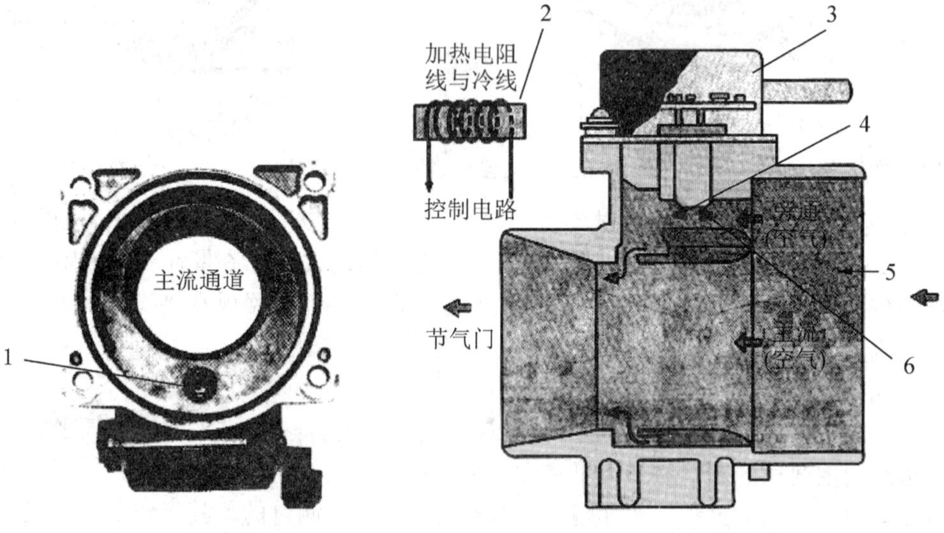


(a) 实物　　(b) 结构组成

**图 5-65　旁通测量方式的热线式空气流量计实物及结构组成**

1—旁通道；2—陶瓷绕线管；3—控制电路；4—冷线；5—空气滤清器；6—热线

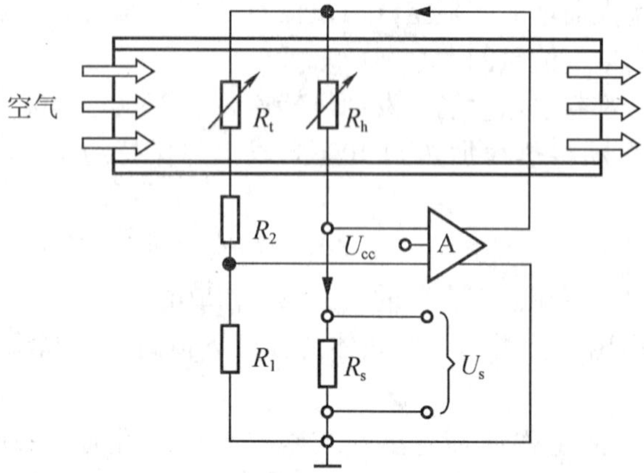


**图 5-66　热线式空气流量计的工作原理**

$R_t$—温度补偿电阻；$R_h$—热线电阻；$R_1$、$R_2$、$R_s$—精密电阻；A—集成电路；$U_s$—输出信号

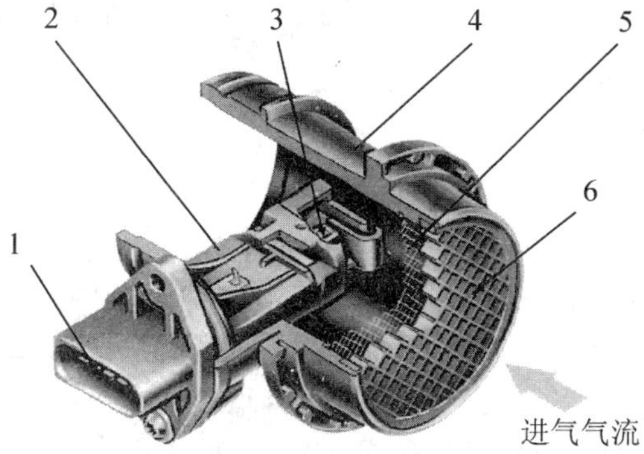


**图 5－67　热膜式空气流量计结构图**

1—插头；2—混合电路盒；3—金属热膜元件；
4—壳体；5—滤网；6—导流格栅

③ 热线式空气流量计的电路原理。热线式及热膜式空气流量计的插接器接口形式基本相同。图 5－68 所示为热线式空气流量计的电路原理图。

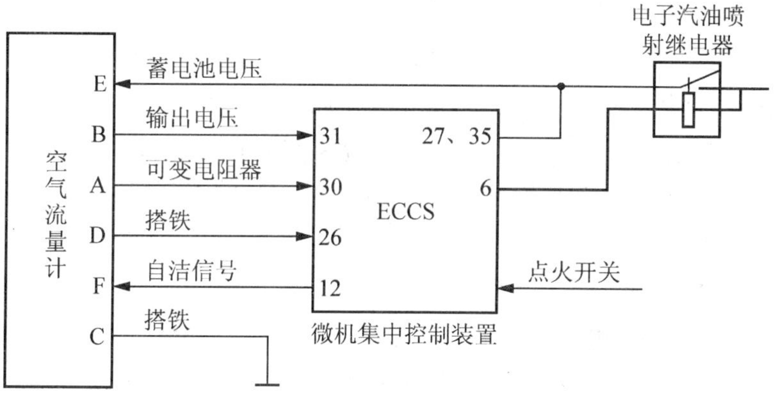


**图 5－68　热线式空气流量电路图**

(3) 卡门涡旋式空气流量计。卡门涡旋是一种物理现象，其产生如图 5－69 所示。当空气穿过锥状涡流发生器后不断产生卡门涡旋，涡旋的频率(个数)与空气流速成正比，与涡流发生器直径成反比。卡门涡旋式空气流量计通过监测涡旋频率计算空气流速，进而计算空气流量。

**图 5－69　卡门涡旋形成原理图**

根据传感器输出信号的检测原理，卡门涡旋式空气流量计可以分为反光镜式和超声波式两种。

① 反光镜检测方式的卡门涡旋式空气流量计。反光镜测量方式的卡门涡旋式空气流量计主要应用在丰田雷克萨斯 LS400 型轿车和皇冠 3.0 型轿车上。

a. 结构组成。其结构组成如图 5-70 所示。主要由涡旋发生器、发光二极管、光电晶体管、反光镜、集成控制电路等组成。

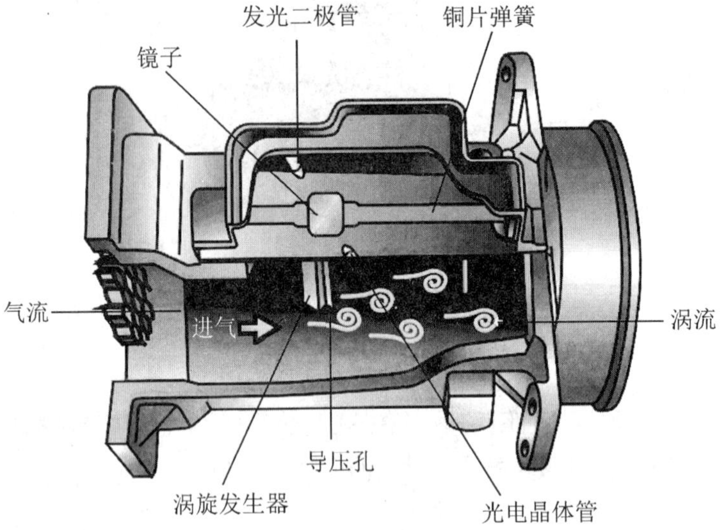


图 5-70　反光镜测量式卡门涡旋空气流量计结构组成

b. 工作原理。如图 5-71 所示，当空气流经涡旋发生器产生卡门涡旋，其压力发生变化，通过压力导向孔作用于铂金属制成的反光镜表面，使反光镜产生振动。反光镜振动时，将发光二级管投射的光反射给光电晶体管，光电晶体管将其转换为电信号经流量计内集成电路整形后输入 ECU，ECU 根据该信号频率计算进气量。

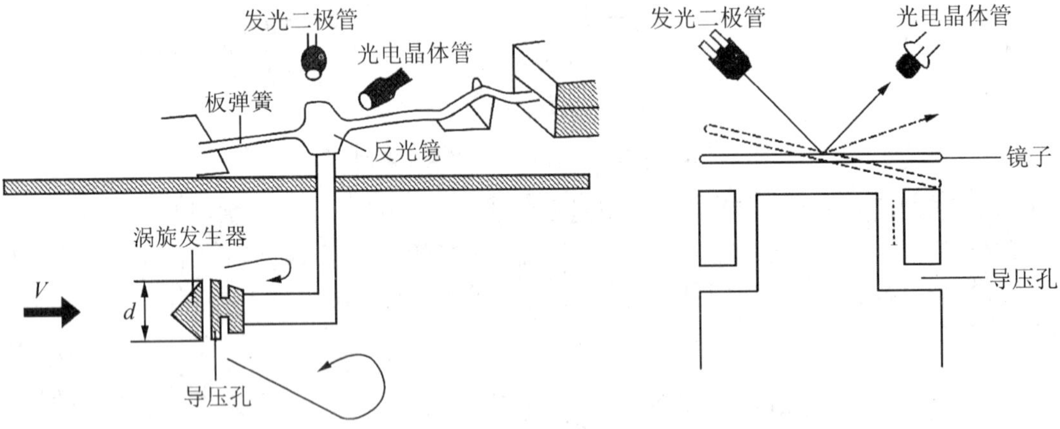


图 5-71　反光镜测量式卡门涡旋空气流量计工作原理图

② 超声波测量方式的卡门涡旋式空气流量计。超声波测量方式的卡门涡旋式空气流量计主要应用在三菱、中国长丰猎豹、韩国现代汽车部分车型上。

a. 结构组成。其结构组成及工作原理如图 5-72 所示。其结构主要由涡旋发生器、超声波发生器、超声波接收器、集成控制电路等组成。

b. 工作原理。超声波检测方式的卡门涡旋式空气流量计是利用卡门涡旋引起的空气密度变化进行测量的，其工作原理如图 5-72 所示。

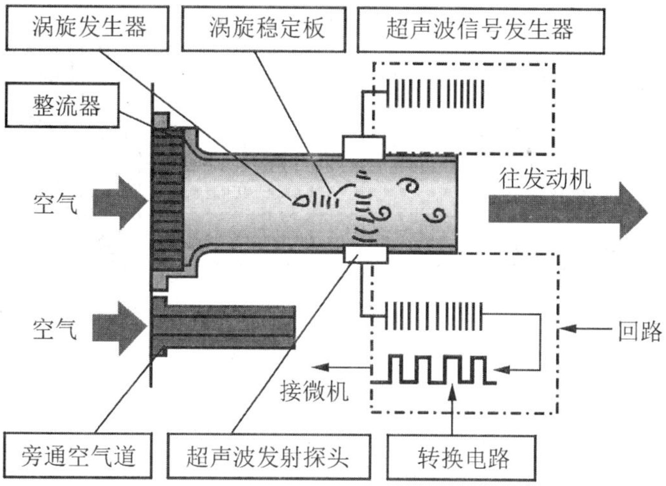


图 5－72　超声波测量方式的卡门涡旋式空气流量计结构组成及工作原理

当发动机运转时，超声波发生器不断向超声波接收器发送一定频率的超声波。在超声波通过空气流到达接收器的过程中，卡门涡旋会造成空气密度的变化，受其影响，超声波信号发生器发出的超声波到达接收器的时机将变早或者变晚，即超声波的相位产生了一定的差值，利用集成电路中的放大器将其变成矩形波，矩形波的脉冲频率即为卡门涡旋的频率。从而计算出空气涡流的数量，得到发动机的进气量大小。

③ 卡门涡旋式空气流量计电路原理。卡门涡旋式空气流量计的插接器接口端子一般有三个，分别是 ECU 输入电压端、传感器信号输出端及搭铁端。图 5－73 为雷克萨斯 LS400 超声波检测方式卡门涡旋式空气流量计电路图。

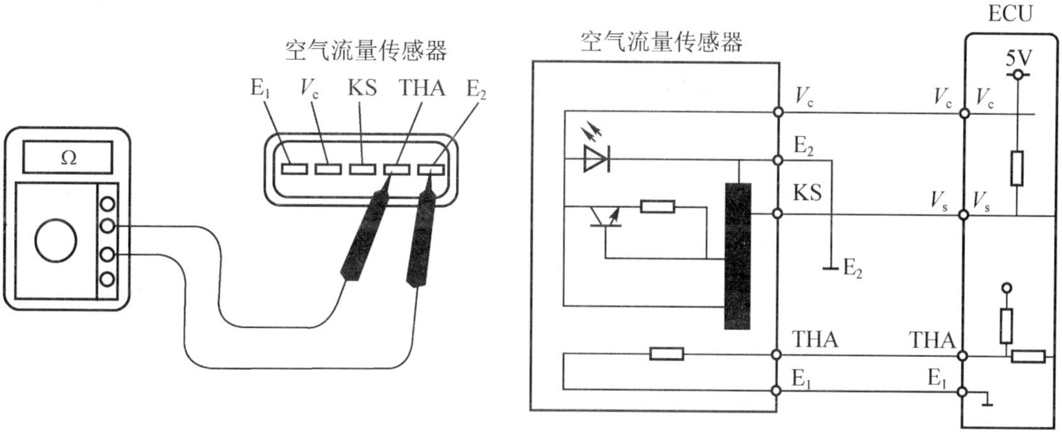


图 5－73　雷克萨斯 LS400 卡门涡旋式空气流量计与 ECU 的连接电路图

（4）量芯式空气流量计。量芯式空气流量计主要应用于马自达 929 车型。

① 结构组成。其结构与翼片式流量传感器相似，如图 5－74 所示，主要由量芯、电位计、进气温度传感器和线束插座等组成。检测部件是一个椭圆球形量芯，安装在进气道内并可沿进气道移动，即用量芯代替了翼片总成。电位计滑壁的一端与量芯连接，另一端设有滑动触点，量芯移动时，触点可在印制电路板的镀膜电阻上滑动。

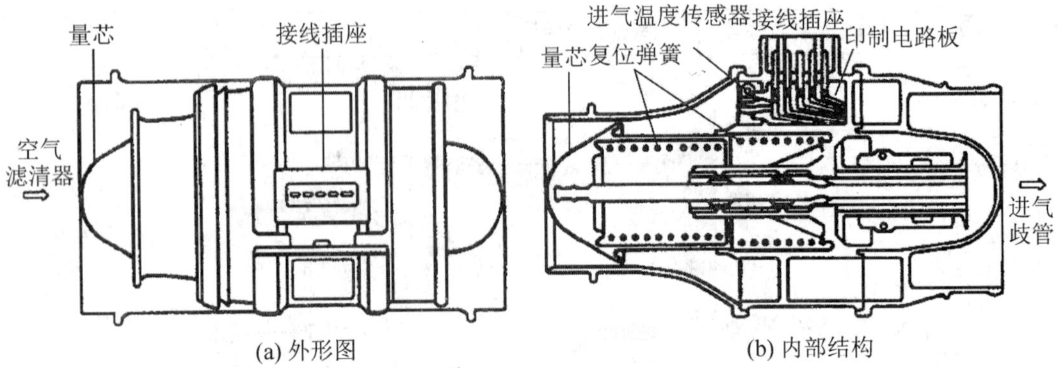


图 5-74 量芯式空气流量传感器的结构组成

**特别提示**

量芯式传感器没有设置旁通进气道和怠速混合气调整螺钉，怠速时的混合气浓度由 ECU 根据氧传感器输入的信号进行调节。

② 量芯式空气流量计的电路原理。量芯式空气流量传感器的测量原理与翼片式传感器相似。图 5-75 所示为量芯式空气流量计的电路原理图。

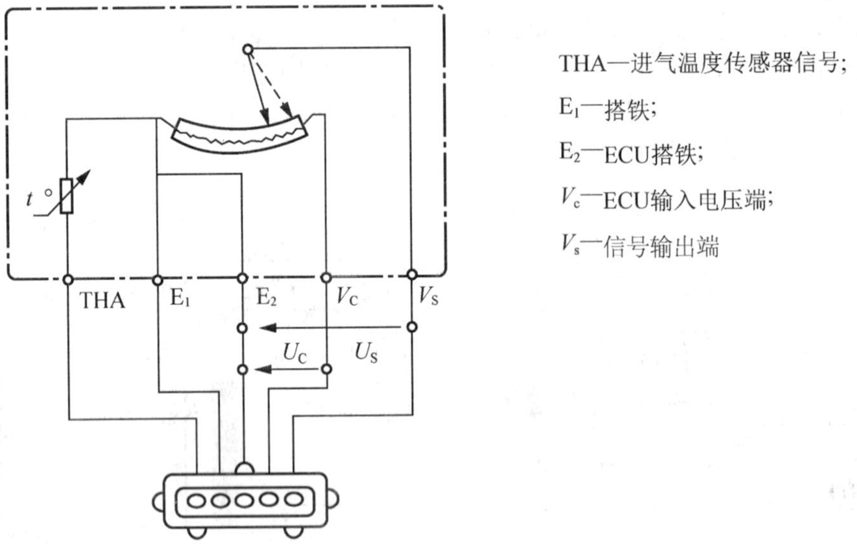


图 5-75 量芯式空气流量计电路原理

**特别提示**

空气流量计的形式较多，其拆装方法也不一样。应注意：拆装时点火开关必须关闭；空气流量计一般不允许解体；拆卸时应尽量避免灰尘等脏物进入进气道。

2）空气流量计的拆检流程及技术要求

空气流量计的检测流程如图 5-76 所示。

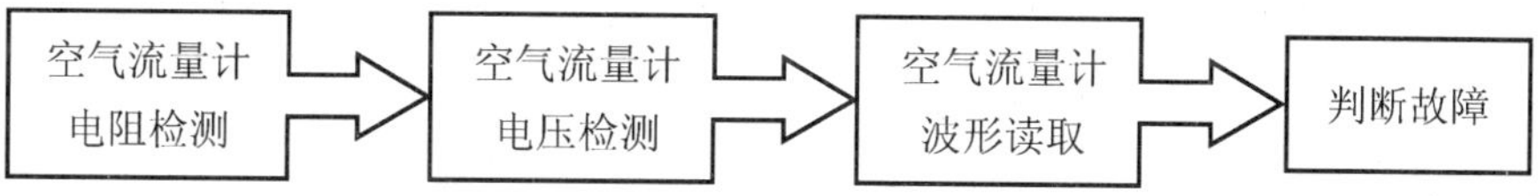


**图 5－76　空气流量计的检测流程**

(1) 叶片式空气流量计的检修规程及技术要求。

① 检测叶片式空气流量计电阻，操作方法如图 5－77 所示。

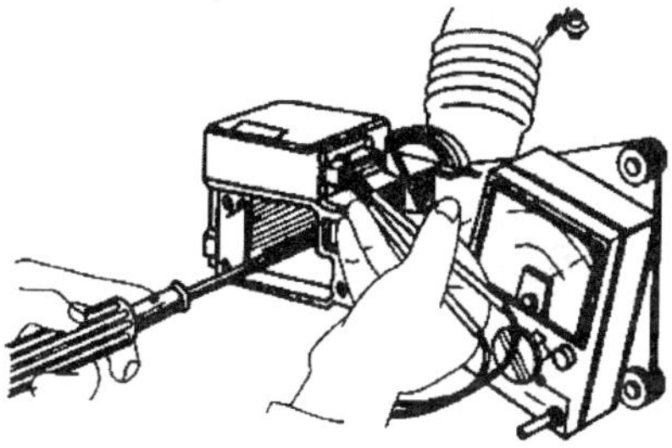

**图 5－77　检查叶片式空气流量计电阻**

以丰田车系为例，其各端子检测参数应符合表 5－2 的要求。如不符合各车型对电阻的要求，则说明叶片式空气流量计工作不良，应予以维修或者更换。

**表 5－2　丰田皇冠 2.8 型轿车叶片式空气流量计电阻标准值**

| 端　子 | 电阻值/kΩ | 条　件 |
|---|---|---|
| $F_c-E_1$ | ∞ | 叶片完全关闭 |
| | 0 | 叶片不完全关闭 |
| $V_s-E_2$ | 0.02 | 叶片完全关闭 |
| | 0.02～1.00 | 叶片由全关到全开 |
| $V_c-E_2$ | 0.10～0.30 | |
| $THA-E_2$ | 4.00～7.00 | 0℃ |
| | 2.00～3.00 | 20℃ |
| | 0.90～1.30 | 40℃ |
| | 0.40～0.70 | 60℃ |

② 检查电源电压和信号电压，其各端子检测电压应符合表 5－3 的要求。如检查时其电压值不符合规定值，则应对空气流量计进行维修或更换。

③ 也可用示波器读取叶片式空气流量计输出电压波形并与正常波形比较，如差别较大，则应对空气流量计进行维修或更换。

(2) 热式空气流量计的检测流程及技术要求。热式空气流量计的检测方法与叶片式空气流量计的检测方法基本一致。

① 热线式空气流量计的检测流程及技术要求。以日产尼桑轿车热线式空气流量计为例。其电路原理如图 5－78 所示。其检测过程如下。

表 5-3　丰田皇冠 2.8 型轿车叶片式空气流量计电压标准值

| 端　子 | 电压值/V | 条　件 | |
| --- | --- | --- | --- |
| $F_c-E_1$ | 12 | 叶片完全关闭 | |
| $V_s-E_2$ | 3.7～4.3 | 点火开关位于“ON” | 叶片完全关闭 |
| | 0.2～0.5 | | 叶片全开 |
| | 2.3～2.8 | 怠速 | |
| | 0.3～1.0 | 3000r/min | |
| $V_c-E_2$ | 4.0～6.0 | 点火开关位于“ON” | |

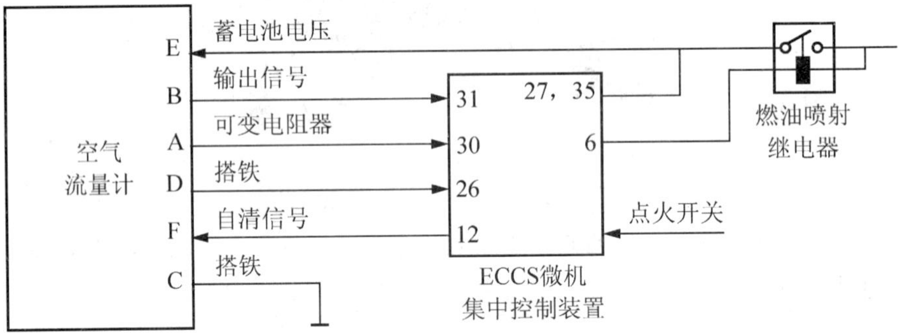


图 5-78　日产尼桑轿车热线式空气流量计

a. 接通点火开关，当不起动发动机时，分别测量 E 与 D、E 与 C 端子之间电压，应均为电源电压 12V，否则说明电源线路或者搭铁线路有故障。

b. 测量 B 与 C 端子之间的信号电压，发动机不工作时应为 2～4V，发动机工作时应为 1.0～1.5V。

c. 发动机达到正常工作温度，转速超过 1500r/min 时，测量 F 与 D 端子之间的电压，关闭点火开关时，电压应回零并在 5s 后又跳跃上升，1s 后再回零，否则说明自洁信号不良。

② 热膜式空气流量计的检测流程及技术要求。以奥迪 A4 AEB 发动机热膜式空气流量计为例，其检测过程如图 5-79 所示。

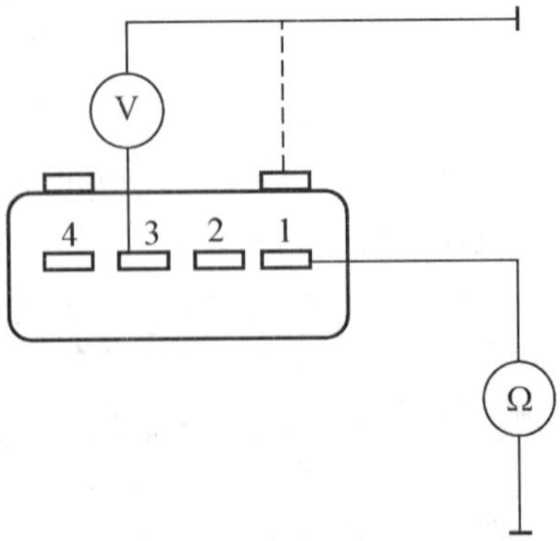


图 5-79　热膜式空气流量计的检查

1—搭铁；2—MAF 信号；3—12V 电源；4—ECM

a. 电压检测：MAF信号电压(空气流量信号电压)怠速时为1.1V，发动机3000r/min时为1.9V。

b. 故障诊断仪读取数据块。选择功能“读取测量数据块(功能08)及显示组2”，屏幕显示：

| |
|---|
| 读取测量数据块2 |
| 1　　2　　3　　4 |

显示区4将显示进气量，单位为g/s，小于1.8g/s为进气系统有泄漏，应检查进气系统；大于4.0g/s为发动机负荷过大，应消除额外负荷(如空调和动力转向等)。正常值为1.8～4.0g/s，如显示不符合规定，或者故障存储器存储了空气流量计有关故障，则要检测空气流量计。

c. 示波器测试波形。以别克的空气流量计为例，其检修方法如下：

传感器有三个接线柱，A为信号(频率)，B为搭铁，C为电源12V。测量信号线，电压应在0～5V的平均电压；示波器测波形应为方波；频率信号随进气增大而增大，怠速时频率信号为2000Hz，频率信号低于1200Hz ECU会记录故障。

热式空气流量计的检测还可以通过实验检测，其方法如图5－80所示。

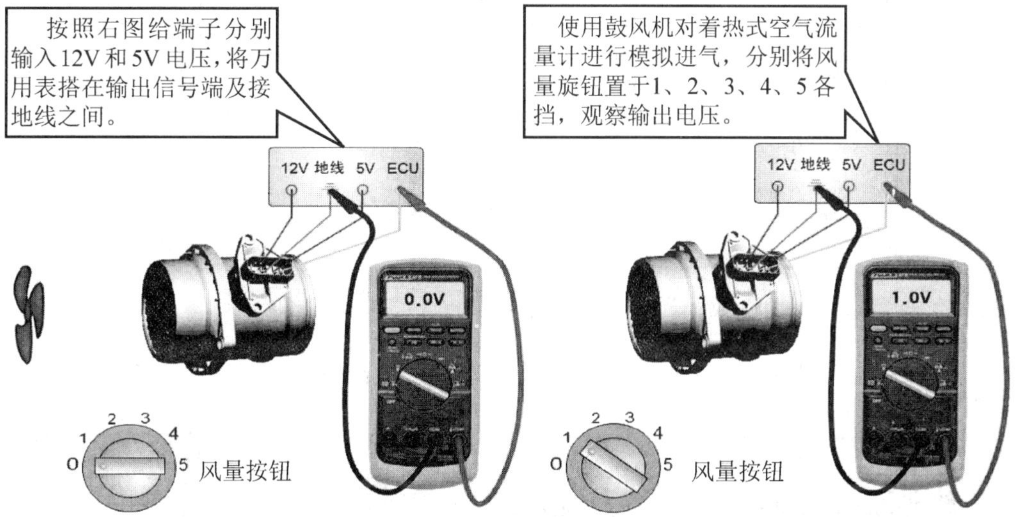


**图5－80　热式空气流量计检测**

如果输出电压随风量的增加而增大，则说明热式空气流量计工作基本正常，否则说明空气流量计工作有误。应更换空气流量计。

**特别提示**

如果检测的热式空气流量计为五个或六个端子的热线式空气流量计，则还应检查其自洁功能是否正常。

(3) 卡门涡旋式空气流量计的检测流程及技术要求。以雷克萨斯LS400为例。卡门涡旋式空气流量计的检测项目包括电阻检测和波形检测。

① 检测卡门涡旋式空气流量计电阻：如图5－81所示，点火开关置于OFF，拔下空

气流量计的导线插接器，用万用表电阻挡测量空气流量计上 THA－$E_1$ 之间电阻。其值应符合表 5－4 的要求，否则应对空气流量计进行检修或更换。

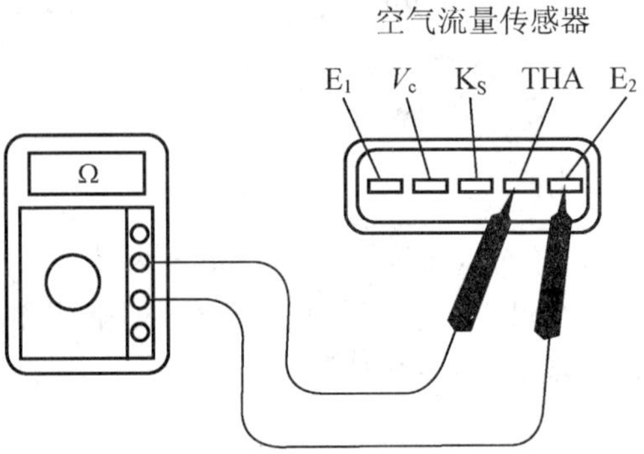


图 5－81　卡门涡旋式空气流量计电阻检测示意图

② 检测卡门涡旋式空气流量计端子电压：如图 5－81 所示，点火开关转至“ON”位置，检测 $V_C$与 $E_2$ 之间，$K_S$与 $E_2$ 之间的电压，其值应符合表 5－4 的要求，否则应对空气流量计进行检修或更换。

表 5－4　丰田雷克萨斯 LS400 卡门涡旋式空气流量计各端子间的电阻/电压

| 端　子 | 标准电阻/kΩ | 温度/℃ | 端　子 | 标准电压/V | 条　件 |
|---|---|---|---|---|---|
| THA－$E_2$ | 10.0～20.0 | －20 | THA－$E_2$ | 0.5～3.4 | 怠速、进气温度 20℃ |
| | 4.0～7.0 | 0 | | | |
| | 2.0～3.0 | 20 | KS－$E_1$ | 4.5～5.5 | 点火开关 ON |
| | 0.9～1.3 | 40 | | 2.0～4.0(脉冲形式) | 怠速 |
| | 0.4～0.7 | 60 | $V_C$－$E_1$ | 4.5～4.5 | 点火开关 ON |

③ 用示波器检测卡门涡旋式空气流量计的波形：波形上限应接近参考电压 5V，下限接近对地电压 0V。否则对卡门涡旋式空气流量计进行检修或更换，如图 5－82 所示。

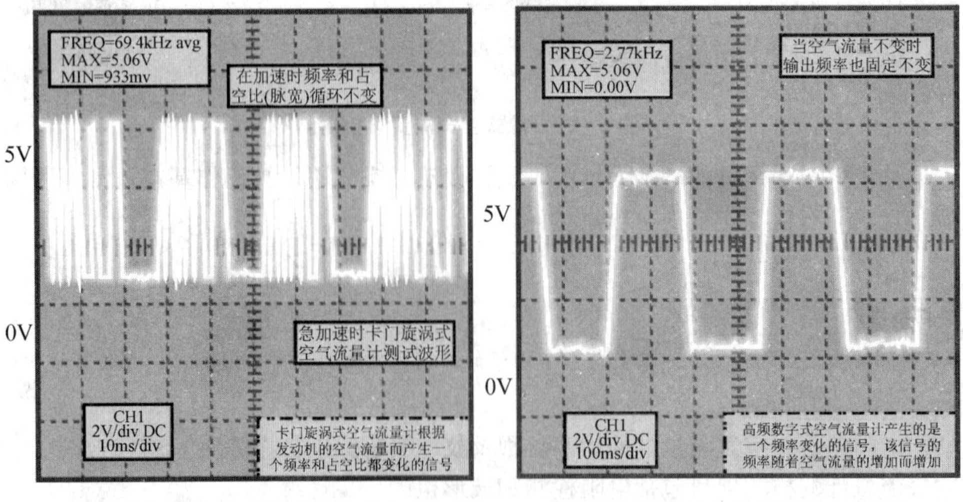


(a) 卡门涡旋式空气流量计(急加速)　　(b) 空气流量计高频数字输出(怠速)

图 5－82　卡门涡旋式空气流量计波形检测

2. 进气歧管绝对压力传感器

1）进气歧管绝对压力传感器的基本结构及工作原理

在D型电控汽油喷射系统中，由进气歧管绝对压力传感器测量进气管压力，并将信号输入ECU。图5-83所示为进气歧管绝对压力传感器的外形。

(a)　(b)　(c)　(d)

图5-83　不同结构类型的进气歧管绝对压力传感器外形

进气歧管绝对压力传感器安装在节气门与进气门之间的进气管上(图5-84)，实际测量的是进气管的真空度，通过计算换算成反映进气量的参数。

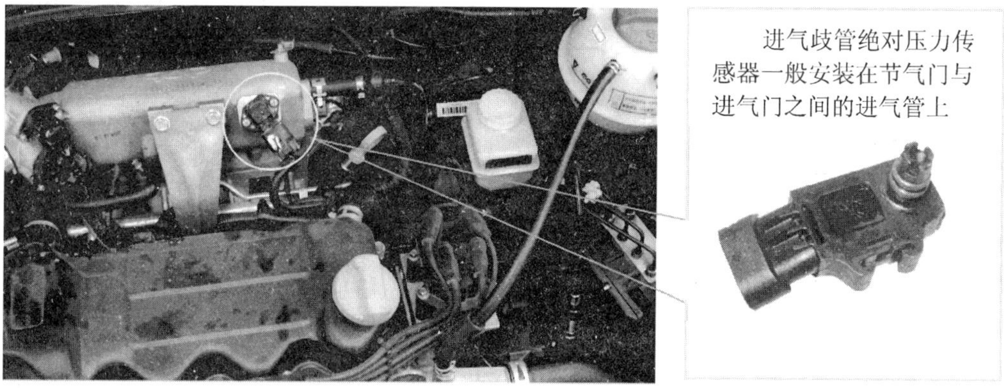


图5-84　进气歧管绝对压力传感器的安装位置

进气歧管绝对压力传感器通常可以分为压敏电阻式、电容式、膜盒式三种类型。

(1) 压敏电阻式进气歧管绝对压力传感器。

① 结构组成。压敏电阻式进气歧管绝对压力传感器的结构如图5-85所示，主要由压电转换元件(硅片)、惠斯顿电桥和集成放大电路等部分组成。该类型传感器具有尺寸小、输出信号稳定、抗振性好等特点，目前得到广泛使用，如本田雅阁等轿车采用该类型的进气歧管绝对压力传感器。

② 工作原理。压敏电阻式进气歧管绝对压力传感器的核心部件为压电转换元件。压电转换元件是利用半导体压阻效应制成的硅膜片。硅膜片为约3mm的正方形，其中部经光刻腐蚀形成直径约2mm、厚约50μm的薄膜。在膜片表面规定位置有四个应变电阻，以惠斯顿电桥方式连接，其工作原理如图5-86所示。

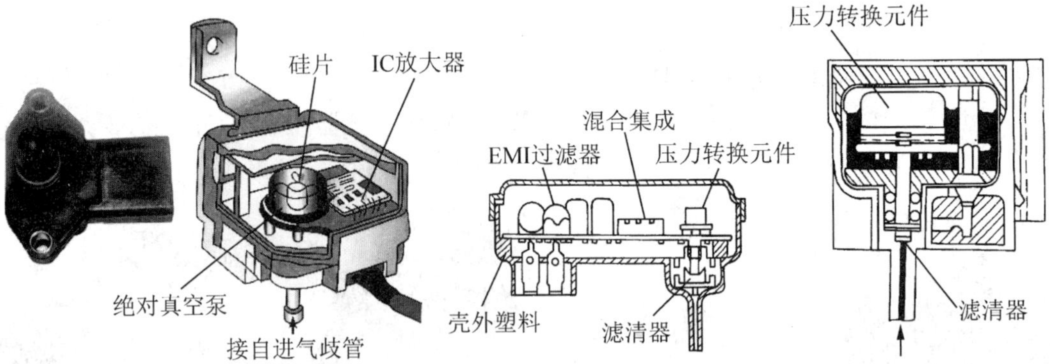


**图 5-85 压敏电阻式进气歧管绝对压力传感器的实物及结构组成**

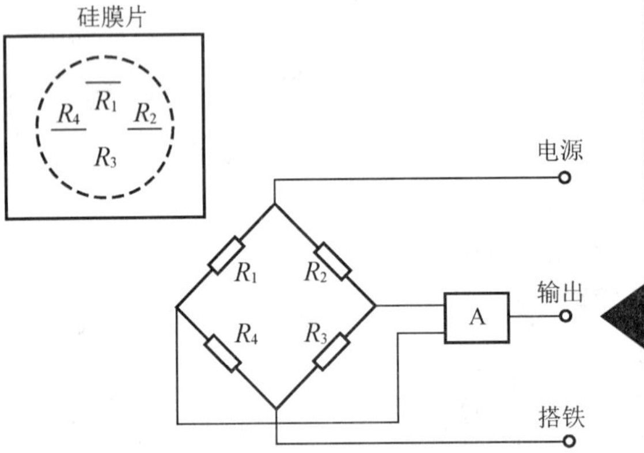


原理简述：当发动机工作时，进气歧管内的部分空气经传感器进口和滤清器作用在硅膜片上，硅膜片就会产生变形，应变电阻的阻值就会发生变化，电桥输出电压随之变化。因为进气压力随进气流量的变化而变化，当节气门开度增大(即进气流量增大)时，空气流通截面增大，气流速度减低，进气压力升高，膜片的变形量增大，应变电阻的变化率增大，电桥输出的电压升高，经集成电路进行比例放大后，传感器输入电控单元(ECU)的信号电压升高。反之，当节气门开度由大变小(即进气流量减小)时，进气流通截面减小，气流速度升高，进气压力降低，膜片的变形量减小，应变电阻的变化率减小，电桥输出电压降低，经过比例放大后，传感器输入ECU的信号电压降低。

**图 5-86 压敏电阻式进气歧管绝对压力传感器工作原理**

(2) 电容式进气歧管绝对压力传感器。

① 结构组成。电容式进气歧管绝对压力传感器如图 5-87 所示。位于传感器壳体内腔的弹性膜片用金属制成，弹性膜片上、下两个凹玻璃的表面也均有金属涂层，这样在弹性膜片与两个金属涂层之间形成两个串联的电容。

② 工作原理。电容式进气歧管绝对压力传感器利用电容效应检测进气歧管绝对压力。发动机工作时，进气管内的进气压力作用于膜片，使电容 $C_1$ 和电容 $C_2$ 发生变化。电容变化量经过测量电路转换成电压信号输送给 ECU，ECU 通过处理这些信号计算出进气歧管压力大小，从而计算出进气量的大小。

(3) 膜盒式进气歧管压力传感器。

① 结构组成。图 5-88 所示为膜盒式进气歧管绝对压力传感器结构。

膜盒用薄金属片焊接而成，内腔抽成真空，外部与进气歧管相通。

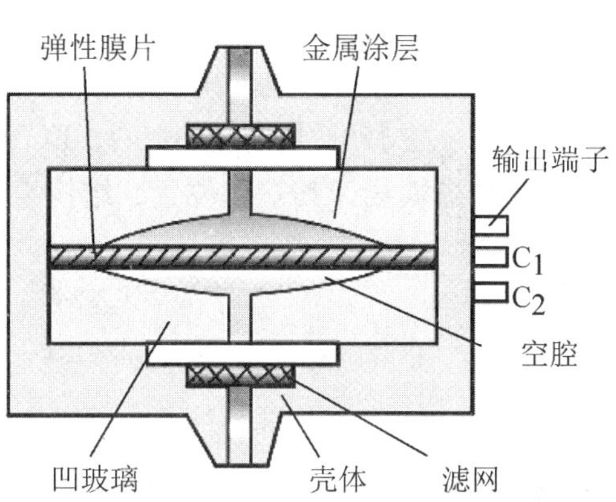


图 5-87　电容式进气歧管绝对压力传感器的结构组成

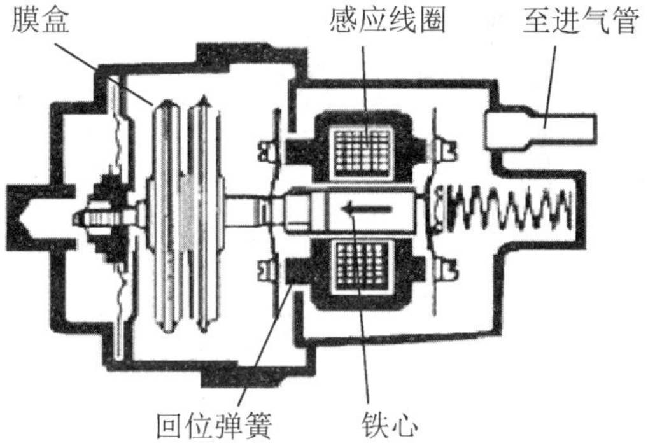


图 5-88　膜盒式进气歧管绝对压力传感器

② 工作原理。当膜盒外表压力变化时，膜盒两侧将随着外部压力的高低而内凹或外凸。感应线圈内部的铁心与膜盒联动，故膜盒的内凹外凸就改变了铁心在线圈内的位置。

感应线圈由两个绕组组成，一个线圈与振荡电路相连，产生交变电压，在线圈周围产生磁场；另一个为感应绕组，产生电压信号。当进气歧管压力变化时，膜盒带动铁心在磁场中移动，使感应线圈产生的电压信号随之变化。再将这个随进气歧管压力变化而变化的电压信号送到电子电路经检波、整形和放大后，作为传感器的输出信号送至 ECU。

2）进气歧管绝对压力传感器的拆检流程及技术要求

图 5-89 所示为皇冠 3.0 轿车进气歧管绝对压力传感器电路。其检修过程如图 5-90 所示。

(1) 点火开关转至 ON 位，测量 $V_{CC}$ 与 $E_2$ 之间电压应为 5V。

(2) 拆下传感器连接真空软管，用手动真空枪给传感器施加真空度，PIM 与 $E_2$ 之间电压应随真空度增加而下降。

3. 水温传感器及进气温度传感器

1）水温传感器及进气温度传感器的作用及结构原理

(1) 水温传感器。水温传感器(ECT)现在也称为冷却液温度传感器。其作用是向

ECU 提供一个随冷却液温度变化的模拟信号，在起动工况作为燃油喷射和点火正时控制的修正信号。这种传感器通常固定在冷却水管上，其下端浸入发动机的冷却水中。典型的 ECT 在－40℃时电阻可达 35000Ω，在 120℃时只有 120Ω。ECT 与计算机之间有两条连线，一条是电压信号线，另一条是搭铁线。其安装位置、结构组成及特性(即为负温度特性)曲线，如图 5－91 所示。

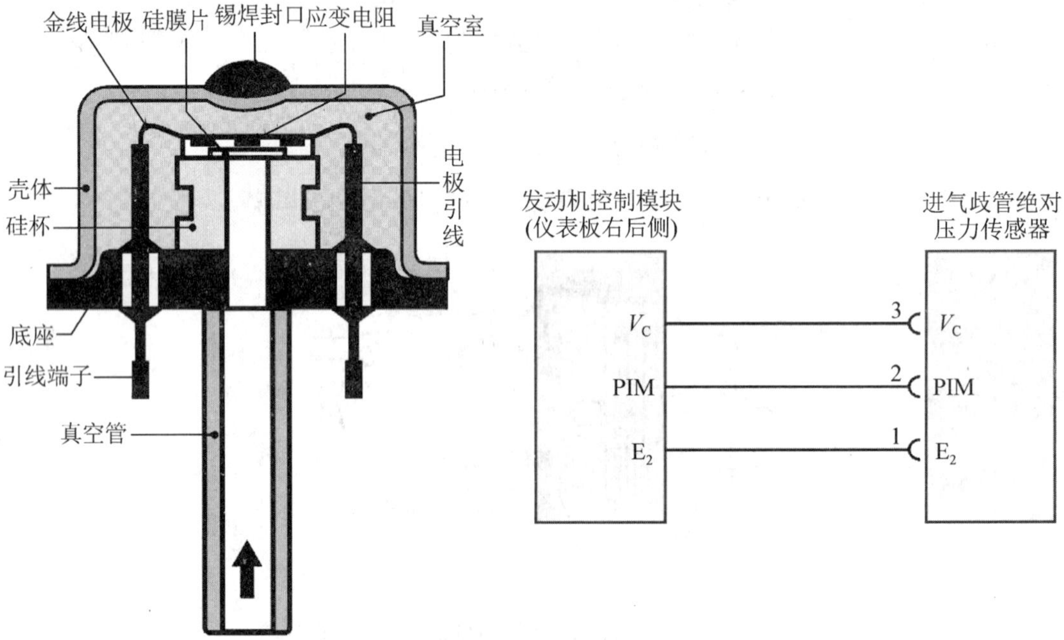


图 5－89　皇冠 3.0 轿车进气歧管绝对压力传感器电路

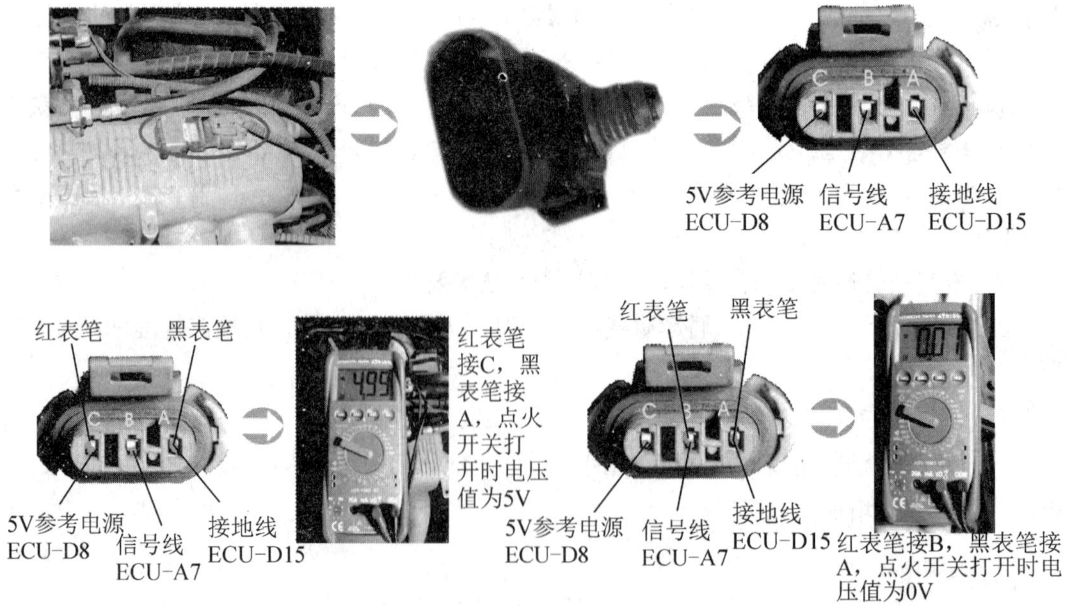


图 5－90　进气歧管绝对压力传感器的检测

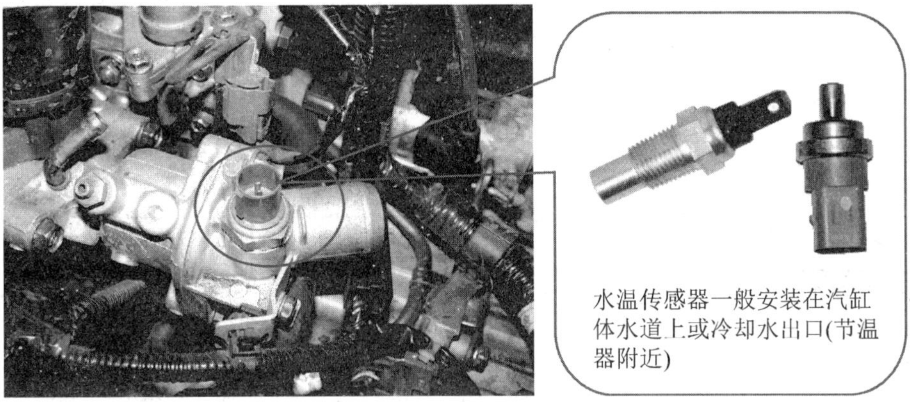


(a) 安装位置

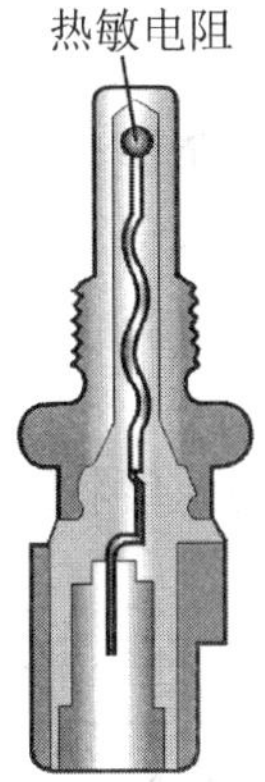


(b) 结构组成

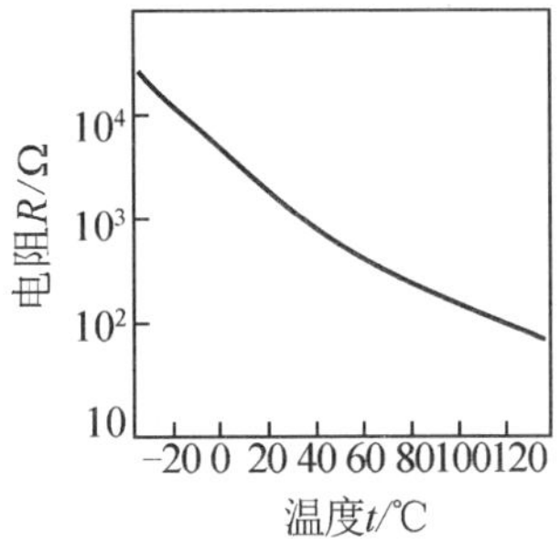


(c) 特性曲线

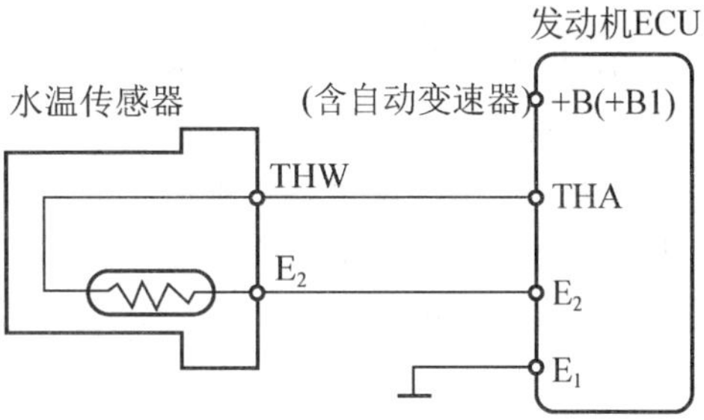


(d) 电路连接

**图 5－91　水温传感器的安装位置及工作原理**

（2）进气温度传感器。

① 功用。进气温度传感器的作用是给 ECU 提供进气温度信号，作为燃油喷射和点火正时控制的修正信号。其外形及安装位置如图 5－92 所示。

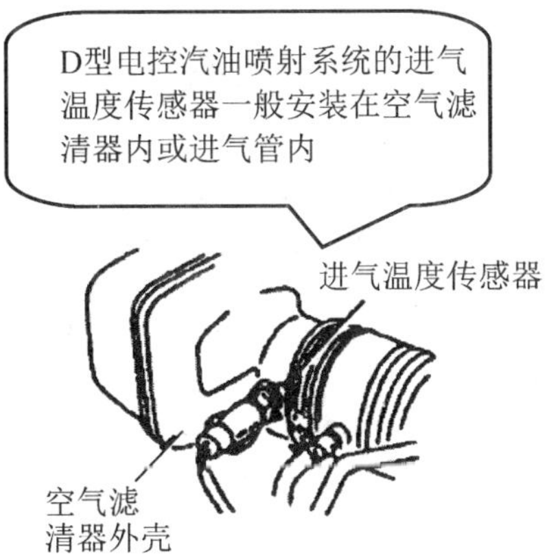


(a)

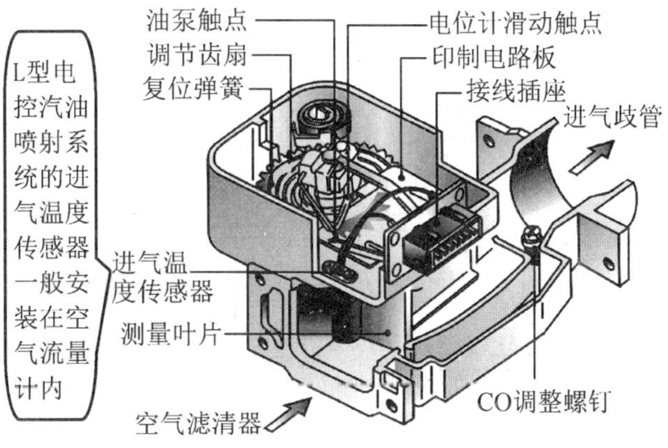


(b)

**图 5－92　进气温度传感器的安装位置**

② 原理。其特性与水温传感器类似，同样为负温度系数。进气温度传感器的结构组成及电路连接，如图 5－93 所示。

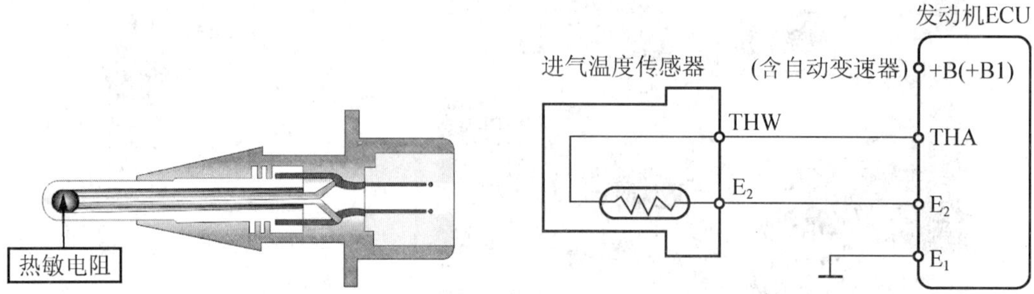


(a) 结构组成　　(b) 电路连接

**图 5－93　进气温度传感器的结构组成及电路连接**

2）水温传感器及进气温度传感器的检测流程及技术要求

（1）水温传感器的检修。水温传感器一般采用负温度系数热敏电阻制作。负温度系数热敏电阻的特性是温度升高，其电阻下降。其输出信号方式为电压信号 THW。特点是：

发动机温度↑→传感器电阻值↓→信号电压 THW ↓；

发动机温度↓→传感器电阻值↑→信号电压 THW ↑。

水温传感器的检测电路接线方式如图 5－94 所示，检测时只需测量出不同温度状态下水温传感器两端的电阻值。

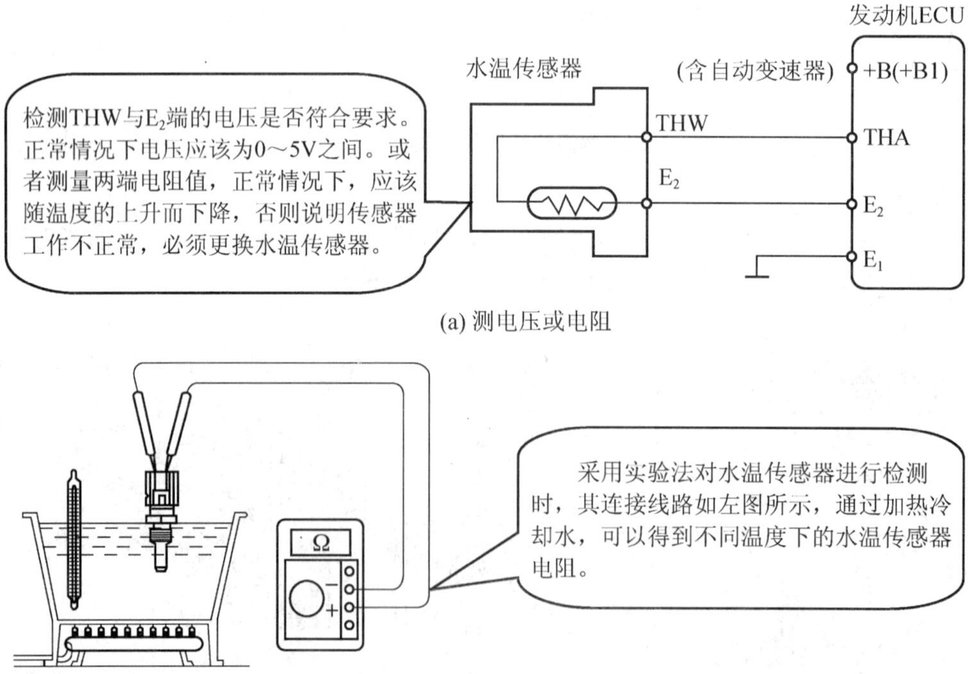


(a) 测电压或电阻

(b) 实验法

**图 5－94　水温传感器的检测**

水温传感器的技术数据及输入/输出范围见表5-5。

表5-5　水温传感器技术数据及输入/输出范围

| 测量范围/℃ | | | -30～+130 | -40～+130 |
|---|---|---|---|---|
| 容许公差 | +20℃ | ℃ | 1.2 | |
| | +100℃ | ℃ | 3.4 | |
| 额定电阻(20℃) | | kΩ | 2.5(1±5%) | |
| 阻值 | -10℃ | kΩ | 8.26～10.56 | |
| | +20℃ | kΩ | 2.28～2.72 | |
| | +80℃ | kΩ | 0.290～0.364 | — |
| 额定电压 | | | ≤5 | |
| 最大测量电流/mA | | | 5 | |
| 最大功率消耗/mW | | | 15 | |
| 响应时间/s | | | | 44 |

(2) 进气温度传感器的检修。进气温度传感器也常采用负温度系数的热敏电阻。和水温传感器一样输出的是电压信号THA，其特点是：

进气温度↑→传感器电阻值↓→信号电压THA↓；

进气温度↓→传感器电阻值↑→信号电压THA↑。

其检测方法和水温传感器相似。如图5-95所示，检测THA与$E_2$端的电压是否符合要求。正常情况下电压应该为0～5V之间。或者测量两端电阻值，正常情况下，应该随温度的上升而下降，否则说明进气温度传感器工作不正常，必须更换进气温度传感器。

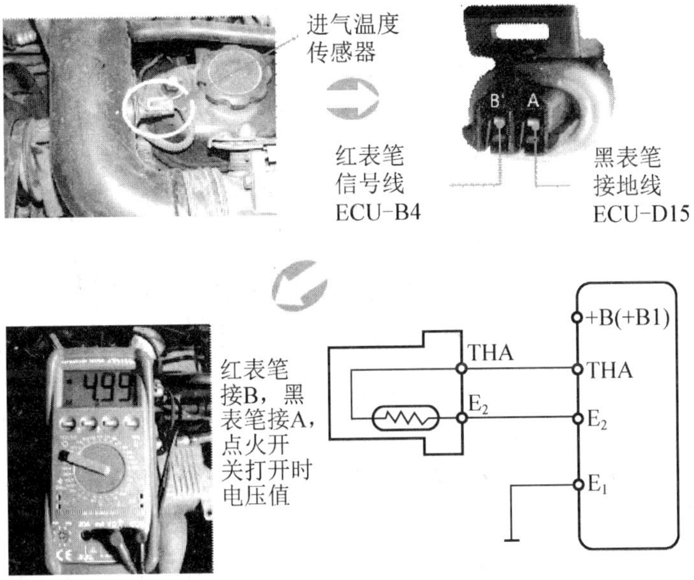


图5-95　进气温度传感器的检测

4. 凸轮轴/曲轴位置传感器的检修

1）作用

凸轮轴位置传感器(CMPS)的作用是给 ECU 提供曲轴转角基准位置(第一缸压缩上止点)信号，作为燃油喷射控制和点火控制的主控制信号。曲轴位置传感器有时可以称为转速传感器，用来检测曲轴转角位移，给 ECU 提供发动机转速信号和曲轴转角信号，作为燃油喷射系统的喷油控制和点火控制的主控制信号。

**注意：**凸轮轴位置传感器和曲轴位置传感器的结构和工作原理基本相同，通常安装在一起，只是各车型安装位置不同，但必须安装在与曲轴有精确传动关系的位置处，如曲轴、凸轮轴、飞轮和分电器处。

2）安装位置

如图 5－96 和图 5－97 所示分别为本田汽车、通用汽车部分车型凸轮轴/曲轴位置传感器的安装位置。

图 5－96　本田轿车凸轮轴/曲轴位置传感器安装位置

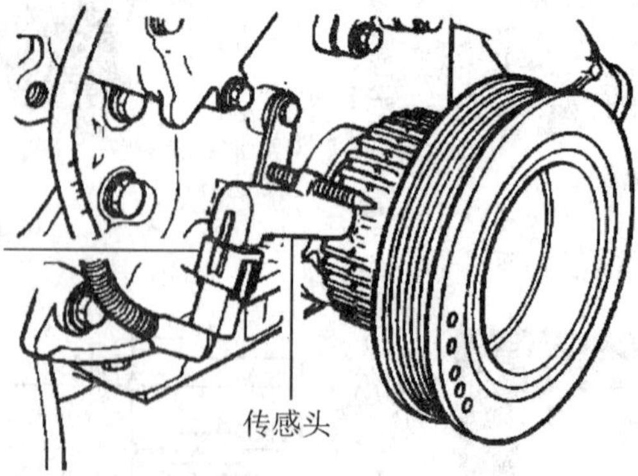


图 5－97　通用车系凸轮轴/曲轴位置传感器安装位置

3）结构类型

凸轮轴/曲轴位置传感器可以分为电磁式、光电式和霍尔式三种类型。

(1）电磁式凸轮轴/曲轴位置传感器。

① 电磁式凸轮轴/曲轴位置传感器结构及工作原理。图 5－98 所示为日本丰田皇冠

3.0 轿车上的电磁式凸轮轴/曲轴位置传感器。该类型传感器分为上、下两部分。上部分[图 5－98(a)]为凸轮轴位置传感器，由一个带凸齿的 G 转子和两个感应线圈 $G_1$ 和 $G_2$ 组成，用以产生第一缸上止点基准信号(亦即 G 信号：用于辨别气缸及检测活塞上止点位置)；下部分[图 5－98(b)]为曲轴位置传感器，由一个带 24 个凸齿的 Ne 转子和一个 Ne 感应线圈组成，用以产生曲轴转角信号(亦即 Ne 信号：检测曲轴转角位置及发动机转速的信号)。

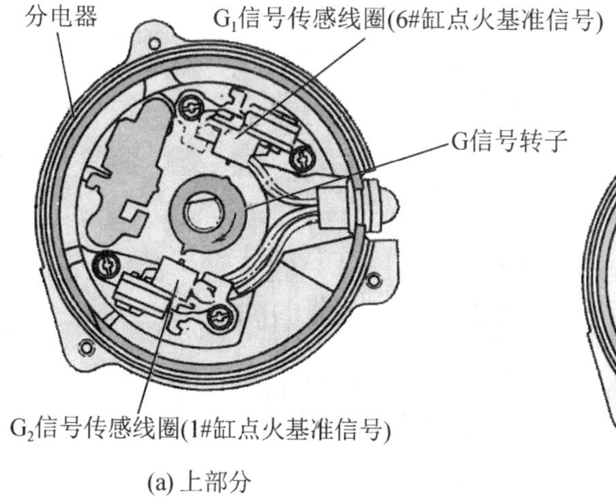


图 5－98　丰田皇冠 3.0 轿车电磁式凸轮轴/曲轴位置传感器的结构组成

其工作原理如图 5－99 所示，它是利用电磁线圈产生的脉冲信号来确定发动机转速和各缸的工作位置。发动机工作时，曲轴每转两圈(分电器轴转一圈)，$G_1$ 和 $G_2$ 感应线圈各产生一个脉冲信号(图 5－100)。在设计和安装时，只要 G 转子的凸齿在第一缸位于上止点时与 $G_1$ 和 $G_2$ 感应线圈靠近，ECU 就可根据 $G_1$ 和 $G_2$ 信号确定第一缸压缩上止点位置，并以此为基准，根据曲轴转角和发动机各缸的工作顺序确定其他各缸的工作位置。曲轴每转两圈，在 Ne 感应线圈中产生与 Ne 转子数量相等的脉冲信号(Ne 信号，如图 5－101 所示)，ECU 根据单位时间内收到的脉冲信号确定发动机的转速。

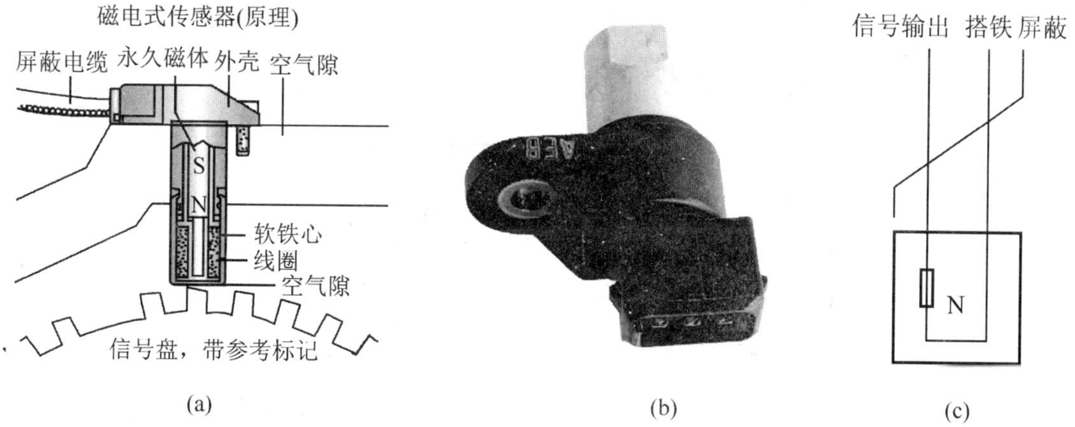


图 5－99　电磁式凸轮轴/曲轴位置传感器的工作原理

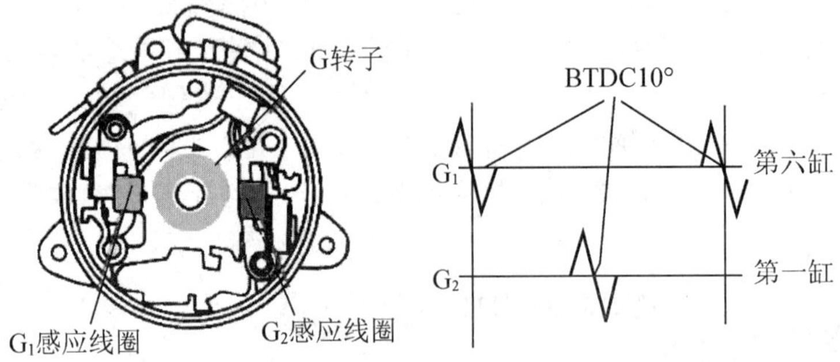


图 5-100 G 信号产生原理及波形

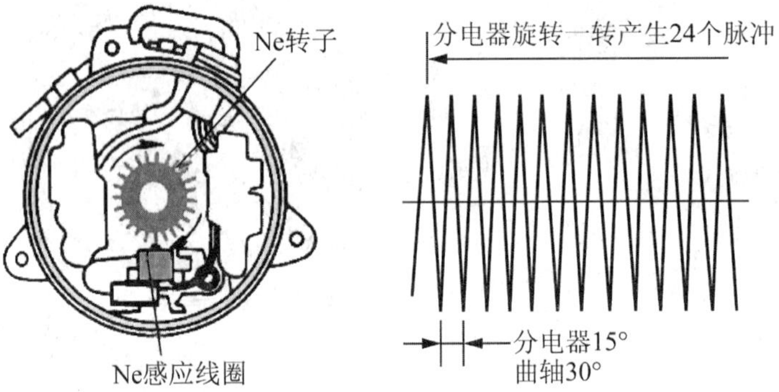


图 5-101 Ne 信号产生原理及波形

② 电磁式凸轮轴/曲轴位置传感器的检修流程及技术要求。图 5-102 为电磁式凸轮轴/曲轴位置传感器电路。其检修过程如下。

A. 检查转子凸齿有无损伤，若有损伤则应更换。

B. 检查感应线圈的电阻，冷态下的 $G_1$ 和 $G_2$ 感应线圈电阻应为 125～200Ω，Ne 感应线圈电阻应为 155～250Ω。

C. 起动发动机，检测传感器的输出信号电压以判断传感器及其电路是否正常，必要时应检修线路或者更换传感器。

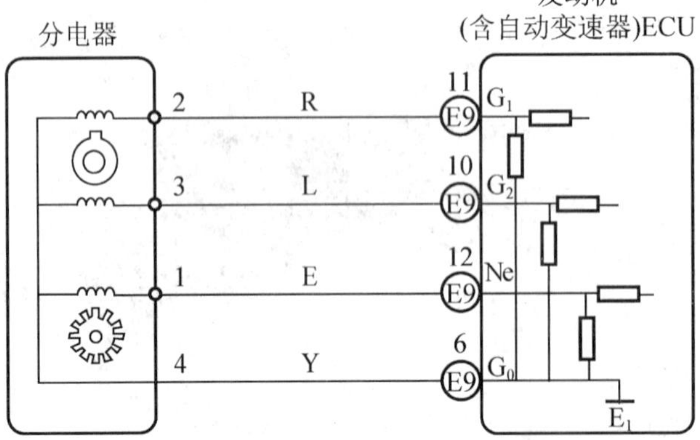


图 5-102 电磁式凸轮轴/曲轴位置传感器电路

（2）光电式凸轮轴/曲轴位置传感器。

① 光电式凸轮轴/曲轴位置传感器的结构及工作原理。光电式凸轮轴/曲轴位置传感器的结构如图 5－103 所示，主要由遮光盘(信号盘)、发光二极管、光敏二极管和放大器等组成。

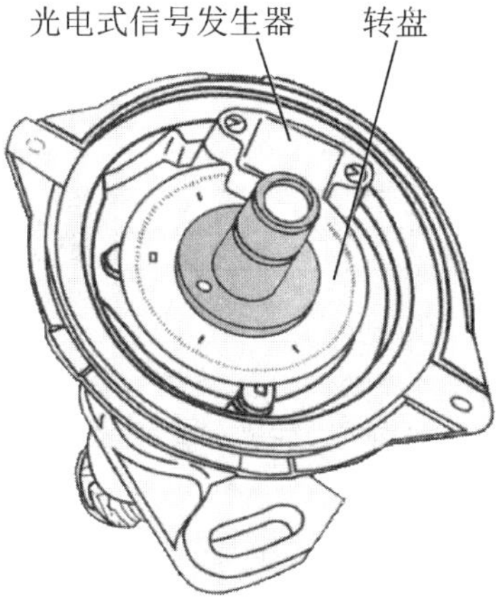


图 5－103　光电式凸轮轴/曲轴位置传感器的外形及结构

光电式凸轮轴/曲轴位置传感器的工作原理如图 5－104 所示。发光二极管、光敏二极管和固定电路都安装在固定底板座上，发光二极管和光敏二极管位置相对，分别位于遮光盘(信号盘)的两侧。遮光盘固定在凸轮轴上与凸轮轴一起转动。遮光盘(信号盘)结构形式如图 5－104 所示，其边缘刻有 360 条缝隙，每转过一条缝隙对应凸轮轴 1°转角，在其边缘还有表示一缸上止点位置的缝隙和 60°(六缸)或 90°(四缸)间隔的缝隙。当信号盘的缝隙正对发光二极管和光敏二极管的缝隙时，发光二极管的光线照射到光敏二极管上，控制电路输出高电平(ON)信号，光被遮住时输出一个低电平(OFF)信号。凸轮轴旋转一周，控制电路输出 360 个脉冲信号，每个脉冲信号对应 1°转角，该信号可作为向 ECU 输入的转速信号(曲轴凸轮轴转速比为 2∶1)；由缝隙较宽的一缸上止点标记和 60°(或 90°)间隔缝隙所控制的电路将 ECU 输入一缸上止点位置信号和缸序判别信号(G 信号)。

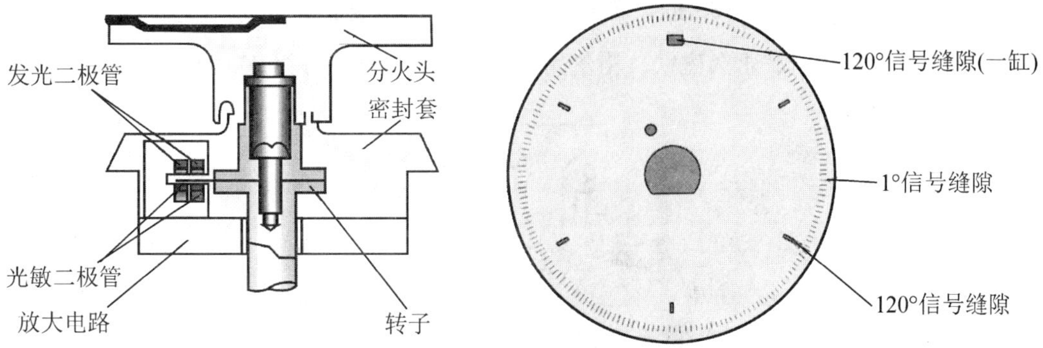


图 5－104　光电式凸轮轴/曲轴位置传感器的工作原理

② 光电式凸轮轴/曲轴位置传感器的检修。其检修过程如下。

a. 将点火开关转至“ON”位置。

b. 如图 5－105 所示，检测 ECU 侧 2(电源)和 1(搭铁)端子间电压，正常状态下其电压应为传感器工作电压(12V)。

c. 给传感器施加12V电压，分别在信号输出端子4、3与“搭铁”之间接上电流表，转动转子一圈，两个电流表应分别摆动1次和4次，电流应约为1mA。

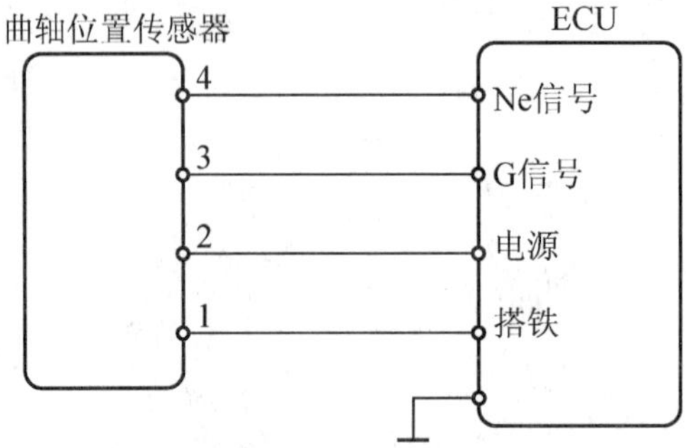


图5.105　光电式凸轮轴/曲轴位置传感器电路

(3) 霍尔式凸轮轴/曲轴位置传感器。

① 霍尔式凸轮轴/曲轴位置传感器的结构及工作原理。霍尔式凸轮轴/曲轴位置传感器的外形及安装位置如图5-106所示。

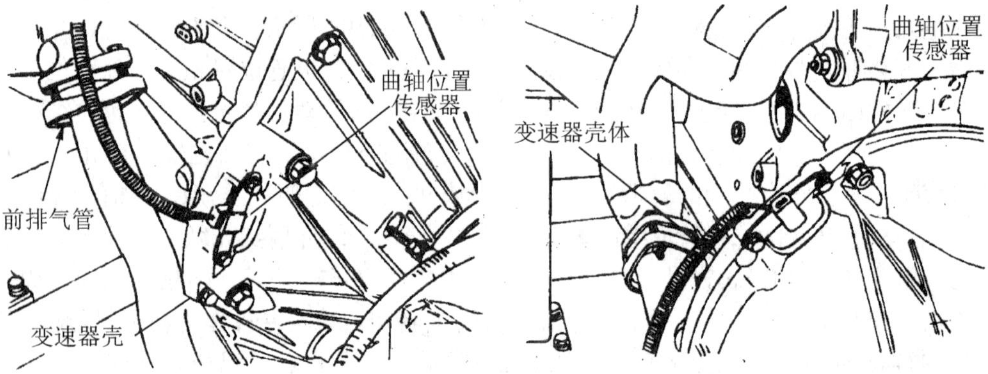


(a) 2.5L四缸发动机　　(b) 4.0L六缸发动机

图5-106　霍尔式曲轴位置传感器安装位置

其结构主要由转子、永久磁铁、霍尔晶体管、放大器电路等组成，如图5-107所示。

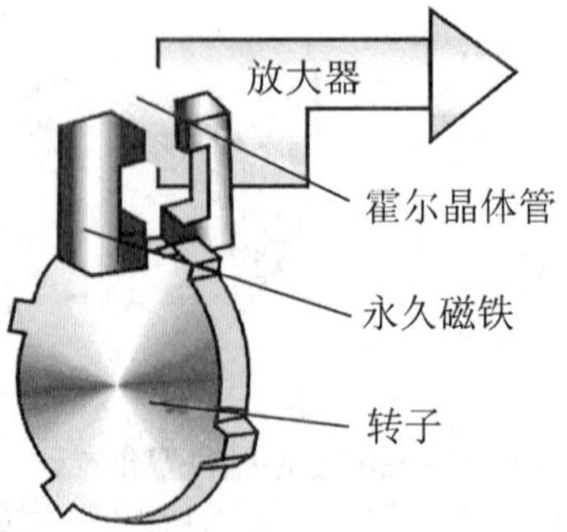


图5-107　霍尔式凸轮轴/曲轴位置传感器的结构

霍尔式凸轮轴/曲轴位置传感器的工作原理如图5-108所示，主要是利用霍尔效应来达到对发动机转速及判缸信号的识别。ECU通过电源使电流通过霍尔晶体管，旋转转子的凸齿经过磁场时使磁场强度改变，霍尔晶体管产生的霍尔电压放大后输送给ECU，ECU根据霍尔电压产生的次数确定曲轴转角和发动机转速。

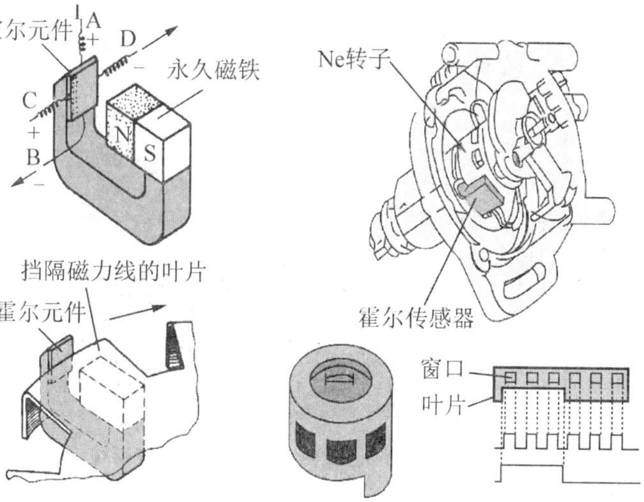


图5-108　霍尔式凸轮轴/曲轴位置传感器的工作原理

② 霍尔式凸轮轴/曲轴位置传感器的检修流程及技术要求。其检修步骤如下。

a. 点火开关转至ON位。

b. 图5-109所示为霍尔式凸轮轴/曲轴位置传感器的电路连接示意图，检测A、C之间的电压应为8V，B、C间输出的信号电压应为5V到0V交替变化。

c. 用示波器读取霍尔式凸轮轴/曲轴位置传感器输出信号波形，其应符合要求，如图5-110所示。

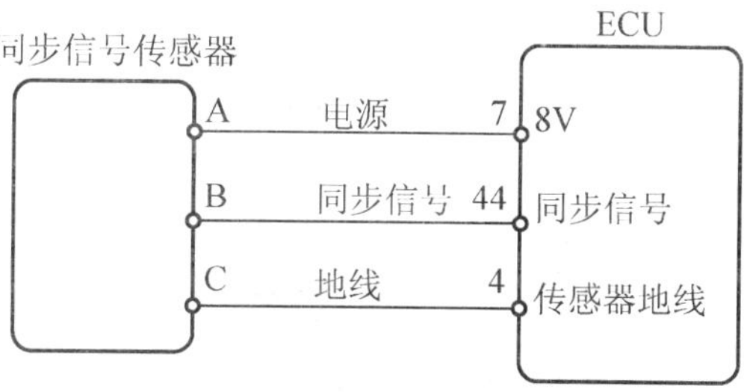


图5-109　霍尔式凸轮轴/曲轴位置传感器

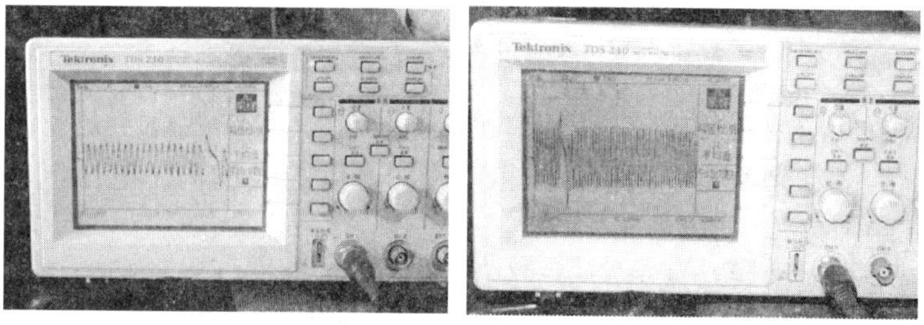

(a) 怠速波形(电阻：1.5kΩ左右)　　(b) 急加速波形

图5-110　霍尔式凸轮轴/曲轴位置传感器波形读取

5. 节气门位置传感器的检修

1) 节气门位置传感器作用及结构原理

节气门位置传感器的作用是检测节气门的开度及开度变化，并将此信号输入 ECU，以便于 ECU 控制燃油喷射及其他辅助控制。其外形及安装位置如图 5-111 所示。节气门位置传感器主要有触点式、线性式和综合式三种类型。

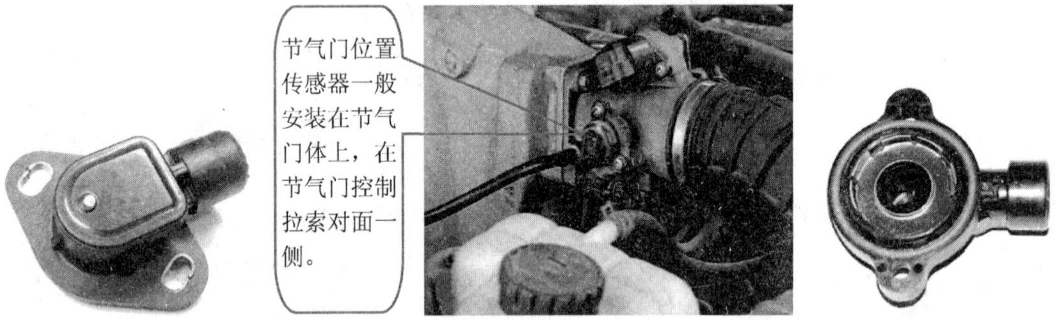


图 5-111　节气门位置传感器的外形及安装位置

(1) 触点式节气门位置传感器(图 5-112)。触点式节气门位置传感器应用于早期发动机上，因为触点易烧蚀，而且不能准确反映发动机的各种工况，目前已经很少采用。该传感器主要由一个滑动触点和两个固定触点(功率触点和怠速触点)组成。节气门全关闭时，可动触点与怠速触点接触，当节气门开度达 50°以上时，可动触点与怠速触点断开，检测节气门的开度状态。

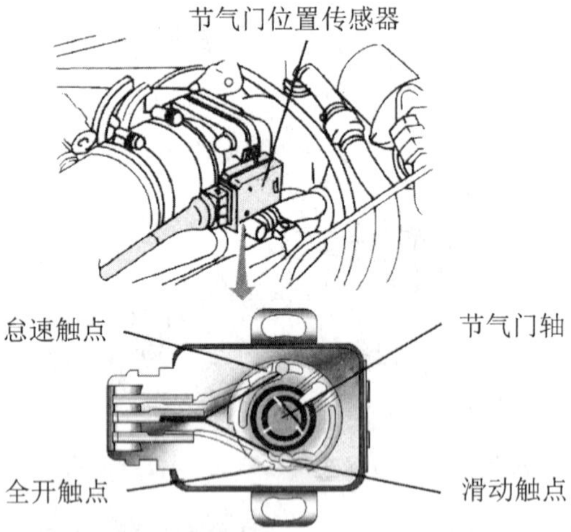


图 5-112　触点式节气门位置传感器

(2) 线性式节气门位置传感器。线性式节气门位置传感器实际上是一个电位计，利用触点在电阻体上的滑动来改变电阻值，测得节气门开度的线性输出电压，由此测得节气门开度和节气门开闭速度信息。

线性输出型节气门位置传感器的主要特点是，表示节气门开度的输出电压与节气门开度成线性关系。该传感器的结构和电路如图 5-113 所示。

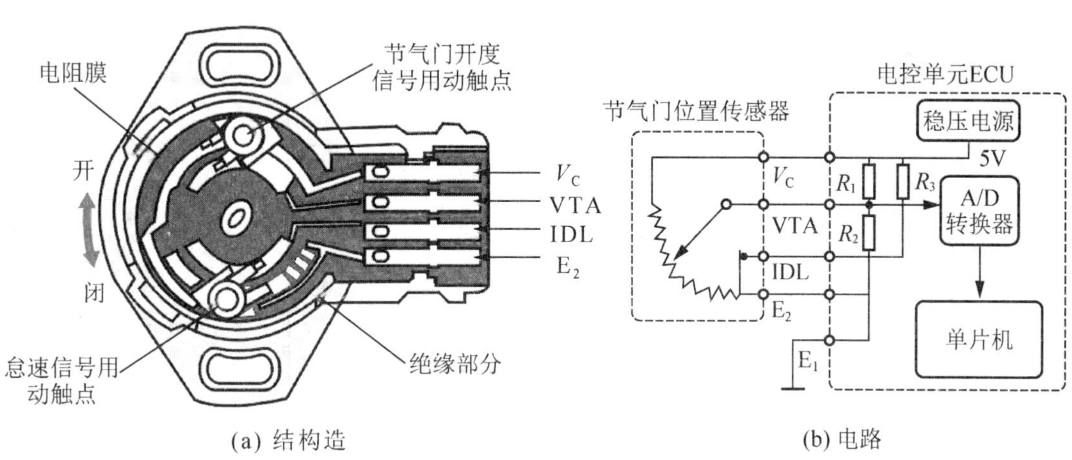


**图 5-113 线性式节气门位置传感器**

图 5-114 给出了线性输出型节气门位置传感器的输出特性，从图中可以看到传感器的输出电压随着节气门开度的增大而线性地增大。

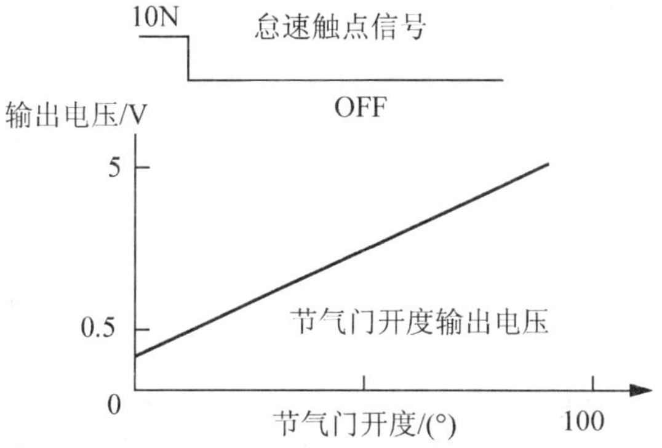


**图 5-114 线性式节气门位置传感器的输出特性**

(3) 综合式节气门位置传感器。综合式节气门位置传感器是在线性节气门位置传感器的基础上增加了怠速触点，发动机怠速信号由怠速触点提供，如图 5-115 所示。

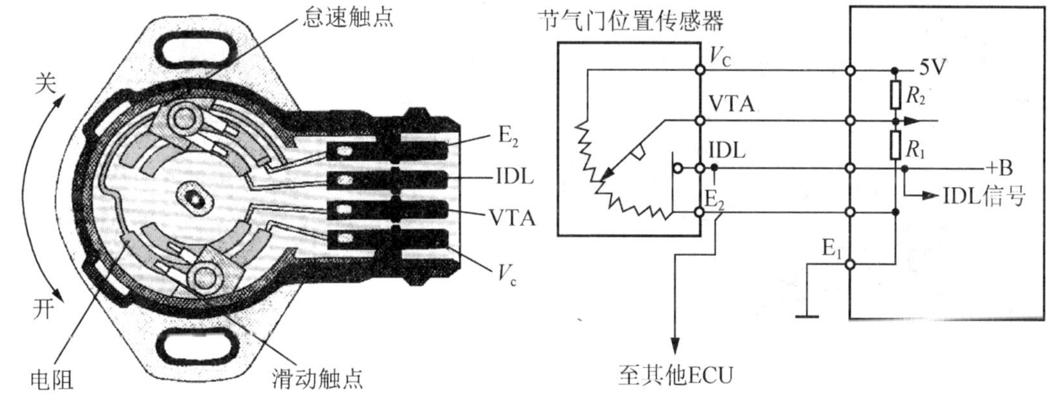


**图 5-115 综合式节气门位置传感器**

2) 节气门位置传感器的拆检流程及技术要求

图 5-116 所示为丰田综合式节气门位置传感器电路图，其检修过程如下。

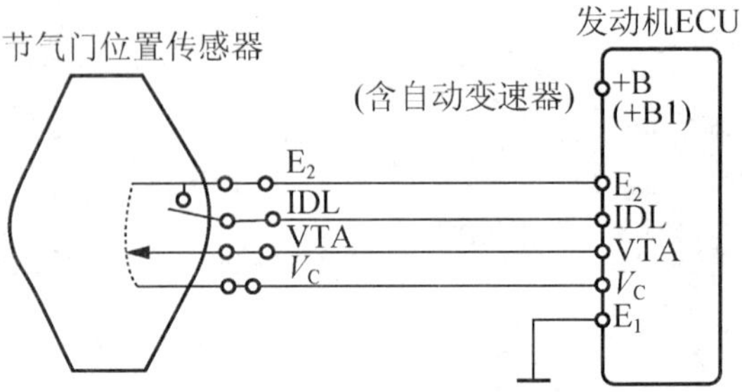


图 5-116 综合式节气门位置传感器电路

(1) 怠速触点导通性检测。点火开关置于“OFF”位置，拔去节气门位置传感器的导线连接器，用万用表欧姆挡在节气门位置传感器连接器上测量怠速触点 IDL 的导通情况。当节气门全闭时，IDL-$E_2$ 端子间应导通(电阻为 0)；当节气门打开时，IDL-$E_2$ 端子间应不导通(电阻为∞)。否则应更换节气门位置传感器。

(2) 测量线性电位计的电阻。点火开关置于“OFF”位置，拔下节气门位置传感器的导线连接器，用万用表的欧姆挡测量线性电位计的电阻，该电阻应能随节气门开度的增大而呈线性增大。

6. 氧传感器的检修

1) 氧传感器作用及结构原理

氧传感器是排气氧传感器(exhaust gas oxygen sensor，EGO)的简称，其功用是通过监测排气中氧离子的含量获得混合气的空燃比信号，并将该信号转变为电信号输入 ECU。ECU 根据氧传感器信号，对喷油时间进行修正，实现空燃比反馈控制(闭环控制)，从而将过量空气系数($\phi_a$)控制在 0.98～1.02 之间的范围内(空燃比 $A/F$ 约为 14.7)，使发动机得到最佳浓度的混合气，从而达到降低有害气体的排放量和节约燃油之目的。图 5-117 所示为氧传感器的外形及安装位置。

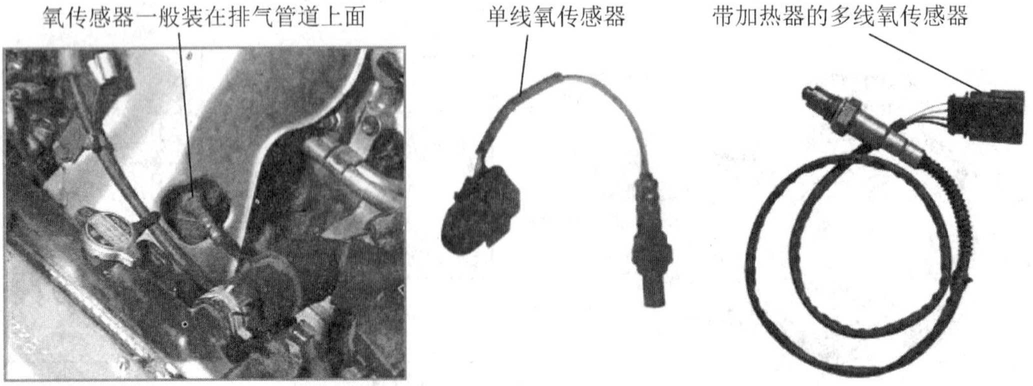


图 5-117 氧传感器的安装位置及外形图

部分发动机上有两个氧传感器，如图 5-118 所示，其中氧传感器 1 用于实现空燃比反馈控制，氧传感器 2 用于实现三元催化装置净化效果的反馈控制。

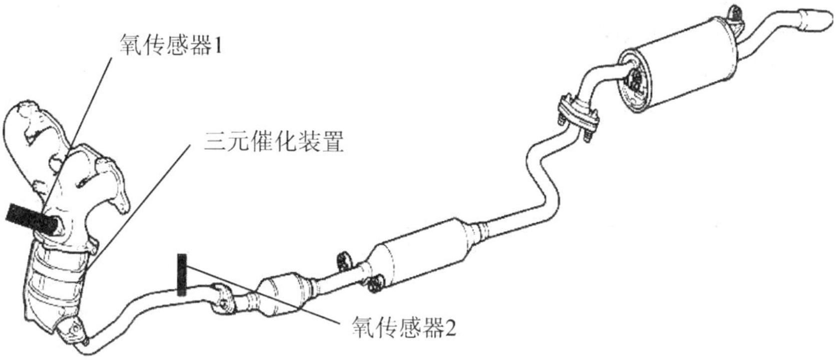


图 5－118　具有两个氧传感器的排气管

汽车发动机汽油喷射系统采用的氧传感器分为氧化锆（$ZrO_2$）式和氧化钛（$TiO_2$）式两种类型，氧化锆式氧传感器又分为加热型与非加热型氧传感器两种，氧化钛式氧传感器一般都为加热型传感器。氧传感器根据其接线类型又可以分为单线、双线、三线及四线氧传感器。

（1）氧化锆式氧传感器。氧化锆式氧传感器基本上是氧浓差型传感器，其结构与工作原理如图 5－119 所示。

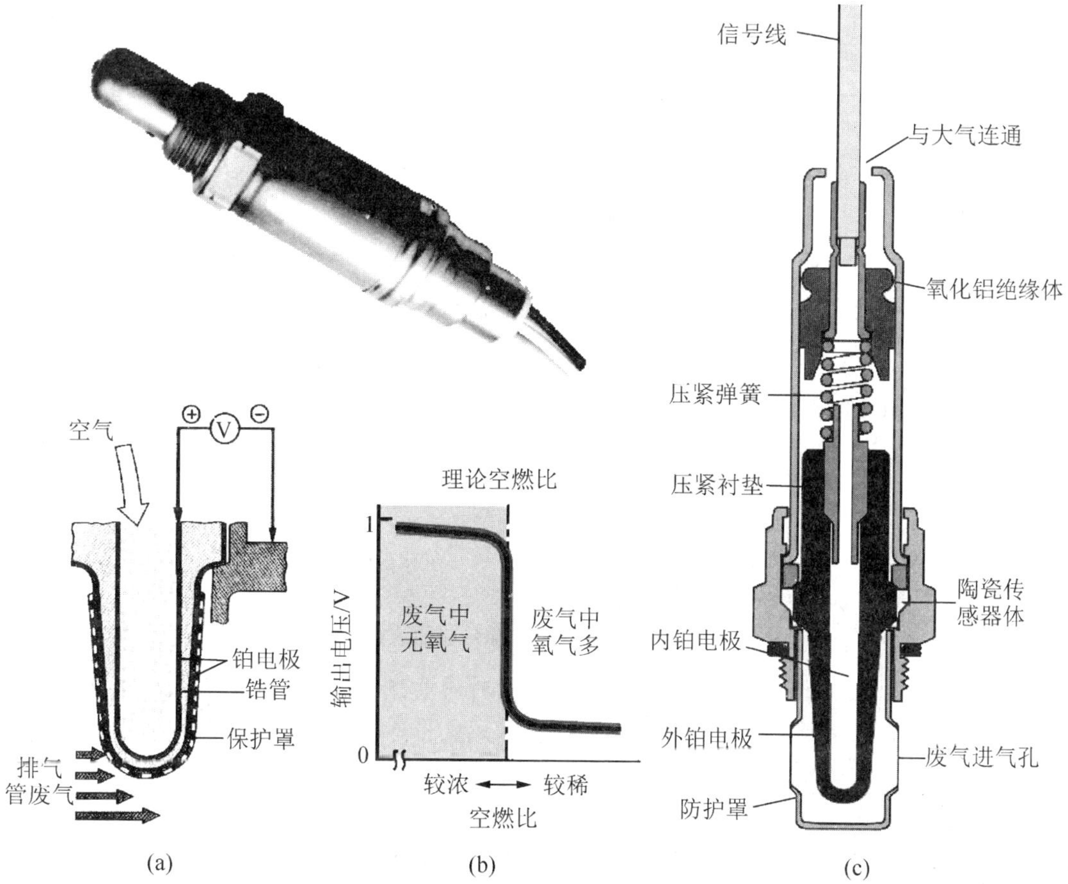


图 5－119　氧化锆式氧传感器的结构及工作原理示意图

氧化锆式氧传感器由信号线(电极引线)、压紧装置、内铂电极、外铂电极、防护罩、陶瓷传感器体、氧化铝绝缘层及外壳等组成。

氧化锆式氧传感器实际上是一个化学电池，又称氧浓度差电池。当400℃以上高温时，若氧化锆管内外表面接触的气体浓度差别很大时[图5-119(a)、(c)]，在氧化锆式氧传感器内外两个铂面之间将产生电动势，如图5-119(b)所示。

当浓混合气燃烧所产生的废气遇上外侧的铂电极时，在铂的催化作用下其残余的微量$O_2$与废气中的CO和HC产生反应，使外侧铂表面上的$O_2$几乎全部消失。而此时它与内侧电极的氧浓度之差达到最大，可产生较大的电动势。

当稀混合气燃烧时，因为废气中含有高浓度的$O_2$和低浓度的CO和HC，即使$O_2$和CO发生反应，外侧电极表面上还有剩余的$O_2$。所以，氧浓度差小，几乎不产生电动势。

以理论空燃比为界，可以产生很大的电动势变化。

其通过氧传感器进行反馈控制的过程为：

喷油量偏少→空燃比大→废气中氧含量大→氧传感器产生0.1V电压→ECU控制喷油量增大。

喷油量偏大→空燃比小→废气中氧含量少→氧传感器产生0.9V电压→ECU控制喷油量减少。

**注意**：氧化锆式氧传感器满足以下三个条件才能正常调节混合气浓度：

① 发动机温度高于60℃；

② 氧化锆式氧传感器自身温度高于300℃；

③ 发动机工作在怠速工况和部分负荷工况。

因此：氧化锆式氧传感器安装在温度较高的排气管上，一般采用了加热器对锆管进行加热。

(2) 氧化钛式氧传感器。氧化钛式氧传感器的结构如图5-120所示。它具有两个氧化钛元件，一个是多孔性的二氧化钛陶瓷，用来感知排气中的含氧量；另一个是实心的二氧化钛陶瓷，用来作加热调节，补偿温度误差。传感器外面套有带孔槽的金属防护套。传感器接线端以橡胶作为密封材料，防止外界气体渗入。它一般安装在排气歧管上。

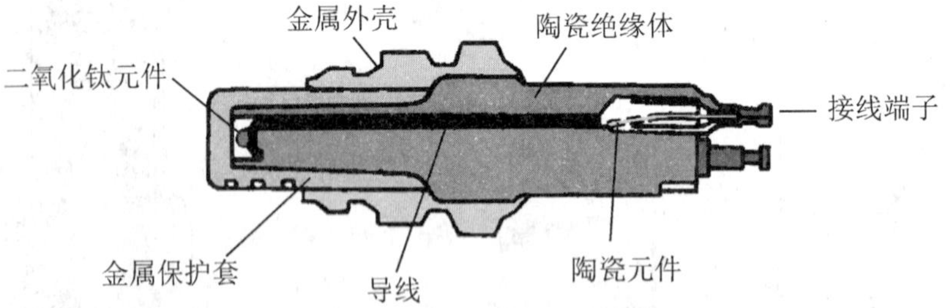


**图5-120 氧化钛式氧传感器的结构**

**注意**：氧化钛式氧传感器是利用二氧化钛材料的电阻值随排气中氧含量的变化而变化的特性制成的，故又称电阻型氧传感器。氧化钛式氧传感器的外形和氧化锆式氧传感器相似，在传感器前端的护罩内是一个二氧化钛厚膜元件。纯二氧化钛在常温下是一种高电阻的半导体，但表面一旦缺氧，其晶格便出现缺陷，电阻随之减小。由于二氧化钛的电阻也随温度不同而变化，因此，在氧化钛式氧传感器内部也有一个电加热器，以保持氧化钛式氧传感器在发动机工作过程中的温度恒定不变。

氧化钛式氧传感器的工作电路及其输出特性如图 5－121 所示。

其工作原理为：废气中的氧浓度高时，二氧化钛的电阻值增大；废气中氧浓度较低时，二氧化钛的电阻值减小。从而通过计量氧化钛氧传感器的电阻值可以计算出空燃比的大小。

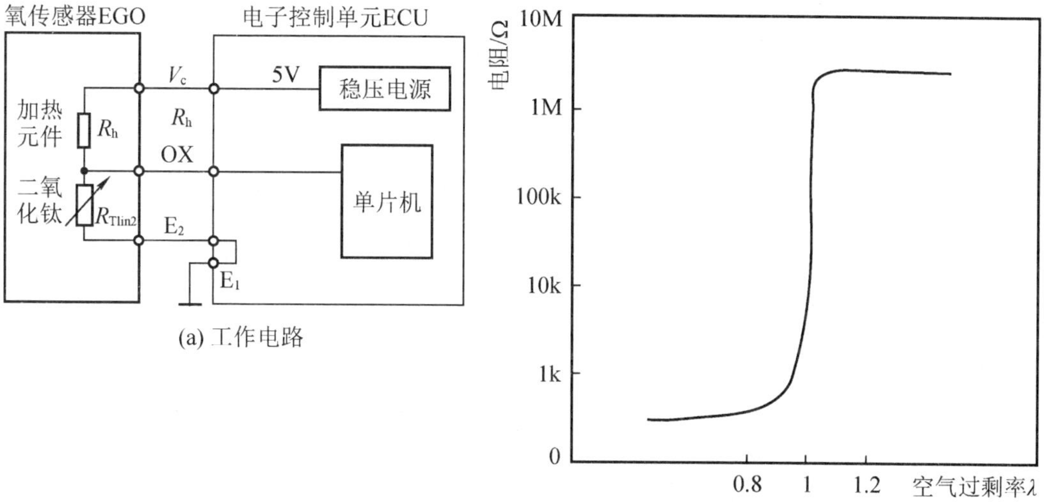


(a) 工作电路

(b) 输出特性

**图 5－121　氧化钛式氧传感器的工作电路及其输出特性**

2）氧传感器的拆检流程及技术要求

（1）氧传感器加热线圈电阻的检测。氧传感器的电阻值不容易测量，但可测量其加热丝电阻，如图 5－122 所示，脱开氧传感器线束插头，用万用表红表笔接 1 脚，黑表笔接 4 脚，万用表量程选择 200k 挡，电阻值一般为 4～40Ω。如不符合规定值，应更换氧传感器。

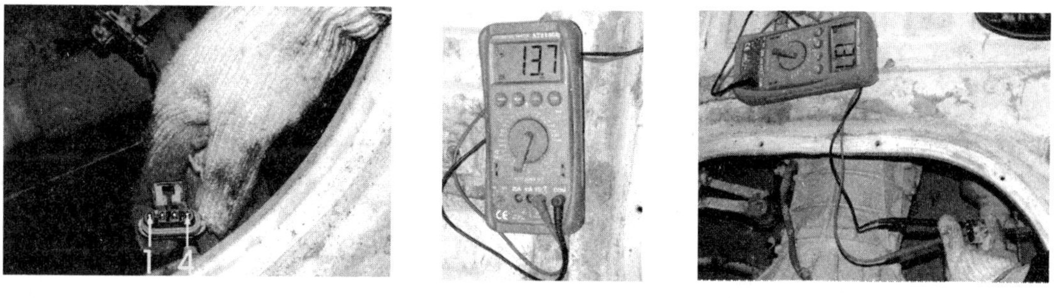


**图 5－122　氧传感器的检测**

（2）氧传感器反馈信号电压的测量。有些车型可以从故障诊断座内测得氧传感器反馈电压，如丰田汽车公司生产的轿车，都可以从故障诊断座内的 $OX_1$ 或 $OX_2$ 插孔内直接测得氧传感器反馈电压(丰田 V 型 6 缸发动机两侧排气管上各有一个氧传感器，分别和故障诊断座内的 $OX_1$ 和 $OX_2$ 插孔连接)。

**提示：** 检测氧传感器的反馈信号电压时，可采用低量程(通常为 2V)和高阻抗(阻抗太低会损坏氧传感器)的指针型电压表，以便直观地反映出反馈信号电压的变化情况。

(3) 氧传感器的拆卸检查。从排气管上拆下氧传感器，检查氧传感器外壳上的通气孔有无堵塞、陶瓷心有无破损。如有损坏，应更换氧传感器。

(4) 检查氧传感器的颜色。拆下氧传感器，检查氧传感器的颜色，氧传感器正常颜色为淡灰色。若为白色，说明有硅污染，此时必须更换氧传感器；若为棕色，则为铅污染，此时必须更换氧传感器，并换用无铅汽油；若为黑色，则是由积炭造成，在排除发动机积炭故障后，一般可以自动清除氧传感器上的积炭。

(5) 氧传感器的更换。若氧传感器损坏，应更换新件，不可采用拔下氧传感器线束插头或将插头短路的方法来消除故障。因为这样做会使发动机 ECU 得不到正常的反馈信息，使反馈控制系统转入开环控制状态，同样会使发动机故障警告灯亮。

**注意：** 更换氧传感器时，应在氧传感器上安装新的密封垫片，按 30～50N·m 的扭矩拧紧氧传感器。不要使用含硅的密封胶，以免氧传感器发生硅中毒而失效。

(6) 示波器检测。波形如图 5－123 所示。

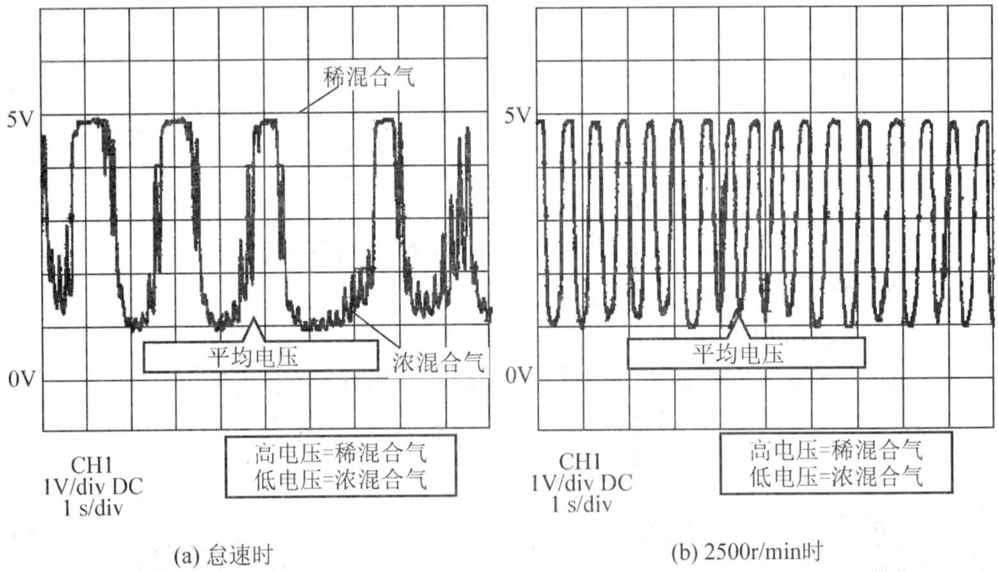


**图 5－123　氧化钛式氧传感器信号波形**

7. 爆燃传感器的检修

1) 爆燃传感器作用及结构原理

爆燃传感器的主要作用是检测发动机的爆燃情况并通过电信号输入 ECU，以对发动机进行喷油量和点火时间进行控制。图 5－124 所示为爆燃传感器的安装位置及外形图。

爆燃传感器可分为电感式及压电式两种类型。压电式爆燃传感器又可分为共振型、非共振型和火花塞座金属垫型三种。

(1) 电感式爆燃传感器。电感式爆燃传感器主要由铁心、永久磁铁、线圈及外壳组成。

电感式爆燃传感器利用电磁感应原理检测发动机的爆燃现象。发动机发生振动时，铁心受影响在线圈中移动，使线圈磁通发生变化，从而产生感应电动势。当传感器的固有频率与发动机爆燃时振动频率相同时，传感器输出电压最大，如图 5－125 所示。

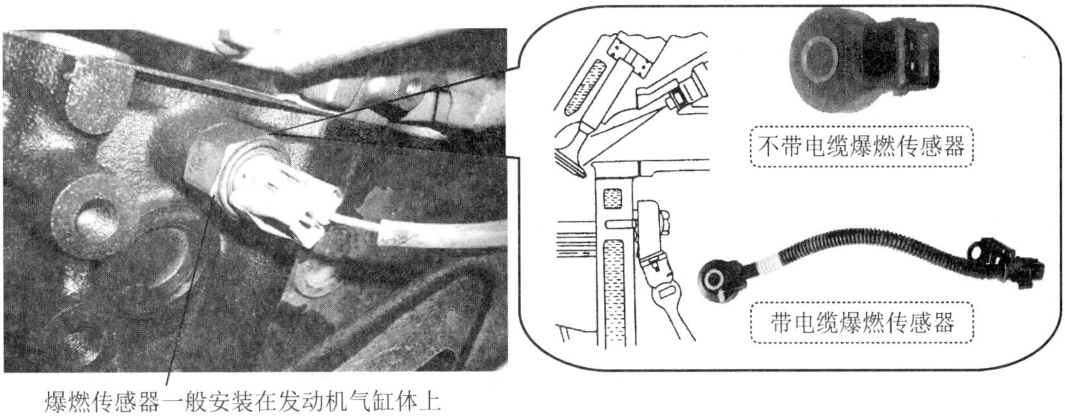


图 5-124　爆燃传感器的安装位置及外形

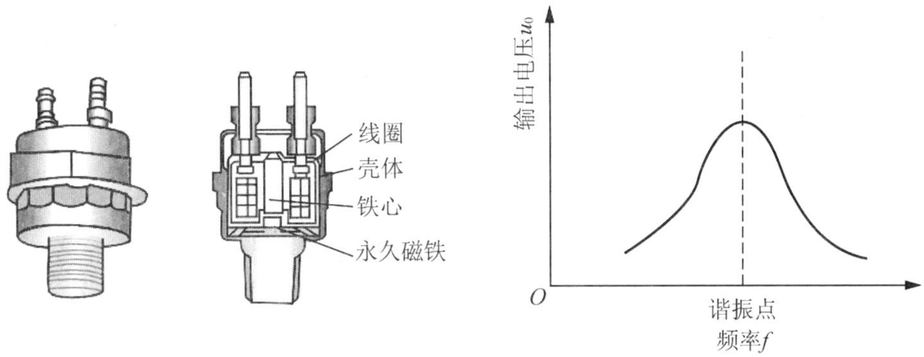


图 5-125　电感式爆燃传感器的结构及输出信号

（2）压电式爆燃传感器

① 压电共振型爆燃传感器。如图 5-126 所示，压电共振型爆燃传感器主要由压电元件、振子、基座、外壳等组成。

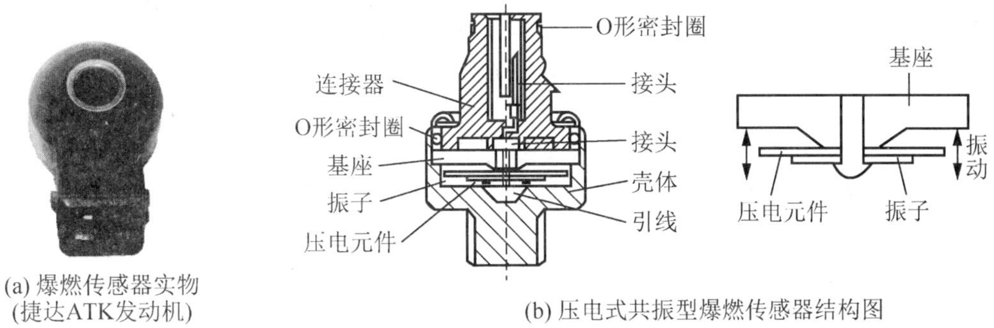


(a) 爆燃传感器实物(捷达ATK发动机)　(b) 压电式共振型爆燃传感器结构图

图 5-126　压电式共振型爆燃传感器

当发生爆燃时，振子与发动机产生共振，压电元件输出的信号电压也有明显增大，输入 ECU 后则由 ECU 判定其是否为爆燃。图 5-127 所示为压电共振型爆燃传感器的输出特性。

**注意：**由于共振型爆燃传感器振子的振动固有频率与发动机爆燃时的振动频率一致，所以必须与发动机配套使用。

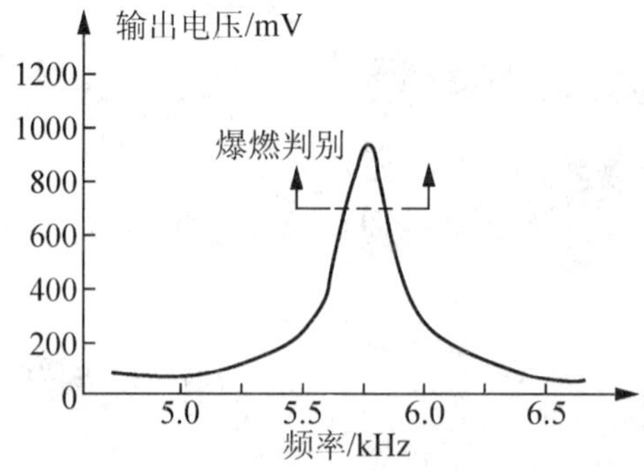


**图 5-127 压电共振型爆燃传感器的输出特性**

② 压电式非共振型爆燃传感器。如图 5-128 所示，压电式非共振型爆燃传感器的结构与共振型相比，其内部无振荡片，而设置了一个配重块，配重块以一定预紧力压紧在压电元件上。压电式非共振型爆燃传感器是以接收加速度信号的形式来检测爆燃的。当发动机产生爆燃时，配重块以正比于振动加速度的交变力施加在压电元件上，压电元件则把此压力信号转换为电信号输送给 ECU。

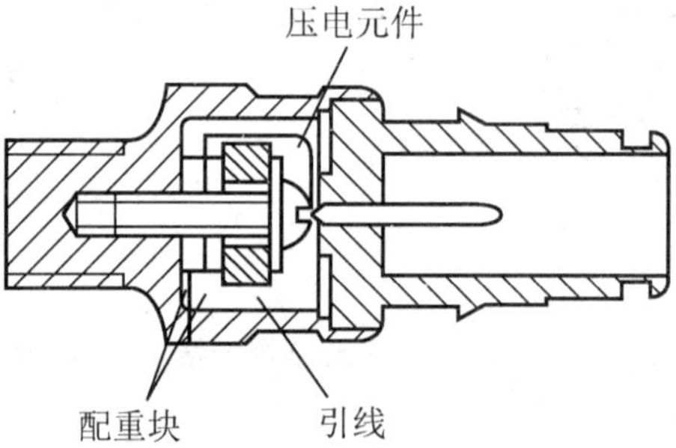


**图 5-128 压电式非共振型爆燃传感器**

**注意：** 压电式非共振型爆燃传感器输出的信号电压，在爆燃时与非爆燃时并没有明显增加，爆燃是否发生是通过滤波器测出有无爆燃频率来判别的，爆燃信号检测比较复杂。但此种传感器可用于不同发动机，只需调整滤波器的频率范围即可。

③ 压电式火花塞座金属垫型爆燃传感器。如图 5-129 所示，压电式火花塞座金属垫型爆燃传感器是将压电元件直接安装在火花塞的垫圈处，每缸安装一个，根据各缸的实际燃烧压力直接检测爆燃信息，并转为电信号输入 ECU。

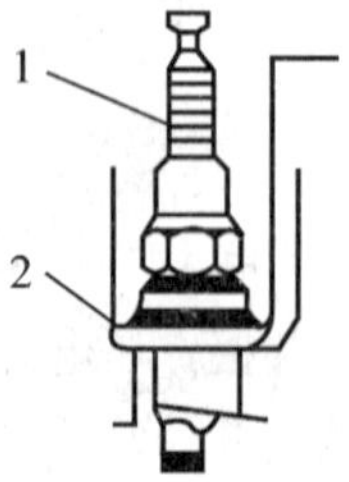


**图 5-129 火花塞座金属垫型爆燃传感器**

1—火花塞；2—爆燃传感器

2）爆燃传感器的拆检流程及技术要求

（1）拆开传感器线束连接器，检查传感器端子与壳体之间的电阻值，应不导通，否则说明内部短路，应更换传感器，如图 5－130 所示。

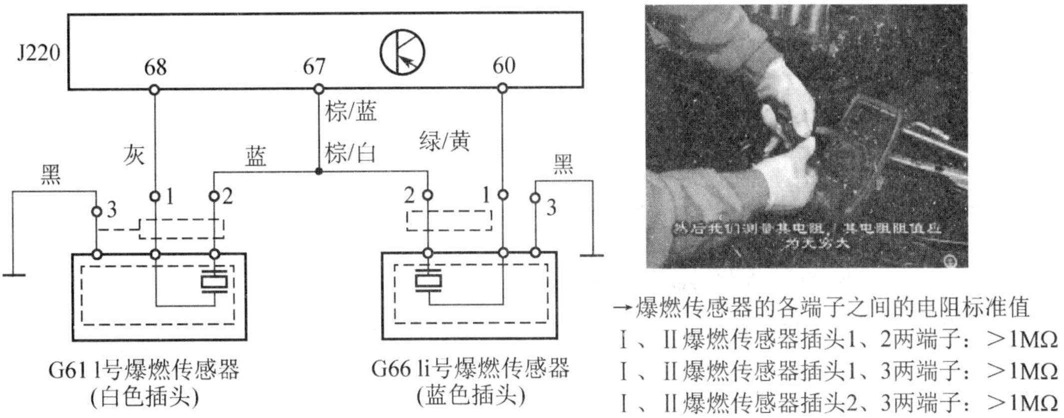


**图 5－130　爆燃传感器电阻检查**

（2）在怠速运转状态下检查爆燃传感器的工作情况。拆开爆燃传感器线束连接器，用示波器检查传感器端子与搭铁之间的信号电压，应有脉冲信号输出，否则说明传感器不良，应更换新件，如图 5－131 所示。

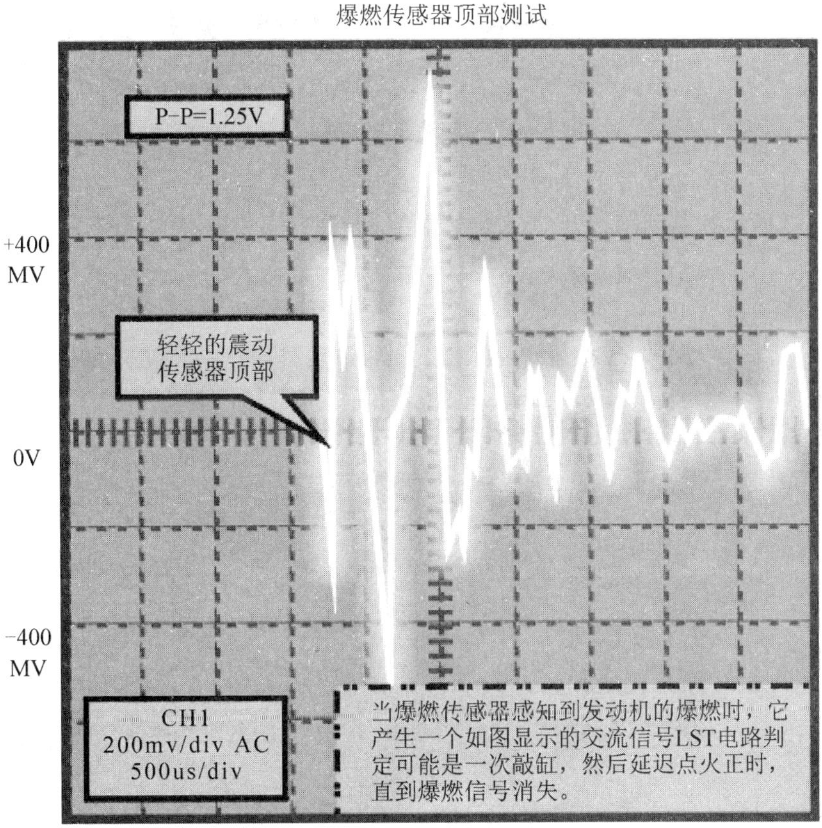


**图 5－131　爆燃传感器波形检查**

**提示**：在发动机运转时，连接好传感器导线，缓慢提高转速，同时用万用表交流电压挡进行测量，如果电压值没有升高，则表明传感器可能有故障。

(3) 在发动机运转时，连接好传感器导线，用小锤子轻轻敲击排气支管，同时用万用表交流电压挡测量。如果电压指示值没有发生波动，则表明传感器有故障。

(4) 关闭点火开关10s后拆下传感器接头，再打开点火开关(不起动发动机)，用万用表测量车上线束接头上信号输出和回路端子之间的直流电压，其值应符合规定，否则线路可能有故障。

8. 常见开关信号及其他类型传感器的检修

1) 起动开关信号

如图5-132所示，起动开关(STA)一般安装在驾驶室。其作用是用来判断发动机是否处于起动状态(STA信号)。在起动时，进气管内混合气流速慢、温度低、燃油雾化比较差，为了改善起动性能，在起动发动机时必须使混合气加浓。ECU利用STA信号，确认发动机处于起动状态，将自动控制喷油量、点火时刻等参数。如起动信号不良将导致发动机无法起动。

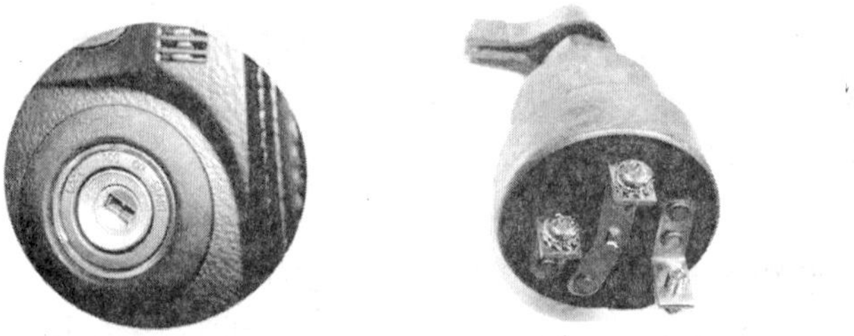

图5-132 起动开关位置及外形

2) 制动开关及离合器开关信号

图5-133所示为制动踏板开关和离合器踏板开关的安装位置示意图。

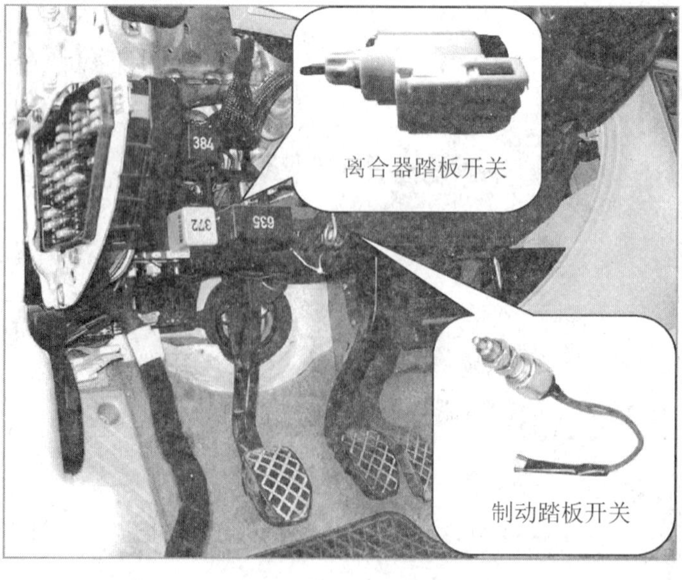


图5-133 制动踏板开关和离合器踏板开关

制动开关信号作用是：在巡航控制系统中，ECU接收到制动信号后解除巡航设定；汽车制动时，控制发动机减速断油。

离合器开关信号作用是判断离合器是处于分离状态还是结合状态，若分离，ECU将减短喷油器喷油时间，这样可以确保换挡平顺，如果该信号失效，换挡时容易出现熄火现象。

3）空调开关信号

图5-134所示为空调设置面板，当按下A/C开关时，空调开关信号将输入ECU。

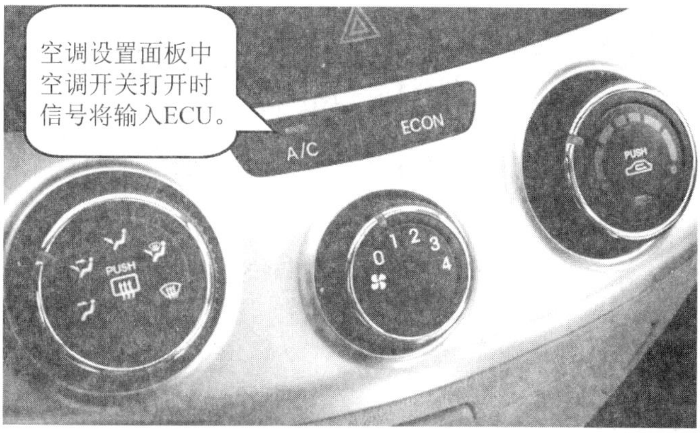


图5-134 空调设置面板

空调开关信号的作用有：

（1）怠速时的点火提前角修正、喷油量修正和怠速控制修正。

（2）发动机ECU在急加速、应急程序或冷却液温度高于120℃时自动切断空调压缩机工作。

4）车速传感器

车速传感器检测汽车的行驶速度，给ECU提供车速信号(SPD信号)，用于巡航控制和限速断油控制。在汽车集中控制系统中，也是自动变速器的主控制信号。

车速传感器一般安装在组合仪表、分电器内或者变速器输出轴上，如图5-135所示。车速传感器主要有舌簧开关式和光电式两种形式。

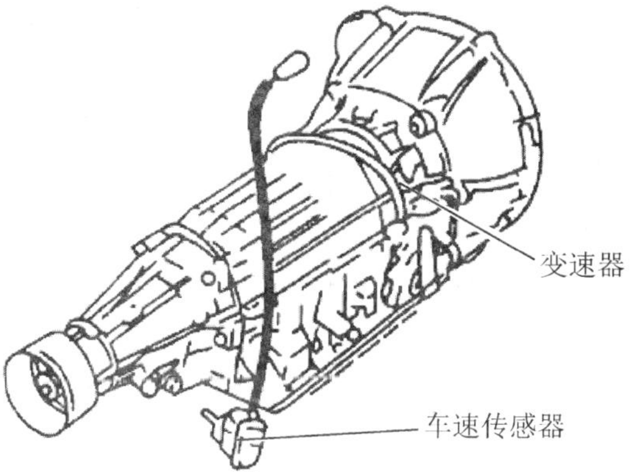


图5-135 安装在变速器输出轴上的车速传感器

现代汽车使用最多的是舌簧开关转速传感器。

舌簧开关转速传感器可用于检测汽车速度(装在组合仪表内)，也可以用于指示曲轴位置(装在分电器内部)。如图 5－136 所示，主要由永久磁铁、舌簧开关及机内充注的惰性气体(或真空)等组成。

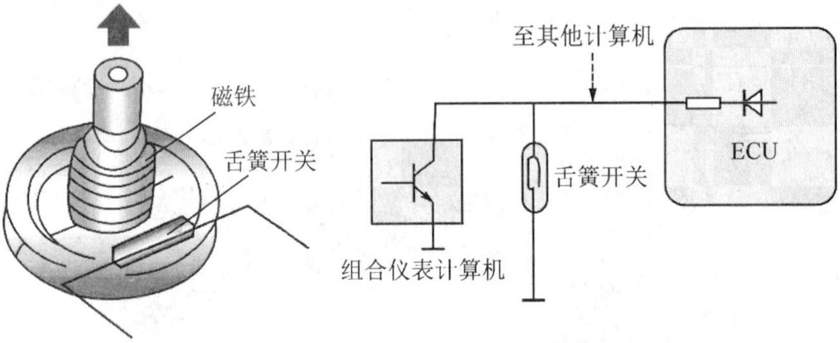


图 5－136　舌簧开关传感器的结构原理

### 5.4.2　ECU 控制系统的基本结构原理与检测

1. ECU 控制系统的基本结构原理

1）ECU 控制系统的基本结构及原理

如图 5－137 所示，ECU 主要由输入回路、A/D 转换器(模/数转换器)、微型计算机、输出回路四大部分组成。其实物如图 5－138 所示。

ECU 是发动机运行的大脑，它采集各传感器的信号，经过比对计算后，把结果输送给执行元件的驱动电路，以便进行喷油器脉冲宽度的控制、点火提前角的控制等。

2）ECU 控制系统中的 OBD－Ⅱ简介

OBD 是 On－Board Diagnositics 的缩写，是由美国汽车工程学会(SAE)提出的，经环保机构(EPA)和加州资源协会(CARB)认证通过的一种行业规范。20 世纪 70 年代，汽车电控系统中开始采用了第一代随车诊断系统(OBD－I)；1994 年以后，美国、日本和欧洲的主要汽车制造厂家生产的电控汽车逐步开始采用第二代随车诊断系统(OBD－Ⅱ)。

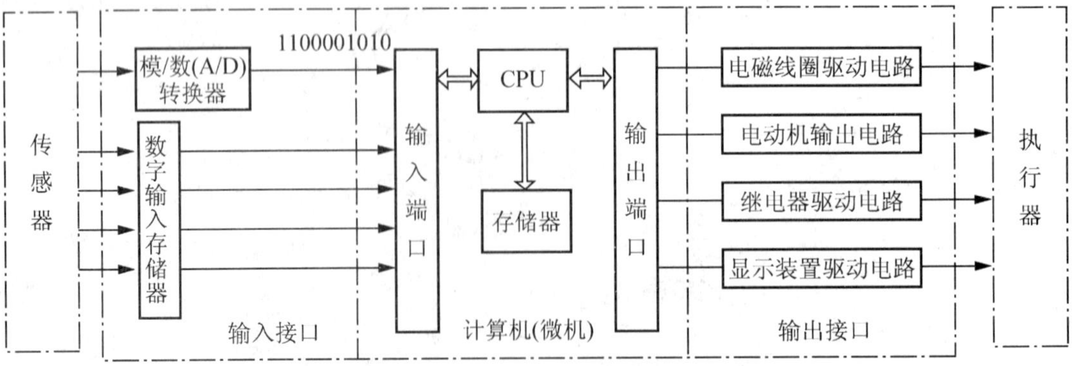


图 5－137　ECU 控制系统的基本组成

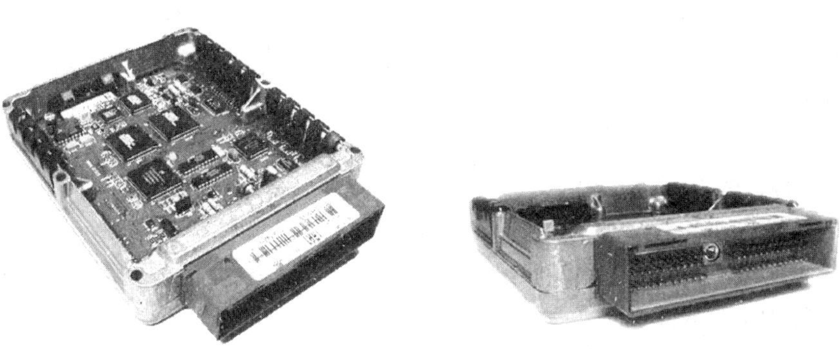

(a)　　　　　　　　(b)

图 5－138　ECU 实物图

OBD－Ⅱ的主要特点是：

（1）汽车按标准装用统一的 16 端子诊断座(图 5－139)，并将诊断座统一安装在驾驶室仪表盘下方。其 16 个插脚的含义见表 5－6。

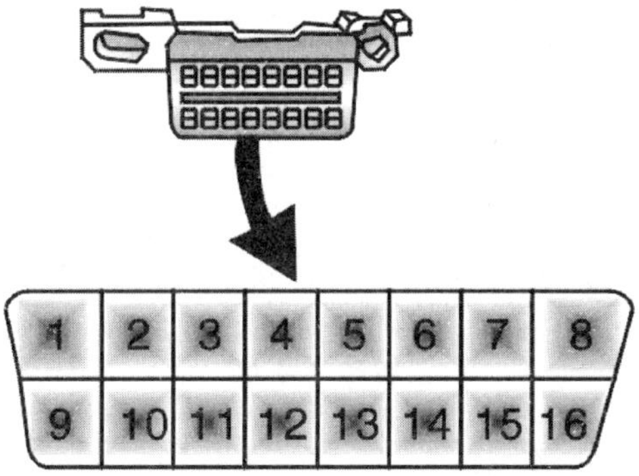


图 5－139　OBD－Ⅱ诊断座形式

表 5－6　OBD－Ⅱ DLC 插头标准 PIN 脚含义

| 插　脚 | 含　义 | 插　脚 | 含　义 |
|---|---|---|---|
| 1# | 提供制造厂应用 | 9# | 提供制造厂应用 |
| 2# | SAEJ1850 所定制的资料传输线 | 10# | SAE 制造厂所定制的资料传输线 |
| 3# | 提供制造厂应用 | 11# | 提供制造厂应用 |
| 4# | 直接车身搭铁 | 12# | 提供制造厂应用 |
| 5# | 信号回路搭铁 | 13# | 提供制造厂应用 |
| 6# | 提供制造厂应用 | 14# | 提供制造厂应用 |
| 7# | ISO 9141－2 所定制的资料传输线 K | 15# | ISO 9141－2 所定制的资料传输线 L |
| 8# | 提供制造厂应用 | 16# | 直接蓄电池正电源 |

（2）OBD－Ⅱ具有数据传输功能。

（3）OBD－Ⅱ具有行车记录功能。

(4) 装用 OBD-Ⅱ的汽车，采用相同的故障码代号及故障码意义统一。OBD-Ⅱ的故障码共由五位字母和数字组成。

① 第一位是总成控制电脑故障码。规定用英文字母表示，一共有四个：P 代表汽车发动机和自动变速器控制电脑，C 代表汽车底盘控制电脑；B 代表汽车车身控制电脑；U 代表规定其他系统控制电脑。

② 第二位是企业的故障码。企业的故障码规定由一位阿拉伯数字表示。其中，0 代表 SAE 定义的故障码，其他 1，2，3，4，5，6，7，8，9 为各汽车公司自行定义的故障码。

③ 第三位为系统故障码。

④ 第四位和第五位是原厂编码顺序故障码。

例如，P2351，P 为总成控制电脑故障码，2 为编码企业故障码，3 为系统故障码，51 为原厂编码顺序故障码。

2. ECU 的检测

ECU 的检测以丰田花冠轿车最新 1ZR 电控发动机为例进行介绍。

1) 检测发动机 ECU 线束侧插接器各端子之间的电压

1ZR 电控发动机 ECU 各端子(以 1ZR 电控发动机 ECU 最新实物进行测量标注)的位置如图 5-140 所示。测量前，应确保 ECU 插接器连接良好，蓄电池电压在 11V 以上。然后，接通点火开关，将数字式万用表的测试笔从 ECU 插接器的线束侧插入，进行测量，从而判断 ECU 是否正常。各端子之间的标准电压见表 5-7。

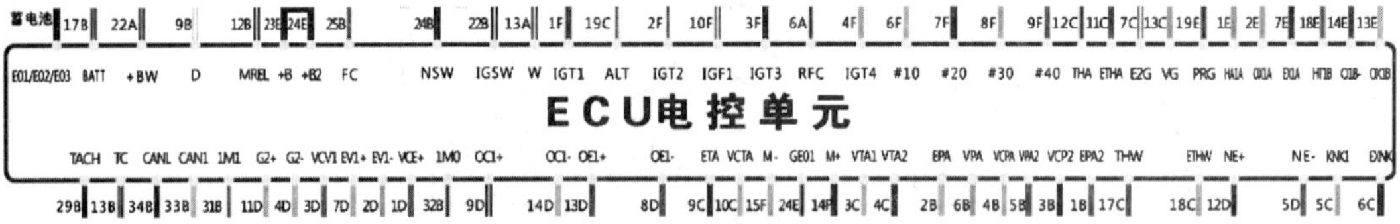


图 5-140 1ZR 发动机 ECU 端子图

表 5-7 检测发动机 ECU 端子电压

| 测试项目 | 测试端子 | 测试条件 | 标准值 |
|---|---|---|---|
| 蓄电池 | 22A-11F | 始终 | 9～14V |
| 蓄电池 | 19A-11F | 始终 | 9～14V |
| 离合开关 | 9B-11F | 点火开关在 ON 位置 | 9～14V |
| 主继电器 | 12B-11F | 点火开关在 ON 位置 | 9～14V |
| 主继电器 | 23A-11F | 点火开关在 ON 位置 | 9～14V |
| 汽油泵继电器 | 25B-22B | 点火开关在 STA 位置 | 9～14V |
| ST2(起动信号) | 8B-11F | 点火开关在 STA 位置 | 9～14V |
| IG2 | 22B-11F | 点火开关在 ON 位置 | 9～14V |
| 仪表发动机故障灯 | 13A-22B | 点火开关在 ON 位置 | 9～14V |
| 1 号点火线圈 | 1F-11F | 点火开关在 ON 位置 | 0.12～0.5V |
| 发电机 | 19C-11F | 点火开关在 ON 位置 | 6V 或更大 |

续表

| 测试项目 | 测试端子 | 测试条件 | 标准值 |
|---|---|---|---|
| 2 号点火线圈 | 2F－11F | 点火开关在 ON 位置 | 0.12～0.5V |
| 3 号点火线圈 | 10F－11F | 点火开关在 ON 位置 | 5V |
| 3 号点火线圈 | 3F－11F | 点火开关在 ON 位置 | 0.12～0.5V |
| 散热风扇信号线 | 6A－11F | 点火开关在 ON 位置 | 0.25V |
| 4 号点火线圈 | 4F－11F | 点火开关在 ON 位置 | 0.12～0.5V |
| 1 号喷油器 | 6F－22B | 怠速 | 脉冲电压 |
| 2 号喷油器 | 7F－22B | 怠速 | 脉冲电压 |
| 3 号喷油器 | 8F－22B | 怠速 | 脉冲电压 |
| 4 号喷油器 | 9F－22B | 怠速 | 脉冲电压 |
| 空气流量传感器 | 12C－7C | 点火开关在 ON 位置 | 2.03～2.2V |
| 空气流量传感器 | 11C－7C | 点火开关在 ON 位置 | 0.77V |
| 空气流量传感器 | 7C－23A | 点火开关在 ON 位置 | 9～12V |
| 空气流量传感器 | 13C－7C | 点火开关在 ON 位置 | 0.77V |
| 清洗 VSV | 19E－11F | 点火开关在 ON 位置 | 9～14V |
| 氧传感器 1 | 1E－11F | 点火开关在 ON 位置 | 9～14V |
| 氧传感器 1 | 2E－11F | 点火开关在 ON 位置 | 2.1V |
| 氧传感器 1 | 7E－11F | 点火开关在 ON 位置 | 3.3V |
| 氧传感器 2 | 18E－11F | 点火开关在 ON 位置 | 9～14V |
| 氧传感器 2 | 14E－11F | 点火开关在 ON 位置 | 0.37V |
| 氧传感器 2 | 13E－11F | 点火开关在 ON 位置 | 0.13V |
| 蓄电池正极 | 11F－19A | 始终 | 9～14V |
| 诊断接口 | 29B－19A | 点火开关在 ON 位置 | 9～14V |
| 诊断接口 | 13B－11F | 点火开关在 ON 位置 | 9～14V |
| 诊断接口 | 34B－11F | 点火开关在 ON 位置 | 3.1～3.6V |
| 诊断接口 | 33B－11F | 点火开关在 ON 位置 | 1.2～1.5V |
| 防盗器 | 31B－11F | 点火开关在 ON 位置 | 7V |
| VVT 传感器(进气侧) | 11D－11F | 点火开关在 ON 位置 | 0.7V |
| VVT 传感器(进气侧) | 4D－22B | 点火开关在 ON 位置 | 9～14V |
| VVT 传感器(进气侧) | 3D－11F | 点火开关在 ON 位置 | 5V |
| VVT 传感器(排气侧) | 7D－11F | 点火开关在 ON 位置 | 0.7V |
| VVT 传感器(排气侧) | 2D－22B | 怠速 | 9～14V |
| VVT 传感器(排气侧) | 1D－11F | 点火开关在 ON 位置 | 5V |

续表

| 测试项目 | 测试端子 | 测试条件 | 标准值 |
|---|---|---|---|
| 防盗器 | 32B－11F | 点火开关在 ON 位置 | 11V |
| 凸轮轴正时机油控制阀总成(进气侧) | 9D－14D | 点火开关在 ON 位置 | 0.8V |
| 凸轮轴正时机油控制阀总成(进气侧) | 14D－9D | 点火开关在 ON 位置 | 0.8V |
| 凸轮轴正时机油控制阀总成(排气侧) | 13D－8D | 点火开关在 ON 位置 | 0.8V |
| 凸轮轴正时机油控制阀总成(排气侧) | 8D－13D | 点火开关在 ON 位置 | 0.8V |
| 带电机的节气门体总成 | 15F－14F | 点火开关在 ON 位置 | 1.4V |
| 带电机的节气门体总成 | 14F－15F | 点火开关在 ON 位置 | 1.4V |
| 带电机的节气门体总成 | 4C－11F | 点火开关在 ON 位置 | 2.45V |
| 带电机的节气门体总成 | 10C－11F | 点火开关在 ON 位置 | 5V |
| 带电机的节气门体总成 | 3C－11F | 点火开关在 ON 位置 | 0.9V |
| 带电机的节气门体总成 | 9C－10C | 点火开关在 ON 位置 | 5V |
| 加速踏板传感器 | 2B－4B | 点火开关在 ON 位置 | 5V |
| 加速踏板传感器 | 6B－11F | 点火开关在 ON 位置 | 1V |
| 加速踏板传感器 | 4B－11F | 点火开关在 ON 位置 | 5V |
| 加速踏板传感器 | 5B－11F | 点火开关在 ON 位置 | 1.8V |
| 加速踏板传感器 | 3B－11F | 点火开关在 ON 位置 | 5V |
| 加速踏板传感器 | 1B－3B | 点火开关在 ON 位置 | 5V |
| 水温传感器 | 17C－18C | 点火开关在 ON 位置 | 1.7V |
| 水温传感器 | 18C－17C | 点火开关在 ON 位置 | 1.7V |
| 曲轴位置传感器 | 12D－11F | 点火开关在 ON 位置 | 0.33V |
| 曲轴位置传感器 | 5D－11F | 点火开关在 ON 位置 | 0.11V |
| 爆燃控制传感器 | 5C－6C | 点火开关在 ON 位置 | 2.56V |
| 爆燃控制传感器 | 6C－5C | 点火开关在 ON 位置 | 2.56 V |

2）读取发动机故障码与数据流

（1）读取发动机故障码。将发动机故障诊断仪与 OBD－Ⅱ故障诊断接口连接，接通电源开关，打开故障诊断仪，输入发动机型号，读取发动机故障码，按表 5－8 查找发动机故障。

表 5－8　发动机故障码说明

| OBD－Ⅱ故障码 | MIL 故障码 | 故障说明 | 故障原因 |
|---|---|---|---|
| P0100 | 31 | ECU/空气流量计/配线和连接器故障 | 1. 发动机 ECU 有故障<br>2. 空气流量计有故障<br>3. 发动机和 ECU 与空气流量计间的配线和连接器有故障 |
| P0110 | 24 | | |

续表

| OBD－Ⅱ故障码 | MIL 故障码 | 故障说明 | 故障原因 |
|---|---|---|---|
| P0115 | 22 | 水温传感器 | 水温传感器有故障 |
| P0120 | 41 | 节气门位置传感器 | 1. 节气门位置传感器电路断路或短路<br>2. 节气门位置传感器有故障<br>3. 发动机 ECU 有故障 |
| P0130 | 21 | 氧传感器电路故障(1 列 1 号传感器) | 1. 燃油系统有故障<br>2. 燃油压力异常<br>3. 喷油器有故障<br>4. 加热型氧传感器电路断路或短路<br>5. 加热型氧传感器有故障 |
| P0135 | 21 | 氧传感器加热器电路故障(1 列 1 号传感器) | 1. 氧传感器加热器电路断路或短路<br>2. 氧传感器加热器有故障<br>3. 发动机和 ECU 有故障 |
| P0136 | 27 | 氧传感器电路故障(1 列 2 号传感器) | 1. 燃油系统有故障<br>2. 燃油压力异常<br>3. 喷油器有故障<br>4. 加热型氧传感器电路断路或短路<br>5. 加热型氧传感器有故障 |
| P0141 | 27 | 氧传感器加热器电路故障(1 列 2 号传感器) | 1. 氧传感器加热器电路断路或短路<br>2. 氧传感器加热器有故障<br>3. 发动机和 ECU 有故障 |
| P01346 | 18 | VVT 传感器(排气) | VVT 传感器与 ECU 线路有故障 |
| P01346 | 12 | VVT 传感器(进气) | VVT 传感器与 ECU 线路有故障 |
| P1349 | 39 | 凸轮轴正时机油控制阀(排气) | 凸轮轴正时机油控制阀与 ECU 线路有故障 |
| P1349 | 39 | 凸轮轴正时机油控制阀(进气) | 凸轮轴正时机油控制阀与 ECU 线路有故障 |
| P1656 | 39 | OCV 电路故障 | 1. OCV 电路断路或短路<br>2. OCV 有故障<br>3. 发动机和 ECU 有故障 |

(2) 读取发动机数据流。用发动机故障诊断仪读取发动机故障码后，可进一步读取发动机任一工况下的数据流。某工况发动机数据流见表 5－9。

**表 5－9　发动机数据流**

| 项目名称 | 怠　速 | 中　速 |
|---|---|---|
| 转速/r·min | 800 | 2500 |
| 水温传感器输出的低电压值/V | 0.6 | 0.6 |
| 发动机冷却水温/℃ | 85 | 105 |
| 进气温度传感器原始信号一电压/V | 2.26 | 3.2 |

续表

| 项目名称 | 怠　速 | 中　速 |
|---|---|---|
| 空气流量计进气温度/℃ | 40 | 60 |
| 大气压力/kPa | 50 | 80 |
| 大气压力传感器输出的电压值/V | 2.2 | 3.2 |
| 滤波前的加速踏板度/(%) | 12～20 | 30～60 |
| 蓄电池电压/V | 14 | 14 |
| 点火开关原始状态 | ON | ON |
| 加速踏板 1 电位计电压值/V | 0.88 | 1.2 |
| 加速踏板 2 电位计电压值/V | 1.7 | 1.3 |
| 油量计量单元输出占空比/% | 0±20 | 0±20 |
| 油量计量单元实际输入电压值/V | 0.25 | 0.45 |
| 油量计量单元输入电流设定值/mA | 0.65 | 1.1 |

### 5.4.3　执行器的基本结构原理与检测

执行器主要是一些能够通过电参数进行控制的一些机件，如继电器、电动机(如怠速步进电动机、燃油泵电动机等)、电磁阀、喷油器等，如图 5-141 所示。各种电动机及喷油器等执行器的结构原理与检修等内容前已述及，这里不再赘述。下面着重介绍相关继电器及电磁阀的基本结构原理与检测。

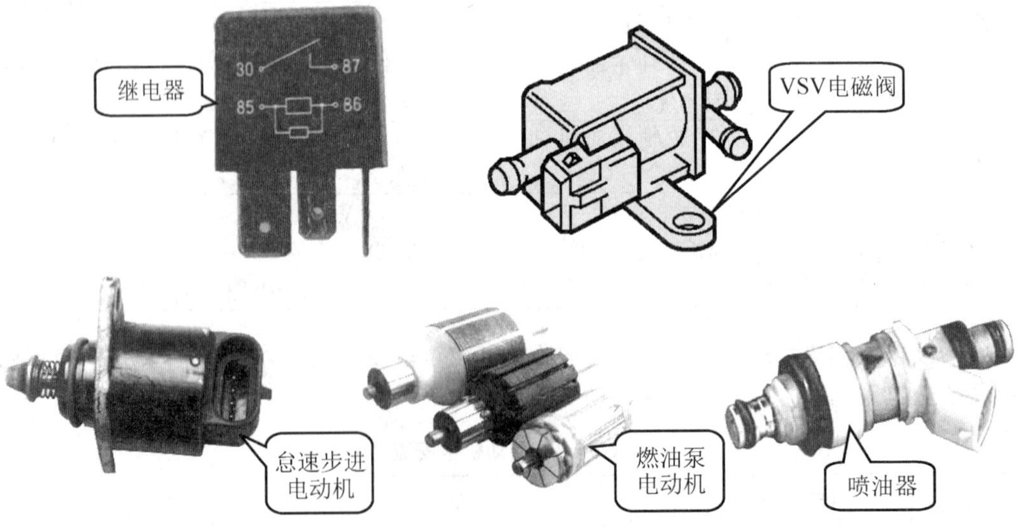


图 5-141　常见执行器种类

1. 继电器的结构原理与检测

继电器可以实现自动接通或切断一对或多对触点，完成用小电流控制大电流，可以减小控制开关的电流负荷，保护电路中的控制开关。如ECU控制系统主继电器、进气预热继电器、空调继电器、喇叭继电器、雾灯继电器、中间继电器、风窗刮水器/清洗器继电器、危险报警与转向闪光继电器等。

继电器分为常开继电器、常闭继电器和常开常闭混合型继电器。继电器的每个插脚都有标号，与中央接线盒正面板的继电器插座的插孔标号相对应，见表5-10。

**表5-10　继电器的型号、内部电路等表示方法**

| 型号 | 外　型 | 电　路 | 引线标号 | 颜色 |
|---|---|---|---|---|
| 1T | 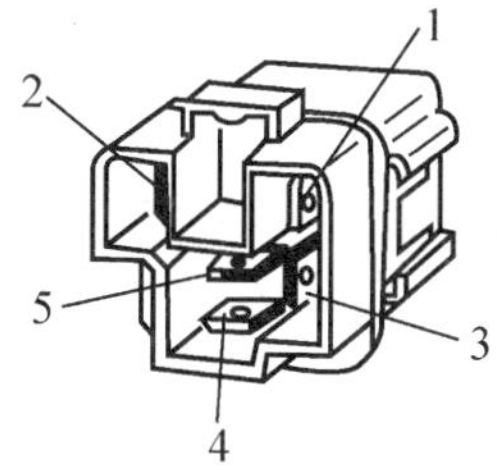  | 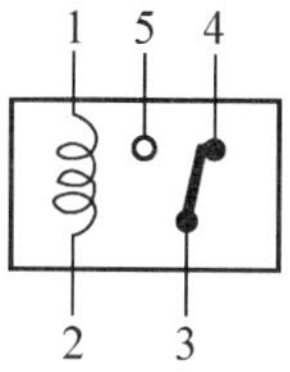  |   | 黑 |
| 1M | 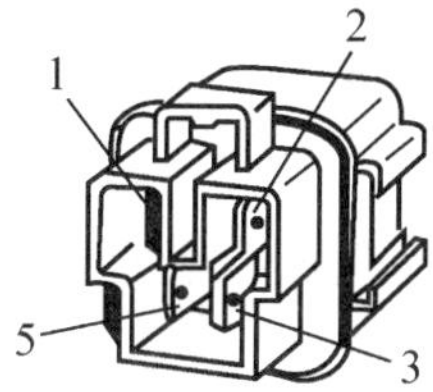  | 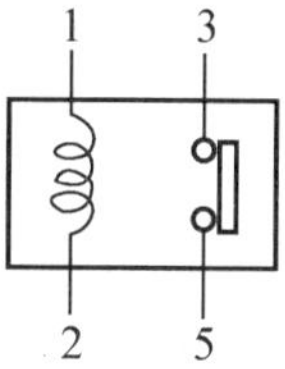  |   | 蓝 |
| 2M | 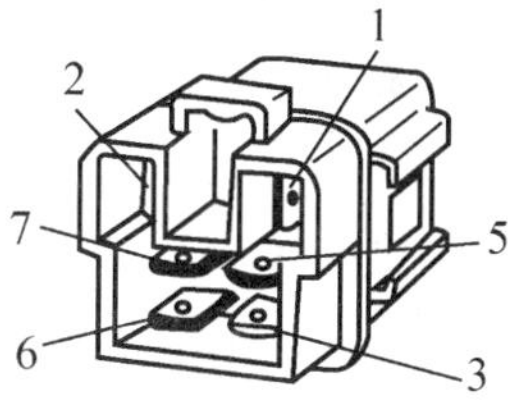  | 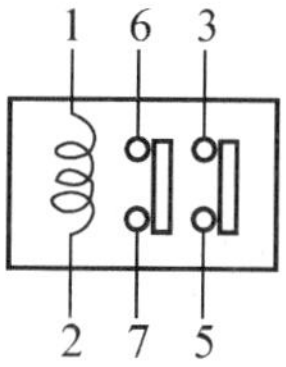  | 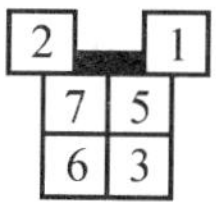  | 棕色 |
| 1M1B | 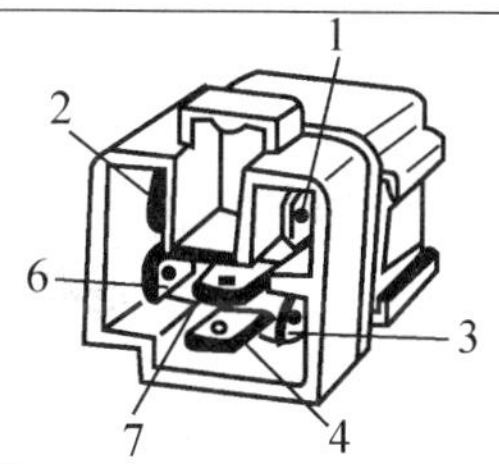  | 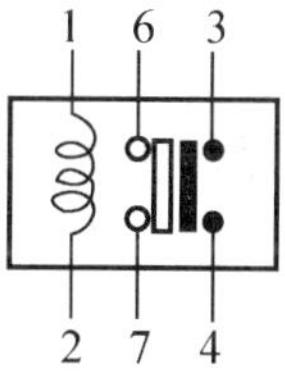  | 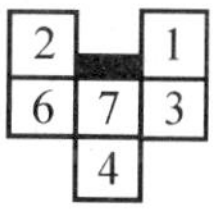  | 灰色 |

图5-142所示为常用常开和常闭继电器的外形、符号及其结构组成。

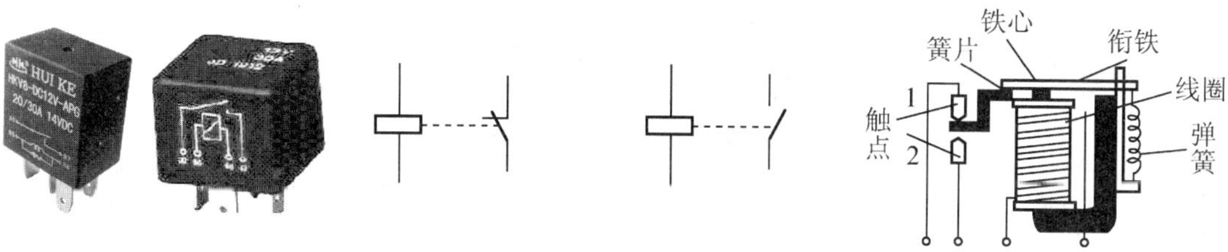


(a) 外形　(b) 触点常闭继电器符号　(c) 触点常开继电器符号　(d) 结构组成

**图5-142　继电器的外形及其符号**

继电器的检测以电控发动机 ECU 控制系统的主继电器为例进行介绍。图 5－143 圈中部分为常见的 ECU 控制系统的主继电器的布置位置。

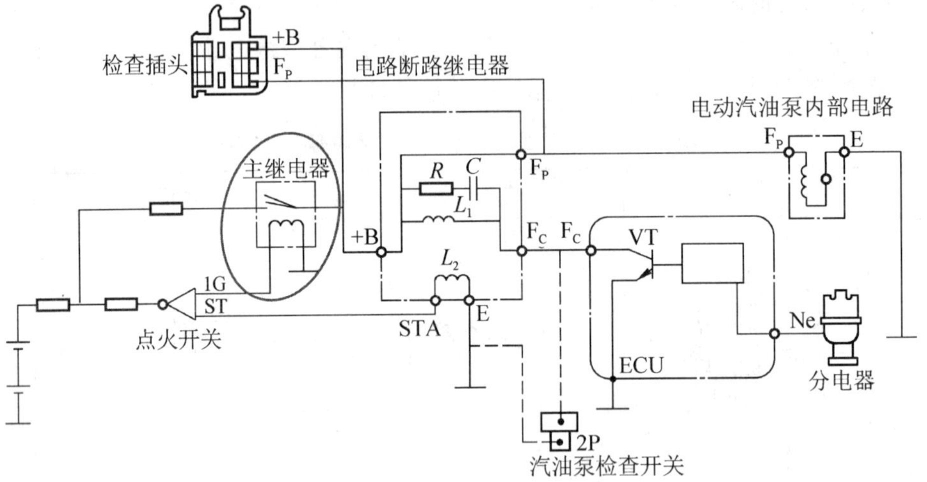


图 5－143　电控发动机的主继电器布置位置及控制电路

其检测方法如下：

(1) 点火开关反复置于 ON(IG)、OFF 位置时，主继电器应发出卡嗒卡嗒响声，否则可能发生故障。

**提示：** 可用同一型号的主继电器替代现有主继电器，若发出卡嗒卡嗒响声，则说明被测主继电器损坏，应更换；若仍不能发出卡嗒卡嗒响声，则说明蓄电池、熔丝、点火开关及连接线路等处存在故障，应逐一检修。

(2) 在图 5－143 所示的检查插头处用试灯跨接＋B 与 $F_P$ 两个接头，当点火开关置于 ON 位置时，若主继电器正常，则试灯应点亮，否则应按(1)中提示进行检修。

2. 电磁阀的结构原理与检测

电磁阀的结构原理及检测以常见的由 ECU 控制的燃油压力控制真空开关电磁阀(VSV)为例进行介绍。其结构主要由电磁阀(在图 5－144 所示的电路插头平行处，图中未画出)、进气通道、管路接头及外壳等组成，如图 5－145 所示。其基本原理是利用电磁阀的开和关来打开和关闭气路通道。

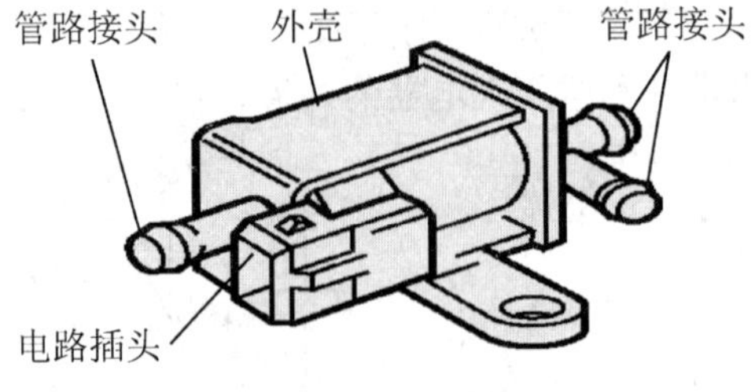


图 5－144　VSV

VSV 的检查方法如下：

(1) 脱开 VSV 的电路插头，测量 VSV 两端子之间的电阻，应为 33～39Ω，否则应更换 VSV。

(2) 脱开VSV的电路插头及真空软管，拆下VSV。当VSV线圈不通电时[图5-145(a)]，空气只能从E口通向F口。在VSV两端子间加上蓄电池电压，空气应能从E口流向滤清器[图5-145(b)]。如不符合上述要求，说明VSV损坏，应更换。

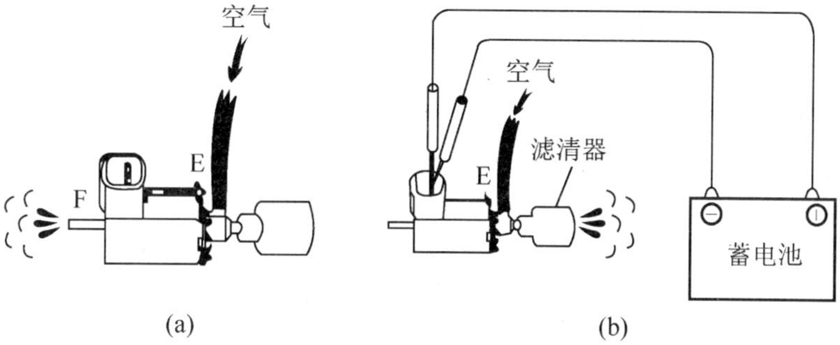


图5-145　VSV的检查

# 任务5.5　电控汽油机排气污染控制系统的结构与维修

故障案例：

有一辆捷达GT，故障表现为发动机怠速不稳，抖动严重，同时发动机加速不良。读取故障码显示无，数据流显示混合气过稀，检测各缸的气缸压力正常。

## 5.5.1　电控汽油机排气污染控制系统结构原理

1. 汽油车排放污染的来源、成分、成因及措施

1) 来源

(1) 发动机排出的废气(约占65%以上)；

(2) 曲轴箱窜气(约占20%)；

(3) 燃料供给系统中蒸发的燃油蒸气(占10%～20%)。

2) 成分

汽油车排放的主要污染物成分是：一氧化碳(CO)、碳氢化合物(HC)、氮氧化合物($NO_x$)及蒸发的燃油蒸气。

3) 成因及措施

(1) CO气体产生的主要原因是输送至燃烧室的氧气不足(即混合气太浓)，以致燃油不能充分燃烧。解决的措施是采用电子汽油喷射(EFI)系统，通过氧传感器的闭环控制，精确控制空燃比(14.7/1)。

(2) HC气体产生的主要原因是点火提前角不准确，而导致没完全燃烧的汽油或未燃烧的汽油从燃烧室排入大气。解决的措施之一是：采用电子点火提前(ESA)系统，通过爆燃传感器的闭环控制，精确控制点火提前角。解决的措施之二是：采用曲轴箱强制通风(PCV)系统，再次回收没完全燃烧的汽油或未燃烧的汽油。

(3) $NO_x$气体产生的主要原因是在高温(1800℃以上)和富氧(高浓度氧气)条件下，氮

气和氧气发生化学反应，生成了 $NO_x$。解决的措施之一是：采用废气再循环(EGR)系统，利用部分废气的吸热作用，阻止燃烧室内温度达到1800℃以上。解决的措施之二是：采用EFI 系统，通过氧传感器的闭环控制，降低氧的浓度，以精确控制空燃比(14.7/1)。

2. 汽车排放污染的治理

随着国家节能减排政策法规的不断建立、完善和严格，各汽车生产厂商也开始日益重视汽车的节能、环保问题。除了对汽油车必须采用 EFI 系统外，还增设了废气再循环(EGR)、三元催化转换器(TWC)与空燃比反馈控制、废气涡轮增压、曲轴箱强制通风(PCV)、汽油蒸气排放(EVAP)控制以及二次空气供给等诸多排放污染物控制系统，以达到治理汽车排放污染的目的。图 5－146 所示为目前应用在汽车上的部分排放控制系统。

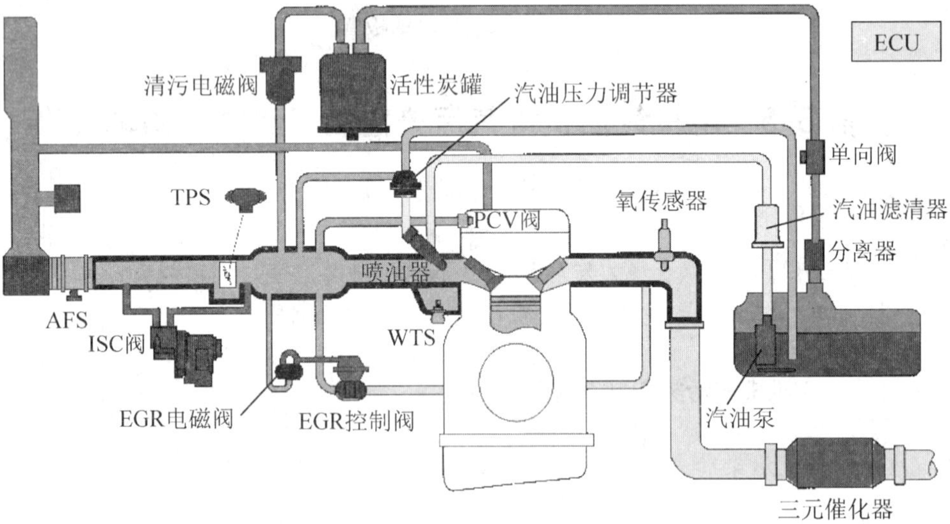


图 5－146　应用在汽车上的部分排放控制系统

1) 废气再循环系统

如图 5－147 所示，废气再循环(EGR)系统的作用是将适量的废气(6%～15%)引入气缸内参加燃烧，从而降低气缸内的最高温度，以减少 $NO_x$ 的排放量。

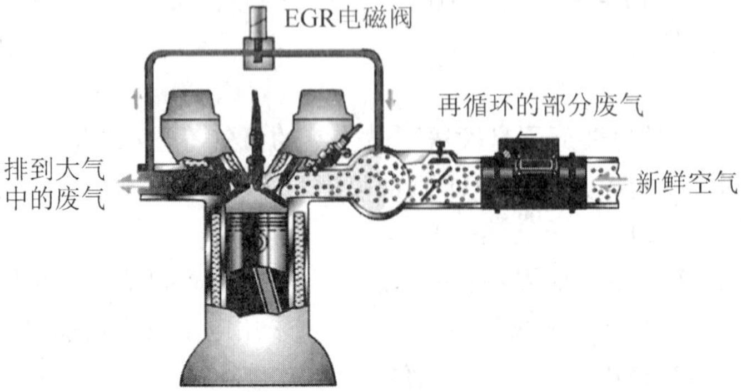


图 5－147　废气再循环(EGR)控制系统基本原理

**特别提示**

为了保证发动机正常工作和性能不受过多影响，必须根据发动机工况的变化，控制废气再循环量。

废气再循环(EGR)系统主要有开环控制式EGR系统和闭环控制式EGR系统两种类型。

(1) 开环控制式EGR系统。

① 结构类型。开环控制式EGR系统可分为非ECU控制式EGR系统和ECU控制式EGR系统两种。其中非ECU控制式EGR系统已很少使用，这里不再赘述。

ECU控制式开环EGR系统如图5-148所示，其结构主要由EGR阀、EGR电磁阀、节气门位置传感器、曲轴位置传感器、冷却液温度传感器(即水温传感器)、起动信号和ECU等组成。开环EGR系统的ECU根据预先设置好的程序控制EGR率的大小，不检测发动机在各工况下的EGR率，即无反馈信号。

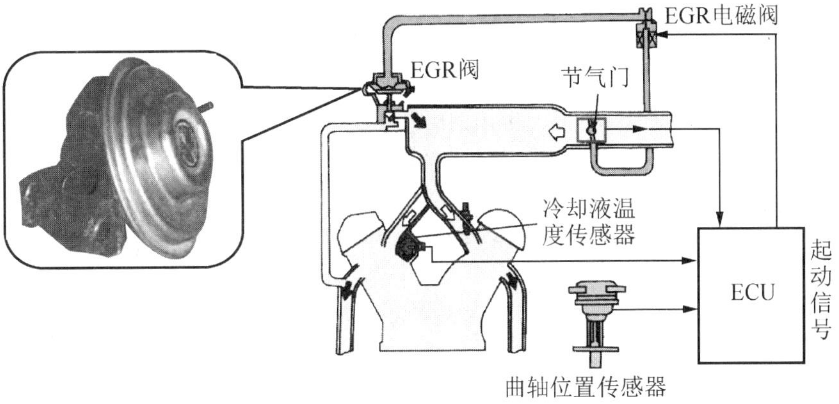


图5-148 ECU控制的开环控制EGR系统

**特别提示**

EGR率=EGR量/(吸入空气量+EGR量)×100%

② ECU控制式开环EGR系统的工作原理。EGR阀安装在废气再循环通道中，用以控制废气再循环量。EGR电磁阀安装在通向EGR真空通道中，ECU根据发动机冷却液温度、节气门开度、转速和起动等信号来控制电磁阀的通电或断电。ECU不给EGR电磁阀通电时，控制EGR阀的真空通道接通，EGR阀开启，进行废气再循环；ECU给EGR电磁阀通电时，控制EGR阀的真空通道被切断，EGR阀关闭，停止废气再循环。

(2) 闭环控制式EGR系统。

① 结构特点。图5-149所示为ECU(或动力模块PCM)闭环控制式EGR系统的结构及原理。与开环控制式相比，闭环控制式EGR系统在EGR阀上增设一个EGR阀开度传感器。其特点是检测实际的EGR率或以EGR阀开度作为反馈控制信号，其控制精度更高。

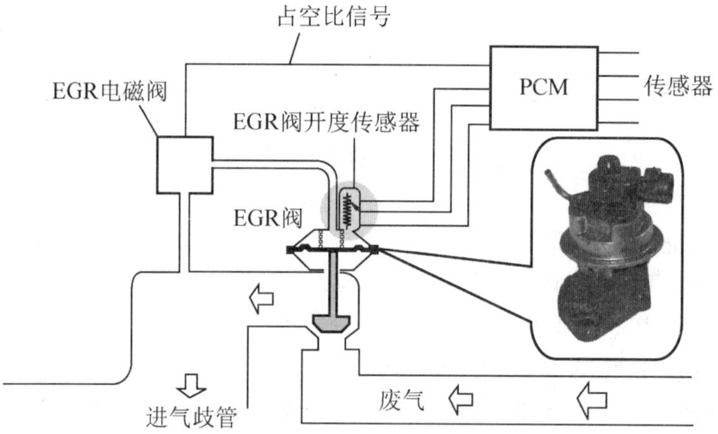


图 5-149　ECU 闭环控制式 EGR 系统

② ECU 闭环控制式 EGR 系统的工作原理。其控制原理为：EGR 阀开度传感器安装在进气总管中的稳压箱上，新鲜空气经节气门进入稳压箱，参与再循环的废气经 EGR 电磁阀进入稳压箱，传感器检测稳压箱内气体中的氧浓度，并转换成电信号送给 ECU，ECU 根据此反馈信号修正 EGR 电磁阀的开度，使 EGR 率保持在最佳值。

2）三元催化转换器与空燃比反馈控制系统

（1）三元催化转换器(TWC)的作用及结构原理。

① 功用。TWC 的功能是利用转换器中的三元催化剂，将发动机排出的废气中的有害气体 CO、HC 和 $NO_x$ 变成无害气体。

② 结构原理。TWC 的安装位置及结构如图 5-150 所示，由转换心子和外壳等构成。转换心子常用蜂窝状陶瓷作为承载催化剂的载体，在陶瓷载体上浸渍铂、钯、铑贵重金属的混合物作为催化剂。

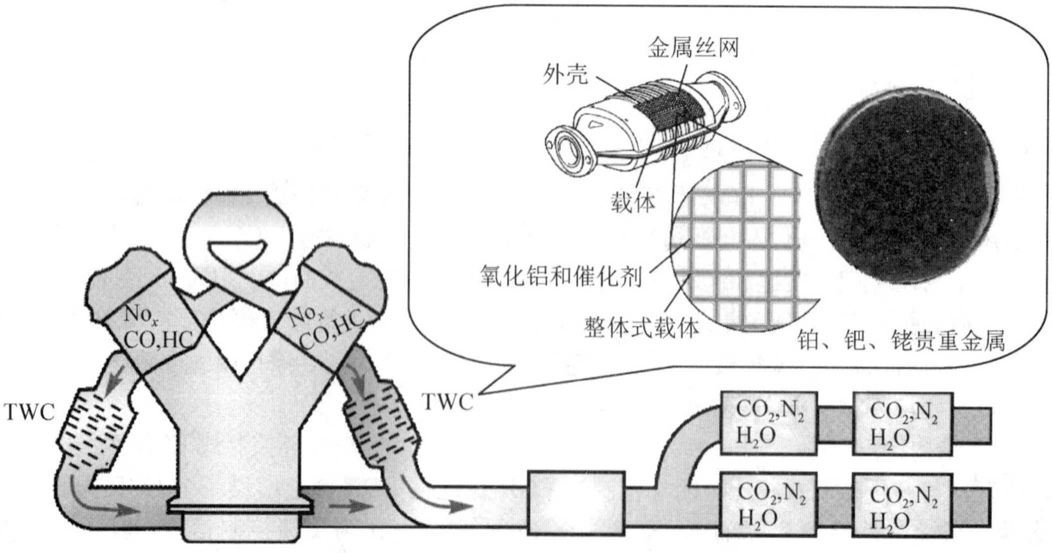


图 5-150　TWC 的结构组成

(2) 影响 TWC 转换效率的因素。

对 TWC 转换效率影响最大的因素是混合气的浓度和排气温度。加装 TWC 后如图 5-151 所示。

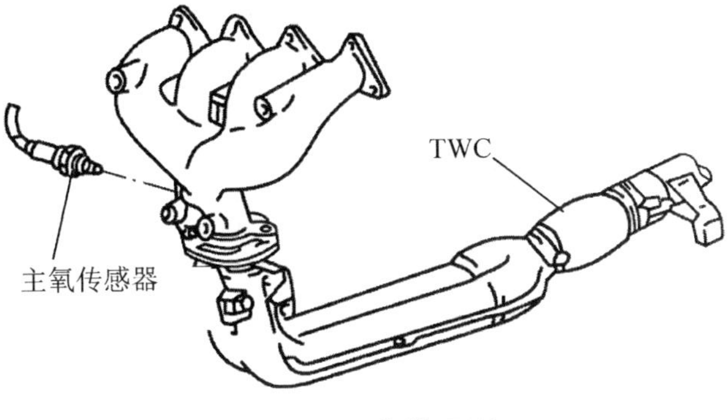


图 5-151　加装 TWC

只有在标准混合气附近，即在理论空燃比 14.7 附近时，TWC 对废气中的有害气体 CO、HC 和 $NO_x$ 的转换效率 $W$ 为最佳，图 5-152 中圈中部分为 TWC 的最佳工作区域。

装用 TWC 后，发动机的排气温度须在 300～815℃之间。低于 300℃，氧传感器将不能产生正确信号，因此部分氧传感器内有加热线圈；高于 815℃，TWC 转换效率下降。

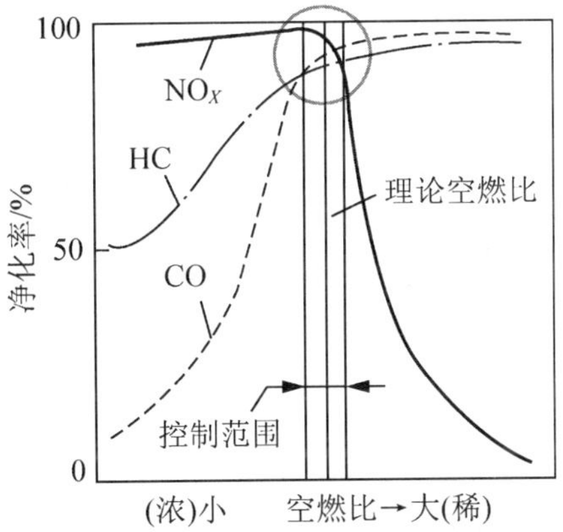


图 5-152　空燃比与 TWC 转化效率关系

**特别提示**

为达此目的，一般都靠装在 TWC 前面的主(1 号)氧传感器检测废气中氧的浓度，并把该浓度转换成电信号输送给 ECU，用来对空燃比进行闭环控制(即空燃比信号反馈控制)，如图 5-153 所示。

在装有氧传感器的电控汽油喷射发动机上，EFI 系统并不是在所有工况下都进行闭环控制，在发动机起动、怠速、暖机、加速、全负荷、减速断油等工况下，发动机不可能以理论空燃比工作，仍采用开环控制方式。此外，氧传感器温度在 400℃以下、氧传感器或其电路发生故障时，也只能采用开环控制。EFI 系统进行开环控制还是进行闭环控制，由 ECU 根据相关输入信号确定。

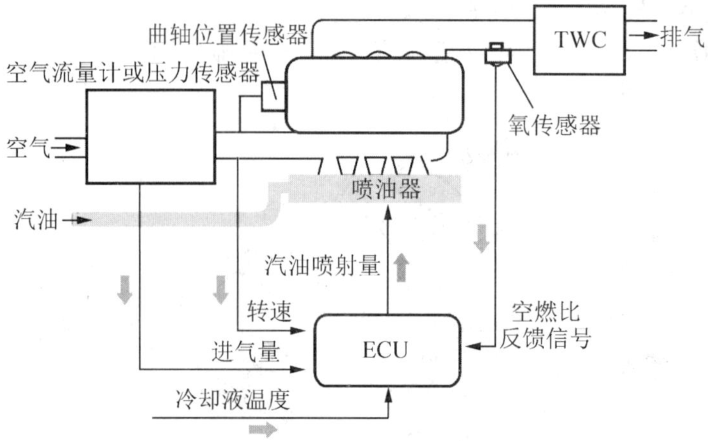


图 5-153　EFI 系统的闭环控制过程

3）废气涡轮增压控制系统

随着我国成品油进口依赖度的与日俱增和油价的飙升，以及日益严峻的节能减排形势，国内汽车生产厂家开始在汽油车上引进废气涡轮增压控制技术(基于高温高压稀薄燃烧理论，既能提高动力，又可环保节能)。如一汽生产的迈腾、奥迪等车型，上汽生产的帕萨特等。事实上，我国政府早在 2000 年开始，已将该技术普及到柴油车上，从根本上解决了柴油机冒黑烟的顽疾。

(1) 结构组成。如图 5-154 所示，目前在汽油车上广泛使用的是废气涡轮增压控制系统，它主要由涡轮增压器、切换控制装置、电磁阀、各种传感器和 ECU 等组成。

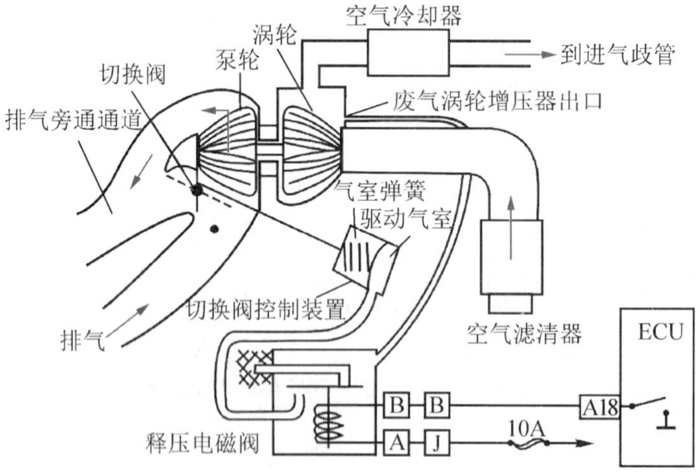


图 5-154　废气涡轮增压控制系统组成及原理

(2) 工作原理。

① 当 ECU 检测到的进气压力低于某一规定值时。受 ECU 控制的释压电磁阀的接地回路断开，释压电磁阀关闭。此时由涡轮增压器出口引入的进气压力，经释压电磁阀进入驱动气室，克服气室弹簧的弹力推动切换阀，将废气进入涡轮室的通道打开，同时将排气旁通道关闭，这样排入的废气流经涡轮室，涡轮增压器工作，使进气增压。

② 当 ECU 检测到的进气压力高于某一规定值时。则将释压电磁阀接地回路接通，释

压电磁阀打开，通往驱动气室的压力空气被切断，驱动气室在弹簧力的作用下，驱动切换阀，关闭排气进入涡轮室的通道。同时，将排气旁通道打开，排入的废气不经涡轮室而是经旁通阀直接排出，涡轮增压器停止工作，进气压力下降。直到进气压力降到规定的压力时，ECU又将释压电磁阀关闭，切换阀将废气进入涡轮室的通道打开，增压器开始工作，使进气增压。

4）曲轴箱强制通风控制系统

（1）作用。曲轴箱强制通风(PCV)控制系统的作用是防止曲轴箱内气体(HC)排放到大气中，并减少活塞下行的阻力。

（2）结构组成。PCV控制系统的结构组成如图5－155所示，主要由PCV阀、通风软管、出气管、机油过滤器和加热电阻等组成。图中箭头所示为PCV系统中的气体流动方向。

（3）工作原理。如图5－155所示，一般轿车的PCV阀位于气门盖罩上，此系统通过空气滤清器把新鲜空气供给曲轴箱，在曲轴箱内，新鲜空气和窜入气缸的混合气先混合，混合后的气体通过缸盖上的出气孔和PCV阀、通风软管进入进气歧管。发动机工作时，进气管处的吸力将曲轴箱内的混合气吸入进气管，与新鲜混合气一起进入气缸燃烧。

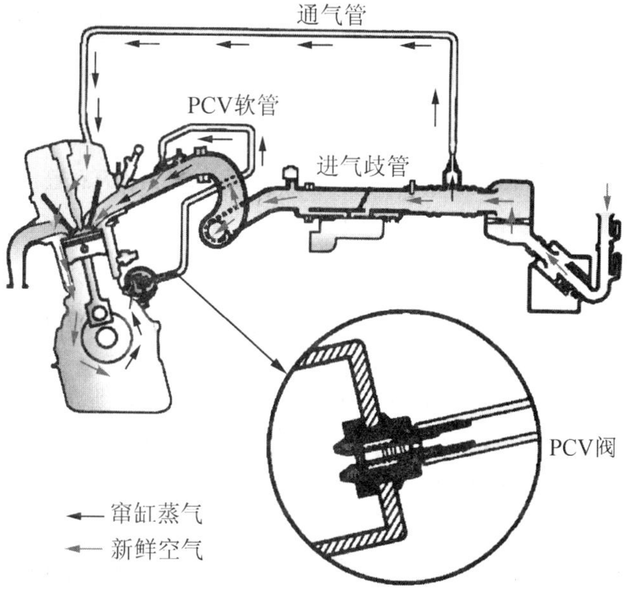


图5－155　PCV系统的结构原理示意图

5）燃油蒸气排放控制系统

（1）功用。汽油蒸气排放(EVAP)控制系统的作用是收集汽油箱内蒸发的汽油蒸气，并将汽油蒸气导入气缸参加燃烧，从而防止汽油蒸气(多为HC化合物成分)直接排入大气而造成污染。同时，还必须根据发动机工况，控制导入气缸参加燃烧的汽油蒸气量。

（2）结构类型。EVAP控制系统主要有机械控制式和电子控制式两种结构形式。现代汽车广泛采用电子控制式EVAP控制系统。如图5－156所示，它主要由真空控制阀、活性炭罐、电磁阀(也称净化电磁阀)及相关组件等构成。图5－157所示为典型电子式EVAP控制系统在汽车上的布置图。

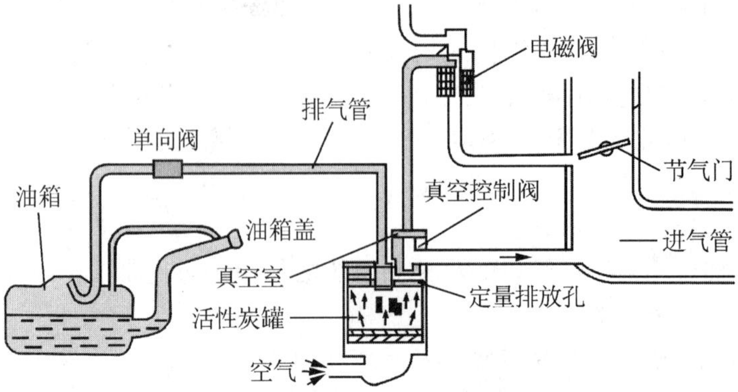


图 5 - 156　电子控制式 EVAP 控制系统

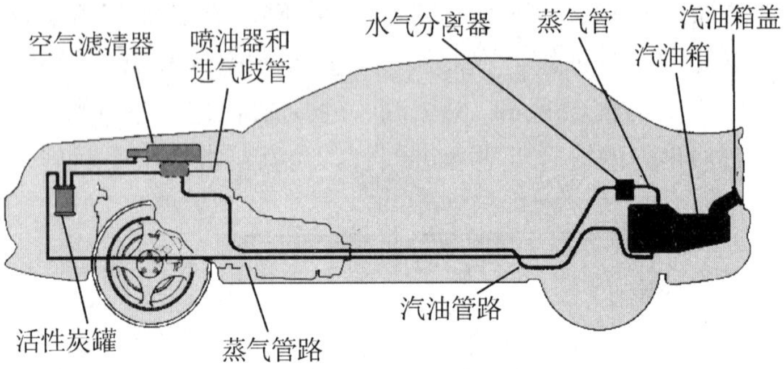


图 5 - 157　典型电子式 EVAP 控制系统的结构及布置

6）二次空气供给系统

(1）作用及结构组成。

① 功用。二次空气供给系统的作用是在一定工况下，将新鲜空气送入排气管，促使废气中的 CO 和 HC 进一步氧化，从而降低 CO 和 HC 的排放量；同时增加 TWC 的升温。

② 结构组成。二次空气供给系统的结构组成如图 5 - 158 所示，主要由二次空气电磁控制阀、二次空气控制阀以及传感器和控制单元等组成。

(2）工作原理。ECU 根据发动机转速、节气门开度、冷却液温度等传感器信号确定二次空气供给系统是否参与工作。

如图 5 - 159 所示，点火开关接通后，蓄电池向二次空气电磁阀供电，ECU 控制电磁阀搭铁回路。电磁阀不通电时，关闭通向膜片阀真空室的真空通道，膜片阀弹簧推动膜片下移，关闭二次空气供给通道；ECU 给电磁阀通电时，进气管真空度将膜片阀吸起，使二次空气进入排气管。其控制回路为：ECU→二次空气电磁控制阀 VSV →真空→二次空气控制阀→新鲜空气→排气歧管。

**注意**：二次空气供给系统在以下状态下不工作。

① EFI 系统进入闭环控制；

② 水温超过规定；

③ 发动机转速和负荷超过规定；

④ ECU 有故障。

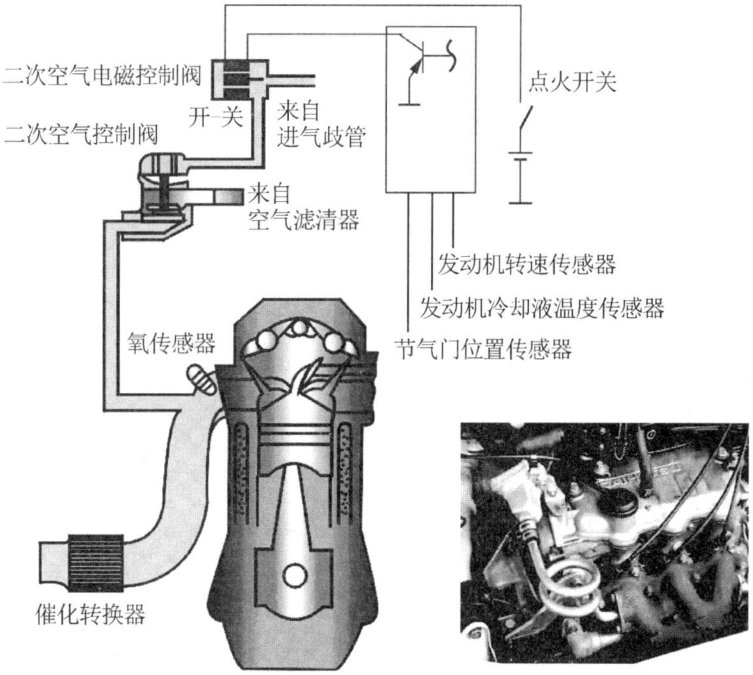


图 5-158　二次空气供给系统组成原理示意图

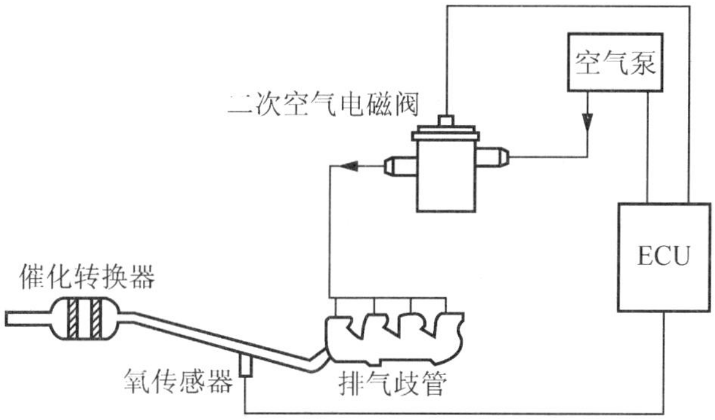


图 5-159　二次空气供给系统控制回路

## 5.5.2　电控汽油机排气污染控制系统的检测

1. EGR 系统的检测

1）一般检查

怠速时，拆下 EGR 阀上的真空软管，发动机转速应无变化，用手触试真空管口应无吸力；转速达 2500r/min 以上，同样拆下此真空软管，发动机转速应明显升高(中断了废气再循环)。

2）EGR 电磁阀的检查

（1）测量电阻值，应为 33～39Ω。

（2）如图 5-160 所示，不通电时，从通进气管侧接头吹入空气应畅通，从通大气的滤网处吹入空气应不通。

(3) 通电时，与上述刚好相反。

3) EGR阀的检查

如图5-161所示，给EGR阀施加15kPa的真空，EGR阀应能开启；不施加真空时，EGR阀应能完全关闭。

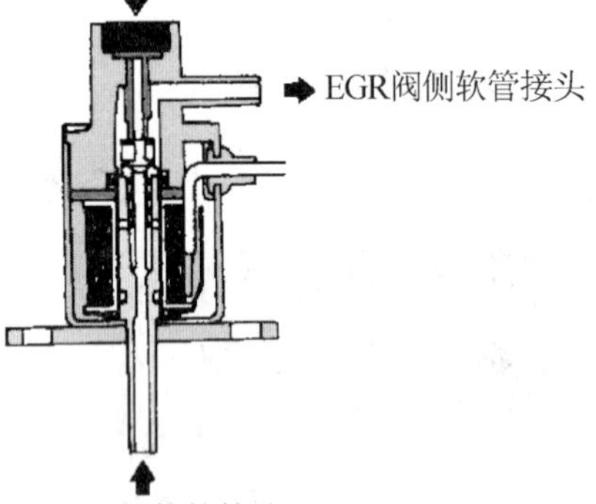


图5-160　EGR电磁阀的检查

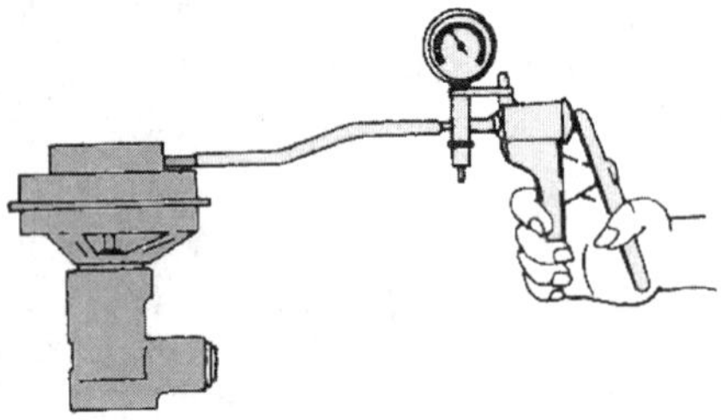

图5-161　EGR阀的检查

2. TWC系统的检修

(1) 用数字式高温检测计检测TWC入口和出口的温差，不得小于38℃。

(2) 用尾气分析仪检测排气流中的有害物质是否超标，若超标说明TWC转换效率降低，必要时应更换。

(3) 目视检查TWC是否有破裂，破损。

(4) 用手电筒检查TWC排、吸气口有无被积炭脏堵。

(5) 用示波器检查1号氧传感器(用来反馈混合气浓稀，进行喷油的闭环控制)和2号氧传感器(用来检测TWC的工作情况)的波形。其安装位置及波形如图5-162所示。

**提示：** 当ECU检测到2号氧传感器信号为0.1～0.2V时，表示TWC工作正常，如果2号氧传感器与1号氧传感器信号一样时，说明TWC失效，必须更换。

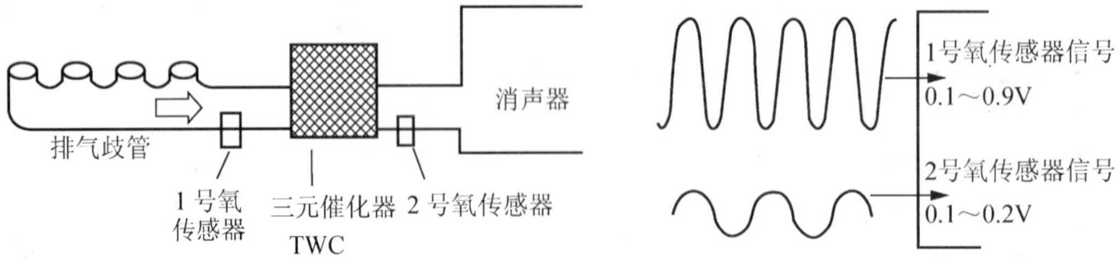


图5-162　TWC系统工作情况的检查

**特别提示**

TWC使用注意事项：

① 禁用含铅汽油，防止催化剂失效；

② TWC 固定不牢或汽车在不平路面上行驶时的颠簸，容易导致转换器中的催化剂载体损坏；

③ 装用蜂巢型转换器的汽车，一般汽车每行驶 80000km 应更换转换器心体；装用颗粒型转换器的汽车，其颗粒形催化剂的重量低于规定值时，应全部更换。

3. 排气污染物检测

这里以电喷汽油车排放污染物的检测方法及限值为例进行介绍。

1）怠速检测法

(1) 发动机处于怠速运转状态，离合器处于结合位置(对手动挡而言)，加速踏板位于松开位置，变速杆位于空挡位置。

(2) 进气系统装有空气滤清器，排气系统装有排气消声器，并不得有泄漏，汽油符合国家标准 GB 17930—2011《车用汽油》的规定。

(3) 使发动机冷却液和润滑油温度达到汽车使用说明书所规定的热状态。

(4) 必要时要在发动机上安装转速计、点火正时仪、冷却液和润滑油测温计等测试仪器。

(5) 发动机由怠速工况加速至 0.7 倍的额定转速，维持 60s(以清除燃烧室中的各种残留气体)后降至怠速状态。

(6) 将测量仪的读数转换开关置于最高量程挡位，在稳定怠速状态下，将不分光红外线(NDIR)吸收型分析仪的取样探头直接插入排气管中，插入深度等于 400mm，并固定于排气管上。

(7) 在怠速状态下维持 15s 后开始读数，读取 30s 内 CO 和 HC 的最高值和最低值，取其平均值为测量结果。

(8) 若为多排放管时，取各排放管测量结果的算术平均值。

2）双怠速检测法

(1) 必要时要在发动机上安装转速计、点火正时仪、冷却液和润滑油测温计等测试仪器。

(2) 发动机由怠速工况加速至 0.7 倍的额定转速，维持 60s 后降至高怠速(即 0.5 倍额定转速)。

(3) 将发动机降至高怠速状态后，将取样探头直接插入排气管中，插入深度等于 400mm，并固定于排气管上。

(4) 发动机在高怠速状态下维持 15s 后开始读数，读取 30s 内 CO 和 HC 的最高值和最低值，取其平均值即为高怠速排气污染物检测结果。

(5) 发动机从高怠速状态降至怠速状态，在怠速状态维持 15s 后开始读数，读取 30s 内 CO 和 HC 的最高值和最低值，取其平均值即为怠速排气污染物检测结果。

(6) 若为多排放管时，分别取各排放管高速排放检测结果的平均值和怠速排放检测结果的平均值。

3）加速模拟(ASM)检测法

如图 5-163 所示，把汽车置于底盘测功机上，采用两阶段等速工况检测，工况分为 ASM5025 工况和 ASM2540 工况。

图 5-163　加速模拟(ASM)检测法

(1) ASM5025 工况检测方法。车辆驱动轮位于测功机滚筒上，将分析仪取样探头插入排气管中，深度为 400mm，并固定于排气管上，对独立工作的多排气管应同时取样。

(2) ASM2540 工况检测方法。ASM5025 工况试验结束后，车辆立即加速至 40km/h，按 ASM2540 工况检测方法进行测试。

4) 复检试验

重复 3) 中的 (1)、(2)、(3) 试验。

5) 排放限值

新车或已行驶 100000km 以内的车辆废气排放物浓度值在怠速工况下的正常范围数值见表 5-11。

表 5-11　怠速工况下车辆废气排放的正常浓度范围

| CO/% | HC/% | $CO_2$/% | $O_2$/% |
|---|---|---|---|
| 0～3 | 0～250 | 13～15 | 1～2 |

## 项目小结

1. 汽油机在不同的工况要求供给不同浓度的混合气。混合气的浓度通常用空燃比 $\alpha$ 和空气过量系数 $\phi_a$ 来表示。

2. 电控汽油喷射系统能根据发动机运行工况和运行环境的变化，实现最佳空燃比控制及最佳点火提前角控制，提高了发动机的动力性和经济性，降低排放污染。

3. 汽油机的正常燃烧过程分着火落后期、明显燃烧期和后燃期三个阶段。不正常燃烧有爆震燃烧和表面点火(自行燃烧)两类。

4. 汽油供给装置主要由汽油箱、汽油泵、汽油滤清器、油压调节器、汽油压力脉动阻尼器、喷油器、供油管路、回油管路等组成。

5. 电动汽油泵将汽油自油箱内吸出，经滤清器过滤后，由油压调节器调压，通过油管输送给喷油器，喷油器根据ECU指令向进气管喷油。

6. 汽油喷射控制系统主要由各类传感器、ECU及执行元件等组成，其作用是根据各传感器反映发动机各种工况的信息，确定喷油器的开启时刻和开启时间，以确保供给发动机该工况下的最佳可燃混合气。

7. 空气流量计检测进气量，分为叶片式(翼片式、翼板式)空气流量计、热式空气流量计、卡门涡旋式空气流量计和量芯式空气流量计。

8. 进气歧管绝对压力传感器测量进气管压力，通常可以分为压敏电阻式、电容式和膜盒式三种类型。

9. 节气门位置传感器用以检测节气门的开度及开度变化，有开关式、线性式和综合式三种类型。

10. 冷却液温度传感器(水温传感器)和进气温度传感器分别用于检测发动机冷却液温度和进气温度，作为燃油喷射和点火正时控制修正信号。

11. 发动机转速与曲轴位置传感器的作用是给ECU提供曲轴转角基准位置(第一缸压缩上止点)信号，作为汽油喷射控制和点火控制的主控制信号，有电磁式、霍尔式和光电式三种类型。

12. 氧传感器用于检测排气中的氧浓度，提供空燃比校正的反馈信号。

13. 电控单元(ECU)是一种电子综合控制装置。ECU的存储器中存放了发动机各种工况的最佳喷油持续时间，在接受了各种传感器传来的信号后，确定满足发动机运转状态的汽油喷射量，并计算出控制喷油器的喷射时间。

14. CO是汽油在局部缺氧或低温下不完全燃烧的产物；HC是未燃的燃料、不完全燃烧或裂解反应的碳氢化合物及少量的氧化反应的中间产物；$NO_x$的生成是由氧和氮的反应所形成的。

15. 发动机的机内净化方法主要有改善发动机的燃烧状况和废气再循环等，机外净化方法主要有二次空气供给、三元催化转换器与空燃比反馈控制和曲轴箱强制通风等。

## 学习评价与技能测试

### 一、选择题

1. 下列说法正确的是(　　)。

A. 电控汽油发动机的控制任务是燃油喷射

B. 电控汽油发动机的控制任务是燃油喷射和怠速稳定

C. 电控汽油发动机的控制任务是燃油喷射和点火控制

D. 电控汽油发动机的控制任务是喷油控制、怠速控制、点火控制和其他辅助控制

2. 电控发动机怠速不平稳原因有进气管真空渗漏和(　　)等。

A. 电动汽油泵不工作　　B. 曲轴位置传感器失效

C. 点火正时失准　　D. 爆燃传感器失效

3. 下列(　　)是发动机电子控制系统正确诊断的步骤。

A. 静态模式读取和清楚故障码—症状模拟—症状确认—动态故障代码检查

B. 静态模式读取和清楚故障码—症状模拟—动态故障代码检查—症状确认

C. 症状模拟—静态模式读取和清楚故障码—动态故障代码检查—症状确认

D. 静态模式读取和清楚故障码—症状确认—症状模拟—动态故障代码检查

4. 检测电控汽油喷射系统燃油压力时，应将油压表接在供油管和(　　)之间。

A. 汽油泵　　B. 汽油滤清器　　C. 分配油管　　D. 喷油器

5. 学生 a 说，氧传感器的主要任务是为电控汽油发动机反馈排气中的氧含量，从而实现燃油的闭环控制。学生 b 说，通过氧传感器的闭环控制，可提高三元催化剂的转化效率和使用寿命。下列说法正确的是(　　)。

A. 只有学生 a 正确　　B. 只有学生 b 正确

C. 学生 a 和 b 都正确　　D. 学生 a 和 b 都不正确

6. 学生 a 说，检测电控汽油发动机的 ECU 端子时，可用高阻抗数字式万用表，直接测量各端子电压、电阻和频率等参数。学生 b 说，检测电控汽油发动机 ECU 的各端子参数时，不能拔掉线束插头，只能通过各端子线头，用高阻抗数字式万用表接探针进行刺探检查。下列说法正确的是(　　)。

A. 只有学生 a 正确　　B. 只有学生 b 正确

C. 学生 a 和 b 都正确　　D. 学生 a 和 b 都不正确

## 二、问答题

1. 发动机在各种不同工况下对可燃混合气浓度各有什么要求?
2. 电控汽油喷射系统总体由哪些部分组成？基本工作原理如何?
3. 电控汽油喷射系统的空气供给部分结构原理如何？如何进行检测?
4. 电控汽油喷射系统的燃油供给部分结构原理如何？如何进行检测?
5. 电控汽油喷射系统的电子控制部分结构原理如何？如何进行检测?

## 三、实操题

1. 电控汽油喷射系统主要传感器和执行器的测试。
2. 汽油系统压力检测。
3. 采用故障诊断仪器对电控汽油喷射系统进行查找故障码和读取数据流。

# 项目6

# 汽油机点火系统构造与维修

## 教学目标与要求

- 掌握微机控制的点火系统结构与原理
- 学会微机控制的点火系统检测与维修
- 学会用示波器对点火系统进行故障诊断
- 学会点火正时的调整方法

## 教学重点

- 微机控制的点火系统结构与原理
- 微机控制的点火系统检测与维修

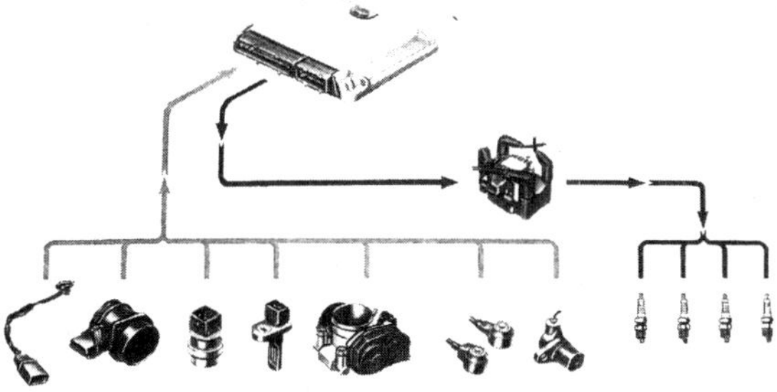

## 教学难点

- 用示波器对点火系统进行故障诊断
- 点火正时的调整方法

# 任务6.1 汽油机火花塞的结构与检测

故障案例：

某进口日产车，发动机维修以后就出现冷车怠速规律性抖动的现象，检查发现油路正常，火花塞高压分线来电正常，火花塞也有电，不知问题出在哪里？

## 6.1.1 点火系统的总体组成与工作原理

1. 点火系统的基本功用

点火系统的基本功用是在发动机各种工况和使用条件下，在气缸内适时、准确、可靠地产生电火花，以点燃可燃混合气，使发动机做功。

2. 点火系统的基本组成

现代汽车广泛采用微机点火系统，它主要由各种传感器、微机控制单元、点火组件(点火器、点火线圈)、火花塞等组成，如图6-1所示。

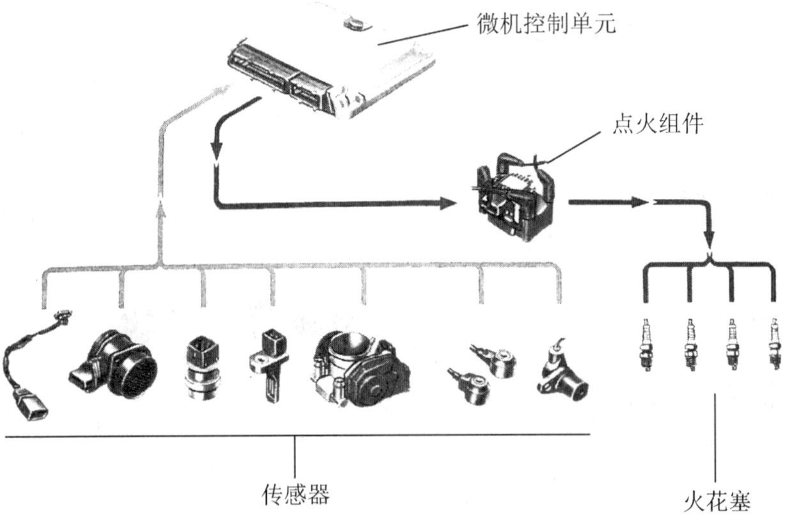


图6-1 微机点火系统基本组成

3. 点火系统的基本工作原理

在微机控制的点火系统中，由各种传感器检测发动机的工况信息，并送给微机控制单元进行分析和计算，再向点火组件发出控制信号，使火花塞产生击穿电压(一般可达 $3\times10^4$ V)而跳火，点燃气缸里的可燃混合气。

## 6.1.2 火花塞的结构原理

火花塞的功用是将点火线圈所产生的脉冲高压电引进燃烧室，并在其两个电极间产生电火花以点燃混合气。

1. 火花塞的构造

火花塞的结构如图 6－2 所示，在钢质壳体 4 的内部固有陶瓷绝缘体 2。在绝缘体中心孔的上部装有接线杆 3，接线杆上端有接线螺母 1，用来连接高压导线，下部装有中心电极 6。接线杆 3 与中心电极 6 之间用密封剂 5 密封，铜制垫圈 7 和 8 起密封和导热作用，壳体 4 上部的外侧，制成六角平面以便于拆装，下部的螺纹安装在发动机气缸盖的火花塞孔内，壳体下端固定有弯曲的侧电极 9。中心电极和侧电极一般都是分别采用不同的镍锰合金或贵金属合金制成的，具有良好的耐高温、耐腐蚀性能。火花塞的电极间隙一般为 0.6～0.7mm。采用高能电子点火装置，其火花塞间隙可增大至 1.0～1.2 mm。

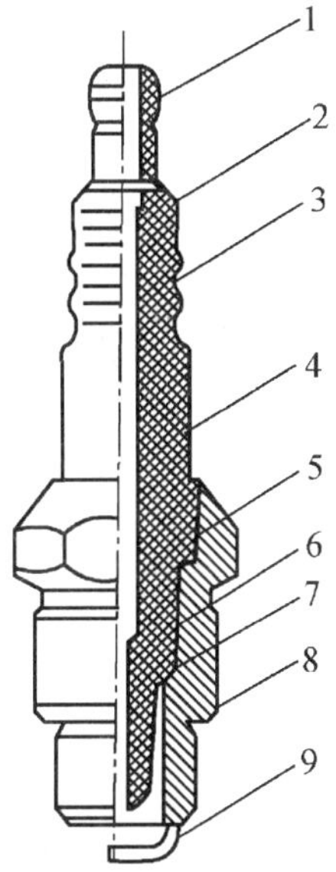


**图 6－2　火花塞构造**

1—接线螺母；2—绝缘体；3—接线杆；4—壳体；5—密封剂；
6—中心电极；7—紫铜垫圈；8—密垫垫圈；9—侧电极

2. 火花塞的热特性与类型

要使火花塞能正常工作，其绝缘体裙部的温度应保持在 773～1023K(500～750℃)，使落在绝缘体上的油滴立即烧掉，不致形成积炭，该温度为火花塞的“自净温度”。如果绝缘体裙部的温度低于自净温度，就会引起火花塞积炭；若温度过高，则混合气与炽热的绝缘体接触时，会引起炽热点火而产生形成早燃、爆燃等现象。

影响火花塞裙部温度的主要因素是裙部长度。按照裙部尺寸可分为以下三种类型，如图 6－3 所示。裙部越长，受热面积越大，散热路径越长，散热困难，则裙部温度越高，称为热型火花塞；反之，裙部越短，裙部温度越低，称为冷型火花塞；介于两者之间的称之为中型火花塞。热型火花塞适用于功率小、压缩比低的发动机；冷型火花塞适用于功率大、转速高和压缩比大的发动机，中型火花塞适用于转速较低的发动机。

火花塞也可按热值来进行分类。热值是火花塞热承受能力和散热能力的一个指标，

(a) 热型　(b) 中型　(c) 冷型

图 6－3　火花塞的热特性

由 1～9 九个数字组成，其中 1～3 为低热值(热型火花塞)，4～6 为中热值(中型火花塞)，7～9 为高热值(冷型火花塞)。火花塞编号的第二位即表示热值大小，火花塞的选用必须与发动机相匹配。热值过低会导致火花塞温度升得过高，从而导致异常燃烧爆燃，火花塞头部陶瓷烧损，破碎的陶瓷掉入发动机；热值过高会导致火花塞温度变得过低，易使火花塞头部产生积炭跑电，打不出火。本任务开始所述的日产车故障案例，本应该采用原机配套的普通型中型火花塞，结果采用了较贵的铂金火花塞，因为热值不同而产生了故障。

火花塞按照电极材料来分，有镍合金、银合金和铂合金、铱合金等。

按照火花塞的结构特点(图 6－4)又可以分为以下几种。

(1) 标准型火花塞：其绝缘体裙部略缩入壳体端面，侧电极在壳体端面以外，是使用最广泛的一种。

(2) 绝缘体突出型火花塞：绝缘体裙部较长，突出于壳体端面以外。它具有吸热量大、抗污能力好等优点，且能直接受到进气的冷却而降低温度，因而也不易引起炽热点火，故热适应范围宽。

(3) 细电极型火花塞：其电极很细，特点是火花强烈，点火能力好，在严寒季节也能保证发动机迅速可靠地起动，热范围较宽，能满足多种用途。

(4) 锥座型火花塞：其壳体和旋入螺纹制成锥形，因此不用垫圈即可保持良好密封，从而缩小了火花塞体积，对发动机的设计更为有利。

(5) 多极型火花塞：侧电极一般为两个或两个以上，优点是点火可靠，间隙不需经常调整，故在电极容易烧蚀和火花塞间隙不能经常调节的一些汽油机上常常采用。

(6) 沿面跳火型火花塞：即沿面间隙型，它是一种最冷型的火花塞，其中心电极与壳体端面之间的间隙是同心的。

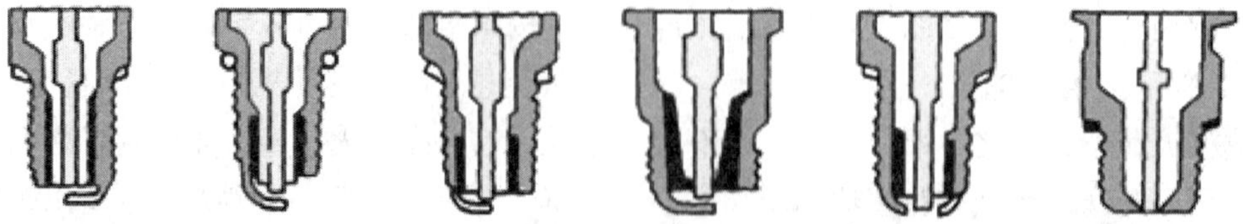

(a) 标准型　(b) 绝缘突出型　(c) 细电极型　(d) 锥座型　(e) 多极型　(f) 沿面跳火型

图 6－4　火花塞的结构类型

### 6.1.3　火花塞的检查与维修

1. 火花塞外观的检查

火花塞的绝缘体不得有破裂，否则应予更换；火花塞的旁电极严重烧蚀时，应予更换新品。

正常的火花塞应该表面干净，颜色为棕色或黄色、黄白色。如火花塞表面发黑说明有积炭或油污，可能是油气混合气过浓等原因引起的，需要用汽油或酒精浸泡清洗，并用毛刷刷净表面。

2. 火花塞电极间隙的检查调整

不同型号的发动机，火花塞的电极间隙不同，如桑塔纳 2000GLi 型轿车为 0.7～0.9mm，2000GSi 型轿车为 0.9～1.1mm。

测量和调整火花塞电极间隙应用专用量规进行，如图 6－5 所示。对于新的火花塞，可通过弯曲负电极来调整火花塞电极间隙。

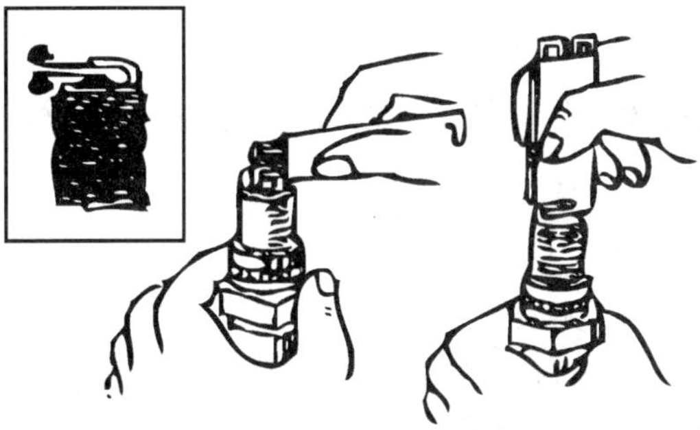

图 6－5　火花塞电极间隙的检查调整

**特别提示**

使用过的火花塞电极间隙不可调整。若火花塞电极间隙不在规定的范围内，应更换火花塞。

3. 火花塞插头电阻检查

用欧姆表测量火花塞插头电阻(图 6－6)，其电阻值应为(1±0.4)kΩ。若部件的电阻不在规定范围之内，应更换新件。

4. 火花塞绝缘电阻测量

用兆欧表测量火花塞绝缘电阻(图 6－7)，电阻值应为 10MΩ 或更大。

5. 火花塞跳火检查

将火花塞套入高压分线，火花塞外壳金属与机体搭铁(图 6－8)，起动发动机，观察火花塞跳火情况，火花呈蓝白色为正常，无火花或呈红色，说明火花塞或点火线路有问题，应继续检查。

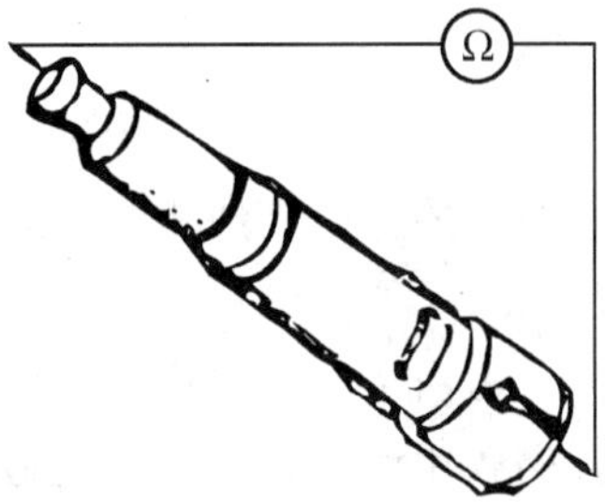

图 6-6　检查火花塞插头电阻

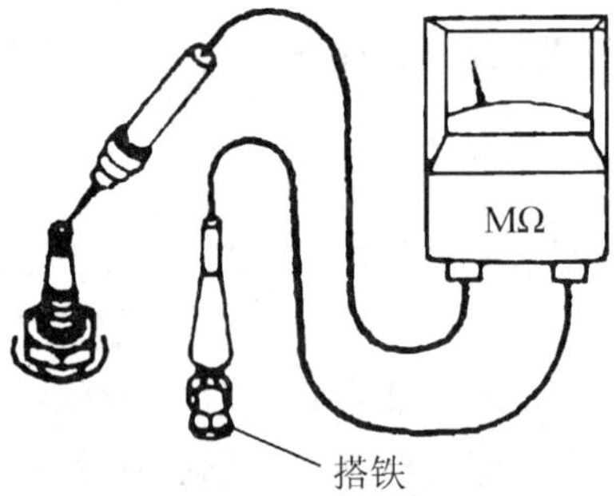


图 6-7　火花塞绝缘电阻测量

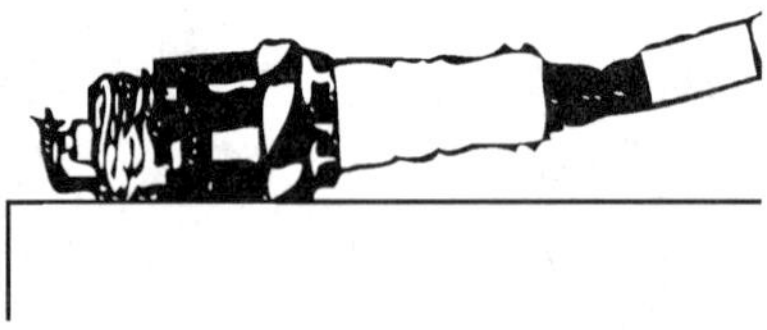

图 6-8　火花塞跳火检查

## 任务 6.2　爆燃传感器的结构与检测

故障案例：

一辆桑塔纳 3000 发动机，满负荷时感觉动力不足，尾气排放值超标，燃油消耗增加。检测发现曲轴位置传感器、凸轮轴位置传感器、空气流量计传感器、节气门位置传感器、冷却液温度传感器、进气温度传感器都正常，请分析故障原因。

微机控制点火系统有众多传感器，主要有曲轴位置传感器、凸轮轴位置传感器、空气流量计传感器、节气门位置传感器、冷却液温度传感器、进气温度传感器、爆燃传感器等。他们的技术状态如何，直接影响到发动机的运行工况。上述大部分传感器作用与结构原理，已经在项目 5 “汽油机燃料供给系统构造与维修” 中进行了论述，这里主要介绍爆燃传感器。

### 6.2.1　爆燃传感器作用原理

1. 爆燃传感器作用

爆燃传感器(图 6-9)安装于发动机缸体一侧，用以感知发动机爆燃情况，将信号反馈给控制单元后，适当的减小点火提前角，以防止发动机爆燃。

2. 爆燃传感器结构原理

爆燃传感器的结构如图 6-9 所示，压电元件一般是采用压电陶瓷片，当发动机产生爆燃时，气缸体即出现振动，使压电陶瓷片产生一电压信号，此电压信号经过滤波处理后传给微机控制单元，微机控制单元按存储器内的最佳点火提前角进行调整，将点火提前角稍稍推迟，当爆燃信号消失后，控制系统又逐渐增大点火提前角，如此不断往复，将点火提前角始终控制在接近爆燃的范围内。可见爆燃信号是系统进行点火控制的重要反馈信号。

(a) 实物

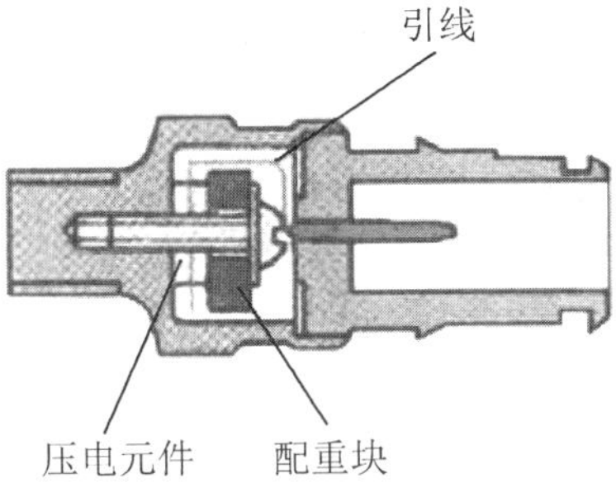


(b) 结构

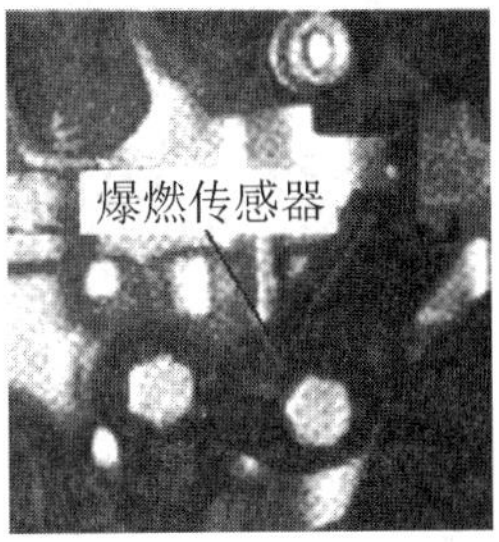


(c) 装配位置

**图 6-9　爆燃传感器**

### 6.2.2　爆燃传感器的检测

1. 查看故障码

(1) 通过检查灯查看，如果仪表板检查灯亮、灭次数是“5、2”，即表示爆燃信号系统异常。

(2) 通过 ECU 检测仪直接查看，故障代码是“52”，即表示爆燃信号系统异常。

2. 电阻值检测

爆燃传感器接线端子与外壳间的电阻值应为∞，如电阻值为 0Ω，应更换。

爆燃传感器为 3 针插头，用欧姆表测量触点 1 和触点 3，触点 1 和触点 2，触点 2 和触点 3 之间的电阻值都应为∞，如电阻值为 0Ω，应更换。

3. 脉冲电压检测

拔下爆燃传感器的接线端子，在怠速时用数字万用表检查接线端子和搭铁间的电压，正常时应有脉冲电压输出。

4. 振动频率检测

用汽车数字万用表检测。将万用表变挡开关换到 Hz(频率)挡。将表的红表笔接爆燃传感器的信号输出端子，黑表笔接外壳。然后用硬物(橡胶锤不行)敲击传感器的螺纹端，注意要垂直于螺纹的方向敲击，在敲击的瞬间，万用表显示出数字。敲击力大，显示数字也大(图 6-10)；敲击停止，数字消失。这表示爆燃传感器受到振动时，有信号输出，传感器完好。否则，传感器已损坏。

5. 示波器检测

把示波器的探头设置在爆燃传感器的连接器端子上，并用小锤轻轻敲击发动机缸壁，输出的信号波形的峰-峰电压值为 0 或低于 350mV 左右(正常的爆燃传感器输出的信号波形的峰-峰电压值应为 800mV 左右)，说明该爆燃传感器或线路有故障。

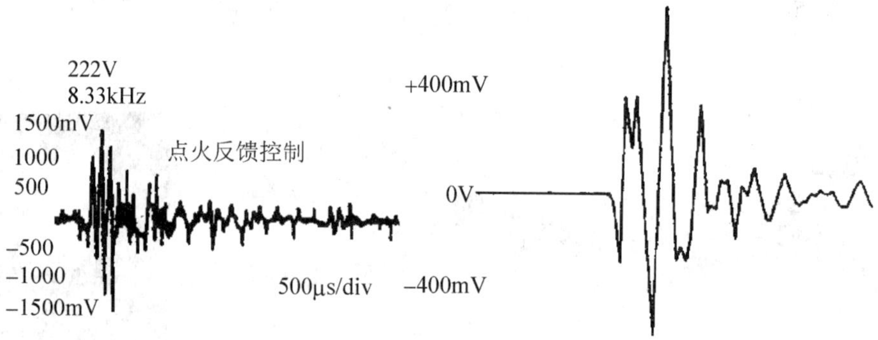


(a) 爆燃传感器波形　　(b) 轻击爆燃传感器顶部产生的波形

**图 6-10　振动频率法检测爆燃传感器**

### 6.2.3　爆燃传感器的失效保护

爆燃传感器信号失效后，会进入失效保护状态，控制单元自动将点火提前角推迟 5°～16°。此时会造成满负荷时发动机动力不足，尾气排放值超标，燃油消耗增加。案例所说的故障就是因为爆燃传感器失效引起的。

## 任务 6.3　汽油机点火提前角的控制

故障案例：

一辆丰田佳美汽车，行驶中发动机工作状态突然恶化，加大节气门开度时发出尖锐的金属敲击爆燃声，感觉发动机动力不足。

### 6.3.1　汽油机点火提前角

1. 点火提前角及其对发动机工作的影响

点火提前角指从火花塞产生电火花开始到活塞运动到上止点的曲轴转角。它对汽油机的动力性能、经济性能和排放性能都有明显的影响。

点火提前角过大，则大部分混合气在压缩过程中燃烧，活塞所消耗的压缩功增加，且最高压力升高，末端混合气燃烧前的温度较高，爆震燃烧倾向加大。

点火过迟，则燃烧延长到膨胀过程，燃烧最高压力和温度下降，传热损失增多，排气温度升高，热效率降低，但爆燃倾向减小，$NO_x$升高，功率、排放量降低。

2. 最佳点火提前角及其影响因素

(1) 最佳点火提前角。使发动机功率最大、燃料消耗最低、有害排放最少的点火提前角即为最佳点火提前角。但实际工作中，很难兼顾多方面，只能根据对发动机的具体要求有所侧重。

(2) 最佳点火提前角影响因素。最佳的点火提前角随许多因素变化，最主要的因素是发动机转速和混合气的燃烧速度，混合气的燃烧速度又和混合气的成分、燃烧室形状、压缩比等因素有关。

当发动机转速一定时，随着负荷的加大，节气门开大，进入气缸的可燃混合气量增多，压缩终了时的压力和温度增高，同时，残余废气在气缸内所占的比例减小，混合气燃烧速度加快，这时，点火提前角应适当减小。反之，发动机负荷减小时，点火提前角则应适当增大。

当发动机节气门开度一定时，随着转速增高，燃烧过程所占曲轴转角增大，这时，应适当加大点火提前角。点火提前角应随转速增高适当加大。

另外，点火提前角还和汽油的抗爆性能有关，使用辛烷值高、抗爆性能好的汽油，点火提前角应较大。

### 6.3.2 汽油机点火提前角的控制

点火提前角控制包括两个阶段，起动点火控制和起动后点火控制。

1. 起动点火控制

当发动机起动时，由于其转速较低，再加上进入的空气质量不稳定。因此空气流量VG信号或绝对压力PIM信号不能被用作控制信号。所以，点火时间设置在初始点火时间角。初始点火时间角是由发动机ECU的备份IC控制的。

此外，转速信号NE用于确定发动机是否被起动，并且当发动机转速小于或等于500r/min时，表明发动机正在起动，也就是说超过500r/min时转为起动后点火控制。根据发动机型号不同，有些车型的发动机ECU是在接收到起动信号(STA信号)时才起动的。

2. 起动后点火控制

起动后点火控制就是当发动机起动后正常运转时的有效控制。这种控制是通过对初始点火正时角和基本点火提前角进行各种校正来完成的，即

起动后点火正时角＝初始点火正时角＋基本点火提前角＋校正点火提前角

(1) 基本点火提前角。基本点火提前角是由NE信号和VG信号或者PIM信号来决定的。决定基本点火提前角的NE信号和VG信号被储存在发动机ECU的内存中，发动机怠速和非怠速分别控制，如图6-11和图6-12所示。

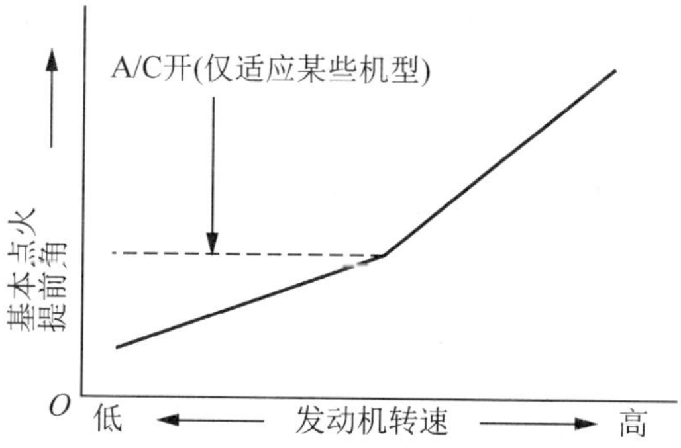


图6-11 怠速时基本点火提前角数据

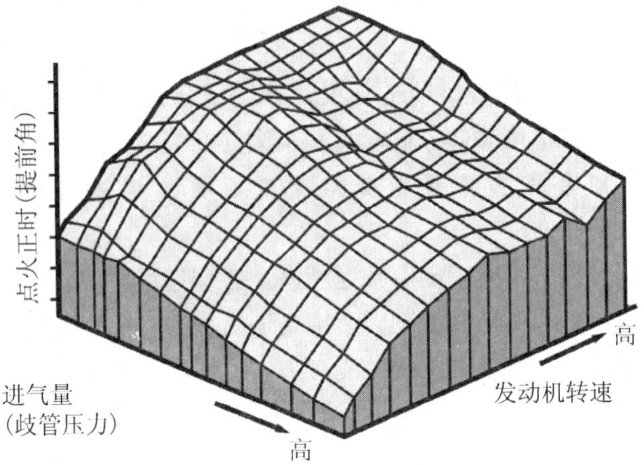


图 6-12　非怠速时基本点火提前角数据

怠速时基本点火提前角控制是由怠速 IDL 信号决定的，IDL 信号打开时，根据发动机转速决定点火正时提前角。

非怠速即 IDL 信号关闭时，点火正时根据 NE 信号和 VG 或者 PIM 信号来确定，基本点火提前角的值被存入发动机 ECU，根据每个转速信号和进气量信号就能找到一个对应的基本点火提前角数值。

一般来讲，一种发动机使用燃油的辛烷值应该固定，如要求使用 93＃或 97＃汽油，发动机存储的基本点火提前角也是根据辛烷值确定的。

(2) 校正点火提前角。发动机运行时，仅靠初始点火提前角与基本点火提前角无法实现各种工况下最佳的点火正时，因此发动机还根据节气门位置、水温、气温、爆燃等信号对点火正时进行校正。不同机型点火正时校正的内容和方式可能相差较大，一般是在基本点火提前角的基础上用加、减、乘系数或两者结合的方式。

① 预热校正。发动机起动后的暖机过程中，冷却液温度低，火焰燃烧速度较慢，需要增大点火提前角改善发动机性能。在极冷的条件下，通过该校正功能可将点火时间角提前大约 15°。水温超过一定值时如 80℃时预热校正停止，如图 6-13 所示。

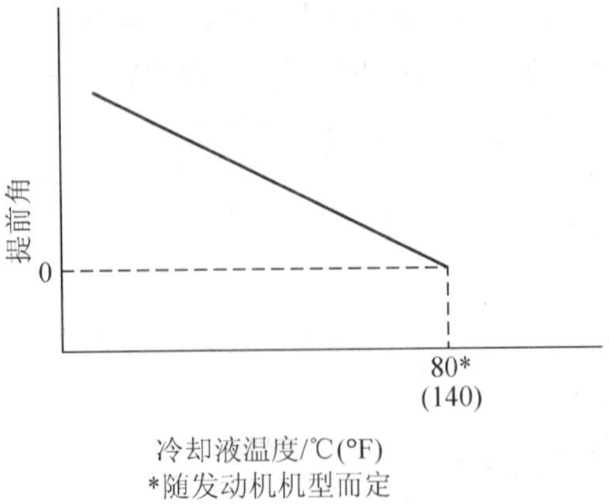


图 6-13　预热校正

② 过热校正。当冷却液温度过高时，点火时间将被延迟以防止爆燃或过热。这种校正使点火时间角度延迟最大5°，如图6-14所示。

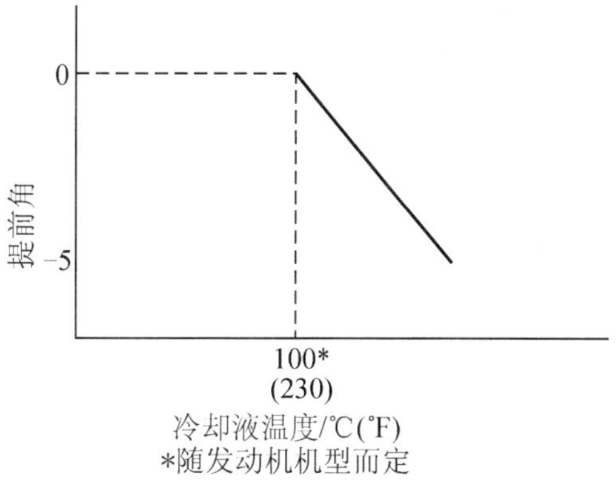


图6-14　过热校正

某些机型也参照空气计量计信号(VG或PIM)、发动机转速信号(NE)或节气门位置信号(IDL)等信号进行过热校正控制。

③ 稳定怠速校正。发动机怠速时，实际转速会偏离目标怠速转速，那么发动机ECU将会调节点火时间以使发动机转速稳定，如图6-15所示。

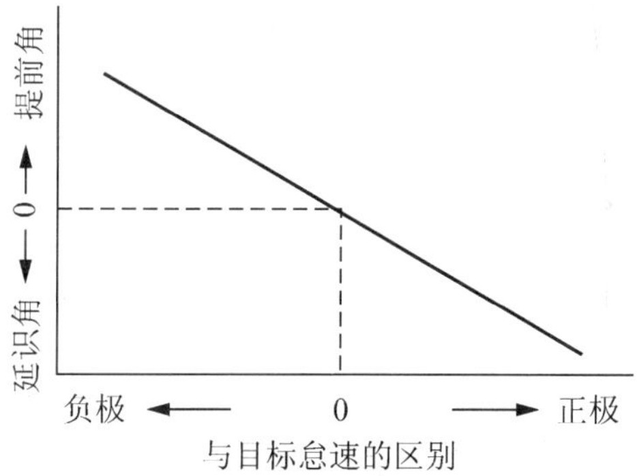


图6-15　稳定怠速校正

发动机ECU不断地计算出发动机的平均速度。因此，如果发动机转速降至目标怠速转速以下，发动机ECU将会使点火时间提前预设角度。如果发动机转速高于目标怠速转速，则发动机ECU将延迟预设角度。这种校正，点火时间角度变化值最大为±5°。

某些车型发动机会区分空调器的打开或关闭状态进行角度提前控制。某些车型仅是当发动机转速低于目标速度时才使用这种校正。

④ 爆燃校正。如果发动机出现爆燃，爆燃传感器则会把爆燃产生的振动转化为一个电压信号(KNK信号)并把它传给发动机ECU。发动机ECU根据KNK信号的强度来判断爆燃是强烈、中等强或弱。然后ECU通过延迟点火时间进行校正，以使点火时间和KNK信号的强度相一致，如图6-16所示。

通过这种爆燃校正，点火正时角度延迟最大为10°。

某些机型在几乎整个负荷范围内都进行爆燃校正，而其他机型只在高负荷时使用这种校正方法。

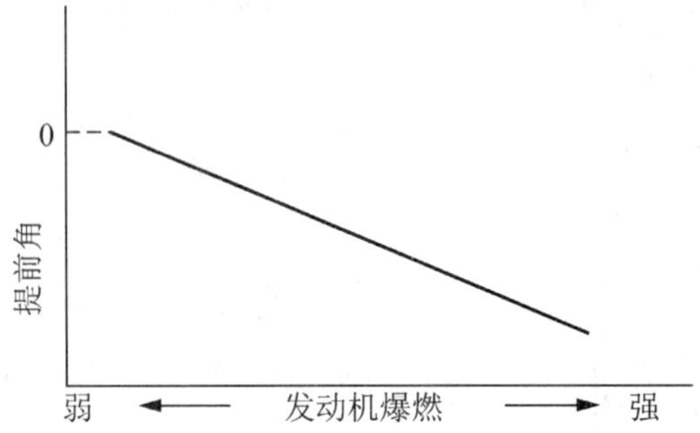


图 6-16 爆燃校正

⑤ 其他校正。还有一些发动机型点火系统增加了下列几种校正，以便更准确有效地控制点火时间：

a. 空燃比例反馈校正。发动机的速度随着喷油量的增加/减少而相应变动，为了保持怠速稳定，在空燃比例反馈校正中，要使点火时间提前或迟后以和进入的空气量相匹配。在车辆行驶中不执行这种校正方式。

b. EGR(废气再循环)校正。当废气再循环工作时，混合气中废气含量比例增多，火焰燃烧速度减小，要增大点火提前角以便和进入的空气质量和发动机转速相一致，提高发动机性能，最终改善其行车性。

c. 转矩控制校正。由于车辆配备了电子控制自动变速器，为了减小换挡冲击，使换挡过程平顺，通过延迟点火正时以降低发动机转矩。

d. 转换校正。当从减速转换为加速时，点火时间需要提前或者延迟以便满足加速过程的需要。

e. 巡航控制校正。当以巡航控制行驶时，在下坡行驶中，巡航控制 ECU 发出一个信号给发动机 ECU 以延迟点火正时，使得在制动过程中产生的发动机转矩变化最小，以执行平稳巡航控制。

f. 牵引力控制校正。牵引力控制工作时，为了降低发动机转矩，延迟点火正时。

上述点火正时调节信号缺失，将导致案例所出现的爆燃现象，应重点检查控制点火正时的凸轮轴位置传感器和爆燃传感器。

## 任务 6.4 点火线圈和点火器的结构与检测

故障案例：

一辆桑塔纳汽车起动后发动机无着车迹象，经检查发现点火线圈和点火控制模块烧坏，更换后故障排除。

### 6.4.1 点火线圈

1. 点火线圈的作用和结构

点火线圈相当于一个自耦变压器，能将 12V 的低压直流电变换成 20kV 以上的高压直流电。

目前点火线圈广泛采用闭磁路式形式(图 6－17)，它采用“日”字形铁心，一次绕组绕在里面，二次绕组绕在一次绕组的外面，次级线圈的匝数大约是初级线圈的 100 倍。其磁路如图 6－18 所示，磁力线经铁心形成闭合磁路(为了减小磁滞现象，常设有一个很微小的间隙)。

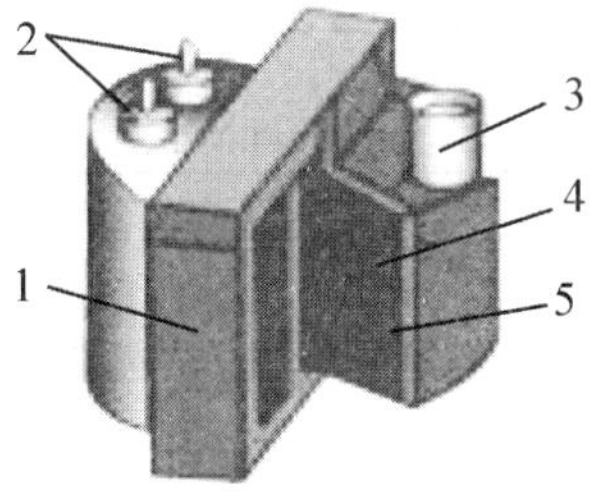


图 6－17　闭磁路式点火线圈

1—“日”字形铁心；2——次绕组接线柱；3—二次高压接线柱；4——次绕组；5—二次绕组

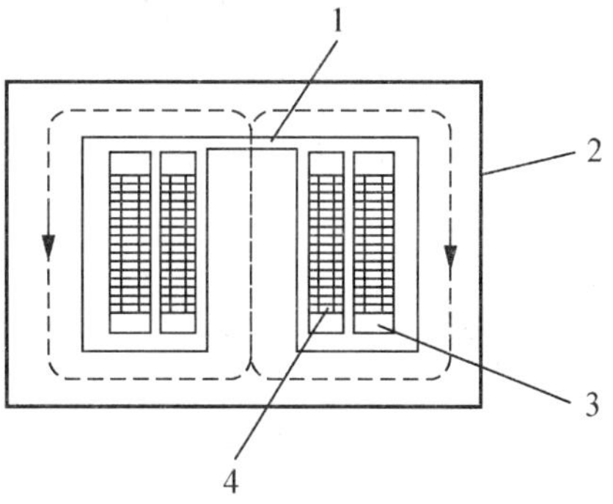


图 6－18　闭磁路式点火线圈的磁路

1—空气隙；2—“日”字形铁心；3——次绕组；4—二次绕组

初级线圈的一端连接在点火器上，次级线圈的一端连接在火花塞上，两个线圈各自的另一端则连接在蓄电池上，其结构原理如图 6－19 所示。

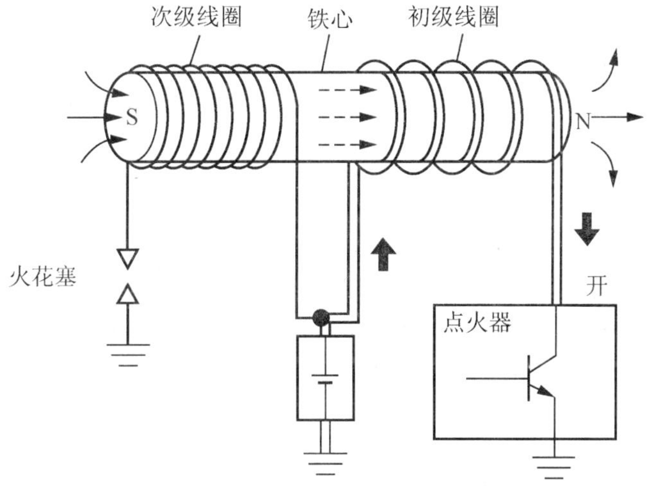


图 6－19　点火线圈工作原理

2. 点火线圈的工作原理

如图 6－19 所示，点火线圈的初级线圈通电时，其周围产生磁场，并由于铁心作用而加强。点火器断开低压电路时，一次电流迅速降为零，铁心中的磁场随之迅速衰减以至消失，匝数多导线细的二次绕组中感应出 25000～30000V 电压，使火花塞电极之间的间隙被击穿，产生电火花。在次级线圈中电阻就是火花塞电极间的间隙，电极间隙越大，电阻就越大，所需的击穿电压就越高。

### 6.4.2 点火器

点火器的作用就是按发动机电子控制单元(ECU)输出的点火正时信号(IGT)精确地中断流往点火线圈的一次电流，它可以将电子控制系统输出的点火信号进行功率放大，以驱动点火线圈工作，在适当的时机导通与截止一次侧点火电路。桑塔纳 2000GSi 点火器的结构及内部控制电路如图 6-20 所示。

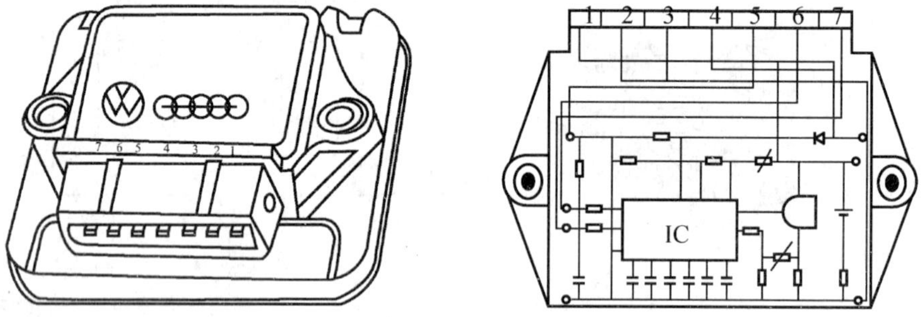


(a) 结构　　(b) 控制电路

图 6-20　桑塔纳 2000GSi 点火器的结构及内部控制电路

#### 1. 点火正时信号

点火正时信号(IGT)是 ECU 发给点火器的指令，高电平时点火器接通一次侧电路，低电平时点火器断开一次侧电路。

闭合角是指 IGT 信号通电脉冲时凸轮轴的转角。如果闭合角固定，发动机转速低时，点火器接通一次侧电路，一次电流逐渐增大。当一次电流达到规定值时，点火器将调节电流以限定最大电流值，保持一次电流稳定。但是当发动机转速升高时，一次电流持续时间减小，导致充电电流达不到规定值，点火器会控制延长通电时间。

目前更多发动机的点火闭合角不是固定的，而是由 ECU 通过 IGT 信号控制，其实质是直接控制一次电流通电时间或一次电流的大小，如图 6-21 所示。

当 IGT 信号从通转换至断时，点火器关断一次电流。一次电流被关断的瞬间，在初级线圈中产生几百伏的自感电压，而在次级线圈中产生几万伏的高电压。

#### 2. 点火确认信号

点火器按发动机 ECU 的 IGT 信号，精确地中断点火线圈中的一次电流。然后，点火器又按一次电流的电流值，向发动机的 ECU 输送 1 个点火确认信号(IGF)，如图 6-22 所示。当来自点火器的一次电流达到预定值 IF1 时，IGF 信号即被输出。当一次电流超过预定值 IF1 时，此系统就判定所需的电流量已流过，因而允许 IGF 信号回至其原来的电压。(IGF 信号的波形随发动机型号而不同。)如果发动机 ECU 未收到 IGF 信号，则可认定点火系统内存在故障。为防止过热造成的不良影响，发动机 ECU 停止燃料喷射，并将故障储存在诊断功能中。但是，发动机 ECU 不能探测二次电流电路中的故障，因此发动机 ECU 只能监视一次电流电路中的 IGF 信号。

在有些发动机型号上，IGF 信号是通过一次电压判定的。

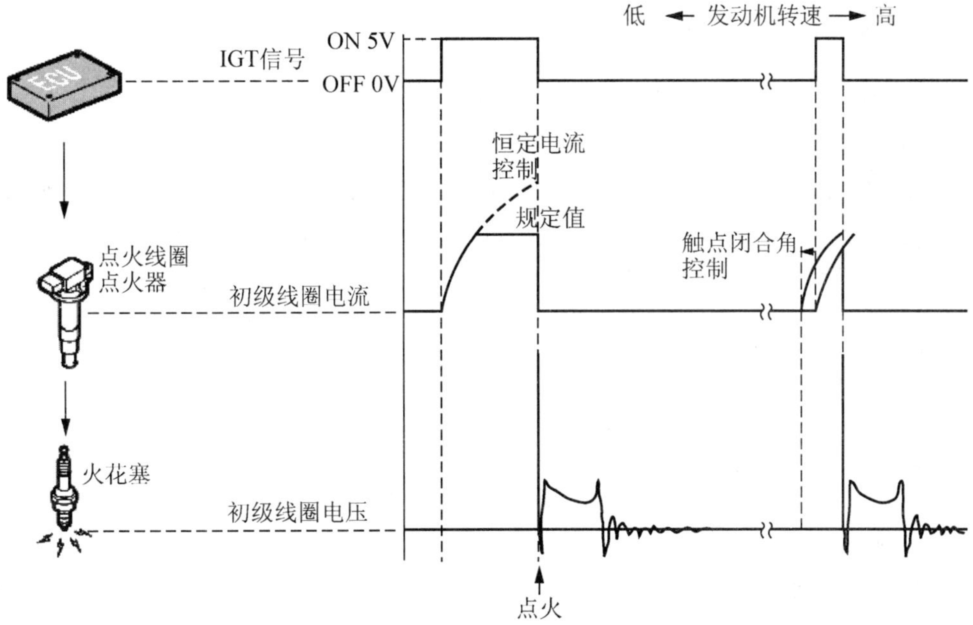


图 6－21　点火正时信号 IGT

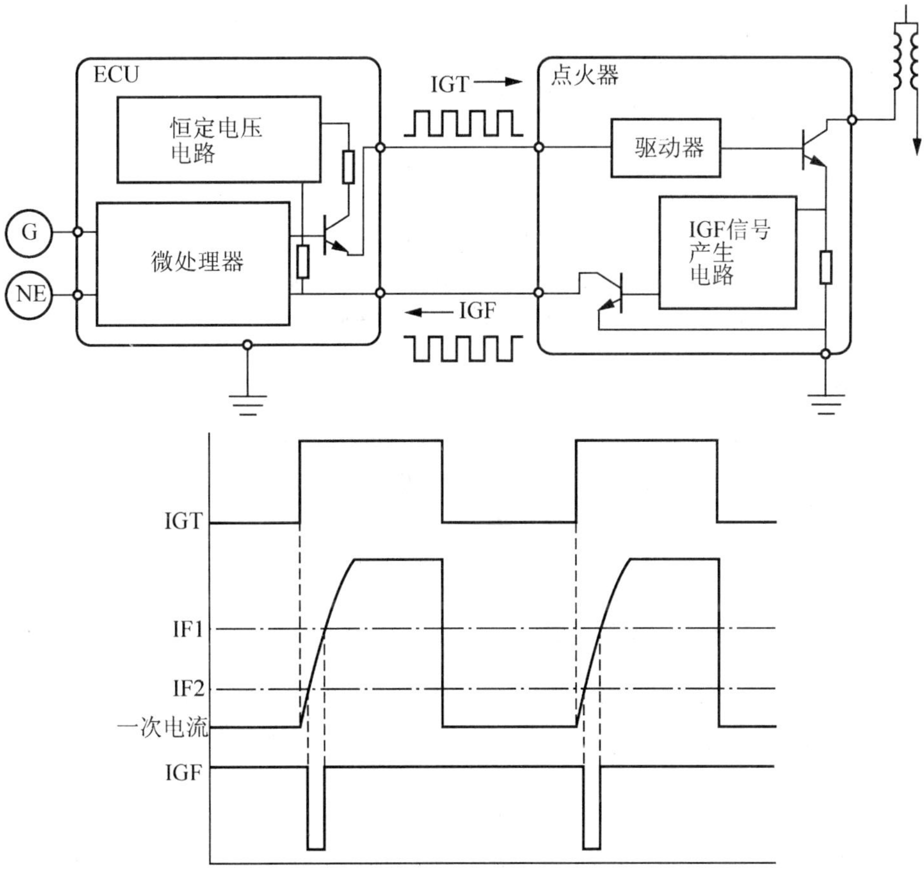


图 6－22　点火确认信号 IGF

### 6.4.3　点火器与点火线圈的配置

目前广泛采用的汽油机点火系统有分组点火和单独点火两种。

1. 分组点火

如桑塔纳2000GSi发动机，两个同步缸共用一个点火线圈(图6-23)时，次级线圈串联，当点火线圈初级线圈断电时，一个气缸处于压缩行程上止点为有效点火，另一个同步气缸处于排气行程上止点为无效点火。处于排气行程的气缸压力很低，火花塞电极间隙的击穿电压很低，加之废气中导电离子很多，其火花塞电极很容易被高压击穿，消耗能量很低，对压缩行程有效点火气缸火花塞的击穿电压和火花塞燃点能量影响很小。

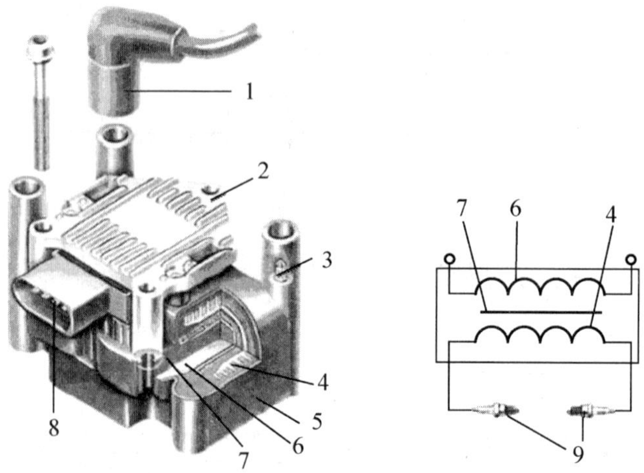


(a) 点火线圈与点火器总成　　(b) 双火花点火线圈示意图

**图6-23　两个同步缸共用一个点火线圈**

1—点火线接头；2—功率输出驱动级；3—高压接头；4—次级线圈；5—壳体；6—初级线圈；7—铁心；8—插头；9—火花塞

2. 单独点火

每缸独立用一个点火线圈(图6-24)，带点火器的点火线圈，直接连接在每个气缸的火花塞上。所有的高压部件都装在气缸盖上的金属屏障内，可以明显降低点火系统对其他电控系统的电磁干扰；没有高压阻尼线，减少了故障点；高压电流过的距离缩短，电压损失少，增大了点火闭合角，增大点火能量，保证高速时的工作稳定性。

### 6.4.4　点火器与点火线圈的检测

以桑塔纳2000GSi发动机为例，拔下点火线圈4针插头(图6-25)，用发光二极管测试灯连接蓄电池正极和插头上端子4，发光二极管测试灯应亮。如果测试灯不亮，检查端子4和接地点的线路是否有断路。

测试点火线圈的供电电压：拔下点火线圈的4针插头，用发光二极管测试灯连接在发动机接地点和插头上端子2之间，打开点火开关，发光二极管测试灯应亮。如果测试灯不亮，检查中央电器D插头23端子与4针插座端子2之间线路是否断路。

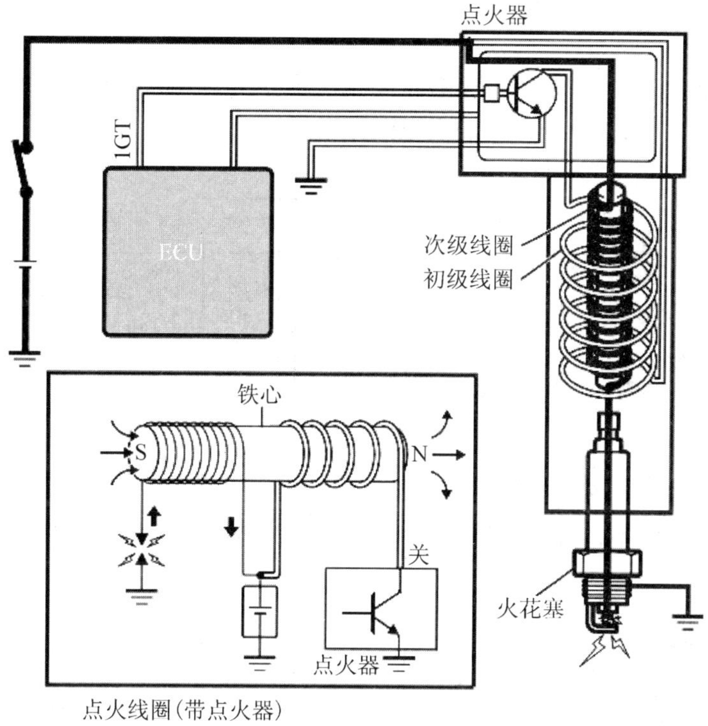


图 6－24　每缸独立用一个点火线圈

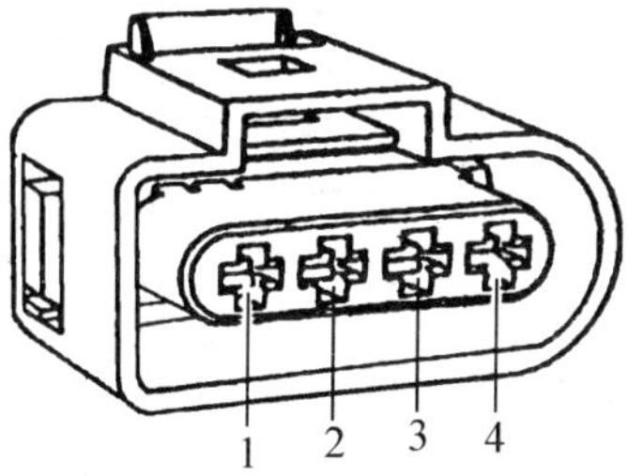


图 6－25　点火线圈 4 针插头

测试点火线圈工作：拔下 4 个喷油器的插头和点火线圈的 4 针插头，打开点火开关，用发光二极管测试灯连接发动机接地点和插头上端子 1，接通起动电动机数秒，测试灯应闪亮，然后用测试灯连接发动机接地点和端子 3，接通起动电动机数秒，测试灯应闪亮。如果测试灯不闪，检查点火线圈插头上端子和发动机控制单元线束的插头间导线是否开路或短路，如果线路正常，应更换发动机 ECU。

## 任务 6.5　ECU 故障检测

故障案例：

一辆桑塔纳汽车无法起动，用电脑故障检测仪检测发动机 ECU 没有通信，检测各传感器和火花塞均支持，更换 ECU 后故障排除。

### 6.5.1 ECU结构原理

ECU由中央处理器(CPU)、存储器(RAM、ROM)、输入输出接口(I/O)、模数和数模转换器(A/D、D/A)以及整形、驱动电路等组成(图6-26)。

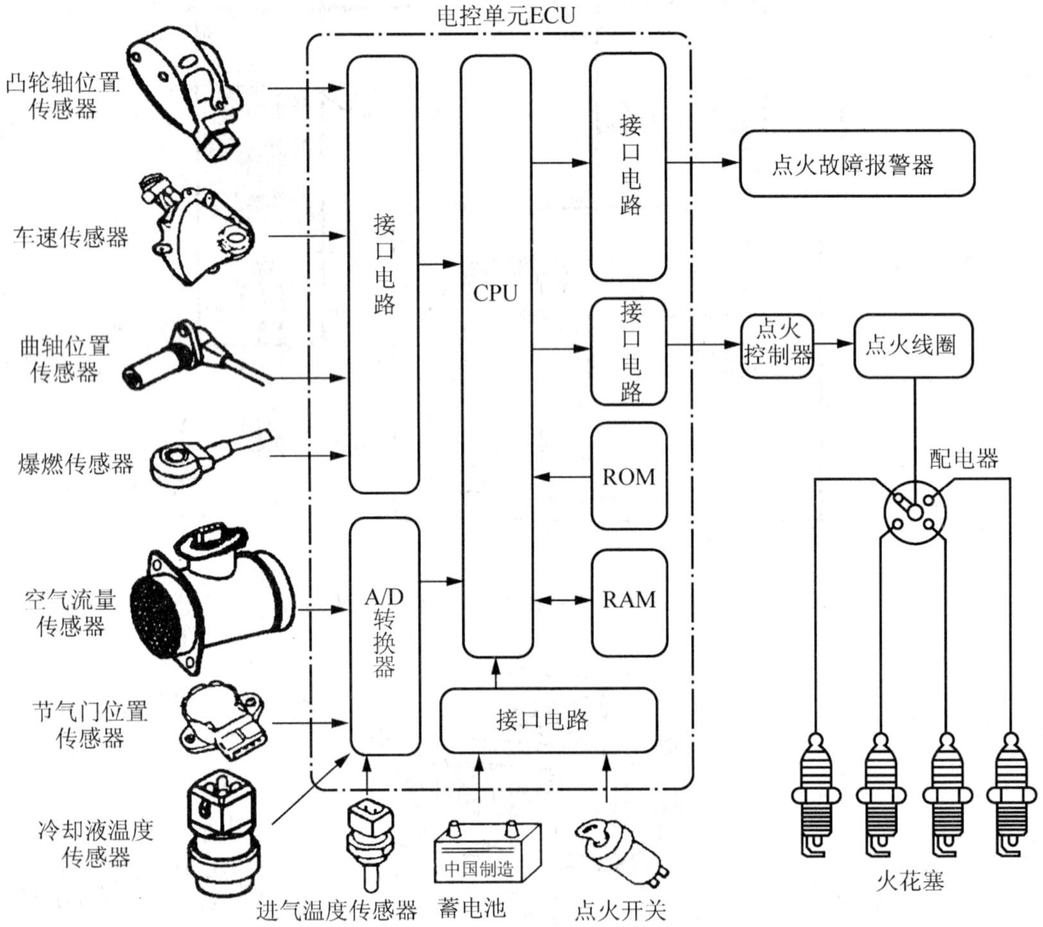


图6-26 电控单元ECU

中央处理器是ECU的核心部分，它具有运算和控制功能。发动机运行时，它采集各种传感器的信号，进行运算处理，根据运算结果发出控制信号，控制执行器，如点火控制器模块。存储器用来存放过程控制的各种程序、运算的中间结果及通过大量试验获得的原始数据，如发动机在各种转速和负荷时的最佳点火提前角。输入输出接口用来连接CPU与外部设备。A/D、D/A转换器将传感器输入的模拟信号转变成数字计算机能够处理的数字信号，或者把计算机发出的控制信号转换成模拟信号，用于控制被控对象。整形电路将传感器输入信号转变成理想的波形，驱动电路对计算机发出的控制信号进行放大，使其能够驱动执行器。

### 6.5.2 ECU的检修

控制系统的检修，主要是线路的检修。以桑塔纳2000GSi发动机为例，其M3.8.2ECU

的接线插座如图 6－27 所示，发动机 ECU 为 80 个端子，接线与一个 52 个端子的插头和一个 28 个端子的插头相连接。

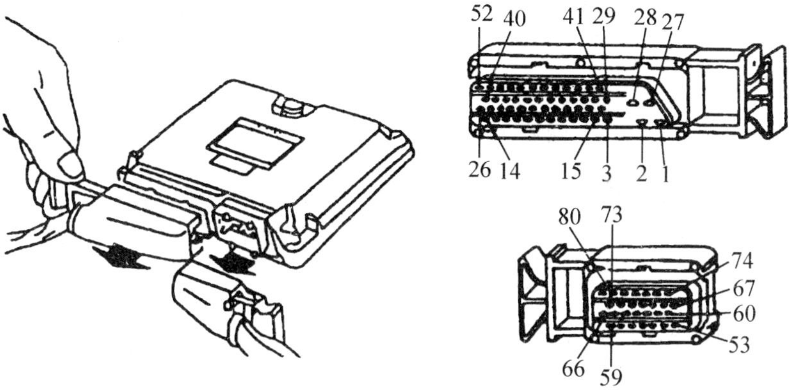


(a) 拔下插头　　(b) 插头端子(图中各序号为EUC端子号)

**图 6－27　M3. 8. 2ECU 的插头与插座**

检测前先关闭点火开关，从 ECU 上拔下插头，再拔下要检测的组件插头，检测其接线的电阻。检测时，为了避免损坏电子组件，要注意量程必须符合检测条件。检测项目见表 6－1。

**表 6－1　ECU 线路检测项目**

| 检测步骤 | 检测项目 | | 检测部位 | | 额定值/Ω |
|---|---|---|---|---|---|
| | | | ECU 插座端子号 | 组件插座端子号 | |
| 1 | 至空气质量计(G70) | | 11 | 4 | ＜0.5 |
| | | | 12 | 3 | ＜0.5 |
| | | | 13 | 5 | ＜0.5 |
| 2 | 节气门控制部件(J338) | 至节气门定位器(V60) | 66 | 1 | ＜1 |
| | | | 59 | 2 | ＜1 |
| | | 至怠速开关(F60) | 69 | 3 | ＜0.5 |
| | | 至节气门电位计(G69) | 62 | 4 | ＜0.5 |
| | | 至怠速开关(F60) | 75 | 5 | ＜0.5 |
| | | | 67 | 7 | ＜0.5 |
| | | 至节气门定位电位计(G88) | 74 | 8 | ＜0.5 |
| | | 怠速开关闭合 | 67 与 69 | | ＜1 |
| | | 怠速开关打开 | 67 与 69 | | ∞ |
| 3 | 至水温传感器(G62) | | 67 | 1 | ＜1 |
| | | | 53 | 3 | ＜0.5 |
| 4 | 至进气温度传感器(G72) | | 54 | 1 | ＜0.5 |
| | | | 67 | 2 | ＜1 |

续表

| 检测步骤 | 检测项目 | 检测部位 | | 额定值/Ω |
|---|---|---|---|---|
| | | ECU插座端子号 | 组件插座端子号 | |
| 5 | 至发动机转速传感器(G28) | 发动机搭铁点 | 1 | <0.5 |
| | | 63 | 2 | <0.5 |
| | | 56 | 3 | <0.5 |
| | | 6 | D26 | <0.5 |
| 6 | 至氧传感器(G39) | 熔丝530 | 1 | 通 |
| | | 27 | 2 | <20 |
| | | 25 | 3 | <1.5 |
| | | 26 | 4 | <1.5 |
| 7 | 至点火线圈(N152) | 搭铁点 | 4 | 通 |
| | | | 2与D23 | 通 |
| | | 78 | 3 | <0.5 |
| | | 71 | 1 | <0.5 |
| 8 | 至霍尔传感器(G40) | 62 | 1 | <0.5 |
| | | 76 | 2 | <0.5 |
| | | 67 | 3 | <1 |
| 9 | 至活性炭罐电磁阀(N80) | 15 | 2 | <0.5 |
| | | 熔丝530 | 1 | 通 |
| 10 | 至空调压缩机 | 8 | 压缩机电磁开关插头触点 | <0.5 |
| 10 | 至空调压缩机 | 10 | 空调(A/C)开关 | <0.5 |
| 11 | 至车速传感器 | 20 | 3 | <0.5 |
| 12 | 至爆燃传感器(G61) | 68 | 1 | <0.5 |
| | | 67 | 2 | <1 |
| | | 2 | 3 | <0.5 |
| 13 | 至爆燃传感器(G66) | 60 | 1 | <0.5 |
| | | 67 | 2 | <1 |
| | | 2 | 3 | <0.5 |
| 14 | 至1缸喷油器(N30) | 73 | 2 | <1.0 |
| 15 | 至2缸喷油器(N31) | 80 | 2 | <1.0 |
| 16 | 至3缸喷油器(N32) | 58 | 2 | <1.0 |
| 17 | 至4缸喷油器(N33) | 65 | 2 | <1.0 |

# 任务 6.6　汽油机点火波形检测

故障案例：

一辆桑塔纳汽车工作时转速波动大，用示波器检测，发现第三缸击穿电压和火花线都太低(图 6－28)，更换该缸火花塞后即工作正常。

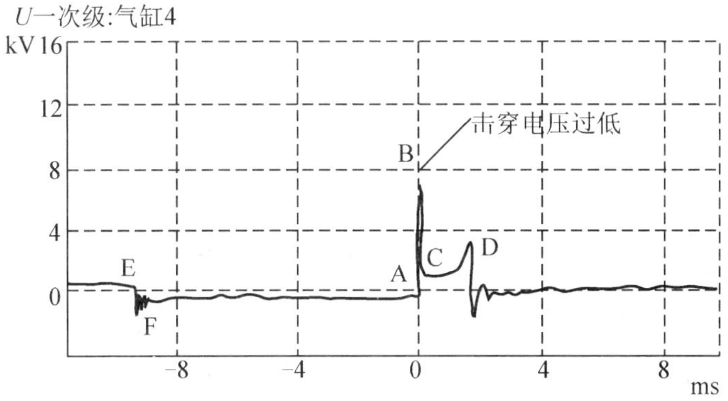


图 6－28　第三缸火花塞点火波形

常规的断缸、缸外点火测试已经无法精确判断现代汽车发动机点火系统工作是否正常，而示波器的波形检测具有实时性、不间断性和直观性，既可做定量故障分析，又能捕捉到瞬间的故障信息。

发动机点火系统波形检测可采用汽车示波器检测(图 6－29)，按照要求将示波器电缆与发动机点火系统连接，起动发动机，即可以分别检测出次级和初级点火波形。

图 6－29　汽车示波器

## 6.6.1　点火系统次级点火波形检测

### 1. 标准的次级点火波形

次级点火波形由点火闭合角(充磁时间)、击穿电压、燃烧电压、燃烧线和点火线圈振荡线组成，次级电压点火标准波形如图 6－30 所示。

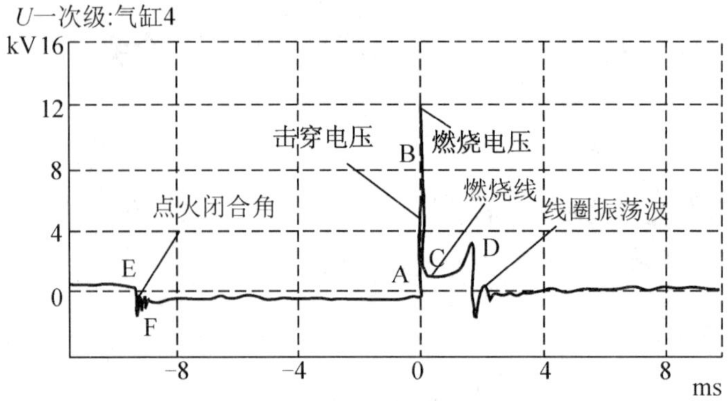


图 6－30　次级点火波形

1）点火闭合角

各缸的点火闭合角 EF 段(充磁时间)应相同，波形线应保持相对一致的波形下降沿，平稳地缓缓地下降，不应有峰值出现。

2）击穿电压

击穿电压 AB 段是火花塞实际点火电压，近似一根垂线，其高度就是克服次级电路电阻所需要的电压。

在点火模块截止时，初级电流下降为零，磁通量也迅速减小，于是次级线圈产生的高压急剧上升，在最大值前，击穿火花塞电极间隙，此时电压为击穿电压。电喷发动机击穿电压应明显高于燃烧电压，这样才能保证点火系统工作的稳定性。发动机在怠速和中小负荷时缸压相对较低，击穿电压也相对低些。在大负荷和急加速时缸压高，击穿电压也相对高些。

3）燃烧电压

燃烧电压 BC 段是混合气实际燃烧所需电压，在理想空燃比时为 10000V，是为克服电极间隙所需要的最高电压。混合气过稀，燃烧电压就相对低些；混合气过浓，燃烧电压就相对高些。火花塞电极间隙是次级电路中最大的电阻。

4）燃烧线

燃烧线 CD 段开始于火花塞停止点火、次级线圈剩余电压消散之时，表明混合气的燃烧质量。燃烧线越平滑，说明燃烧质量越好；长度越合理表明可燃混合气越接近理想空燃比。一个好的点火线圈可以将火花持续时间保持 0.8～3ms。

5）线圈振荡波

线圈振荡波 D 在工常情况下，应有不少于两个振荡波，一般应有 3 个振荡波以上。振荡波多表明点火线圈和电容器工作良好。

2. 次级异常波形故障分析

可以从示波器波形的峰值、频率、形状、脉冲宽度和各缸的一致性等方面进行故障分析。任何理想峰值与实际峰值的明显差异都表明有故障。

1）点火闭合角出现异常波形(初级线圈有短路)故障分析

点火闭合角在贴近击穿电压部位有异常峰值(图 6－31)，说明初级线圈有短路处，这会造成冷车行驶正常，热车突然熄火，无法立即起动。10min 后线圈得到冷却，可以正常起动。此时应更换点火线圈。

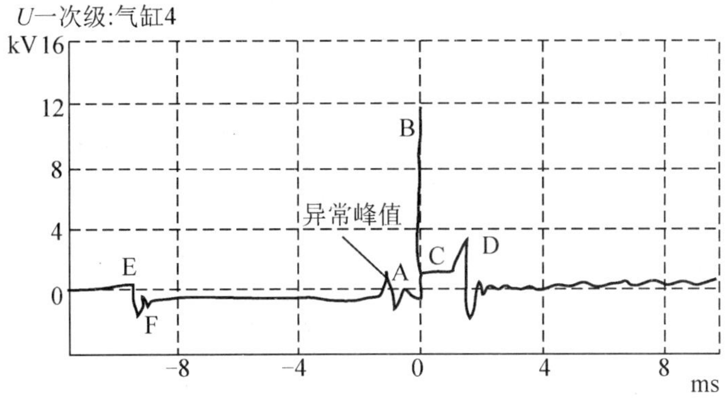


图 6 - 31　点火闭合角有异常峰值

2）点火闭合角忽大忽小(继电器接触不良)故障分析

发动机运行中抖动、排气管冒黑烟，进行次级点火线圈波形检测，发现点火闭合角忽大忽小，说明控制单元对点火正时和闭合角的控制有问题。重点应检查点火继电器、点火系统的保护装置继电器、控制点火提前角的曲轴位置传感器、点火模块和点火线圈。

出现这种故障在冷车时可能工作正常，热车后继电器因触点处接触不良阻值增大，导致工作电流同步减小，致使继电器的磁力下降，使触点无法长时间吸合，出现频繁开、闭现象，导致点火系统供电不稳定。更换点火继电器即可排除故障。

3）击穿电压过低的故障分析

击穿电压过低(图 6 - 32)的原因是点火线圈工作不良或高压电路电阻值过小，如高压阻尼线漏电、火花塞绝缘瓷柱破裂，火花塞电极间隙过小，电极积炭或被污染都会使该缸实际峰值低于其他各缸峰值，击穿电压过低会影响发动机运转的平稳性，使发动机各个工况的动力明显不足。

次级线圈有短路处，或点火模块搭铁线接触不良，也会使该缸实际峰值低于其他各缸峰值，而且前者会造成热车熄火，后者会造成加速和制动时发动机转速不稳定。击穿电压过低还会导致燃烧室在较短时间就形成积炭。

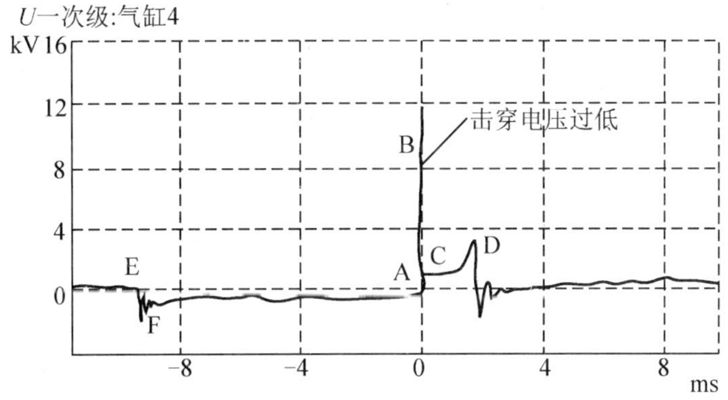


图 6 - 32　击穿电压过低

4）击穿电压过高的故障分析

击穿电压过高(图 6－33)，有时击穿电压顶到显示屏上方，说明高压电路电阻值过大。应重点检查高压阻尼线的电阻值和火花塞电极间隙。用欧姆表复查，电阻值明显大于20kΩ，表明击穿电压过高，火花塞和高压线内阻过大，此时发动机中低速正常，但会导致急加速和高速时失火，造成急加速不良。

火花塞电极间隙应符合规定。火花塞因烧蚀而导致电极间隙过大，造成点火系统高压电路的电阻值过高，使点火闭合角过大，因而导致急加速和高速时失火。

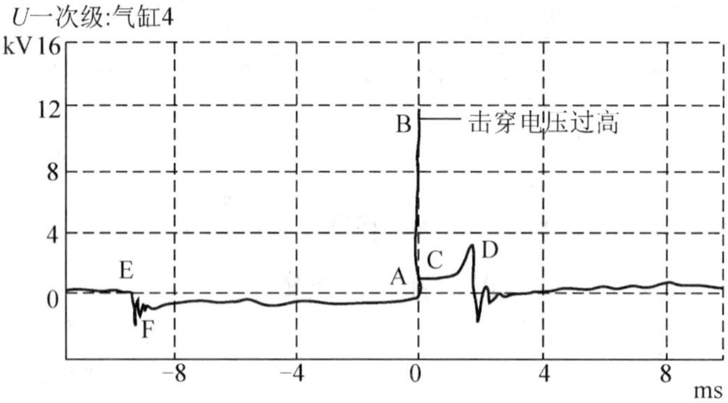


图 6－33　击穿电压过高

5）燃烧线出现杂波(燃烧质量过差)故障分析

燃烧线上有过多的杂波(图 6－34)表示气缸点火不良，应重点检查点火是否过早，喷油器是否存在滴油或堵塞的故障，火花塞是否被污染，燃烧室积炭是否过多。

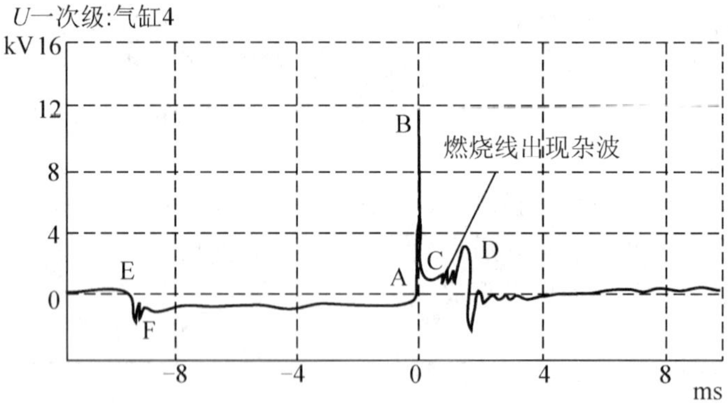


图 6－34　过多的杂波

6）振荡波过少故障分析

振荡波是由点火线圈或绕组间的电容现象引起的。电能与磁能间的转换在变压器中很容易出现。击穿电压所产生的电弧速度非常快，大约为 2ns。这个高速的能量脉冲使得能量在电与磁之间互相转换。电弧的能量脉冲越强，振荡波出现得就越多。燃烧后的振荡波形至少应有 2 次振荡，最好是多于 3 次振荡，正常的振荡波形表明点火线圈和电容器是好的，振荡波形少于 2 次振荡(图 6－35)，说明点火线圈或电容器工作不良，必须更换。

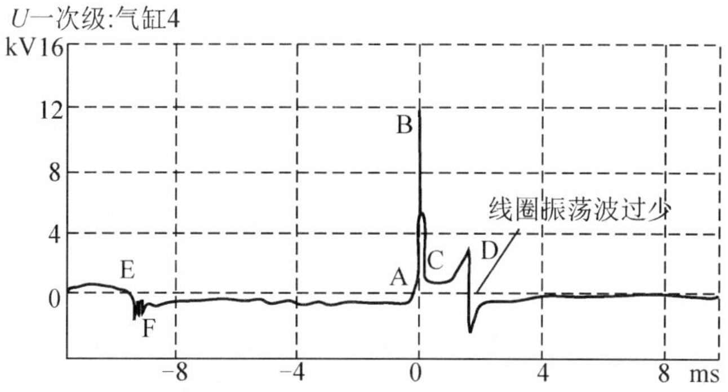


图 6-35 燃烧后的振荡波过少

### 6.6.2 点火系统初级点火波形检测

1. 标准的初级点火波形

初级点火波形主要看充电时间的长短，正常情况下充电时间和燃烧时间应基本相等(图 6-36)。如充电时间过长，燃烧时间就会不足，点火能量就会明显下降。

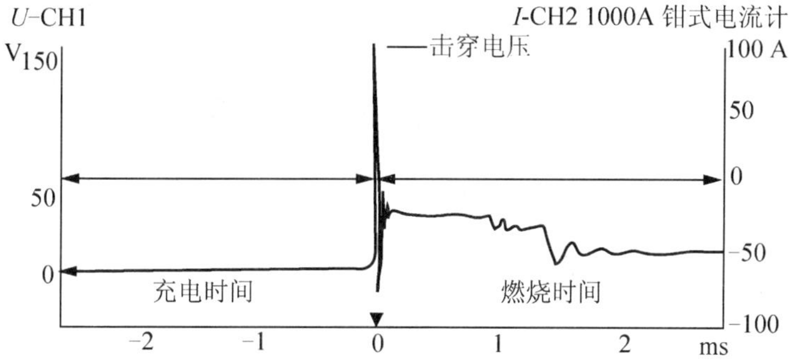


图 6-36 标准的初级点火波形

2. 初级异常波形故障分析

如果初级点火波形过长而燃烧时间过短(图 6-37)，就会因充电时间过长，点火时间不足，而造成点火能量不足和发动机失火。

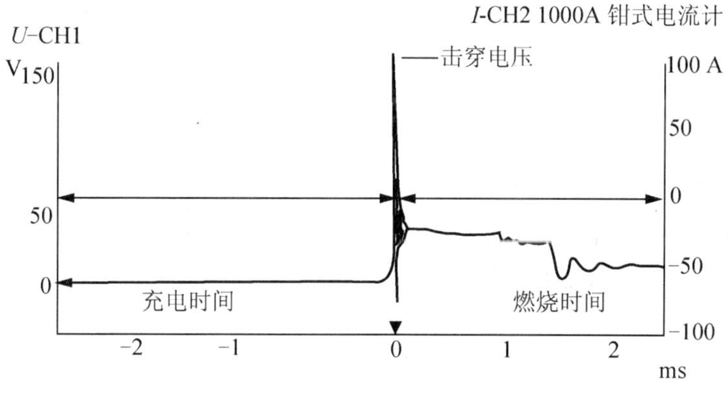


图 6-37 充电时间过长，点火时间不足

# 项 目 小 结

1. 汽油机点火系统的作用是按发动机转速、负荷、温度等运转工况变化，自动准确调节点火提前角，提供足够的点火能量，可靠点燃混合气。汽车点火系统目前主要采用电子点火和微机控制点火。

2. 微机控制点火系统由传感器、微机控制器、点火器、火花塞等组成。计算机从传感器接收输入信号，确定最佳点火时间，给点火模块发信号，按时触发次级电，对火花塞点火。

3. 应注意定时清除火花塞积炭，调整火花塞电极间隙；注意对点火线圈、分电器、点火信号发生器和高压导线的检查。

4. 从点火时刻起到活塞到达压缩上止点这段时间曲轴转的角度称为点火提前角。点火过早，会导致起动困难，发生爆燃，发动机过热，$NO_x$ 超标，功率下降，油耗升高；点火过迟，会使尾气排放超标，动力性下降，怠速抖动，小负荷时加速不良，耗油量增加。

5. 点火系统常见的跳火故障有无火、断火或缺火、点火时间不当和火花弱。点火电压波形常见的异常有各缸点火电压波形峰值差值过大、个别缸点火电压过高或过低、各缸的点火电压均过高或过低等。

# 学习评价与技能测试

一、选择题

1. 当在点火线圈一次绕组中的低压电流被开关装置中断时，会发生什么情况？(　　)

A. 磁场消失　　B. 在点火线圈二次绕组中感应出高压脉冲

C. A 和 B 两者　　D. 不是 A 也不是 B

2. 下面哪些是所有点火系统的功用？(　　)

A. 产生足够的电压迫使火花跳过火花塞间隙

B. 使火花出现的时间与发动机的活塞运动相符

C. 根据运行条件的变化而改变火花出现时间

D. 上述全部

3. 在 DIS 系统中每两个气缸用一个点火线圈，技师甲说，在相同时间两个火花塞都跳火，一个火花浪费在排气行程；技师乙说，一个火花塞跳火在正常方向(中心电极到侧电极)，而另一个火花塞跳火在相反极性(侧电极到中心电极)。谁正确？(　　)

A. 甲正确　　B. 乙正确　　C. 两人均正确　　D. 两人均不正确

4. 当下列哪种情况发生时，在磁脉冲发生器中的传感线圈周围的磁场运动？(　　)

A. 变磁阻转子轮齿接近传感线圈

B. 变磁阻转子轮齿开始离开传感线圈的磁极

C. 变磁阻转子与传感线圈磁极对准

D. A 和 B 两者

5. 火花塞的电极间隙一般为0.6～0.7mm。而采用高能电子点火装置，其火花塞间隙为(　　)mm。

A. 0.3～0.5　　B. 1.0～1.2　　C. 1.5～1.8　　D. 2.0～2.5

二、问答题

1. 画出微机控制点火系统组成框图，说明其基本工作原理。

2. 什么是汽油机点火提前角，点火过早、过迟对发动机性能会产生什么影响？

三、实操题

1. 正确使用示波器检测与判断汽油机点火波形。

2. 正确检查判断火花塞的技术状态，进行火花塞间隙调整。

# 项目7

# 柴油机燃料供给系统构造与维修

## 教学目标与要求

- 掌握电控柴油喷射系统基本组成与工作原理
- 掌握高压共轨柴油喷射系统主要部件的结构与工作原理
- 学会电控柴油机燃料供给系统的使用维护
- 学会电控喷油器的检查与试验
- 理解柴油机混合气的形成与燃烧过程
- 理解传统柴油机燃料供给系统基本组成
- 理解传统喷油器结构与工作原理
- 学会喷油器检查与试验
- 理解柱塞式喷油泵结构原理
- 理解分配式喷油泵结构原理

## 教学重点

- 电控柴油喷射系统基本组成与工作原理
- 电控喷油器的检查与试验
- 电控柴油机燃料供给系统的使用维护
- 传统喷油器结构与维修

## 教学难点

- 柱塞式喷油泵结构原理
- 分配式喷油泵结构原理

柴油机由于具有良好的燃油经济性(比汽油机省油近30%)、可靠性、耐久性和CO排放低(比汽油机低45%)等优点而被广泛应用于汽车，欧洲目前生产的轿车中，柴油轿车占50%以上，我国的新汽车产业政策也明确提出“重点发展轿车柴油发动机技术”的决策。

## 任务7.1　高压共轨柴油喷射系统结构与维修

故障案例：

一辆金迪尔柴油汽车(装配长城2.8TC柴油机)起动困难，经检查发动机压缩系统、换气系统、润滑、冷却系统均正常，高压喷油泵出油正常，柴油正常，电路控制正常，请分析并排除故障。

### 7.1.1　电控柴油机概述

电控柴油机的研究开发始于20世纪70年代，80年代进入应用阶段，90年代得到迅速发展。它对提高柴油机的动力性能、经济性能、运转性能和排放性能都产生了极大的影响。

1. 电控柴油机的优点

与传统柴油机相比较，主要是燃料供给系统采用电子控制，它具有如下优点：

(1) 喷油量电子控制，反应速度快，提高发动机运转稳定性，避免产生“游车”和“飞车”现象。

(2) 对喷油定时的控制精度高，精确计算喷油量和喷油正时，从而提高发动机的动力性和经济性。

(3) 可精确地将喷油量控制在不超过冒烟界限的适当范围内，降低氮氧化物和烟度的排放。

(4) 喷油压力高(高压共轨电控喷油系统高达200MPa)，不受发动机转速影响，优化了燃烧过程。

(5) 无零部件磨损，长期工作稳定性好，适应性广，只要改变ECU的控制程序和数据，一种喷油泵就能广泛应用在各种柴油机上。

2. 电控柴油机总体组成

电控柴油机与电控汽油机不同之处主要在燃料供给系统，与汽油发动机燃料供给系统类似，电控柴油机燃料供给系统主要由燃油供给系统(电动输油泵33、柴油细滤器35、高压油泵1、共轨管5、电控喷油器10等)和电子控制系统(各种传感器、执行器和控制器ECU)两大部分组成，如图7-1所示。

3. 电控柴油机基本工作原理

各种输入信号通过传感器及开关输入ECU，经输入回路或模/数转换器输入微机。在微机的存储器中，存有发动机各有关的调控参数或状态的目标数据，这些目标数据是柴油机的各种不同参数和最优运行结果的综合，一般通过统计或实测得到。当由传感器检测到的发动机的某一实际参数输入微机后，首先与存储器中的相应参数和最优运行结果比较，如果两者相同，则电控系统保持原状态，发动机继续按当前状态运行。当实际参数偏离目标参数时，微机将根据偏离值的大小和方向按一定的控制对策进行有关信息分析处理，再计算出相应的控制指令，控制电子液力控制喷油器，实现对喷油正时、喷油量的控制。

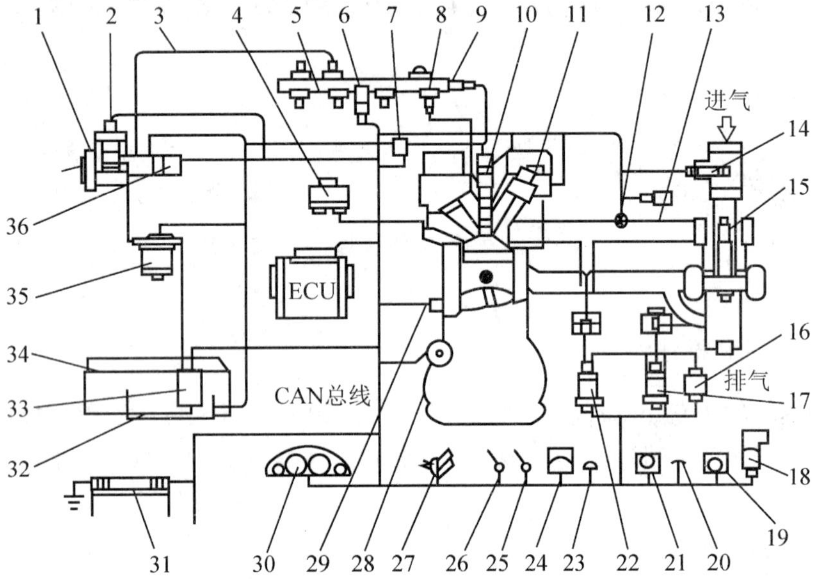


图 7-1 高压共轨电控柴油喷射系统

1—高压油泵；2—柱塞止回阀；3—高压油管；4—预热时间控制器；5—高压存储器(共轨管)；6—共轨压力传感器；7—柴油温度传感器；8—流量限制器；9—限压阀；10—电控喷油器；11—凸轮轴转速传感器；12—进气温度传感器；13—增压压力传感器；14—空气流量计；15—增压器；16—真空泵；17—增压压力执行器；18—自诊断接头；19—诊断显示；20—空调操纵杆；21—空调机；22—废气再循环执行器；23—行驶速度操纵杆；24—行驶速度传感器；25—离合器开关；26—制动触点；27—加速踏板传感器；28—曲轴转速传感器；29—水温传感器；30—仪表板；31—蓄电池；32—柴油粗滤器；33—电动输油泵；34—油箱；35—柴油细滤器；36—调压阀

4. 电控柴油机燃料供给系统发展历程

电控柴油机燃料供给系统按控制方式看，已经历了 3 代变化。

(1) 位置控制系统。第一代柴油机电控喷射系统是采用凸轮压油＋位置控制方式，基本原理如图 7-2 所示。它不改变传统的喷油系统的工作原理和基本结构，只是采用电控组件，代替调速器和供油提前器，对分配式喷油泵的油量调节套筒或柱塞式喷油泵的供油齿杆的位置，以及油泵主动轴和从动轴的相对位置进行调节，以控制喷油量和喷油定时。其优点是无须对柴油机的结构进行较大改动，生产继承性好，便于对现有机型进行技术改造；缺点是控制系统执行频率响应仍然较慢、控制频率低、控制精度不够稳定。喷油速率和喷油压力难于控制，而且不能改变传统喷油系统固有的喷射特性，因此很难较大幅度地提高喷射压力。

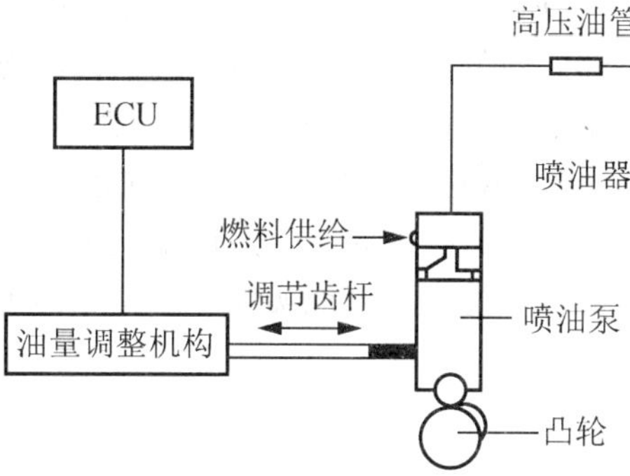


图7-2 凸轮压油＋位置控制方式

第一代柴油机电控喷射系统的典型产品是德国Bosch公司1986年投产的VE－EDC电控分配泵，其产品多达778种，其中VP37电控分配泵产量占80%。还有日本Zexel公司的Covec－1电控分配泵，日本电装公司的ECD－V1电控分配泵，它们都是以Bosch公司机械式VE分配泵为基础，加上电控机构改装而成的。而英国Lucas公司的EPIC电控分配泵和美国Stanadyne公司的电控分配泵分别是以DPA和DB机械式分配泵为基础发展而来的。

(2) 时间控制系统。第二代柴油机电控喷射系统采用凸轮压油＋电磁阀时间控制方式，工作原理如图7-3所示。该系统利用柱塞泵提供高的供油压力，再利用高速电磁阀控制回油代替传统的机械方法控制回油。这样，根据电磁阀起作用的时间长短确定供油量大小，根据电磁阀起作用的时刻控制喷油提前角，从而实现喷油量和喷油定时的高频控制。它具有直接控制、响应快等特点。

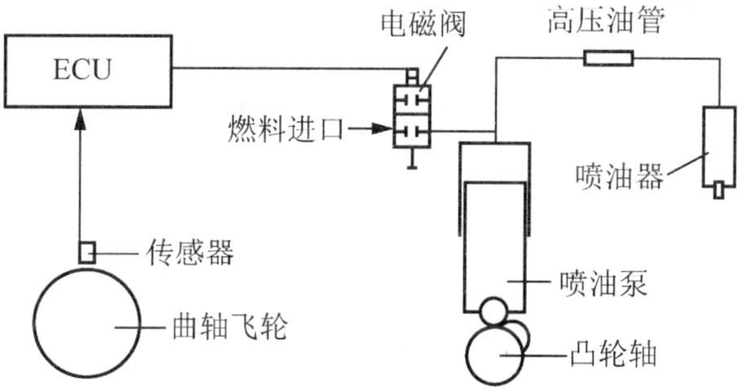


图7-3 凸轮压油＋电磁阀时间控制方式

还有一种电控泵喷嘴系统，其工作原理与上述一样，只是将喷油泵和喷油器合为一体，取消了高压油管，电磁阀仍位于泵体的上方。

第二代柴油机电控喷射系统的典型产品是德国Bosch公司1998年投产的VE－MV电控分配泵(具体型号为VP30)，其主要特点是综合性能好，可灵活预喷射，嘴端压力可达120MPa，比第一代的VP37提高了38%，可以满足EUⅢ标准，降低了发动机的噪声水平。除此还有日本Zexel公司的Model－1电控分配泵、日本电装公司的ECD－V3电控分配泵和美国Stanadyne公司的DS系列电控分配泵。

(3) 高压共轨系统。高压共轨(common rail)系统是指在由高压油泵、压力传感器和ECU组成的闭环系统中，将喷射压力的产生与喷射过程彼此完全分开的一种供油系统。

高压共轨系统原理如图 7-4 所示，它不再采用传统的柱塞泵分缸脉动供油原理，而是用一个设置在喷油泵和喷油器之间的具有较大容积的共轨管，把高压喷油泵输出的燃油蓄积起来并消除压力波动，再输送到每个喷油器，通过控制喷油器上的电磁阀(或压电执行器)实现喷油的开始和终止。电磁阀起作用的时刻决定喷油定时，起作用的持续时间和共轨压力共同决定喷油量，可同时进行喷油时间压力控制，实现了压力建立和喷射过程的分离，从而使控制过程更具有柔性，能更准确地实现小油量的精确控制，更好地实现多次喷射，改变喷油规律。

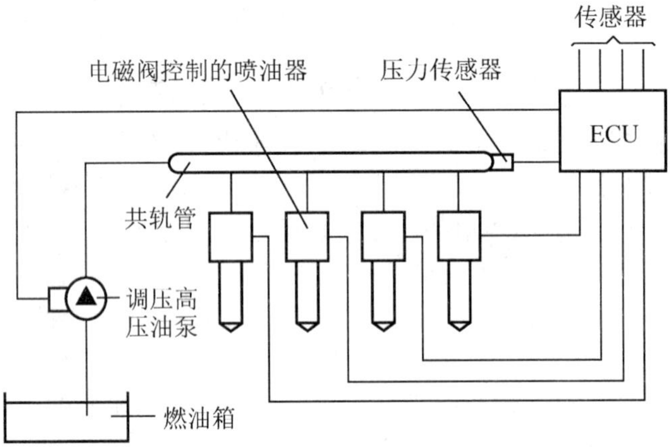


图 7-4　高压共轨系统

喷油规律是指单位时间喷油器喷入燃烧室的油量随时间变化的关系。在传统的机械式喷油系统中，只有主喷射而没有预喷射和后喷射，而在高压共轨喷油系统中，可灵活实现主喷射、预喷射和后喷射。

在无预喷射时的压力特性曲线(图 7-5)中，随着燃烧的开始压力迅速上升，达到压力最大值时，形成一个较陡的尖峰。压力上升幅度的增加和尖峰导致柴油机的燃烧噪声明显提高。

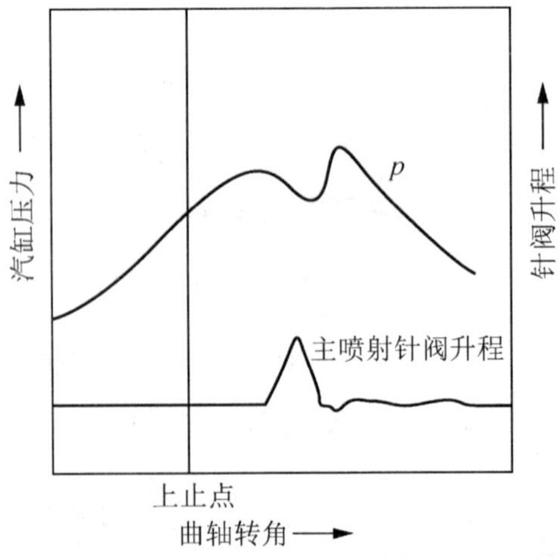


图 7-5　无预喷射时的喷油器针阀升程和压力特性曲线

有预喷射时，少量燃油(1～4 mm$^3$)喷入气缸，促使燃烧室产生“预调节”，从而改善燃烧效率，降低了燃烧压力上升幅度和燃烧压力峰值，燃烧较为柔和。这种效果减小了燃烧噪声和燃油耗，许多情况下还降低了排放。有预喷射的压力特性曲线(图 7-6)中，在上止点前范围内，压力值略高，但燃烧压力的上升变缓。

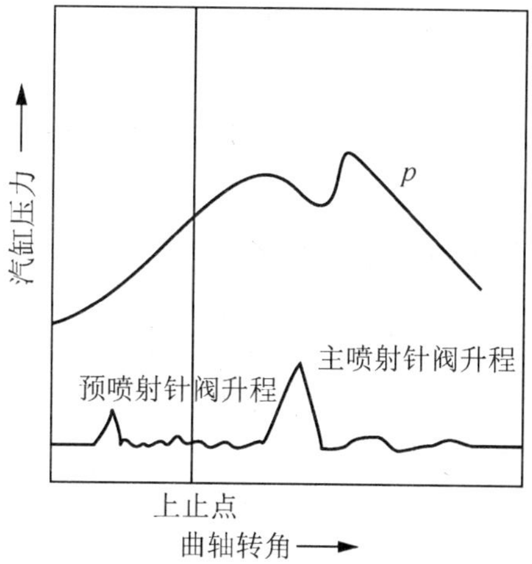


**图 7-6　有预喷射时的喷油器针阀升程和压力特性曲线**

与预喷射和主喷射不同，后喷射在主喷射之后的做功行程或排气行程中进行，燃油在气缸中不会燃烧，而是在废气中剩余热量的作用下蒸发，带入 $NO_x$ 催化器中作为 $NO_x$ 的还原剂，以降低废气中 $NO_x$ 的含量。

后喷可分为早后喷和次后喷，如图 7-7 所示。早后喷非常靠近主喷，可燃烧并能产生转矩，主要用于燃掉燃烧室残余的炭烟颗粒，炭烟排放可因此进一步减少 20%～70%。次后喷则相对远离主喷，一般在上止点后 20°曲轴转角范围内喷射，喷出的燃油不燃烧(即不产生转矩)，但会被排气余热蒸发，主要用于为柴油机氧化催化器提供 HC，被氧化后发生放热反应以增加排温，亦可用于后处理系统中的再生反应，如颗粒捕集器(DPF)和 NO 储存催化器(NSC)。

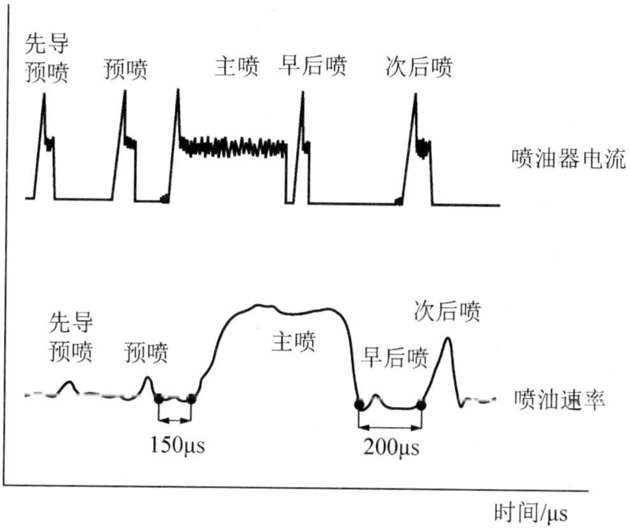


**图 7-7　多次喷射电流与速率**

由于主喷与预喷以及后喷之间的时间间隔因工况要求而不同，如何实现灵活的多次喷射控制能力对改善柴油机的综合性能和排放将非常关键，博世公司目前广泛应用于中国商用车市场的第二代电控高压共轨系统(CRSN2)可实现每循环5次喷射，即2次预喷，1次主喷，2次后喷，而更先进的第三代共轨系统(CRSN3)则可实现每循环7次喷射。

目前世界上主要有三大公司在研发和生产柴油机高压共轨系统，日本电装、德国博世和美国福特。高压共轨系统在国外已得到普遍应用，目前在欧洲新销售的轿车中使用高压共轨系统柴油机的已占50%。

### 7.1.2 高压共轨电控柴油喷射系统结构原理

#### 1. 高压共轨电控柴油喷射系统总体组成

以博世公司电控共轨喷油系统为例，其在柴油机上的布置如图7-8所示，总体组成主要由燃油供给系统(电动输油泵、燃油滤清器8、高压油泵3、共轨管4、电控喷油器5等)和电子控制系统(各种传感器、执行器和ECU)两大部分组成。

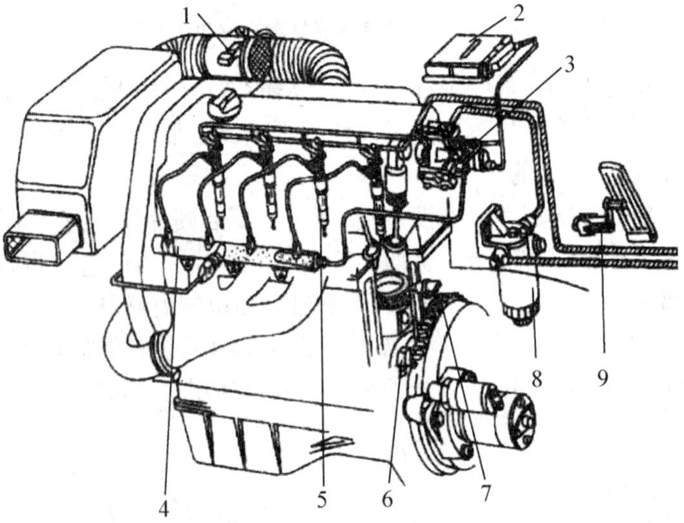


**图7-8 博世公司高压共轨系统在柴油机上的布置**

1—空气流量计；2—ECU；3—高压油泵；4—共轨管；5—电控喷油器；
6—曲轴位置传感器；7—冷却液温度传感器；8—燃油滤清器；9—油门踏板传感器

#### 2. 高压共轨电控柴油喷射系统基本工作原理

高压共轨电控柴油喷射系统基本工作原理如图7-9所示，各传感器(包括曲轴转速传感器、凸轮轴相位传感器、加速踏板位置传感器、增压压力传感器、空气流量传感器、共轨压力传感器及冷却水温度传感器等)分别采集发动机转速、温度、压力、空气流量和加速踏板位置等信号，并将实时检测的参数输入ECU。

ECU是电控系统的“指挥中心”，借助于传感器得知驾驶员的要求(加速踏板位置)以及柴油机和车辆的实时工作状态，对来自传感器的信息同储存的参数值进行比较、运算，确定最佳运行参数，对柴油机进行控制和调节。

执行机构(电控喷油器、高压油泵、输油泵、EGR 阀等)按照最佳参数对喷油器的喷油压力、喷油量、喷油时间、喷油规律等进行控制，驱动喷油系统各零部件，使柴油机工作状态达到最佳。

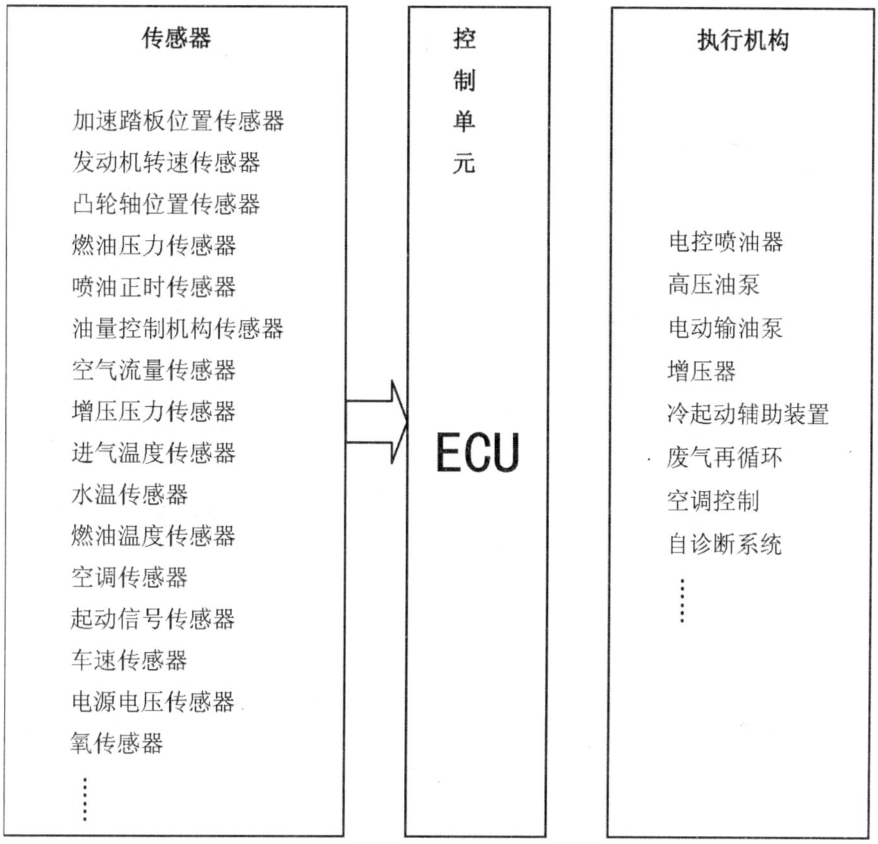


**图 7-9　电控柴油喷射系统基本原理**

3. 高压共轨燃油供给系统

高压共轨燃油供给系统组成如图 7-10 所示，主要由低压油路和高压油路两部分组成。

1）低压油路

低压油路部分包括：燃油箱 1(带有滤网 2)、输油泵 3、燃油滤清器 4 及低压油管 5 等。

(1) 燃油箱及低压油管结构与汽油机类似，不再赘述。

(2) 输油泵。其作用是将柴油从燃油箱中吸出。目前主要有两种类型——机械驱动的齿轮泵和电动输油泵。

① 齿轮泵。装在高压泵中，与高压泵共用驱动装置，或装在发动机旁利用联轴节、齿轮或齿带驱动。

齿轮输油泵的基本构件是两个互相啮合反向转动的齿轮(图 7-11)，它们将齿隙中的燃油从吸油端送往压油端。齿轮的接触线将吸油端和压油端互相密封以防止燃油倒流。其输油量与发动机转速成正比，因此输油量的调节借助于吸油端的节流调节阀或压油端的溢流阀进行。

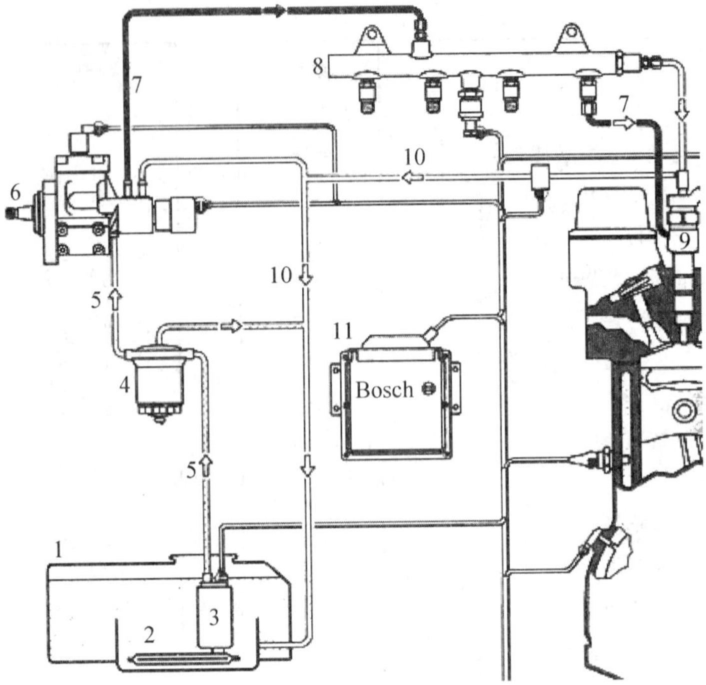


图 7-10　高压共轨燃油供给系统

1—燃油箱；2—滤网；3—输油泵；4—燃油滤清器；5—低压油管；6—高压油泵；7—高压油管；8—共轨管；9—电控喷油器；10—回油管；11—ECU

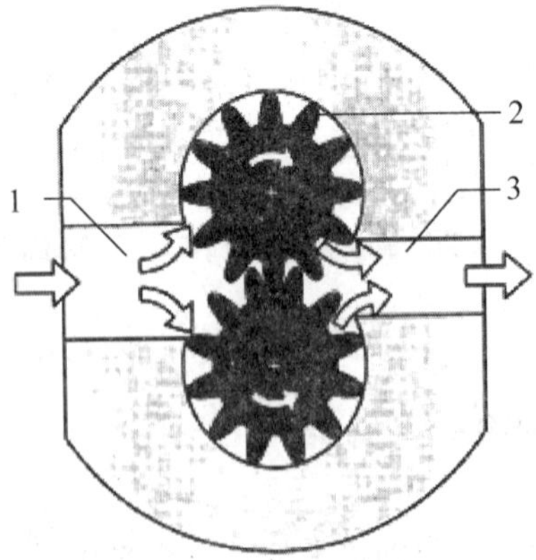


图 7-11　齿轮泵结构与工作原理

1—吸油端；2—驱动齿轮；3—压油端

齿轮泵在工作期间无须保养。在第一次起动前或油箱内燃油被用尽时，应用手动泵排出燃油系统内的空气。手动泵常和燃油滤清器做成一体。

② 电动输油泵。有油管安装式和油箱安装式两种。油管安装式输油泵安装在车辆底盘上油箱与燃油滤清器之间的油管上。而油箱安装式输油泵则安装在油箱内的专用支架

上，其总成通常还包括吸油端的吸油滤网、油位显示器、储油罐以及与外部连接的电气和液压接头。

电动输油泵有多种结构型号，乘用车共轨喷油系统采用的是滚子叶片泵(容积式泵)，它主要由电动机、滚柱叶片泵、限压阀和油泵壳体等组成(图 7－12)。

滚柱叶片泵的结构如图 7－13 所示，装有滚柱 3 的转子 2 偏心安装在油泵外壳 4 内，当永磁直流电动机转子通电转动时，滚柱在离心力的作用下压靠在油泵外壳的内表面上，起到密封的作用，在相邻两个滚柱之间形成一个密封油腔。滚柱之间的油腔容积在转子转动时不断发生变化。在进油口时，油腔容积增大，形成一定的真空度，将燃油吸入泵内；在出油口时，油腔容积减小，滚柱之间的油压升高，从出油口输出。

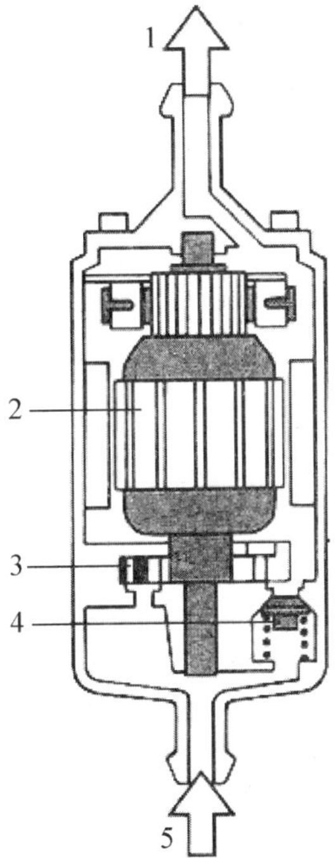


**图 7－12　电动输油泵**

1—压油端；2—电动机；3—滚柱叶片泵；
4—限压阀；5—吸油端

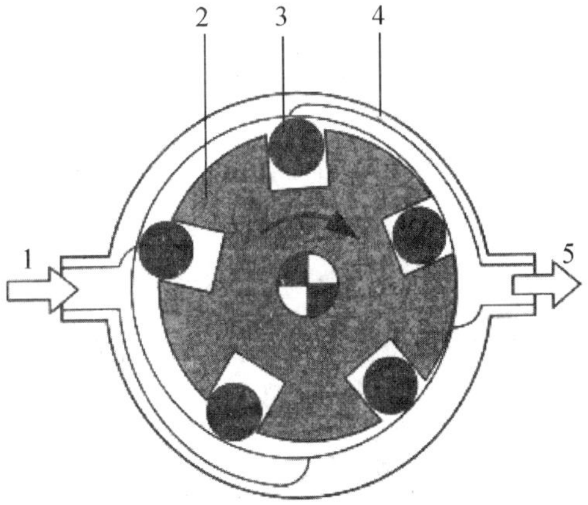


**图 7－13　滚柱叶片泵结构原理**

1—进油口；2—转子；3—滚柱；
4—油泵外壳；5—出油口

燃油在出油口打开以后从电动机流过，并经压油端的连接盖输出，从而使电动机得到冷却。燃油经燃油滤清器送往高压泵，多余的燃油经溢流阀流回油箱。

电动输油泵运行不受发动机转速影响，且具有安全电路，可防止在停机时向发动机输送燃油。

(3) 燃油滤清器。燃油滤清器将进入高压泵前的燃油滤清净化和排除燃油中的水分，从而防止高压泵和喷油器等精密零部件过早磨损和损坏。

燃油滤清器结构如图 7－14 所示。工作时燃油从进油口 2 进入，经纸质滤芯 3 过滤，干净的柴油从出油口 7 流出。

如果燃油中有水，由于水的密度比油大，在流经滤清器时，水会沉入底部集水槽 5

中，打开放水螺塞 6 即可将水放掉。现代汽车大部分设有自动水报警装置，当滤清器内的水到一定高度时，报警灯就会闪亮，提醒驾驶员及时将水排出。

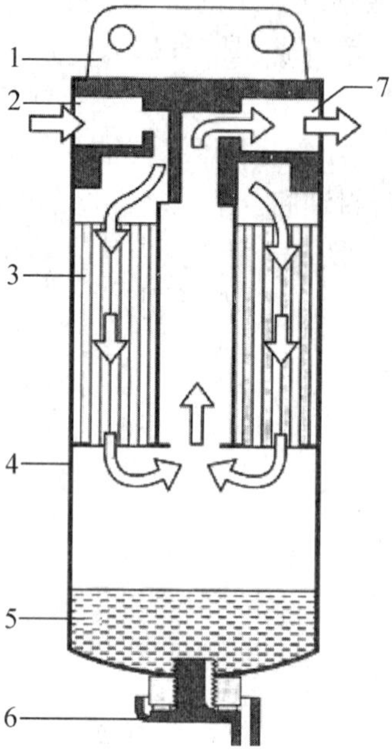


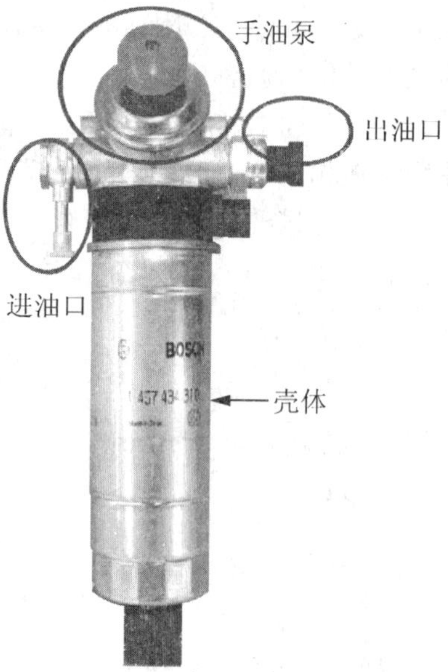


**图 7-14　燃油滤清器**

1—滤清器盖；2—进油口；3—纸质滤芯；4—外壳；
5—集水槽；6—放水螺塞；7—出油口

2）高压油路

共轨喷油系统的高压油路部分包括高压油泵 6(带有调压阀)、高压油管 7、共轨管 8(带有共轨压力传感器、限压阀和流量限制器)、电控喷油器 9、回油管 10，如图 7-10 所示。

(1) 高压油泵。高压油泵位于低压油路和高压油路之间，它的作用是产生高压油(120～200MPa)，以满足系统对燃油的需求。

高压油泵类型较多，以德国博世公司 CP1 型高压油泵为例，其结构如图 7-15 所示，它采用三个径向布置的柱塞泵油元件，相互错开 120°，由偏心凸轮驱动。

高压油泵工作时，从输油泵来的柴油流到达单向阀，当输油压力超过单向阀开启压力(0.05～0.15 MPa)时，单向阀打开，燃油一部分经节流小孔流向偏心凸轮室供润滑冷却用，另一部分经低压油路进入柱塞室。当偏心凸轮转动导致柱塞下行时，进油阀打开，柴油被吸入柱塞室；当偏心凸轮顶起时，进油阀关闭，柴油被压缩，压力剧增，达到共轨压力时，顶开出油阀，高压油被送去共轨管。柱塞不断的往复运动，使进油和出油不断进行，不断向共轨管提供高压燃油。

由于油泵每转 1 圈有 3 个供油行程，因此出油量大，驱动峰值转矩小，泵驱动装置受载均匀。驱动转矩为 16N·m，仅为同等级分配泵所需驱动转矩的 1/9 左右，所以共轨喷油系统对泵驱动装置的驱动要求比普通喷油系统低，泵驱动装置所需的动力随共轨压力和泵转速(供油量)的增加而增加。排量为 2L 的柴油机，额定转速下共轨压力为 135 MPa

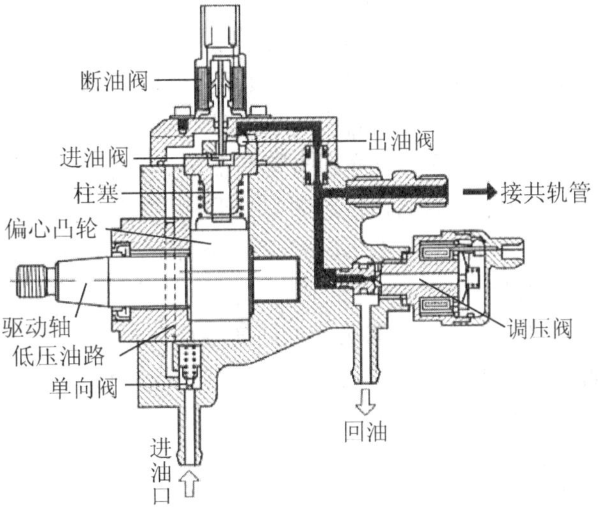


**图 7-15　CP1 型高压油泵**

时，高压泵(机械效率约为 90%)所消耗功率为 3.8kW。喷油嘴中的泄漏和所需的喷油量，及调压阀的回油，使其实际功消耗率要更高些。

在怠速或小负荷时，输出油量有剩余，可以经调压阀流回油箱。还可以通过控制电路使柱塞断油阀通电，使电枢上的销子下移，顶开进油阀，使供油行程中吸入柱塞腔中的燃油不受压缩，又流回到低压油路，柱塞腔内不增加压力，高压油泵不再连续供油，而是处于间歇供油阶段，因此减少了功率消耗。

油泵调压阀的任务是根据发动机的负荷状况调整和保持共轨管中的压力。调压阀结构如图 7-16 所示。

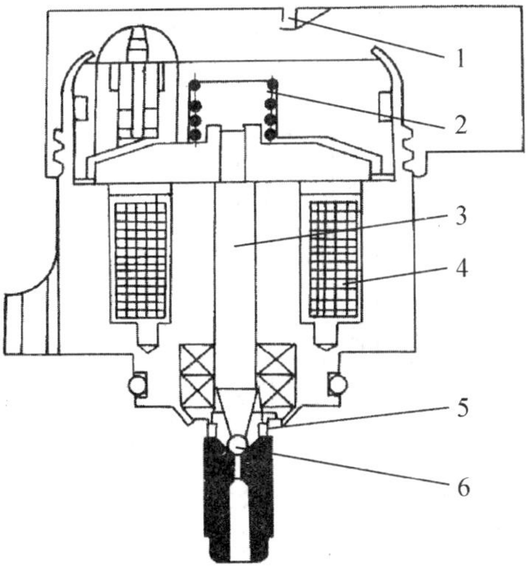


**图 7-16　调压阀**

1—电气接头；2—弹簧；3—电枢；
4—电磁线圈；5—回油孔；6—阀门

调压阀有两个调节回路：低速电调节回路，用于调整共轨中可变化的平均压力值；高速机械液压调节回路，用于补偿高频压力波动。

当调压阀不工作时，电磁线圈 4 不带电，当高压泵出口压力大于弹簧 2 的弹力(10MPa 左右)时，阀门 6 被顶开。根据供油量的大小，调压阀调整打开的开度。

当需要提高共轨管中的压力时，电磁线圈通电，给电枢 3 一个附加作用力，压紧阀门 6，使共轨管中的压力升高到与其平衡为止，然后调节阀门停留在一定开启位置，保持压力不变。泵油量的变化和燃油从喷油器中喷出时，调压阀通过不同的开度予以补偿。电磁阀的电磁力与控制电流成正比，而控制电流的变化通过脉宽调制来实现，脉宽的调制频率为 1kHz。

为进行润滑和散热，整个电磁阀周围都有燃油流过。

(2) 共轨管。共轨管也称高压存储器，其作用是存储高压油，对高压油泵的供油和喷油所产生的压力波动进行缓冲，保持压力稳定，从而确保喷油器打开时喷油压力不变。

共轨管结构如图 7－17 所示，共轨管上安装有压力传感器 2、限压阀 3 和流量限制器 4(选装)。

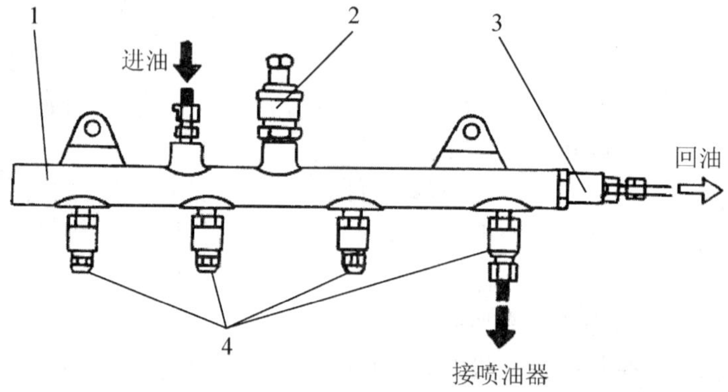


**图 7－17　共轨管(高压存储器)**

1—共轨管；2—共轨压力传感器；3—限压阀；4—流量限制器

共轨压力传感器(图 7－18)用螺纹 6 紧固在共轨管上，燃油经共轨中的一个孔流入，

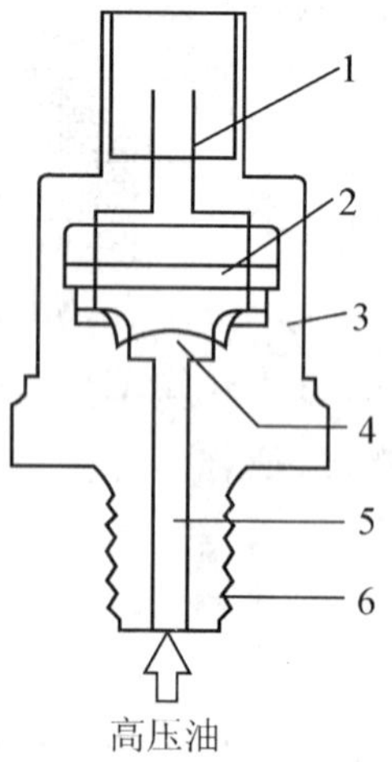


**图 7－18　共轨压力传感器**

1—电气接头；2—分析电路；3—外壳；
4—压力传感膜片；5—油道；6—固定螺纹

传感器膜片将孔末端封住。在共轨压力作用下，膜片形状发生变化(150 MPa 时约为1mm)，膜片上的传感元件电阻值会随之变化，并在用 5V 供电的电阻电桥中产生电压变化。

限压阀相当于安全阀，其作用是限制共轨管中的压力在 150MPa 以内。

限压阀结构如图 7-19 所示，外壳在通往共轨的连接端有一个孔，此孔被外壳内部密封面上的锥形阀头 2 关闭。在标准工作压力(135MPa)下，弹簧将活塞紧压在座面上，共轨呈关闭状态。只有当压力超过弹簧 5 的弹力时，阀头 2 打开卸压，高压油经流通孔 3 和回油孔 8 流回油箱，降低了共轨中的压力。

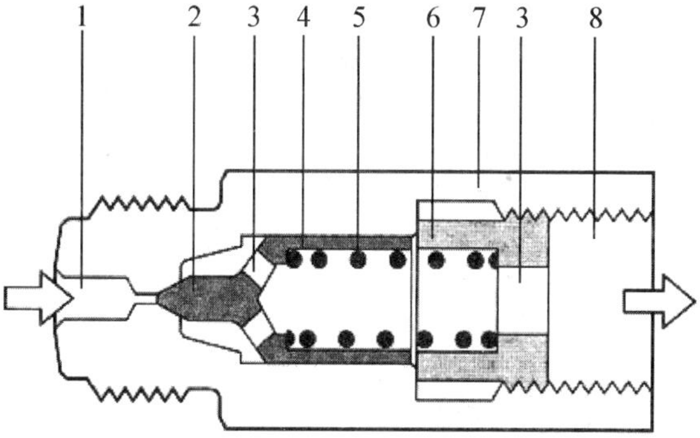


**图 7-19 限压阀**

1—高压接头；2—锥形阀头；3—流通孔；
4—活塞；5—弹簧；6—限位件；7—阀体；8—回油孔

流量限制器的作用是防止喷油器出现持续喷油。其结构如图 7-20 所示，金属外壳上有外螺纹，以便拧装在共轨管上，另一端的外螺纹用来拧入喷油器的进油管，与共轨和喷油器进油管建立液压连接。

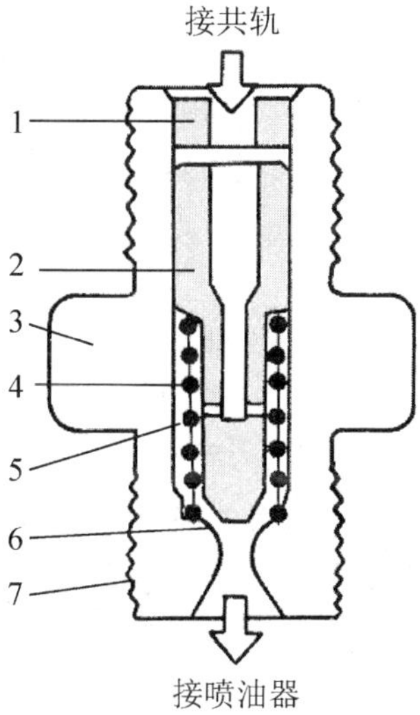


**图 7-20 流量限制器**

1—堵头；2—活塞；3—外壳；4—弹簧；
5—节流孔；6—密封座面；7—螺纹

流量限制器内部有一个活塞 2，弹簧 4 将此活塞向共轨方向压紧。活塞对外壳壁部密封。活塞上的纵向孔连接进油和出油口，其直径在末端是缩小的。这种缩小的作用与流量精确规定的节流孔效果一样。

活塞 2 在静止时，由于受弹簧 4 的作用力，总是靠在堵头 1 端。在一次喷油后，喷油器端压力下降，活塞在共轨压力作用下向喷油器端移动，活塞压下的容积补偿了喷油器喷出的燃油容积。在喷油终止，活塞停止运动，但并不关闭密封座面，弹簧将活塞推回到静止位置，燃油经节流孔 5 流出。

只有在喷油器出现持续喷油，导致活塞下移量过大，才封闭通往喷油器的通道，切断供油。

流量限制器属于选装件，由于结构较复杂，现已大多省略不用。

(3) 电控喷油器。电控喷油器是共轨柴油喷射系统的核心部件，其作用是准确控制向气缸的喷油时间、喷油量和喷油规律。一般用卡夹装在气缸盖上。

电控喷油器主要有两大类：电磁阀式和压电晶体式。

电磁阀式电控喷油器(图 7－21)结构及工作原理如图 7－22 所示，主要由喷油嘴、液压伺服系统、电磁阀组件等构成。

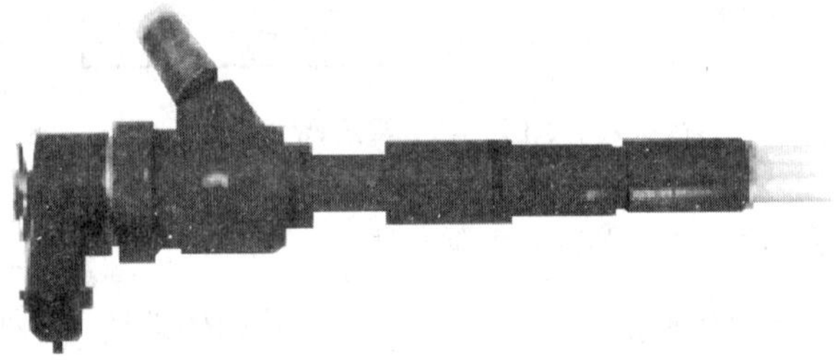

图 7－21　电磁阀式电控喷油器

发动机停机时，电磁阀没有通电，共轨管中没有压力，喷油嘴弹簧使喷油器关闭。

电控喷油器工作分如下三个过程：

a. 蓄压[图 7－22(a)]。发动机工作时，由共轨管来的高压油经进油接头进入喷油器体内，有一部分高压油由进油量孔流向控制活塞上方，并作用在控制活塞上，压向喷油嘴针阀，使其关闭密封锥面，停止喷油；另有一部分高压油经喷油器体的进油道进入喷油器体环形油腔，力图顶开针阀喷油。

在喷油器不喷油时，电磁线圈不通电，泄油孔处于关闭状态，由于控制活塞上部的受压面积比针阀承压锥面大，使得作用在活塞上的液压力大于作用在喷油器针阀承压锥面的向上分力，针阀关闭。

b. 喷油[图 7－22(b)]。当电磁线圈通电时，电磁触发产生的力超过了球阀上的弹簧力，球阀打开，电磁线圈电流降低，维持球阀保持开启。

球阀开启导致活塞上腔与泄油孔连通，燃油经泄油孔、回油管流回燃油箱。同时泄油孔打开破坏了压力平衡，使活塞上方的液压力小于喷油器针阀承压锥面的向上分力，使针阀升起，喷油器喷油，燃油以几乎与共轨内的相同压力喷入燃烧室内。喷油量大小取决于喷油嘴开启的持续时间(决定于 ECU 输出脉宽)、喷油压力及针阀升程等。

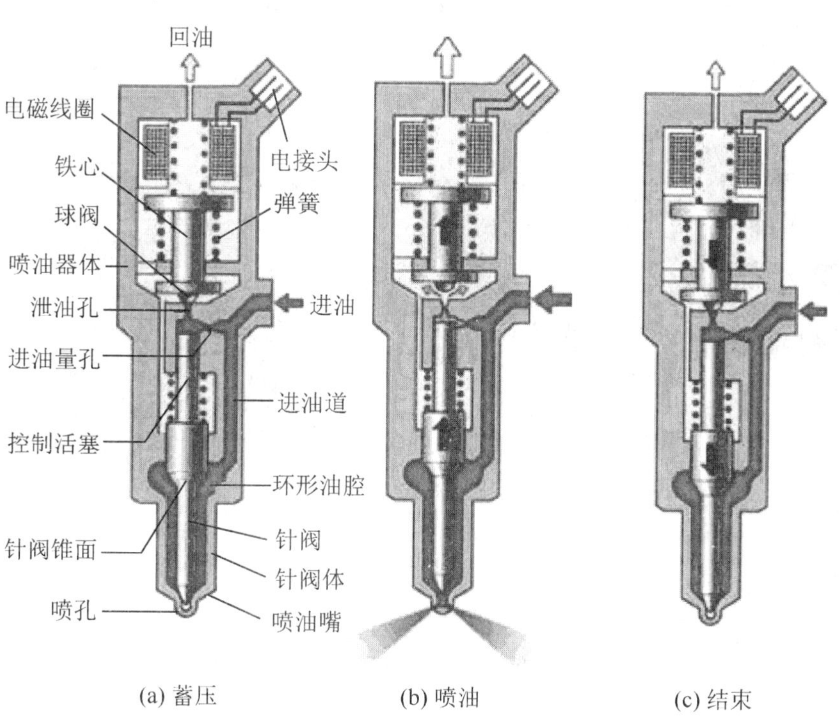


图 7－22　电控喷油器工作原理

c. 喷油结束[图 7－22(c)]。当电磁线圈断电时，弹簧使球阀向下运动，关闭泄油孔，燃油经进油量口进入活塞上腔建立压力，这个压力与共轨内的压力相同，该压力在控制活塞末端面上产生一个增大的力，再加上弹簧力，超过了由针阀锥面产生的向上的力，使喷油器针阀关闭，喷射停止。

电控喷油器的喷油嘴一般采用针阀直径为 4mm 的 P 系列孔式喷油嘴，喷油嘴的喷孔数量、大小及布置必须与喷油量、柴油机燃烧室形状、燃烧室中的空气涡流很好匹配，如博世公司的 6 孔、直径 0.169mm 的喷孔孔式喷油嘴。

由于喷油嘴偶件配合精密，容易卡死，本任务开始所述的长城 2.8TC 电控柴油机起动困难的案例，就是由于喷油嘴偶件卡死在不喷油状态。

### 7.1.3　电控喷油器检测

1. 喷油器电磁线圈检测

喷油器电磁线圈常见故障有断路、短路和搭铁，可以采用万用表直接检查。

2. 喷油器喷油量检测

喷油器喷油量分怠速喷油量、标定转速喷油量、最大转矩时喷油量及各种工况下的喷油量检测，应符合相应发动机要求。检测应在专用的喷油器试验台进行。图 7－23 是德国博世公司的电控喷油器试验台，图 7－24 是广州市铭珠电控设备科技有限公司生产的电控喷油器试验台。

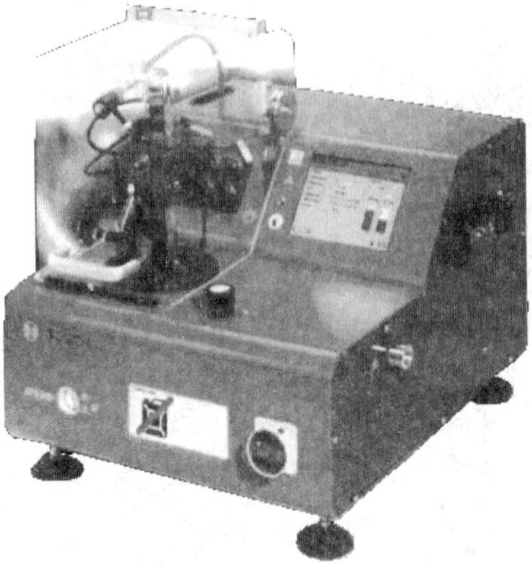

图 7-23 博世电控喷油器试验台

图 7-24 国产电控喷油器试验台

3. 喷油器回油量检测

喷油器回油量可以结合喷油量检测同时进行，喷油器回油量过大，说明电控喷油器回油阀密封性不好，应予修复或更换。

4. 喷油器雾化质量检查

喷油器雾化质量也是在上述喷油器试验台上进行，将喷油压力调到规定值，检查喷油器喷油雾化良好，无可见的油线和油滴存在。

## 任务 7.2 高压共轨电子控制系统结构与维修

故障案例：

一康明斯 ISBe 高压共轨电控柴油机，工作转速不稳定，波动较大，采用电脑检测仪器检测出现故障码为 322，请分析排除故障。

### 7.2.1 高压共轨电子控制系统

高压共轨燃油供给的电子控制系统由传感器、控制器(ECU)和执行器三大部分组成，如图 7-9 所示。

1. 传感器

电控柴油机工作时，其喷油量、喷油时间和喷油规律与众多因素有关，如进气流量、发动机转速、发动机负荷、进气温度、冷却水温度、燃油温度、增压压力、电源电压、凸轮轴位置、废气排放等，所以必需采用相应的传感器，采集相关数据，并转换成可用的电信号，提供给 ECU 进行比较、运算，最终确定柴油机最佳运行参数。

电控柴油机主要传感器有 10 多种，转速与相位传感器、空气流量传感器、温度传感器等很多与汽油机类似，这里主要介绍位移传感器。

位移传感器是把位移量转换为电量的传感器，又称为线性传感器。电控柴油机中的位移传感器主要有加速踏板位移传感器、供油齿杆位移传感器、喷油器针阀升程传感器、冷却液液位传感器等。这里主要介绍加速踏板位移传感器。

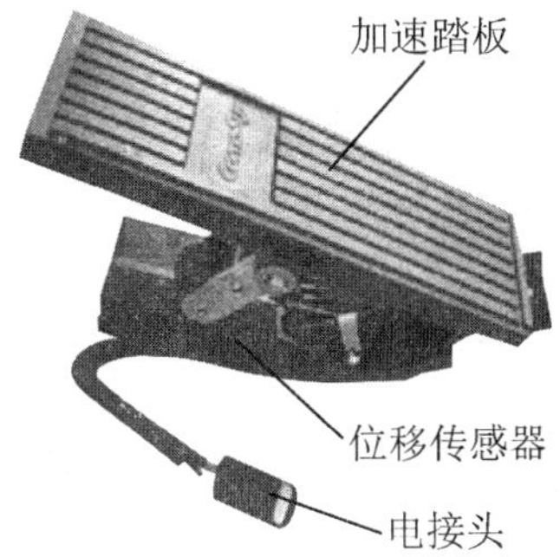

图7-25　加速踏板与位移传感器

加速踏板位移传感器安装在加速踏板处(图7-25)，传感器内采用了电位计结构(图7-26)，计算机供给传感器电路5V电压，加速踏板通过转轴与传感器内部的滑动电位器的电刷连接，加速踏板的位置改变时，电刷与接地端的电压就发生改变，ECU内部的受压电路将该电压转变成加速踏板的位置信号，再根据ECU存储的脉谱图和该电压算出加速踏板的位置，进而控制喷油量。

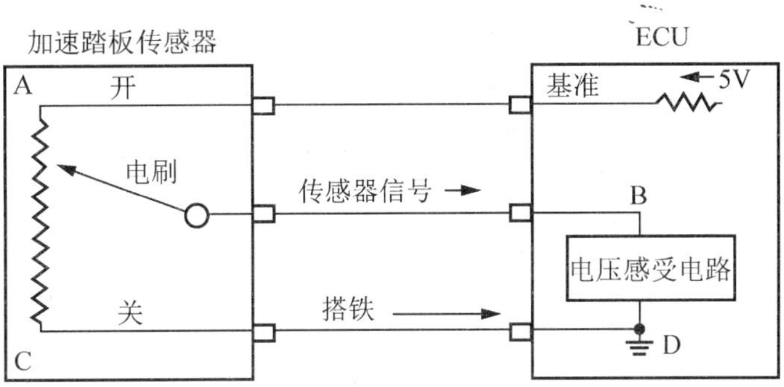

图7-26　加速踏板位移传感器电路

2. ECU

图7-27所示为长城2.8TC型柴油机使用的Bosch EDC16C39型ECU的外表结构。ECU装在一个金属外壳中，传感器、执行器和电源经一个多针接插件与ECU连接，直接控制执行器的功率器件安置在ECU外壳内，并确保外壳有很好的散热性。ECU外壳有密封的，也有不密封的。

图7-27　ECU外表结构

ECU系统功能模块如图7-28所示，主要包括模数转换器、CPU、RAM、Flash EPROM、$E^2$PROM、功率驱动及诊断模块和CAN通信模块、诊断和报警灯等部分。

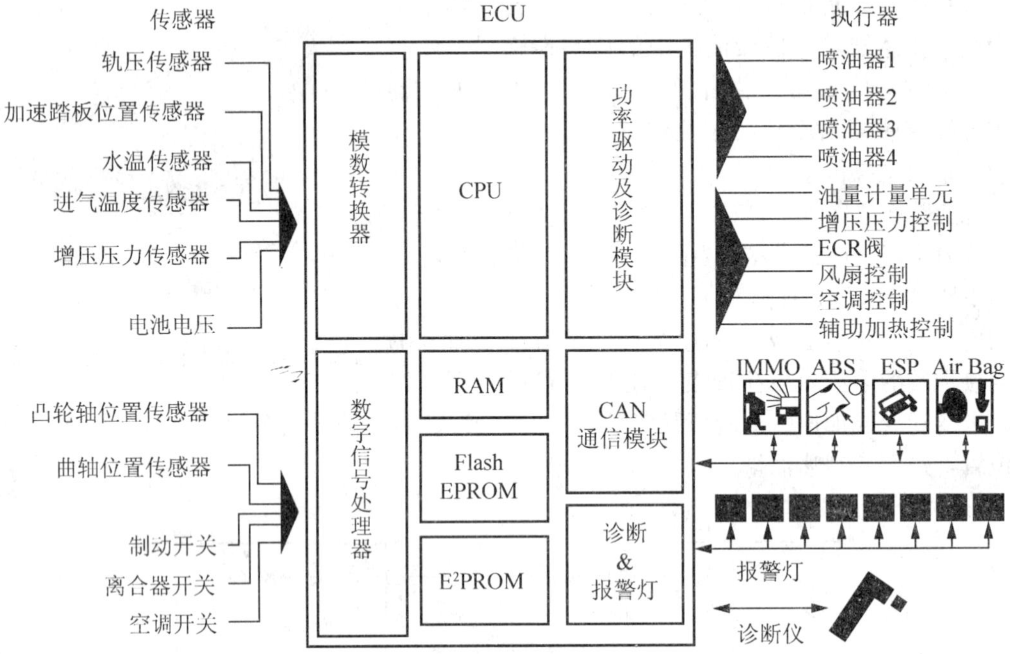


图 7-28　ECU 功能模块

模数转换器将传感器的模拟信号转换为数字信号，以便 CPU 对其进行直接处理和计算。

随机存储器 RAM 用于对 ECU 数据进行在线实时修改。

Flash EPROM 主要用于存储电控系统的各种标定参数，如 MAP 图、曲线和常量等，可重复擦写。

$E^2$PROM 则用于存储系统错误及故障代码等信息。

功率驱动及诊断模块负责驱动和控制执行器工作，并检测各个执行器的电信号错误，如短路、断路和信号不可信等。

CAN 通信模块用于跟其他整车控制器交换信息，如 ABS 和 ESP。

诊断和报警系统用于监控系统故障并触发报警装置。

电控柴油机 ECU 对燃油系统控制的主要项目和内容见表 7-1。

表 7-1　ECU 对燃油系统控制的主要项目和内容

| 序号 | 控制项目 | 控制内容 | 序号 | 控制项目 | 控制内容 |
|---|---|---|---|---|---|
| 1 | 喷油量控制 | 基本喷油量控制 | 5 | 发动机保护性控制 | 冷却液温度太高控制 |
| | | 起动喷油量控制 | | | 机油压力太低控制 |
| | | 怠速转速控制 | | | 最大车速限制 |
| | | 加速喷油量控制 | | | 烟度限制 |
| | | 不均匀喷油量补偿控制 | | | 应急转矩限制 |
| | | 定车速控制 | | | 发动机排气制动控制 |

续表

| 序号 | 控制项目 | 控制内容 | 序号 | 控制项目 | 控制内容 |
|---|---|---|---|---|---|
| 2 | 喷油时间控制 | 基本喷油时间控制 | 6 | 附加功能控制 | 自我故障诊断 |
| | | 起动喷油时间控制 | | | 故障应急系统 |
| | | 低温喷油时间控制 | | | 数据通信控制 |
| 3 | 喷油压力控制 | 基本喷油压力控制 | | | 增压压力控制 |
| 4 | 喷油率控制 | 预喷油量控制 | | | EGR 控制 |
| | | 预行程控制 | | | 进气量控制 |
| | | 后喷油量控制 | … | …… | …… |

1）喷油量控制

（1）基本喷油量控制：如图 7－29 所示，ECU 根据加速踏板传感器传递的驾驶员要求信息和发动机当前状况，计算基本喷油量，与 ECU 内部的目标喷油量比较，控制基本喷油量的提供。

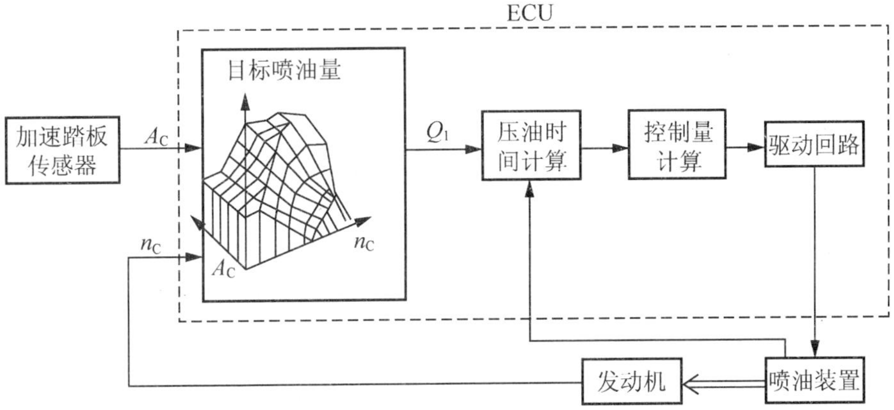


图 7－29　基本喷油量控制

本任务故障案例发现是由于第 1 缸喷油器电磁线圈烧断，引起控制失败，无法喷油，导致转速波动。

（2）起动喷油量控制：发动机起动时，由于转速和机体温度低，柴油着火困难，需要供给较多的柴油，称为起动加浓，同时还要防止起动冒黑烟。

ECU 控制此时的喷油定时和起动转矩按以下方式设定：喷油定时＝$f$(转速，喷油量，冷却液温度)，起动转矩＝$f$(转速，冷却液温度，起动时间)。起动控制功能一直进行到发动机转速超过起动结束转速，进入到怠速控制时，驾驶员才能对发动机进行操作。

在低温环境下，为提高发动机的冷起动性能，ECU 会根据当前发动机的温度来决定是否需要进气预热以及预热时间长短，这是通过对进气预热继电器进行控制实现的。

（3）怠速转速控制：汽车临时停车，发动机不熄火，尤其在道路交通拥挤时，燃油消耗量相当一部分是用在这种行驶状态，因此尽量降低怠速转速非常有用。

当发动机进入到怠速阶段，怠速控制器起作用，它是一个纯 PID 控制器，该控制器保持发动机怠速转速为一个常数。

怠速转速与冷却液温度相关，当发动机温度低时，怠速转速比温度高时的转速要高。同时也与汽车负载有关，当空调接通或自动变速器、主动助力转向装置等起作用时，怠速转速也不宜降得太低。此外，如果加速踏板出现故障，怠速转速将提高，以方便驾驶者将车辆开到维修站。

(4) 加速喷油量控制：突然踩下或松开加速踏板时，喷油量急剧变化，因而发动机输出转矩也急剧发生变化。由于这种突然的负荷变化，发动机弹性支承和传动系统产生振动，从而促使发动机转速波动(图 7-30)。转速波动控制能使喷油量随振动的周期变化而变化：转速上升时喷油量减少，转速下降时喷油量增大，从而大大减少了转速的周期性波动。

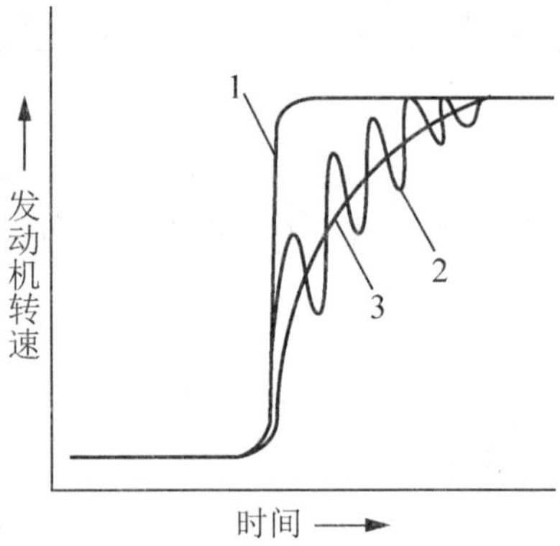


**图 7-30 转速波动控制**

1—突然踩下加速踏板(驾驶者的要求)；
2—无转速波动阻尼功能时的转速波动曲线；
3—有转速波动阻尼功能时的转速变化曲线

(5) 不均匀喷油量补偿控制：由于机加工误差和零部件的老化，发动机的所有气缸并不都产生相同的转矩，特别是在怠速时发动机会产生不稳定运转。ECU 根据测定的每次燃烧后的转速变化，及时调整各缸喷油量进行补偿，使所有的气缸都产生相同的转矩。

(6) 定车速(巡航)控制：车辆按照一个恒定的车速行驶，不需要驾驶者控制加速踏板，这样可以减轻驾驶员的劳动强度，提高驾驶舒适性。驾驶者可以通过巡航控制开关调整车速。具体操作如下：

① 进入巡航：点动一下 SET＋开关，则以当前车速作为巡航设定车速进入巡航功能。

② 加速、减速：连续按 SET＋或 SET－，则巡航设定车速以一斜率增加或减少；点动 SET＋或 SET－，则巡航设定车速以一步长增加或减少。

③ 退出巡航：踩刹车、离合，或者按动 OFF(ON/OFF 开关为自复位开关，常态 ON)、排气制动开关，都可以退出巡航。

④ 巡航恢复：退出巡航后，可以按 SET＋再次进入巡航(以当前车速作为巡航设定车速)，如果按动 RESUME 开关，则恢复退出巡航前的巡航设定车速。

⑤ 踩节气门加速：在巡航功能激活状态下，司机踩节气门则处于加速状态，并且巡航功能不退出，当司机停止踩节气门后，马上恢复巡航状态，车辆减速，减到踩节气门之前的巡航设定车速。

2）喷油时间控制

（1）基本喷油时间控制：喷油定时控制是为了满足排放法规和燃油经济性的需要，同时还要兼顾到低噪声。它是发动机进行了大量的台架试验后，找出使发动机动力性、经济性、排放性能等达到最佳值时的喷油提前角数值，基本喷油时间是以发动机转速、负荷为变量的函数。

（2）起动喷油时间控制：起动时发动机转速低，喷油量大，为保证燃烧，应提前喷油。

（3）低温喷油时间控制：低温时燃烧速度慢，应适当提前喷油。

3）喷油压力控制

为了保证喷油量只随电控喷油嘴打开时间线性变化，必须保证喷油压力稳定，ECU通过共轨管上的压力传感器，实时监测喷油压力，并通过高压喷油泵的工作来控制压力稳定。

4）喷油率控制

喷油率控制如图7－31所示，它包括预喷油量控制、预行程控制和后喷油量控制。ECU根据所监测的发动机工况，确定喷油速率，与目标喷油量和喷油间隔相比较，进而控制喷油嘴的开启。

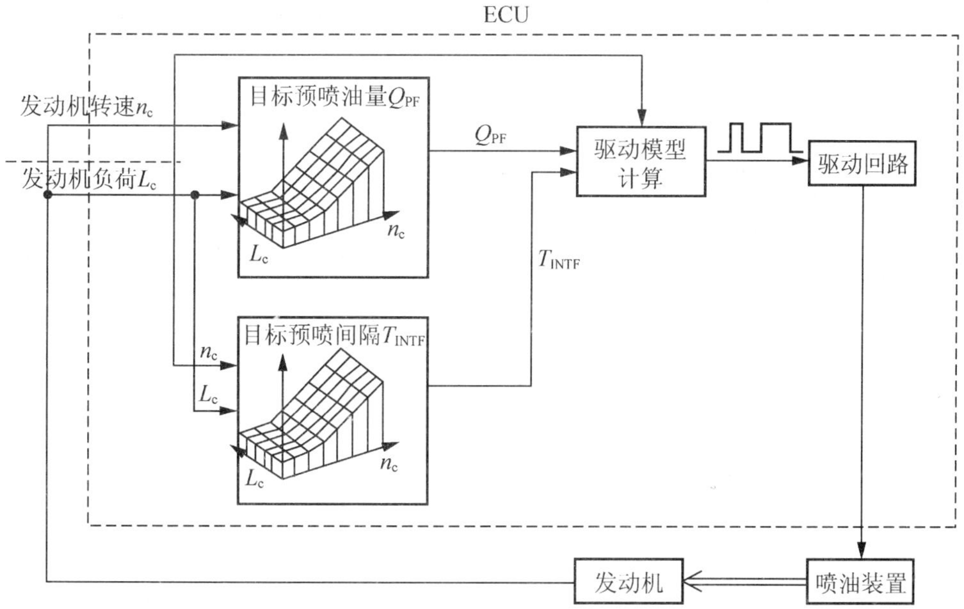


图7－31　喷油率控制

5）发动机保护性控制

发动机保护性控制用于在某些极限条件下对发动机进行保护。

（1）冷却液温度太高控制：冷却液温度太高会导致发动机过热损坏。通过降低发动机转矩和功率，甚至使发动机停机，以达到保护发动机的目的。

（2）机油压力太低控制：机油压力太低直接导致发动机干摩擦损坏。通过降低发动机转矩和功率，甚至使发动机停机，以达到保护发动机的目的。

(3) 最大车速限制：当车速超过最大的行车速度，通过减少喷油量，防止驾驶者超速行驶。最大车速限制值由电控系统预先编程。

(4) 烟度限制：烟度与喷油量和吸入的空气量有关，通过喷油量和进气量限制，防止发动机冒黑烟。

(5) 应急转矩限制：当 ECU 诊断出电控系统有严重故障时，发动机将降低最大转矩，迫使驾驶员去维修站修正错误。

(6) 发动机排气制动控制：一旦 ECU 检测到来自排气制动开关的需求信号，会根据当前发动机转速，来决定是否起动排气制动功能。如果起动了排气制动功能，则同时燃油系统将立刻停止喷油。如果这时司机踩加速踏板加速，则会自动退出排气制动，即使排气制动开关是关闭的。

6) 附加功能控制

(1) 自我故障诊断。发动机电子控制系统除了具有控制燃油喷射等基本功能外，还有故障自诊断功能。汽车正常运行时，电子控制系统输入和输出信号的电压(或电流)值都有一定的正常变化范围，当控制电路信号的电压(或电流)出现异常且超出了这一范围，且该现象在设定时间内不会消失，ECU 则判定为这一部分出现故障，并把这一故障以代码的形式存入内部随机存储器(图 7-32)，同时点亮警告灯，以显示故障信息，为维修人员诊断故障原因提供参考。

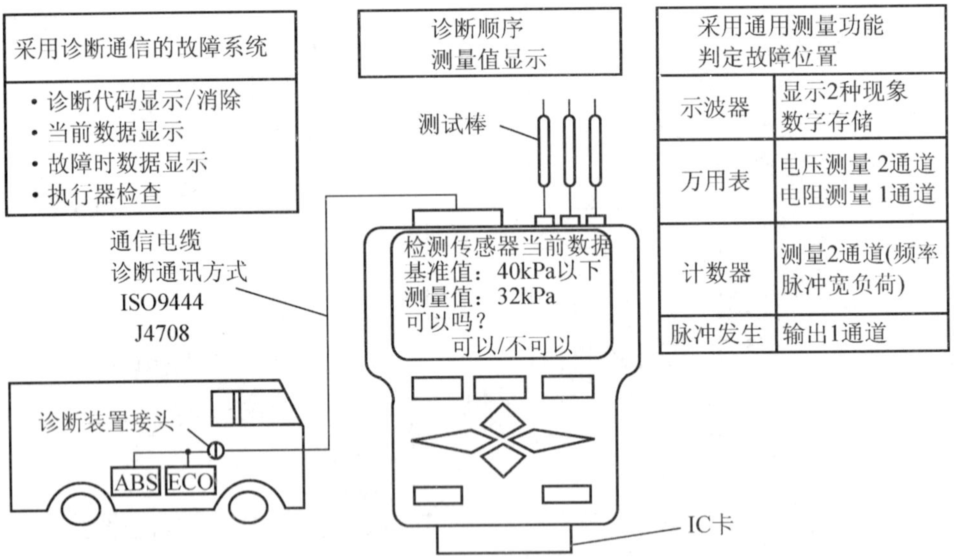


图 7-32 故障自诊断

一般在仪表板下方或发动机舱内设有一个专用接口，即故障诊断接口，该接口直接与 ECU 相连。将解码器或检测设备插入此专用接口，便可将故障码或诊断的传感器、执行器等信号的数据流由此读出，以便在控制系统出现故障时，能及时、快速地查找和排除。

(2) 故障应急系统：它是在微机检测出故障后，采取的一种保险措施。当某个传感器或执行器出现故障时，如果发动机 ECU 仍然按照正常方式继续控制发动机运转，就有可能使发动机或有关部件出现更严重的问题。

故障应急系统主要依靠ECU内的软件来实现。当系统诊断出有故障出现时，一方面发出故障警告信号、保存故障代码；另一方面ECU会自动启用安全保险功能，按照存储器内设定的程序和数据，使控制系统继续工作或强制停机。例如，系统检测出水温信号电路出现故障，ECU会采用预先设置在存储器中的代用值来代替水温信号，使发动机继续运行。而当喷油器出现故障时，ECU连续多次检测不到喷油反馈信号，则会采取强制措施停机。

而当ECU内微机控制程序出现故障时，ECU把燃油喷射和点火正时控制在预定水平上，作为一种备用功能使车辆仍能继续慢速行驶，回到修理厂，所以也称之为回家(go home)模式。

(3) 数据通信控制：ISO通信接口采用ISO9141(K线)标准串行数据通信方式，可实现与ECU之间的数据交换，可进行诊断数据的交换和控制系统的编程(读取和编程有关参数)等。

(4) 其他项目控制：ECU还能够根据需要，进行增压压力控制、EGR控制和进气量控制等。

3. 执行器

电控柴油机主要执行器有电控喷油器、电动输油泵、增压压力调节器、EGR调节器、节气门板执行器、预热控制器、各种电磁阀和开关等。电控喷油器、电动输油泵在燃油系统已经介绍不再重复，这里重点介绍增压压力调节器和预热控制器。

(1) 增压压力调节器。乘用车废气涡轮增压柴油机在低转速时需发出高转矩，因此涡轮机是针对低废气质量流量设计的。当柴油机转速高而废气质量流量较大时，为使增压压力不至于过高，需将一部分废气绕过涡轮机经一个放气阀旁通到排气管中去。

增压压力调节器(图7-33)根据柴油机转速和喷油量等，通过压力膜盒来改变放气阀处的旁通截面积。也可以采用可变几何截面涡轮(VTG)，通过改变废气涡轮的进气角和流道截面来改变增压压力。

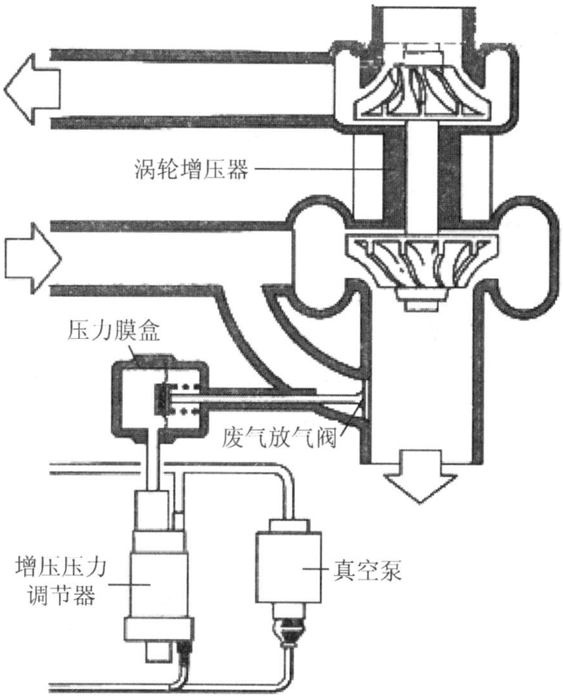


图7-33 增压压力调节阀

(2) 预热控制器。柴油机低温起动，需要采用电热塞预热装置，使冷起动更加顺利，并改善与废气排放有关的暖机阶段。预热时间取决于冷却水温度。预热时间的控制是通过一个功率继电器来控制的。

### 7.2.2 电控柴油机及燃油系统故障码读取

以康明斯 ISBe 高压共轨电控柴油机为例，说明发动机主要零部件产生故障时出现的故障码信息和产生的原因及诊断排除案例。

1. 故障码显示系统

当诊断系统检测到一个故障时，就会在存储器中记录下该故障和相应的发动机运行参数数值。诊断系统还将根据现行故障的类型和严重程度，使不同的故障指示灯点亮。故障指示灯有"WARNING"——报警指示灯、"STOP"——停机指示灯、"WAIT TO START"——等待起动指示灯和"MAINTE NANCE"——保养指示灯，如图 7－34 所示。

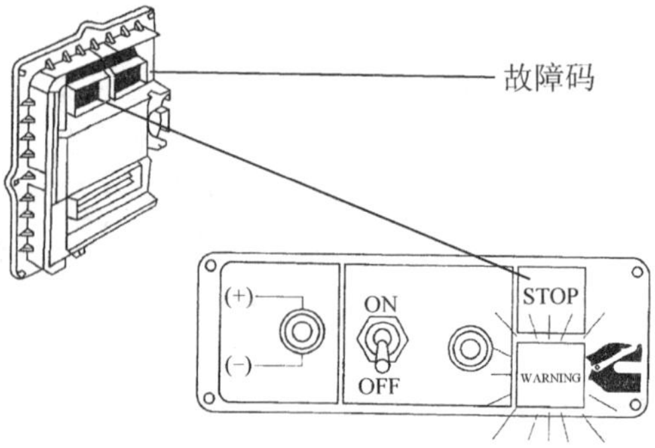


**图 7－34 故障指示灯**

2. 故障码的诊断操作

1) 故障指示灯自检

当点火开关转到"ON"位置时，同时诊断开关在"OFF"位置时，四种指示灯(报警、停机、保养和等待起动指示灯)将依次点亮约 2s，然后熄灭，以进行自检。如果指示灯按上述条件点亮，说明指示灯工作正常，接线正确，如图 7－35 所示。

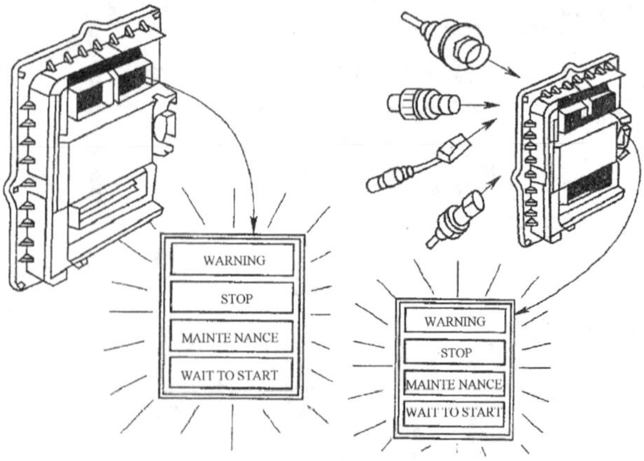


**图 7－35 故障指示灯自检**

2）检查故障码操作

发动机电控系统若没有记录下故障码，故障指示灯将保持熄灭状态。如果存在一个现行故障码，指示灯将保持亮着。报警指示灯“WARNING”亮着表明有故障存在，但车辆能行驶并且需要尽快修理。如果停机指示灯“STOP”点亮，则说明应尽快、安全地使车辆停驶，并且进行检修，以保护发动机。

有些故障状况与发动机保护相关联。如果选用发动机保护性停机功能，ECU可能由于故障码而使发动机停机。有些原始设备制造商(OEM)在发动机出现保护性故障时，通过蜂鸣器发出声音，使驾驶人知道有严重故障，并应立即停机。

使用电子服务工具(INSITE™)或称手提诊断电脑，能够显示现行和非现行故障码。只有排除故障后，将现行故障码变成非现行故障码，用电子服务工具才能将非现行故障码和相关故障信息从ECU存储器中清除掉。电子服务工具具有发动机监测和特殊诊断测试功能。

3. 故障码读取与诊断案例(故障码322——1号喷油器电路高电阻)

1号喷油器电路如图7-36所示。

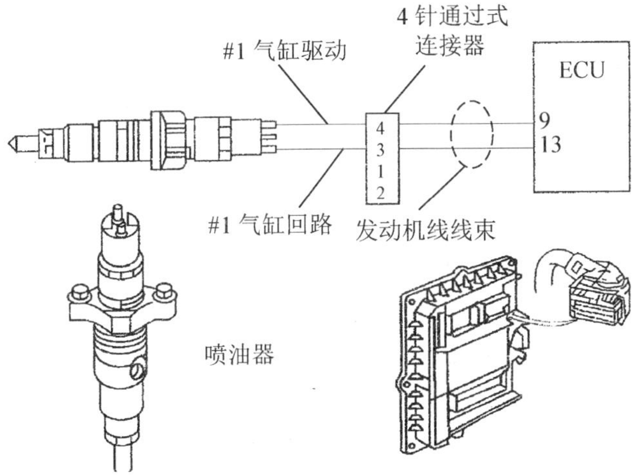


图7-36　1号喷油器电路

(1) 故障指示灯：黄色。

(2) 故障原因：当线束上有电压时，在1号气缸的喷油器驱动导线触针或回路触针上未检测到电流，或者在1号喷油器电路上检测到高电阻。

(3) 故障结果：1号气缸喷油器不喷油，发动机转速不稳定。

(4) 检修要领：

① 检查喷油器电路电阻。测量喷油器连接器的3号和4号触针间的电阻值，如图7-37所示，电阻值应小于0.5Ω。

② 检查是否存在开路。对于4缸机和6缸机，测量16针连接器中的9号触针与4针连接器中的4号触针间的电阻值，以及13号触针与3号触针间的电阻值，如图7-38所示，电阻值应小于10Ω。

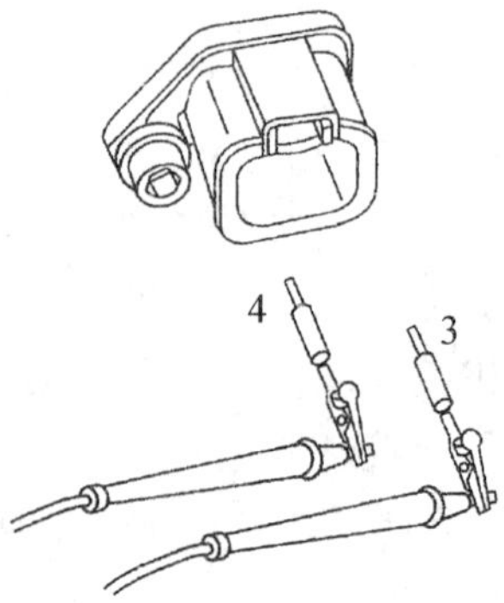


图 7-37　测量 3 号与 4 号触针间的电阻值

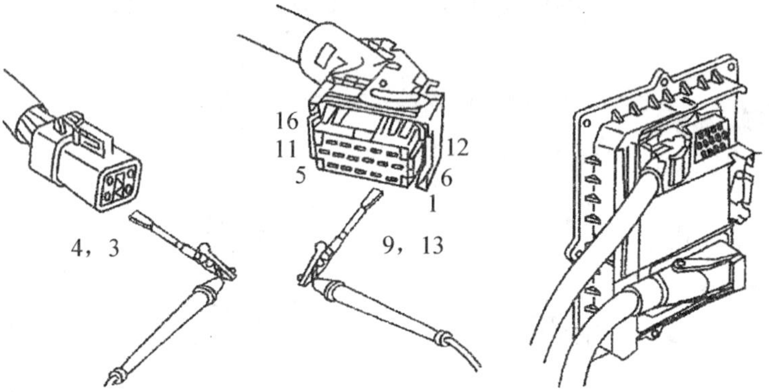


图 7-38　分别测量 9 号与 4 号触针、13 号与 3 号触针间的电阻值

③ 检查触针与触针间是否短路。对于 4 缸机和 6 缸机，测量 16 针连接器中的 9 号触针与该连接器中的其他触针间的电阻值，以及 13 号触针与该连接器中的其他触针间的电阻值，如图 7-39 所示，电阻值均应大于 100kΩ。

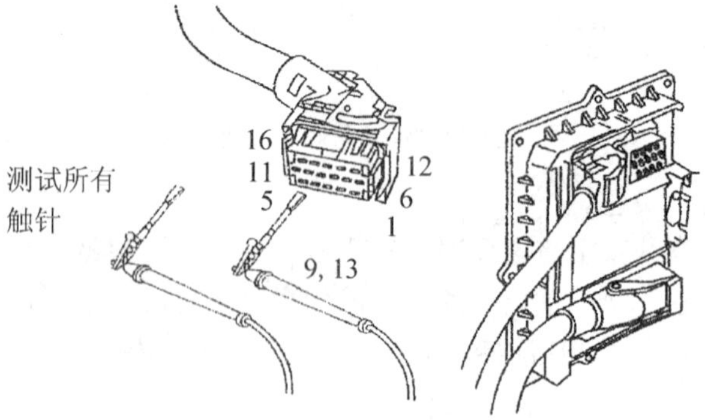


图 7-39　分别测量 9 号、13 号触针与其他触针间的电阻值

④ 检查是否短路接地。对于 4 缸机和 6 缸机分别测量 16 针连接器中的 9 号、13 号触针与机体间的电阻值，如图 7-40 所示，电阻值均应大于 100kΩ。

⑤ 检查是否存在开路。分别测量 4 针连接器中的 3 号、4 号触针与接在 1 号喷油器上的引线螺母间的电阻值，如图 7-41 所示，电阻值应小于 10Ω。

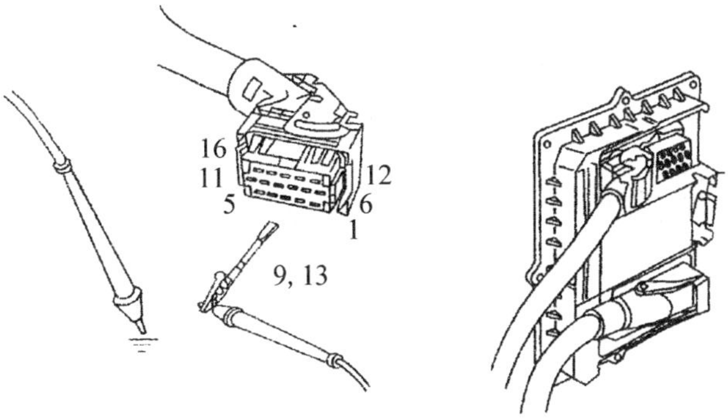


图 7-40　分别测量 9 号、13 号触针与机体间的电阻值

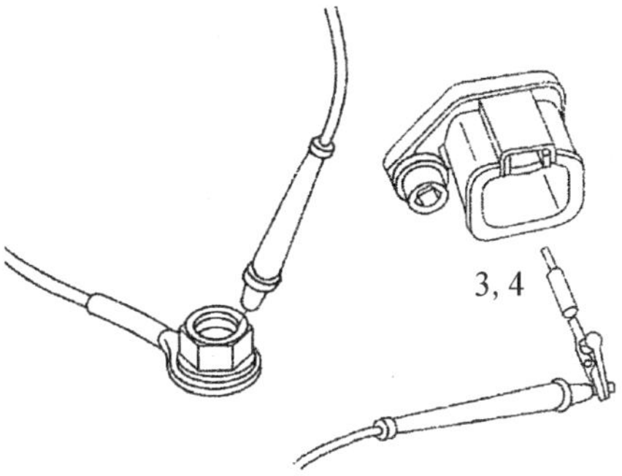


图 7-41　分别测量 3 号、4 号触针与 1 号喷油器引线螺母间的电阻值

⑥ 检查触针与触针间是否短路。分别测量 4 针连接器中的 3 号、4 号触针与该连接器中的其他触针间的电阻值，如图 7-42 所示，电阻值应大于 100kΩ。

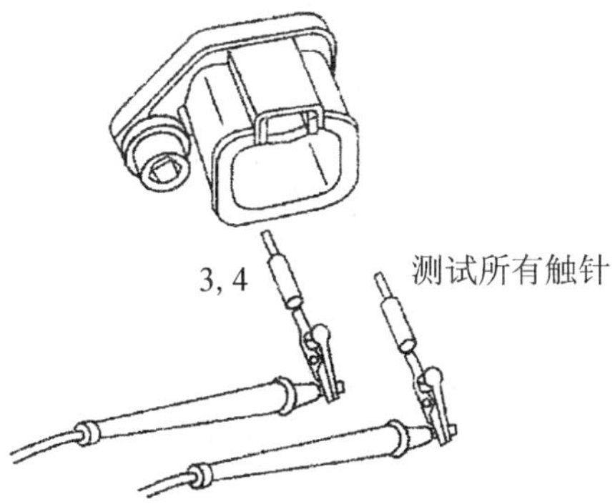


图 7-42　分别测量 3 号、4 号触针与连接器中其他触针间的电阻值

⑦ 检查是否短路接地。分别测量 4 针连接器中的 3 号、4 号触针与机体间的电阻值，如图 3-14 所示，电阻值应大于 100kΩ。

⑧ 测量喷油器线圈的电阻。测量 1 号喷油器两个线圈端子间的电阻值，如图 3-15 所示，电阻值应小于 0.5Ω。

⑨ 清除故障码。连接所有部件，将点火开关转到“ON”位置，起动发动机，怠速运转 1min，证实故障码 322 不再起作用，使用电子服务工具清除非现行故障码。

# 任务 7.3　电控柴油机混合气的形成与燃烧

故障案例：

一辆金迪尔柴油汽车(装配长城 2.8TC 柴油机)起动后严重冒黑烟，经检查发动机压缩系统、换气系统、润滑、冷却系统均正常，高压喷油泵出油正常，电路控制正常，请分析排除故障。

电控柴油机冒黑烟主要是由于柴油没有完全燃烧引起，而柴油不完全燃烧可能是燃料、混合气形成等多种因素导致。

## 7.3.1　柴油机的燃料

### 1. 柴油的主要性能

柴油机使用的燃料是柴油，它是在 533～623K(260～350℃)的温度范围内由石油中提炼出的碳氢化合物。柴油的使用性能对柴油机的工作有很大影响，这些性能主要有发火性、蒸发性、黏度和凝点等。

(1) 柴油的发火性。柴油的发火性是指柴油与空气形成可燃混合气后自行发火燃烧的能力，即自燃能力。自行发火燃烧的温度低，自燃能力强，发火性能好。

柴油的发火性用十六烷值表示。十六烷值高，柴油的发火性好，柴油机工作柔和、噪声小、起动性好；反之十六烷值低，柴油机工作粗暴、噪声大、起动性能差。汽车用轻柴油的十六烷值一般为 40～50，十六烷值过高也不适宜，当十六烷值高于 65 时，会使耗油量增加，排气冒黑烟。

(2) 柴油的蒸发性。柴油的蒸发性反映柴油由液态变为气态的性能，以馏程表示，馏程的含义与汽油相同。

蒸发性好的柴油容易与空气形成可燃混合气，柴油机容易起动。但轻馏分燃料发火性差，柴油机工作粗暴。相反如果蒸发性过差，则混合气形成过程缓慢，致使燃烧不完全，积炭增多，排气冒黑烟，耗油量增加，起动困难。因此汽车用柴油应有适当的蒸发性，一般沸点范围为 473～623K(200～350℃)。

(3) 柴油的黏度。黏度决定燃油的流动性。黏度过大，流动性差，供油阻力增加，并且使喷油的雾化质量变坏，燃烧不良；若黏度过小，不仅影响喷注形态，使燃烧不完全，动力性变差，而且使供油系统内的精密偶件润滑恶化，磨损增加，偶件配合间隙的柴油漏失量也有所增加。柴油的黏度与温度的关系很大，温度降低，黏度增大。

(4) 柴油的品质。主要指柴油中硫、胶质、机械杂质和水分等，它们会引起喷油嘴的喷孔堵塞，精密偶件磨损甚至卡死，应严格控制。

(5) 柴油的凝点。柴油的低温流动性常用凝点来表示，它不仅表明柴油的储存、运输和收发作业的界限温度，而且也与柴油在低温上的使用性能有密切关系。柴油的牌号就是以凝点来划分的。

### 2. 柴油的牌号与选用

柴油分轻柴油和重柴油。轻柴油用于高速柴油机，重柴油用于中、低速柴油机。汽车柴油机均为高速柴油机，所以使用轻柴油。

轻柴油按其质量分为优等品、一等品和合格品三个等级，每个等级又按柴油的凝点分为10、0、−10、−20、−35和−50等六种牌号。

选用柴油时，应该根据当时当地的气温确定，要求柴油的凝点(牌号)低于气温5℃以上。如气温为5℃，应该选用0号轻柴油。

### 7.3.2 柴油机混合气的形成

#### 1. 柴油机混合气形成特点

柴油机使用的燃料是柴油，由于其蒸发性和流动性比汽油差，而自燃点又比汽油低，所以只能采用在压缩上止点前直接喷入气缸，靠压缩着火燃烧。

由于柴油机混合气形成时间极短，只占15°～35°曲轴转角(按发动机转速3000r/min计，只占$8.3\times10^{-4}$～$1.9\times10^{-3}$s)，可燃混合气形成十分困难；而且边燃烧边喷油，气缸内各处混合气浓度很不均匀，极易造成燃烧不完全，排气冒黑烟，动力经济性能下降等不良后果。

为此，现代柴油机除采用前面所述的高压燃油喷射外，还需要组织空气在气缸中高速流动，同时设计出各种燃烧室，促进可燃混合气形成和快速燃烧。

#### 2. 柴油机混合气形成方式

根据柴油机混合气形成特点，可以分为空间雾化混合和油膜蒸发混合两种基本方式。

空间雾化混合是将柴油高压喷向燃烧室空间，形成雾状，与空气进行混合。为了使混合均匀，要求喷出的燃油与燃烧室形状相配合，并充分利用燃烧室中空气的运动。

油膜蒸发混合是将大部分柴油喷射到燃烧室壁面上，形成一层油膜，受热蒸发，在燃烧室中强烈的旋转气流作用下，燃料蒸气与空气形成均匀的可燃混合气。

在柴油实际喷射中，很难保证燃料完全喷到燃烧室空间或燃烧室壁面，所以两种混合方式都兼而有之，只是多少、主次有所不同。

为了促进柴油与空气更好混合，一般都要组织适当的空气涡流，常见的有以下3种。

(1) 进气涡流。进气涡流是指在进气行程中，使进入气缸的空气形成绕气缸中心高速旋转的气流。它一直持续到燃烧膨胀过程。

产生进气涡流的方法一般是将进气道设计成螺旋气道[图7-43(a)]或切向气道[图7-43(b)]。切向气道在气门座前强烈收缩，引导气流以单边切线方向进入气缸，造成进气涡流。螺旋气道是在气门座上方的气门腔里制成螺旋形，使气流在螺旋气道内就形成一定强度的旋转，造成较强的进气涡流，涡流速度可以达到曲轴转速的6～10倍。

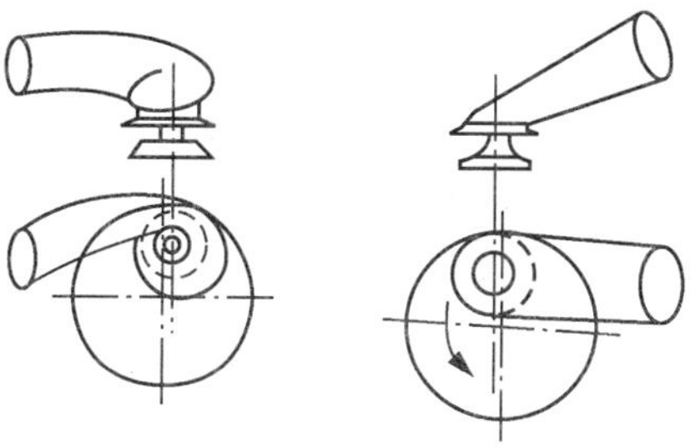

(a) 螺旋形进气道　(b) 切向进气道

图7-43 螺旋形进气道和切向进气道

(2) 挤压涡流。挤压涡流(挤流)是指在压缩过程中形成的空气运动。当活塞接近压缩上止点时，活塞顶上部的环形空间中的气体被挤入活塞顶部的凹坑内[图 7-44(a)]，形成了气体的运动。当活塞下行时，活塞顶部凹坑内的气体向外流到环形空间[图 7-44(b)]，称为逆挤流。挤压涡流的产生与活塞顶凹坑(燃烧室)设计有很大关系，柴油机活塞顶凹坑形形色色，目的就是促进燃油与空气的混合与燃烧。

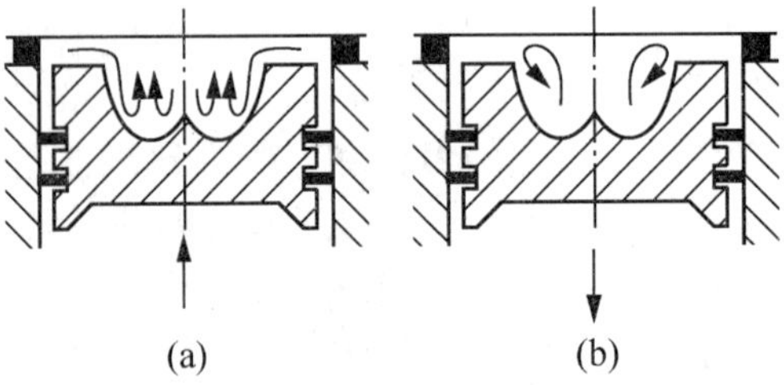


图 7-44 挤压涡流

(3) 燃烧涡紊流。燃烧涡紊流是指利用柴油燃烧的能量，冲击未燃的混合气，造成混合气涡流或紊流。其目的也是进一步促进燃油与空气的混合与燃烧。燃烧涡紊流的程度与柴油机燃烧室的形状密切相关。

3. 柴油机燃烧室

燃烧室是柴油机的燃烧场所。它对燃烧有重要影响，其结构形形色色，基本分为直喷式燃烧室和分开式燃烧室两大类(图 7-45)。

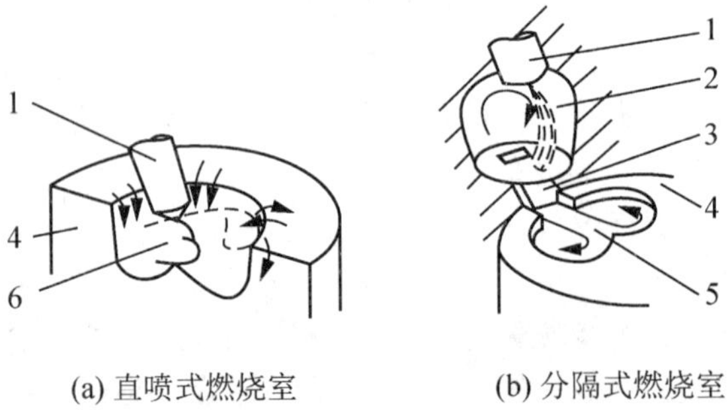


图 7-45 柴油机燃烧室

1—喷油器；2—副燃烧室；3—连接通道；4—活塞；5—双涡流凹坑；6—凹坑

(1) 直喷式燃烧室。直喷式燃烧室的结构特点是只有一个燃烧室，位于活塞顶面和气缸盖底平面之间，燃料直接喷入该燃烧室中与空气进行混合燃烧。

直喷式燃烧室的活塞顶设计极具独创性(图 7-46)，不同的涡流凹坑，产生不同的气体运动，混合气形成也不同，导致发动机性能的差异。

如图 7-46(a)所示的浅盆形燃烧室，凹坑较浅，底部较平，空气压缩涡流小，主要靠喷油嘴高压喷油到燃烧室空间与空气混合，属于空间雾化混合方式。这种燃烧室，结构简单、紧凑，由于空间小，传热少，动力性、经济性与起动性都较好。但对喷油系统要求高，需要较高的喷油压力，喷油嘴的喷孔也要求小而多，工作起来也比较粗暴。

图 7-46(c)所示的球形燃烧室，凹坑呈球状，较深，同时组织较强的空气涡流，喷油

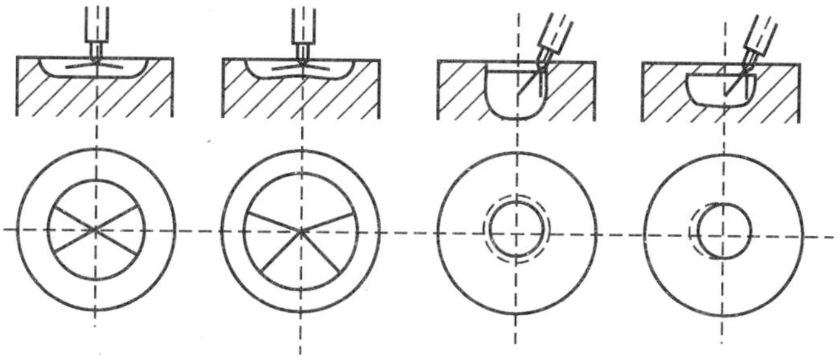

(a) 浅盆形燃烧室 (b) 浅ω形燃烧室 (c) 球形燃烧室 (d) U形燃烧室

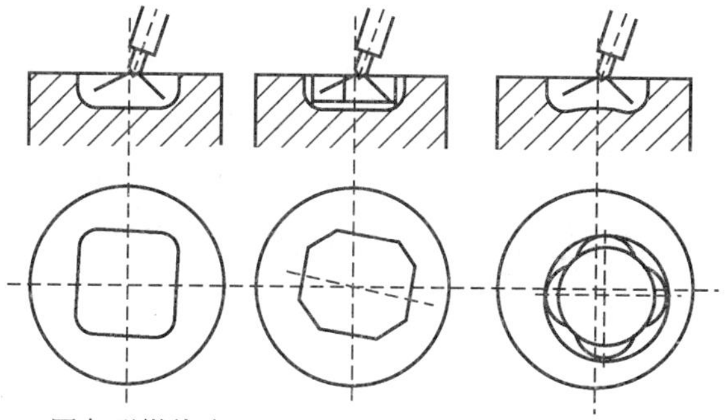

(e) 四角形燃烧室 (f) 八角形燃烧室 (g) 花瓣形燃烧室

图 7－46　不同直喷式燃烧室

嘴顺气流喷射，在强涡流气流的带动下，燃油被涂布到球形燃烧室壁面上，形成一层油膜。只有一小部分从油束中分散出来的燃油以油雾分散在燃烧室空间，在炽热的空气中，首先完成着火准备，形成火源。然后靠此火源点燃从壁面已蒸发出来并和空气混合的可燃混合气。随着燃烧进行，产生大量热量，辐射在油膜上，又使油膜加速蒸发，不断地和室壁附近高速旋转气流混合，达到迅速燃烧。所以这种燃烧方式属于油膜蒸发混合方式。由于空气的强烈涡流，空气利用率较高；燃料燃烧是逐层蒸发燃烧，所以工作起来比较柔和。它对燃油系统要求不高，可以使用单喷孔喷油嘴，喷油压力也较低。但它的起动性能不好，因为起动时机体温度低，油膜较难蒸发燃烧，低速性能也不好。

(2) 分隔式燃烧室。分隔式燃烧室的结构特点是燃烧室被分隔为主、副两个燃烧室，二者用一个或数个通道相通。副燃烧室在气缸盖内，容积占总压缩容积的50%～80%，主燃烧室在缸盖底平面与活塞顶面之间。燃料先喷入气缸盖中的副燃烧室进行预燃烧，再经过通道喷到活塞顶上的主燃烧室进一步燃烧。

分隔式燃烧室根据结构的不同分为涡流室式和预燃室式两种。

① 涡流室式燃烧室的副燃烧室有球形[图 7－47(a)]、吊钟形[图 7－47(b)]和组合型[图 7－47(c)由一段球形、一段柱形和一段锥形组成]等形状，主燃烧室的活塞顶也有不同凹坑，如双涡流凹坑[图 7－48(a)]、铲击形凹坑[图 7－48(b)]等。

不同的燃烧室结构，其工作情况也不同。如图 7－47(c)所示的组合型副燃烧室，在压缩过程中，气缸中的空气被活塞挤压，经过通道流入涡流室形成有组织的强烈涡流。接近压缩上止点时，喷油器开始顺气流喷油，在强涡流气流带动下，燃油被涂布到燃烧室壁面上，形成油膜。同时有少部分油雾分散在燃烧室空间，着火形成火源，并点燃从壁面蒸发出来的可燃混合气，迅速燃烧，使副燃烧室内的温度和压力迅速升高，高温、高压气体经通道喷入主燃烧室。若主燃烧室活塞顶上的凹坑是双涡流凹坑[图 7-48(a)]，则喷入主燃烧室的混合气就会形成二次涡流，与主燃烧室内的空气进一步混合燃烧。这种燃烧室，由于采取强烈有组织的气体二次涡流，空气利用率高，对喷雾质量要求不高，可采用单喷孔喷油嘴，喷油压力较低，喷油嘴故障少，调整方便，同时由于燃烧先在副燃烧室内进行，使主燃烧室压力升高趋缓，工作比较柔和。缺点是副燃烧室相对散热面积大，又直接与冷却液接触，加上主、副燃烧室之间的通道节流，使热利用率减低，经济性较差，起动也较困难。

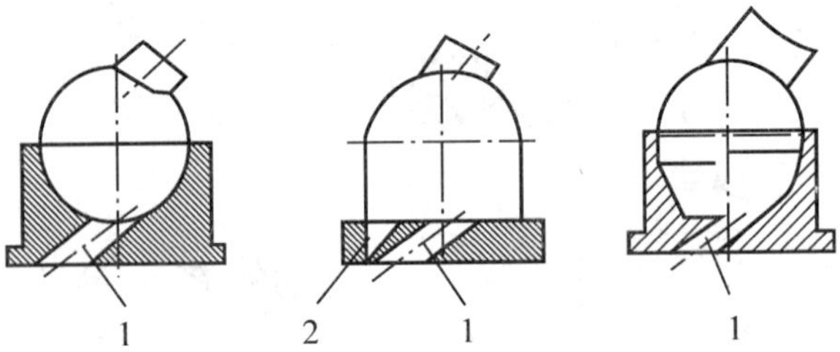


(a) 球形　(b) 吊钟形　(c) 组合型

**图 7-47　涡流室式燃烧室的副燃烧室**

1—主通道；2—副喷孔

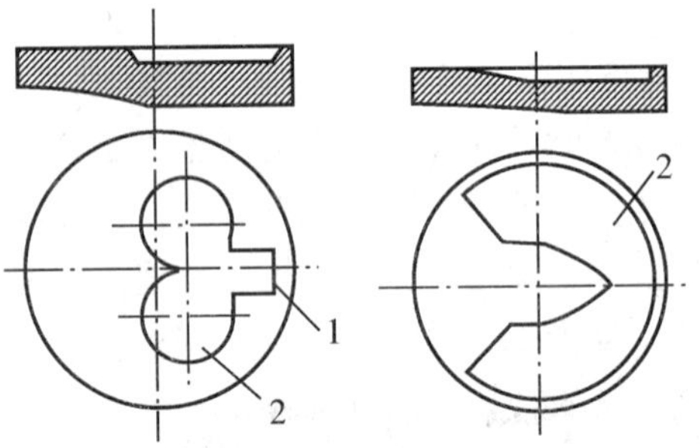


(a) 双涡流凹坑　(b) 铲击形凹坑

**图 7-48　涡流室式燃烧室的主燃烧室**

1—导流槽；2—双涡流凹坑

为了改善起动性能，有的增加了副喷孔(起动喷孔)，使得在起动时，由于空气涡流不强，从喷油嘴喷出的燃油可通过副喷孔，直接喷入活塞顶的主燃烧室温度较高处，燃料容易着火燃烧。

② 预燃室式燃烧室(图 7-49)的副燃烧室与主燃烧室的通道截面较小，而且方向与喷油方向相对。压缩时，空气经通道被压向副燃烧室，形成强烈的紊流，燃料逆气流方向喷射，与空气相撞混合，并着火预燃烧，所以副燃烧室也称预燃室。随后不完全燃烧的混合气经通道到主燃烧室，与主燃烧室内的空气进一步混合燃烧。这种燃烧室工作比涡流室式燃烧室更柔和，而且可以燃用多种燃料，但它的节流损失比涡流室式更大，所以经济性能较差。

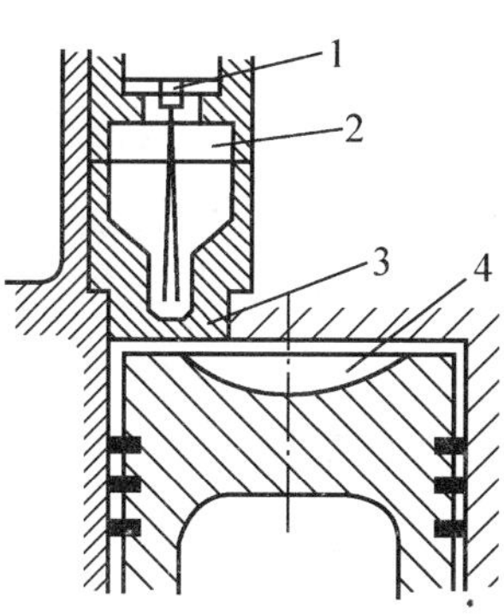


**图 7－49　预燃室式燃烧室**

1—喷油器；2—副燃烧室；3—通道；4—主燃烧室

### 7.3.3　柴油机的燃烧过程

根据柴油机燃烧过程进展的实际特征，分为以下四个阶段。

1. 着火延迟期

着火延迟期是指从喷油开始（*A* 点）到柴油开始着火（*B* 点）的时期（如图 7－50 中的Ⅰ）。

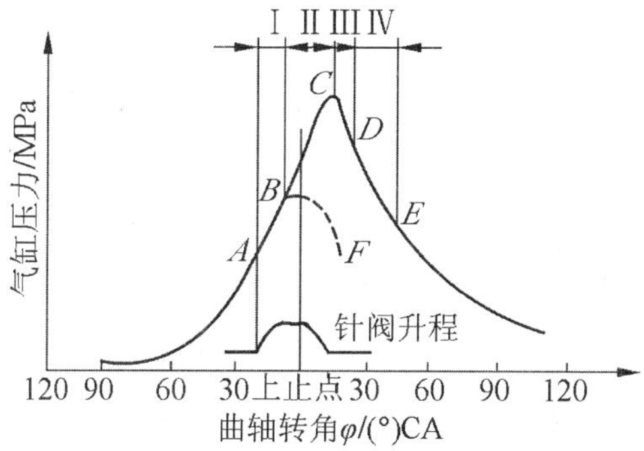


**图 7－50　柴油机燃烧过程**

这个时期主要进行柴油着火前的物理化学准备过程（雾化、吸热、扩散、蒸发、氧化、分解）；同时，燃料不断喷入，占循环喷油量的 30%～40%。

着火延迟期时间虽短（为 0.0007～0.003s），但对整个燃烧过程影响很大。若着火延迟期长，则喷出的油量多，导致速燃期压力急剧升高，柴油机工作粗暴；但着火延迟期过短，又会导致可燃混合气形成困难，柴油机动力经济性能恶化。

2. 速燃期

速燃期指从柴油开始着火（*B* 点）到气缸内最高压力点（*C* 点）的时期（如图 7－50 中的Ⅱ）。

速燃期燃料燃烧非常迅速，气缸压力和温度急剧增加，是对外做功的关键时期；在这个时期，针阀仍然开启，燃料继续喷入，燃烧条件变差，所以要控制该时期的喷油量和加强气缸内气体的流动。

3. 缓燃期

缓燃期指从最高压力点(C点)到最高温度点(D点)的时期(如图7-50中的Ⅲ)。

缓燃期由于活塞下行，气缸容积变大，氧气变少，废气增多，所以混合气燃烧速度减缓，气缸内压力增加不显著，而温度却继续上升；若此时喷油还在继续，由于燃烧恶化，燃料易裂解成黑烟排出。

4. 后燃期

后燃期指从缓燃期终点(D点)到燃料基本燃烧完为止(E点)的时期(如图7-50中的Ⅳ)。

后燃期气缸内未燃的油料继续燃烧，由于燃烧条件恶化，使燃烧不完全，排气冒黑烟，放出的热无法做功而传给机体，使发动机过热，所以应尽量减少后燃，并加强这个时期气缸内气体流动。

### 7.3.4 柴油机燃料供给系统的使用与维护

1. 柴油的清洁

由于柴油喷射系统有诸多精密偶件，如喷油嘴偶件，其配合间隙仅0.0015 mm左右，喷孔小而多，如博世公司的6孔、直径0.169mm的喷孔，稍有杂质就会导致喷孔堵塞或偶件卡死，为此燃油必须保持高度清洁，使用前要经过严格的净化(储存沉淀与过滤)。

(1) 柴油的沉淀。柴油加注到汽车燃油箱以前，必须经过长时期的静置。一般静置要求为100～120h，以使其中的固体杂质和水分下沉，与柴油分离，储油罐底部设有螺塞，应定期清除罐底部的杂质和水分，并清洗油罐内壁。

(2) 柴油的过滤。柴油注入油池后，还必须经过滤清才能使用，一般采用加压过滤法，效率高，过滤质量好。用油泵将柴油压入过滤器内，经过滤芯，流入油桶或油罐，以备使用。发动机维护时，粗细滤清器必须按时洗刷更新。

2. 柴油机燃料供给系统的维护

1) 日常维护

(1) 每天例行检查燃油系统的各紧固螺钉(喷油泵的紧固螺钉、喷油器的紧固螺钉或螺母、联轴器的连接螺钉、各缸高压油管的连接螺母、喷油泵壳体上的外部螺钉、螺母)有无松动。

(2) 检查燃油系统的密封状况，各接头、油管不得有漏油、进气现象。

(3) 注意检查电控汽油喷射系统各电缆、导线连接可靠、正确。

(4) 接通起动开关，注意查看仪表盘故障指示灯是否点亮，出现故障及时到修理厂检查排除。

(5) 发动机运行时，不要拆卸蓄电池，给车辆蓄电池充电时，需拆下蓄电池；控制线路的各种插头只能在断电状态(点火开关关)进行拔插，不能用传统的方法进行新型电控柴油发动机的故障诊断。

(6) 油路进空气时，会导致起动困难，应松开油路上油管螺钉，使用电动燃油泵泵油，排除空气；如果空气在高压油路，则松开喷油器进油口，起动起动机把空气排净。

2）定期维护

（1）按使用说明书要求，定时维护柴油滤清器，一般柴油机工作累积50h或汽车行驶1500～2500km时可以进行一次维护。滤芯可以用干净的柴油或煤油清洗。如滤芯堵塞严重或滤芯破裂应更换。安装时，应注意滤芯密封垫的位置不得偏斜，否则，柴油滤清器会漏柴油。安装有方向要求的滤清器时要注意柴油管的连接方向(输油泵进油口处有滤网的，这时也应清洗)。

（2）按制造厂家的要求定期检查调试喷油器及喷油泵。平时使用中则不能轻易拆卸或自己随意调整。

## 项目小结

1. 电控柴油喷射系统具有喷油量及喷油定时控制精度高、调节灵活、响应速度快、稳定性好、可靠性和适应性强等优点。

2. 电控柴油喷射系统主要由燃油供给系统(电动输油泵、燃油滤清器、高压油泵、共轨管、电控喷油器等)和电子控制系统(各种传感器、执行器和ECU)两大部分组成。

3. 电控柴油喷射系统基本工作原理是通过传感器采集柴油机的转速、温度、压力、流量和加速踏板位置等信号，输入ECU进行比较、运算，确定最佳运行参数，再通过执行机构对喷油压力、喷油量、喷油时间、喷油规律等进行控制，使柴油机工作状态达到最佳。

4. 柴油机可燃混合气在气缸内以极短的时间形成，需要通过柴油的高压喷射和组织空气的适度涡流，并配以合适的燃烧室来完成。混合气形成分空间雾化混合和油膜蒸发混合两种基本方式。燃烧室分直喷式燃烧室和分开式燃烧室两大类。两者相互匹配，可以有效提高柴油机的动力、经济和排放性能。

5. 轻柴油按其质量分为优等品、一等品和合格品三个等级，每个等级又按柴油的凝点分为10、0、－10、－20、－35和－50六个牌号。选用柴油时，要求柴油的凝点低于气温5℃以上。

6. 柴油机燃烧过程分着火延迟期、速燃期、缓燃期和后燃期四个阶段。燃料的性质、供油提前角及喷油规律都对燃烧过程有重要影响。

7. 柴油机燃料供给系统应注意柴油使用的高度清洁和日常维护及定期维护。

## 学习评价与技能测试

### 一、选择题

1. 下列属于电控柴油机燃油供给系统的有(　　)。

A. 曲轴　　B. 活塞　　C. 高压油泵　　D. 电控喷油器

2. 电控喷油器电磁阀磨损，会导致(　　)。

A. 喷油量增加　　B. 喷油量减少　　C. 回油量增加　　D. 回油量减少

3. 关于电控高压油泵(以德国博世公司CP1型为例)的下列说法正确的是(　　)。

A. 采用三个径向布置的柱塞泵油元件

B. 可以产生的最高压力达50MPa

C. 油泵每转1圈，可以对外供油1次

D. 在怠速或小负荷时，高压泵有时不再连续供油

4. 学生a说，高压共轨电控柴油喷射系统的喷油规律柔性可调。学生b说，高压共轨电控柴油喷射系统的喷油压力可以达到160MPa以上。下列说法正确的是(　　)。

A. 只有学生a正确　　B. 只有学生b正确

C. 学生a和b都正确　　D. 学生a和b都不正确

5. 下列说法正确的是(　　)。

A. 柴油机燃烧一般认为分3个阶段

B. 着火延迟期长，柴油机工作会粗暴

C. 速燃期指从柴油开始着火到气缸内最高温度点

D. 缓燃期喷油器仍然在喷油

6. 下列说法正确的是(　　)。

A. 气温0℃，应选择0号柴油　　B. 气温0℃，应选择10号柴油

C. 气温0℃，应选择－10号柴油　　D. 气温0℃，应选择－20号柴油

二、问答题

1. 叙述高压共轨燃油供给系统的基本组成、各部件的基本结构与工作原理。

2. 叙述高压共轨电子控制系统的基本组成及其工作原理。

三、实操题

1. 检测一台长城2.8TC柴油机电控喷油器的电气性能和喷油性能。

2. 使用柴油机电脑检测仪，读取一台电控柴油机的故障码和数据流。

【阅读材料】

## 柴油机传统燃料的供给系统

### 一、柴油机传统燃料供给系统的基本组成与工作原理

柴油机传统燃料供给系统由柴油箱、粗、细滤清器、输油泵、喷油泵、喷油器和各油管组成，如图7－51所示。

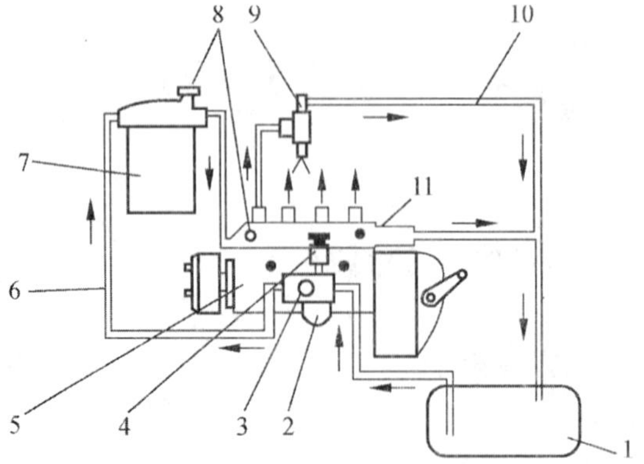


**图7－51　柴油机燃油从给系统**

1—柴油箱；2—粗滤清器；3—输油泵；4—手油泵；5—喷油泵；6—低压油管；7—细滤清器；8—放气螺钉；9—喷油器；10—回油管；11—限压阀

在输油泵3的作用下，柴油从油箱1被吸出，经过柴油滤清器2和7过滤，干净的柴油进入喷油泵5，提高压力，再经高压油管送到喷油器9，以一定的速率、射程和喷雾锥角喷入燃烧室。多余的柴油从回油管10流回柴油滤清器。

与电控柴油机燃料供给系统不同的是，高压油的产生和控制全部采用机械式，导致压力低，控制精度低，目前在部分低档汽车上使用。

二、传统喷油器结构原理与检测

喷油器的作用是按照发动机要求，将高压柴油喷向柴油机燃烧室特定位置。

以汽车常用的孔式喷油器为例，其基本结构如图7－52所示，主要由针阀11、针阀体13、顶杆5、调压弹簧16及喷油器体6等零件组成。

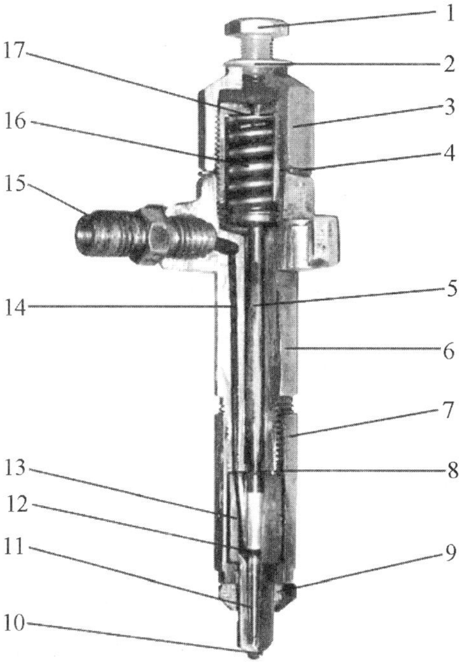


**图7－52　孔式喷油器**

1—回油管螺钉；2——回油管垫片；3—调压螺钉护帽；4—垫片；5—顶杆；
6—喷油器体；7—紧固螺套；8—定位销；9—油嘴垫；10—喷孔；11—针阀；
12—环形油腔；13—针阀体；14—进油道；15—进油管接头；16—调压弹簧；17—调压螺钉

其中最主要的是用优质合金钢制成的针阀和针阀体，二者合称针阀偶件。针阀上部的圆柱表面同针阀体的相应内圆柱面作高精度的滑动配合，配合间隙为0.002～0.003mm。此间隙过大则可能发生漏油而使油压下降，影响喷雾质量；间隙过小则针阀将不能自由滑动。

柴油机工作时，喷油泵供给的柴油经进油管接头15、油道进入针阀体13下部的环形油腔内。当油压升高到作用在针阀承压锥面上的轴向分力大于调压弹簧16的预紧力时，针阀11开始向上移动，喷油器喷孔被打开，高压柴油通过喷孔喷入燃烧室。当喷油泵停止供油时，油压突然下降，针阀在调压弹簧16的作用下及时回位，将喷孔关闭。可见，喷油器的喷油压力与调压弹簧的预紧力有关，预紧力越大．喷油压力则越高。调压弹簧的预紧力可通过调压螺钉17来调整。

喷油器应定时在喷油器试验器上进行检测，方法如下：

将喷油器装在喷油器试验器上(图7－53)，以60次/min速度压动试验器手柄，观察在喷油过程中压力表上的读数是否符合要求，同一台发动机各缸喷油器的喷油压力偏差不得大于490kPa，否则应予以调整。

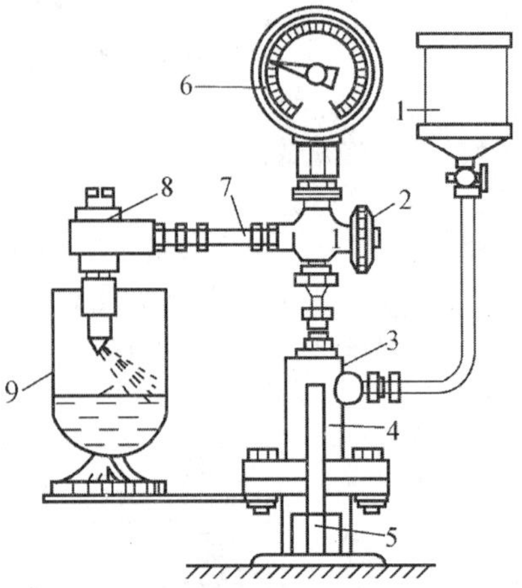


图 7-53　喷油器试验器

1—油罐；2—止回阀；3—放气螺钉；4—手压喷油泵；5—压油手柄；
6—油压表；7—高压油管；8—喷油器；9—接油杯

调整时可先拆下锁紧螺母，用旋具转动调整螺钉，旋入螺钉喷油压力增加；反之，则压力降低(有的喷油器是采用增减垫片调整)。调试结束，将锁紧螺母装合并拧紧，然后再进行一次喷油压力校验。

之后观察喷油情况，要求喷出的燃油应成雾状，不应有明显的肉眼可见的雾状偏斜和飞溅油粒、连续的油柱和极易判别的局部浓稀不均匀现象；喷射应干脆，具有喷油器偶件结构相应的响声；多次喷射后，针阀体端面或头部不得出现油液积聚现象。全面检查还应该进行偶件密封性和喷雾锥角等检查。如果雾状不良，则应更换喷油器总成。

三、传统柱塞式喷油泵结构原理简介

喷油泵的功用是按照柴油机的运行工况和气缸工作顺序，以一定的规律，定时定量地向喷油器输送高压燃油。

喷油泵种类很多，以汽车使用较多的柱塞式喷油泵为例(图 7-54)，其基本结构主要由分泵、油量调节机构、传动机构和泵体四部分组成。

图 7-54　柱塞式喷油泵

1. 分泵

如图 7-55 所示，分泵是带有一副柱塞偶件的泵油机构，整个喷油泵中具有数目与发动机缸数相等，结构和尺寸完全相同的若干个分泵。

分泵的主要零件有柱塞偶件(柱塞7和柱塞套5)、柱塞弹簧11、弹簧下支座17、出油阀偶件(出油阀3和出油阀座4)、出油阀弹簧2、出油阀压紧座1等。

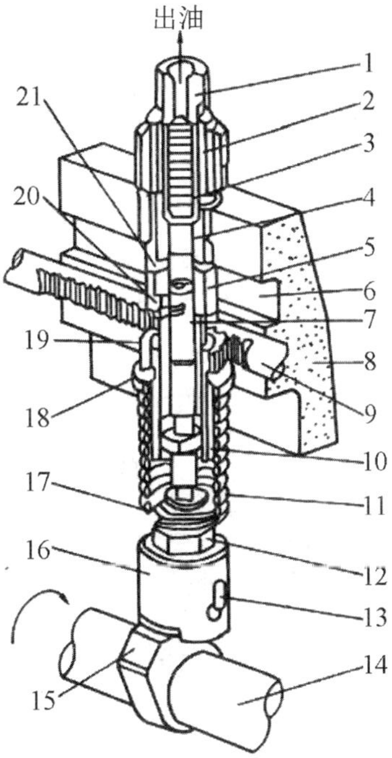


图7-55　柱塞式喷油泵分泵

1—出油阀压紧座；2—出油阀弹簧；3—出油阀；4—出油阀座；5—柱塞套；6—低压油腔；7—柱塞；8—喷油泵体；9—油量调节螺杆；10—油量调节套筒；11—柱塞弹簧；12—供油正时调节螺钉；13—定位滑块；14—凸轮轴；15—凸轮；16—挺柱体部件；17—柱塞弹簧下支座；18—柱塞弹簧上支座；19—齿圈；20—进回油孔；21—密封垫

柱塞偶件与出油阀偶件结构如图7-56所示。

当柱塞向下移动时[见图7-56(a)]，燃油自低压油腔经柱塞套上的油孔被吸入并充满泵腔。

当柱塞向上移动到柱塞上部的圆柱面将两个油孔完全封闭时，柱塞继续上升[图7-56(b)]，柱塞上部的燃油压力迅速增高，当此压力增高到足以克服出油阀弹簧的作用力时，出油阀即开始上移，高压燃油便自泵腔通过高压油管流向喷油器。

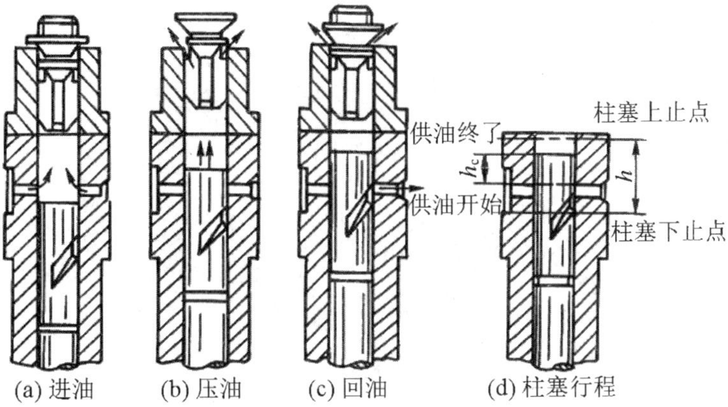


图7-56　喷油泵的泵油原理

当柱塞继续上移到图7-56(c)所示位置时，斜槽同油孔开始接通，于是泵腔内的燃油便经柱塞中央的孔道、斜槽和油孔流向低压油腔，这时泵腔内油压迅速下降，出油阀在弹簧压力作用下立即回位，喷油泵供油即中止。此后柱塞仍继续上行，直到上止点为止，但不再泵油。

2. 油量调节机构

油量调节机构的任务是根据柴油机负荷和转速的变化相应改变喷油泵的供油量。

柱塞式喷油泵采用齿杆式油量调节机构，如图7-57所示。柱塞4下端的榫舌嵌入控制套筒6相应的切槽中，控制套筒松套在柱塞套1上，在控制套筒上部套装一个可调齿圈5，用螺钉锁紧。可调齿圈与齿杆3相啮合。齿杆的轴向位置由驾驶员或调速器控制。移动齿杆时，齿圈连同控制套筒带动柱塞相对于不动的柱塞套转动，这样就改变了柱塞圆柱表面上的螺旋槽与进油孔的相对角位置，从而调节了供油量。

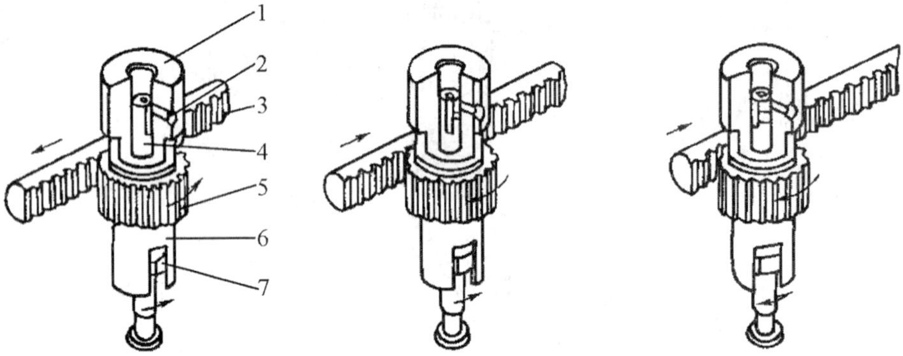


(a) 不供油　　(b) 部分供油　　(c) 最大供油

**图7-57　喷油泵供油量调节机构**

1—柱塞套；2—进回油孔；3—调节齿杆；4—柱塞；

5—可调齿圈；6—控制套筒；7—柱塞榫舌

3. 传动机构

传动机构由凸轮轴和滚轮传动部件组成。凸轮轴14(图7-55)的两端支撑在圆锥滚子轴承上，前端装有联轴节及机械离心式供油提前角自动调节器，后端与调速器相连。

四、传统分配式喷油泵结构原理简介

传统高压油泵除柱塞式外，还有一种常见的是分配式，如五十铃汽车发动机采用的是VE型分配式喷油泵(图7-58)。

**图7-58　VE型分配式喷油泵**

VE型分配式喷油泵主要由泵体、泵盖、驱动机构、滑片式输油泵、泵油机构、断油电磁阀和喷油提前器等组成(图7-59)。

泵体2和泵盖4用铝合金铸成，支承着喷油泵的所有零部件。泵盖与泵体之间用橡胶垫密封，不得漏油。泵盖上安装有回油电磁阀8、调速手柄5、高速限制螺钉、怠速螺钉、最大油量调整螺钉10等。

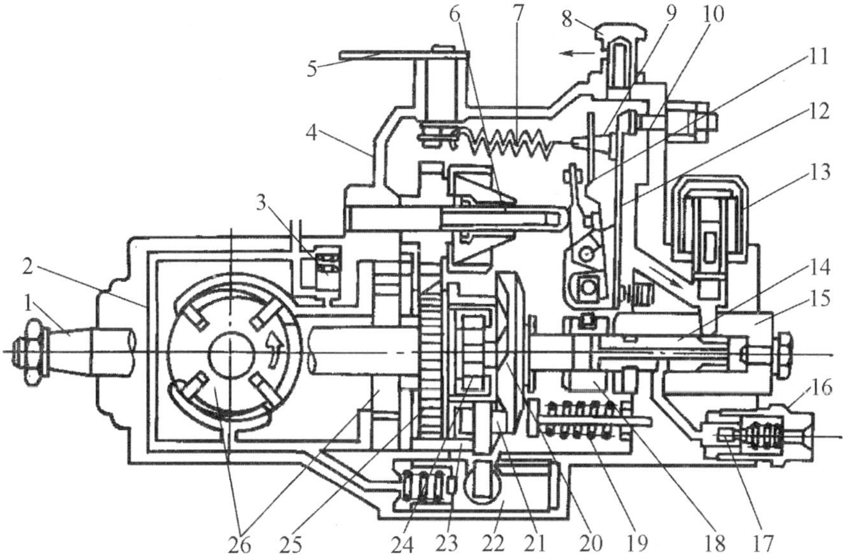


**图7-59　VE型分配式喷油泵结构示意图**

1—驱动轴；2—泵体；3—调压阀；4—泵盖；5—调速手柄；6—飞锤；7—调速弹簧；8—回油电磁阀；9—稳定弹簧；10—最大油量调整螺钉；11—张力杆；12—调整杆；13—断油电磁阀；14—柱塞；15—柱塞套；16—出油阀紧座；17—出油阀偶件；18—油量调节套筒；19—柱塞弹簧；20—平面凸轮盘；21—滚轮；22—喷油提前器活塞；23—滚轮座；24—十字联轴器；25—调速器驱动齿轮；26—滑片式输油泵

驱动机构由驱动轴1、调速器驱动齿轮25、滚轮支架23、滚轮21、十字联轴器24和平面凸轮盘20等组成。工作时，驱动轴由发动机曲轴通过中间传动装置驱动。传动轴一方面带动滑片式输油泵转动，同时通过调速器驱动齿轮带动调速器工作；另一方面，传动轴右端通过十字联轴器带动平面凸轮盘转动，凸轮盘上的凸轮数与发动机气缸数相同，并紧靠在滚轮上，滚轮支承在滚轮支架上，当平面凸轮盘转动时，受滚轮的作用，还做左右往复运动，用于驱动分配泵的柱塞也做转动和往复运动。

滑片式输油泵26安装在VE型分配式喷油泵入口，由驱动轴1驱动，并由调压阀3调节压力，用于产生一定压力的燃油，充满整个泵腔，润滑冷却泵体内部的所有运动零件，并为泵油机构提供一定压力的低压柴油。

泵油机构是VE型分配式喷油泵的关键部件，用以定时、定量产生高压油。它主要由柱塞14、柱塞套15、油量调节套筒18、柱塞弹簧19、出油阀偶件17等组成。

当平面凸轮盘20的下凹部分转到与滚轮接触时，在柱塞弹簧的作用下，转动着的柱塞向左移动接近终点时，泄油孔完全被油量调节套筒18所封闭。当柱塞的一个进油槽与柱塞套的进油孔相对时，泵腔中的燃油便进入柱塞中心油道，直至柱塞进油槽与柱塞套的进油孔错开，进油结束。

当平面凸轮盘由下凹部分向凸起部分转动到与滚轮接触时，柱塞由左向右运动，此时柱塞中心油道的油压急剧升高，当柱塞的出油槽与柱塞套的一个出油孔相对时，高压燃油便经出油孔、出油阀、高压油管，送到相应缸的喷油器中。

柱塞在平面凸轮盘作用下继续右移，当柱塞的泄油孔露出，油量调节套筒与泵腔相通时，柱塞中心油道中的高压油便流回泵腔，油压急剧下降，供油结束。

VE型分配式喷油泵装有断油电磁阀13。发动机起动时，将起动开关闭合，蓄电池来的电流直接流过电磁线圈，产生的电磁吸力使进油孔打开，燃油进入泵油机构。发动机需要停止运转时，将起动开关旋至OFF位置，电路断开，阀门在回位弹簧作用下落座，切断油路，停止供油。

VE型分配式喷油泵的喷油提前器属于液压式，当发动机转速增加时，滑片式输油泵运转加快，泵腔油压升高，使提前器活塞22的右端压力大于左端，便压缩弹簧，使活塞左移，通过传动销带动滚轮座23顺时针旋转(逆着驱动轴方向旋转)，导致滚轮提早顶起平面凸轮，提早供油和喷油。发动机转速越高，泵腔燃油压力也越大，活塞左移越多，喷油也越早。

# 项目8

# 冷却系统结构与维修

## 教学目标与要求

- 掌握冷却系统的作用与类型
- 掌握冷却系统的基本组成与结构原理
- 掌握冷却水工作循环
- 掌握冷却液的分类与选用
- 理解冷却系统的常见故障诊断与排除
- 学会冷却系统的拆装
- 学会冷却系统的正确使用与维护
- 学会冷却系统主要部件的检查修理

## 教学重点

- 冷却系统的基本组成、结构与工作原理
- 冷却系统的正确使用与维护
- 冷却系统主要部件的检查修理
- 冷却系统的常见故障诊断与排除

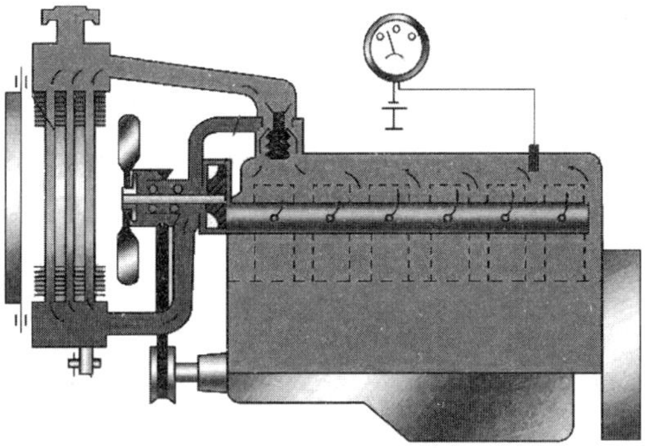

## 教学难点

- 硅油离合器的结构与工作原理

# 任务8.1 发动机冷却液温度过高故障分析与排除

故障案例:

一辆夏利2000型轿车，散热器加水口冒出大量水蒸气，水温表指针指示值超过95℃，并有行车无力的感觉。

## 8.1.1 冷却系统的作用

发动机工作时，可燃混合气在气缸内燃烧，其工作温度高达2273K(2000℃)，瞬时温度可达3273K(3000℃)左右。如果不加以适当冷却，不仅会使发动机过热，导致充气效率下降、燃烧不正常、机油变质、零件摩擦和磨损加剧，有时甚至造成机件卡死或烧毁等事故性损伤。但如果冷却过度，又会由于气缸温度过低，使燃油雾化不良、动力下降、机油黏度增大、摩擦损失增加、热损失增加及润滑性能变差。因此，必须保证发动机始终处在最适宜的温度状态下工作。冷却系统的作用是把受热机件吸收的部分热量及时散发出去，保证发动机在最适宜的温度状态下工作。

为了使发动机正常工作，冷却水应保证在353～363K(80～90℃)的范围内，也有的封闭水箱正常温度达85～95℃，才能使各受热机件处于正常的热范围内，保证发动机有较大的功率和较好的经济性，且运动零件的磨损正常。

## 8.1.2 冷却系统的类型

冷却系统按照冷却介质不同可以分为风冷和水冷两种。汽车发动机一般常采用水冷却系统。

风冷却系统是把发动机中高温零件的热量直接散入大气而进行冷却的装置。图8-1

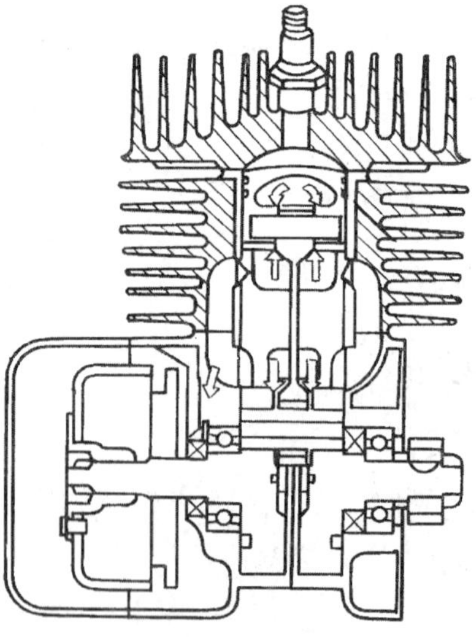

图8-1 风冷却系统

所示是一台采用风冷的单缸小排量发动机，为了增大散热面积，气缸体和气缸盖的表面上均布了散热片，它一般与气缸体和气缸盖铸成一体。利用车辆行驶时前进的气流或特制的风扇鼓动空气，吹过散热片，将热量带走。风冷系统的特点是冷却不够可靠，功率消耗大，噪声大，对气温变化敏感。一般只有小排量的发动机采用风冷却系统。

水冷却系统是把发动机的热量先传给冷却水，然后再散入大气，使发动机的温度降低的装置。其主要特点是冷却均匀、冷却效果好、结构紧凑，而且发动机运转噪声小。目前汽车发动机广泛采用的是水冷系统，本章主要介绍水冷系统。

### 8.1.3　水冷却系统的总体组成与基本原理

#### 1. EQ6100－1发动机冷却系统

EQ6100－1发动机冷却系统总体组成如图8－2所示。水套8是直接铸造在气缸体和气缸盖内相互连通的空腔，水套通过橡胶软管与固定在发动机前端的散热器相连，形成封闭的冷却水循环空间，水泵安装在水套与散热器之间。发动机工作时，水套和散热器内充满冷却水，曲轴通过V带驱动水泵工作，使冷却水在水套与散热器之间循环流动，冷却水流经气缸体和气缸盖内水套时带走发动机热量，使发动机冷却，而流经散热器时将热量散发给大气。

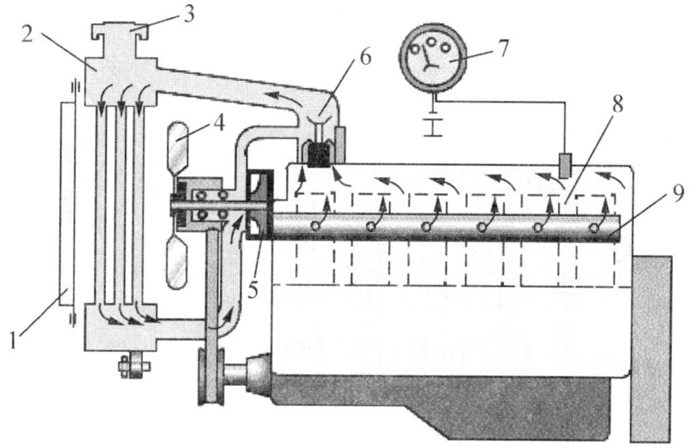


**图8－2　EQ6100－1发动机的冷却系统组成**

1—百叶窗；2—散热器；3—散热器盖；4—风扇；5—水泵；
6—节温器；7—水温表；8—水套；9—分水管；10—放水开关

风扇安装在水泵轴上，水泵工作时风扇转动产生强大的吸力，以增大流经散热器的空气流量和速度，加强散热器的散热效果。在一些发动机上采用风扇离合器或电动风扇来控制风扇的工作状态，以根据发动机的工作情况调节冷却强度。

百叶窗安装在散热器前面，由驾驶员控制其开度，以控制流经散热器的空气量，调节冷却强度。

节温器安装在水套出水口处，根据发动机工作温度，它可自动控制通向散热器和水泵的两个冷却水通路，以调节冷却强度。

发动机工作温度低(70℃以下)时，节温器自动关闭通向散热器的通路，而开启通向水泵的通路，从水套流出的冷却水直接通过软管进入水泵，并经水泵送入水套再进行循环，由于冷却水不经散热器散热，可使发动机工作温度迅速升高，此循环路线称小循环。发动机工作温度高(80℃以上)时，节温器自动关闭通向水泵的通路，而开启通向散热器的通路，从水套流出的冷却水经散热器散热后再由水泵送入水套，提高了冷却强度，以防止发动机过热，此循环路线称大循环。发动机工作温度在70～80℃之间时，大、小循环同时存在，即部分冷却水进行大循环，而另一部分进行小循环。

分水管为一扁平的长管，上面加工有若干出水口，离水泵越远，出水口的尺寸越大，这样可保证发动机各缸冷却均匀。水温表设在仪表盘上，通过水温传感器检测并由水温表显示冷却水温度。

2. 桑塔纳轿车发动机冷却系统

桑塔纳轿车发动机水冷却系统采用带膨胀水箱的强制闭式水冷却系统，总体组成如图8-3所示。水泵安装在发动机左下侧，水泵与风扇不同轴，采用双速电动风扇。电动风扇由热敏开关控制，热敏开关安装在气缸体一侧的水套出水口处，当水温高于75℃时，热敏开关将风扇电动机低速挡接通，风扇以约1600r/min的转速运转；当水温高于105℃时，热敏开关接通风扇电动机高速挡，风扇以2400r/min的转速运转；当水温下降到93～98℃时，高速挡停止工作；当水温下降到84～93℃时，低速挡停止工作。

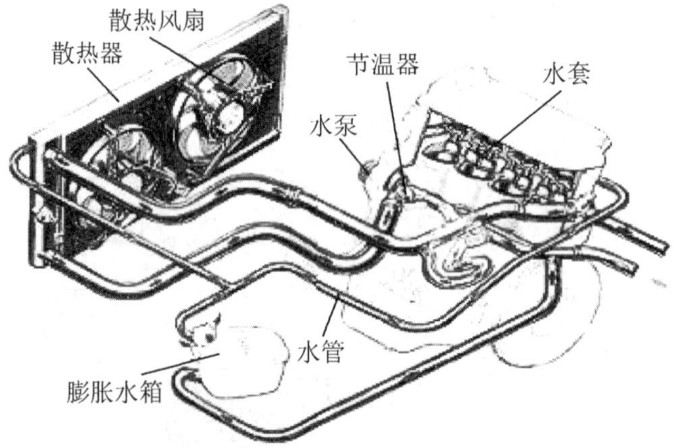


**图8-3　桑塔纳轿车水冷却系统组成**

1—膨胀水箱；2—气缸盖；3—气缸体；4—水管；
5—节温器；6—水泵；7—风扇；8—散热器

节温器安装在水泵进水口处，当冷却水温高于85℃时，节温器使冷却水进行大循环；当冷却水温低于85℃时，节温器使冷却水进行小循环(图8-4)。

在不同发动机上，水冷却系统的布置形式不完全相同。例如：在一些轿车发动机上，利用冷却水控制怠速空气阀、EGR阀；在发动机横置的汽车上，散热器安装在发动机一侧，风扇不与水泵同轴，而采用电动风扇；在一些载货汽车上，驾驶室内利用冷却水冬季取暖等。这些发动机的水冷却系统的管路较复杂，基本组成与原理相同。

对于装有自动变速器的汽车，还有一部分冷却液要流经ATF油散热器。

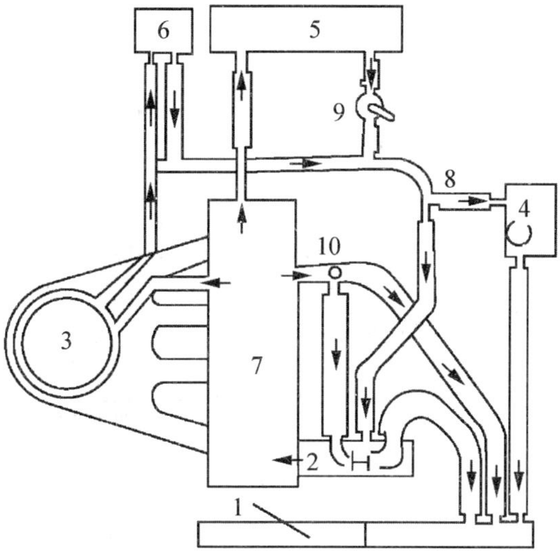


**图 8－4　桑塔纳轿车发动机冷却水循环线路**

1—散热器；2—水泵和节温器；3—自动阻风门；4—膨胀水箱；
5—暖气用热交换器；6—ATF 散热器(仅自动变速器车)；
7—发动机水套；8—水管；9—暖气控制阀；10—热敏开关

### 8.1.4　水冷却系统主要部件的结构认识与工作原理

1. 冷却装置

(1) 水泵。水泵的功用是对冷却水加压，加速冷却水的循环流动，保证冷却可靠。车用发动机上多采用离心式水泵，其工作原理如图 8－5 所示。

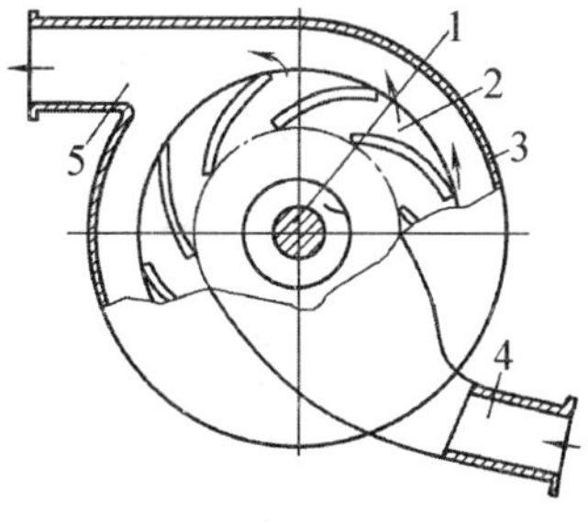


**图 8－5　离心式水泵的原理图**

1—泵体；2—水泵轴；3—叶轮

当叶轮旋转时，水泵中的水被叶轮带动一起旋转，在离心力作用下，水被甩向叶轮边缘，然后经外壳上与叶轮成切线方向的出水管压送到发动机水套内。与此同时，叶轮中心处的压力降低，散热器中的水便经进水管被吸进叶轮中心部分。如此连续的作用，使冷却水在水路中不断地循环。如果水泵因故停止工作时，冷却水仍然能从叶轮叶片之间流过，进行热流循环，不至于很快使发动机过热。

图 8－6 是 EQ6100－1 型发动机离心式水泵，主要由以下几部分组成。

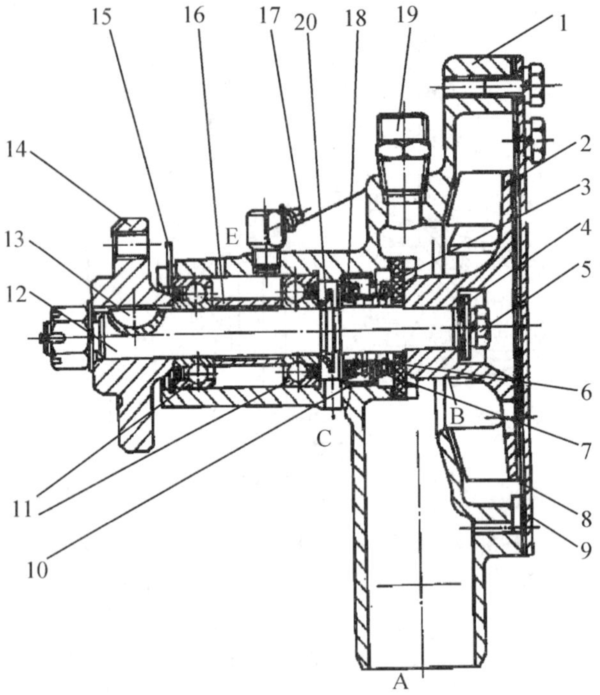


图 8-6　EQ6100-1 型发动机离心式水泵

1—水泵外壳；2—叶轮；3—夹布胶木密封垫圈；4—密封垫圈；5—螺栓；6—水封皮碗；7—弹簧；8—衬垫；9—泵盖；10—水封座圈；11—球轴承；12—水泵轴；13—半圆键；14—凸缘盘；15—轴承卡环；16—隔离套筒；17—黄油嘴；18—水封环；19—管接头；20—抛水圈

① 水泵的壳体与水泵盖。水泵壳体 1 呈喇叭筒状结构，其左侧内腔是安装水泵球轴承 11 和水封的座孔，右侧是容纳叶轮 2 的腔室。由散热器来的冷却液经水泵壳体上的进水管 A 直通泵腔的叶轮中心孔 B 处，管接头 19 为小循环时水泵的进水口，水泵壳体与水泵盖 9 用螺栓连接，其间有衬垫 8 密封。水泵盖上有与水套中的分水管相通的水泵出水口。

叶轮与水泵轴。在水泵轴的右侧制有两个与轴线平行的平面，与叶轮 2 中心的扁孔相配合，并用螺栓 5 紧固，泵轴中间用两个球轴承支撑，泵轴左端伸出壳体部分用半圆键 13 与凸缘盘 14 连接，轴端用键形螺母拧紧，并用开口销锁定。凸缘盘用于安装水泵、风扇带轮。

② 轴承与水封。两轴承内圈通过装在泵轴环槽内的卡环、抛水圈 20、隔离套筒 16、凸缘盘 14 和螺母，在轴上实现轴向定位。两轴承外圈与水泵壳体的轴向定位，是由水泵壳体右承孔处的台阶和装在左承孔左侧的卡环 15 来实现的。所以水泵轴不会在水泵壳体中产生轴向窜动。

③ 抛水圈。水泵轴上安装的抛水圈 20，其作用是当水封渗漏时，向右渗漏的水被抛水圈挡住，并由监视孔 C 流出壳体，为了减轻抛水圈的负担，在水泵轴上位于抛水圈与水封之间车出一个挡水槽。

轴承为单面密封，有密封面的一侧应分别向轴的两端安装。从黄油嘴 17 加注润滑脂时，为避免挤坏油封，水泵壳体上有一个通气孔 E 与大气相同。有的水泵在出厂时已加足润滑脂，使用中不用再加注。

④ 水封装置。其作用是防止泵腔里的冷却液进入轴承。水封装置主要由夹布胶木密封垫圈 3、水封皮碗 6、水封座圈 10 和弹簧 7 组成。上述各种部件松套在水泵轴上，水封座圈 10 压装在水泵壳体的座圈里，水封皮碗 6 的两端翻边用弹簧 7 压紧在夹布胶木密封垫圈 3 和铜制水封座圈 10 上，水不能从其间进入水泵轴。弹簧 7 将夹布胶木密封垫圈 3 的右端面压在叶轮的左端面上，构成滑动摩擦密封面，为了防止夹布胶木密封垫圈 3 转动，其外圆边缘有两个径向的突起。正好卡在水泵壳体的水封座的两个缺口内。但密封垫圈可以轴向移动，以便滑动密封面磨损后能在弹簧的推动下向右移动，保持滑动密封面的贴合，防止水从叶轮中心孔的右端面与水泵轴之间的间隙漏入水封内，该处用密封垫圈 4 进行密封。

在水泵的结构中，影响可靠性的关键是水封失效，如图 8－7 所示的两种水封，水封用耐热、耐腐的橡胶制成帽式，弹簧与冷却液不接触，避免了因弹簧锈蚀折断造成水封失效。

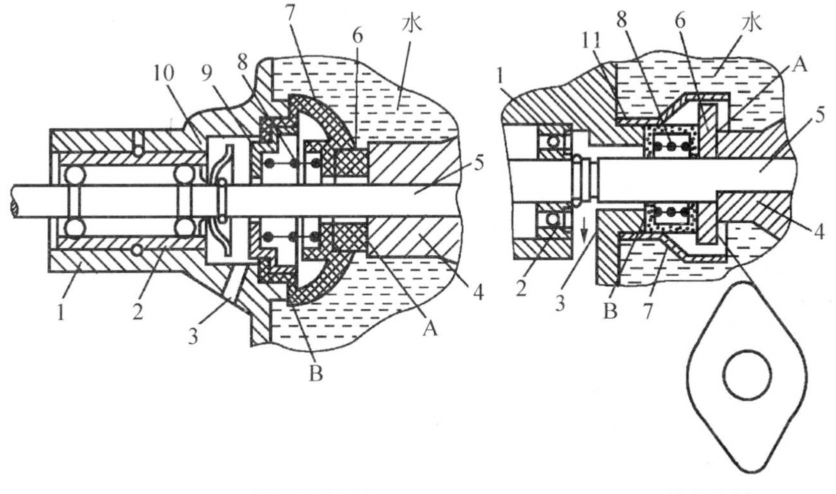


(a) 石墨垫圈水封　　(b) 套式水封

**图 8－7　常见水封形式**

1—水泵壳体；2—轴承；3—检视孔；4—叶轮；5—水泵轴；
6—密封垫圈；7—橡胶水封套；8—弹簧；9—弹簧座圈；10—抛水圈；
11—椭圆形铜制水封座；A—滑动摩擦密封面；B—静止密封面

在轿车中，如桑塔钠 2000AJR 型四缸发动机的水泵(图 8－8)固定在正时齿轮盖上，其泵盖和进、出水道都铸在正时齿轮盖上，在水泵轴的前端装有水泵同步带轮。

(2) 风扇。风扇的功用是提高通过散热器芯的空气流速，增加散热效果，加速水的冷却。

风扇通常安排在散热器后面，并与水泵同轴。风扇型式有叶尖前弯、尖窄根宽、尼龙压铸整体(图 8－9)。风扇的外径略小于散热器的宽度和高度。

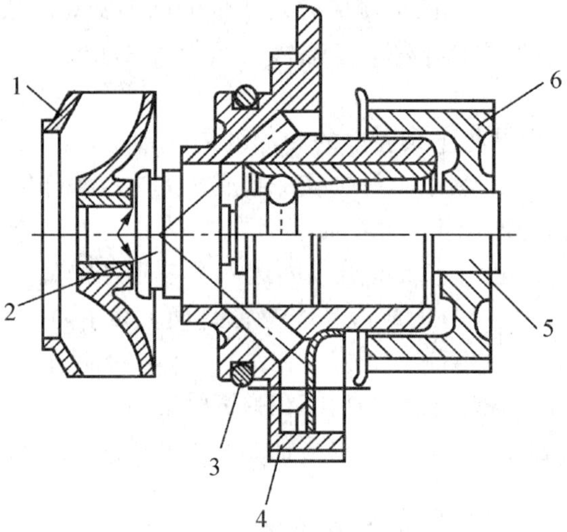


图 8-8　桑塔钠 2000AJR 型发动机的水泵

1—水泵叶轮；2—水封；3—O 形圈；4—轴承座；
5—水泵轴；6—水泵同步带轮

当风扇旋转时，对空气产生吸力，使之沿轴向流动(图 8-10)。空气流由前向后通过散热器芯，使流经散热器芯的冷却水加速冷却。

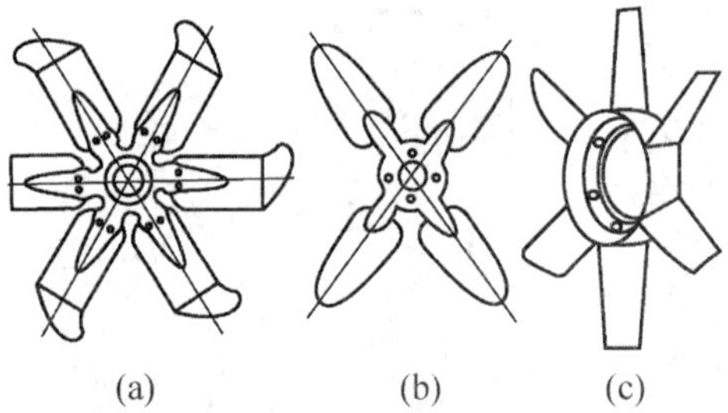


图 8-9　风扇的形式

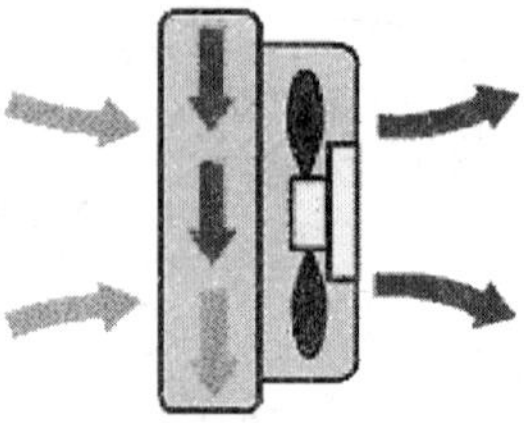

图 8-10　风扇冷却的工作原理

汽车的水冷发动机上多采用螺旋桨式风扇，叶片多用薄钢板冲压而成，横断面多为弧形，也可以用塑料或铝合金铸成翼形端面。叶片应与风扇旋转平面安装成一定的倾斜角度，一般为 30°～45°，叶片的数目为 4 片或 6 片，叶片之间的夹角不等，以减少叶片旋转时的震动和噪声。

为了提高风扇的效率，使通过散热器芯的气流分布均匀，且集中穿过风扇，减少空气回流现象，在风扇外围装设护风罩，另外还可以用带有辅助叶片的导流风扇，它在叶片上铸有凸起的辅助叶片，增加气流的径向流量，从而提高效率，减少噪声。

风扇和发电机一般同时由曲轴带轮通过 V 带驱动(图 8-11)，汽车风扇皮带张紧装置，发动机的支架做成可移动式，以调解皮带的张紧度。皮带过松，将引起皮带相对于带轮打滑，使风扇的扇风量减少，导致发动机过热和发电机发电量下降；皮带过紧，将增加发电机轴承的磨损，因此要求皮带必须保持合适的松紧度，一般用大拇指以 30～50N 的力，按下皮带产生 10～15mm 的挠度为宜。

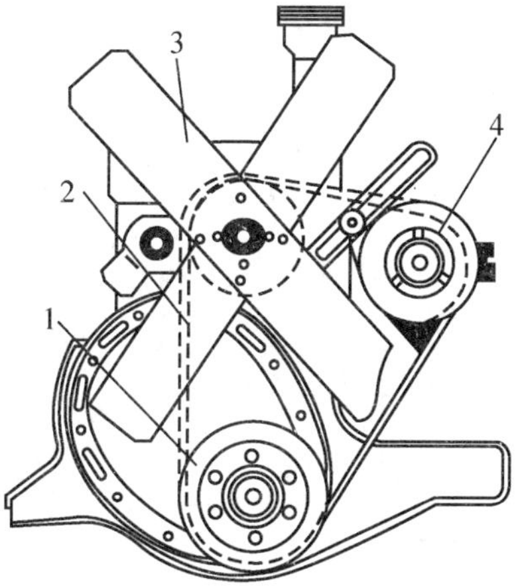


**图 8-11 汽车风扇皮带张紧装置**

1—曲轴带轮；2—驱动皮带；3—风扇；4—发电机带轮

一些轿车(如桑塔纳、捷达、奥迪等)发动机采用电动风扇(图 8-12)。在前置发动机前驱动的轿车上，由于发动机横置，散热器与曲轴的方向和位置变化，很难利用发动机通过皮带驱动风扇，为此装用电动风扇。

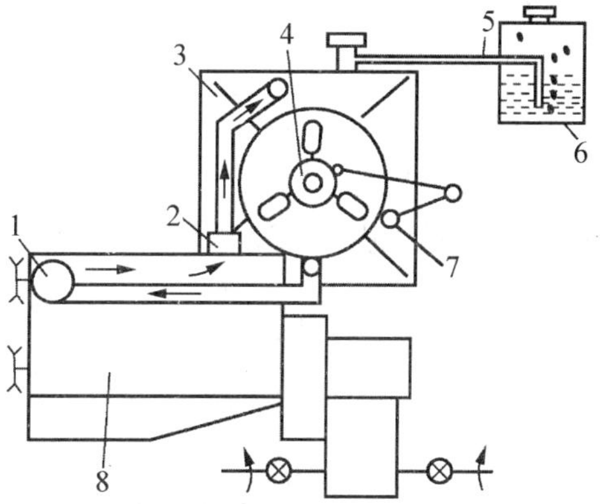


**图 8-12 电动风扇**

1—水泵；2—节温器；3—散热器；4—电动机和风扇；
5—软管；6—膨胀水箱；7—温控开关；8—发动机

电动风扇是指用电动机驱动风扇，电动机一般有高速和低速两个挡位，其工作状态通过热敏开关由冷却水温控制，当散热器出口冷却水温度为 92～97℃时，热敏开关接通电动机Ⅰ挡(低速挡)，风扇开始运转，保证有足够的空气流经散热器；当冷却水温在 99～105℃时热敏开关接通电动机Ⅱ挡(高速挡)，风扇以更高的转速运转，以提高冷却强度，防止发动机过热；当冷却水温下降到 91～98℃时，风扇电动机恢复Ⅰ挡(低速挡)运转；当冷却水温下降到 84～91℃时，风扇电动机停止工作。

桑塔纳 2000 轿车的 JV、AFE 型发动机，采用两个横置轴流风扇，设于散热器后，其中一只由直流电动机驱动(图 8-13)，另一只是由该风扇多楔形带传动的从动风扇(图 8-14)。

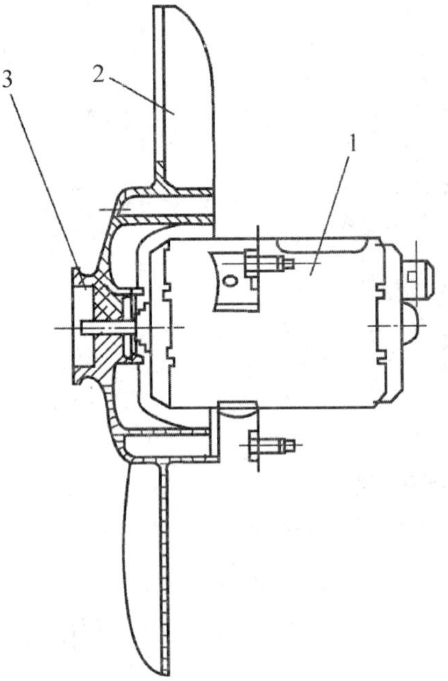


图 8-13 电动风扇结构

1—风扇电动机；2—叶片；3—主动带轮

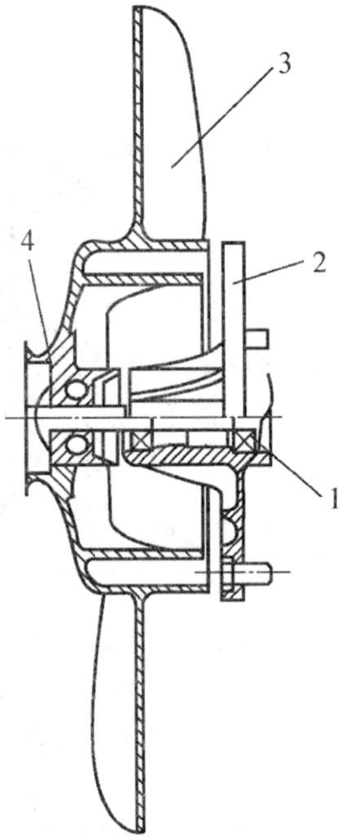


图 8-14 从动风扇结构

1—轴承；2—轴承座；3—叶片；4—从动轮

桑塔纳 2000 轿车的 AJR 型发动机的冷却系统，也采用两只轴流风扇，安装在散热器的后面，但两只都由各自独立的电动机带动。

(3) 散热器。散热器又称为水箱，由上水室、散热器芯和下水室等组成(图 8-15)。

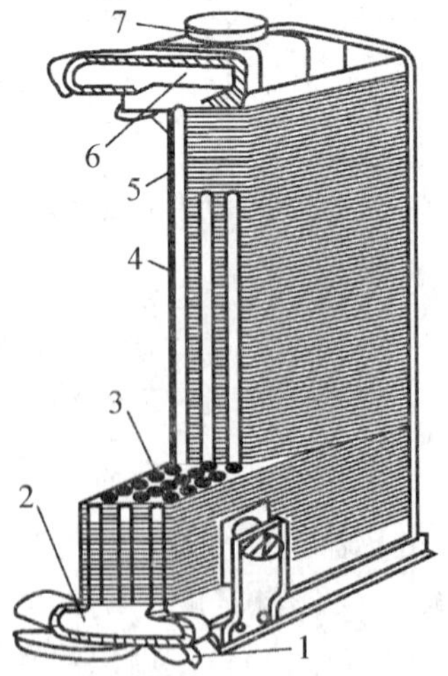


图 8-15 散热器的结构

1—散热器放水开关；2—下储水室；3—散热器芯；

4—出水管；5—散热片；6—上储水室；7—散热器盖

散热器的功用是增大散热面积，加速水的冷却。冷却水经过散热器后，其温度可降低

10～15℃，为了将散热器传出的热量尽快带走，在散热器后面装有风扇与散热器配合工作。散热器上水室顶部有加水口，冷却水由此注入整个冷却系统并用散热器盖盖住。在上水室和下水室分别装有进水管和出水管，进水管和出水管分别用橡胶软管和气缸盖的出水管以及水泵的进水管相连，这样，既便于安装，而且当发动机和散热器之间产生少量位移时不会漏水。工作中，由发动机气缸盖出水管流出的水套中的热水，经散热器的进水管进入上水室，经散热器芯的冷却管冷却后流入下水室，经水管被吸入水泵，压送入水套内，并如此循环。在散热器下面一般装有减振垫，防止散热器受振动损坏。在散热器下水室的出水管上还有放水开关，必要时可将散热器内的冷却水放掉。

散热器芯一般用铜或铝制成，由许多冷却管和散热片组成，对于散热器芯应该有尽可能大的散热面积，采用散热片是为了增加散热器芯的散热面积。散热器芯的构造形式有多样，常用的有管片式(图 8－16)和管带式(图 8－17)两种。

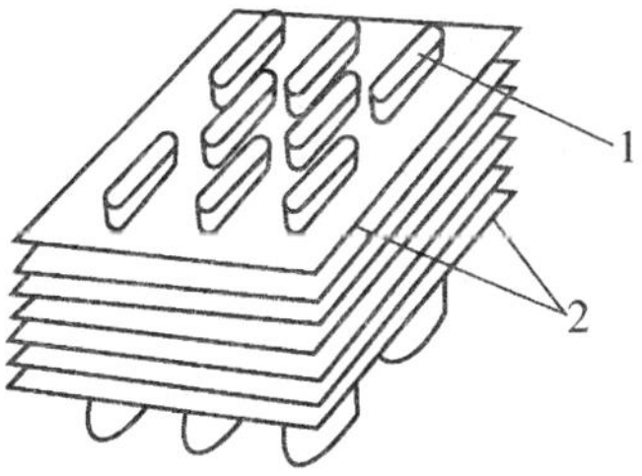


**图 8－16　管片式散热器**

1—冷却管；2—散热片

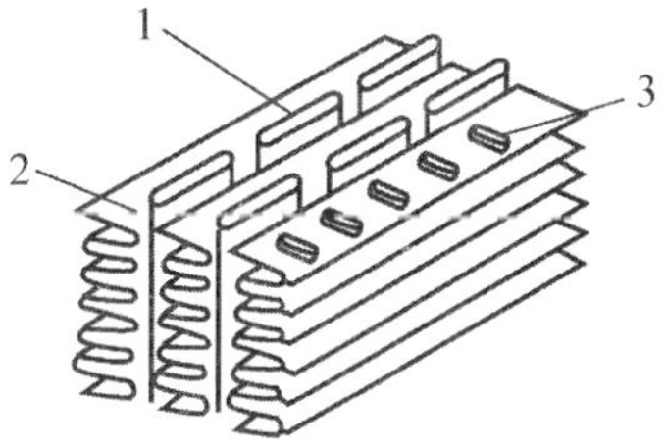


**图 8－17　管带式散热器**

1—冷却管；2—散热带；3—缝孔

管片式散热器芯冷却管的断面大多为扁圆形，它连通上、下水室，是冷却水的通道。采用散热片不但可以增加散热面积，还可增大散热器的刚度和强度。

管带式散热器芯采用冷却管和散热带沿纵向间隔排列的方式，散热带上的小孔是为了破坏空气流在散热带上形成的附面层，使散热能力提高。

(4) 散热器盖。散热器盖又称为水箱盖，水箱的加水口平时用水箱盖严密盖住，以防水箱内的冷却液溢出或蒸发，但如果蒸气压力太大，可能使水箱撑裂；当水温下降时，水箱里因水和水蒸气冷却而收缩，产生一定的真空度，又可能被大气压瘪，为此，在水箱盖上设置蒸气阀和空气阀(图 8－18)，它们是两个在弹簧作用下处于常闭状态的单向阀，故平时水箱内部是在水箱盖上与大气相通的蒸汽排出管隔开的。

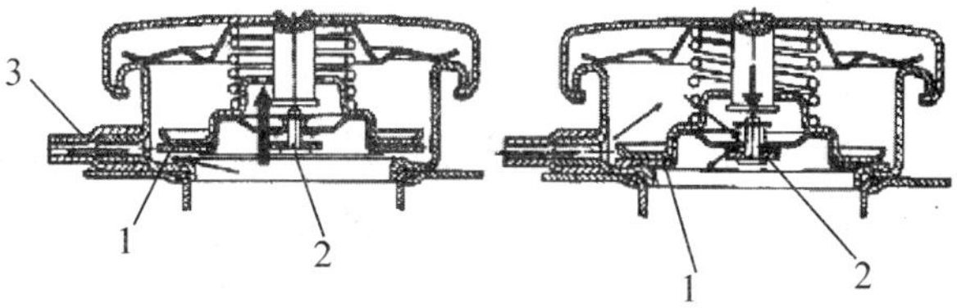


**图 8－18　具有空气-蒸汽阀的散热器盖**

1—蒸汽阀；2—空气阀；3—蒸汽阀排出管

当发动机热态工作正常时，阀门关闭，将冷却系统与大气隔开。防止水蒸气逸出，使冷却系统内的压力稍高于大气压力，从而可增高冷却水的沸点。当水箱内压力升高到一定数值时(一般为0.026～0.037MPa，在此压力下水箱内的水沸点可达到108℃)。蒸汽便向上顶开蒸气阀沿蒸汽排出管排出[图8-18(a)]。当水温下降时，水箱内的真空度达到一定数值时(一般为0.01～0.02MPa)，空气阀被外部的大气向下压开，空气从蒸气排出管进入水箱[图8-18(b)]。

当发动机在热态时需要开启水箱盖时，应缓慢旋开，使水箱内的蒸汽压力逐渐降低，以免被喷出的水蒸气烫伤。

(5) 补偿水桶。目前大多数汽车发动机采用防锈防冻液，为了防止防冻液损失，在冷却系统设置了补偿水桶，也称副水箱(图8-19)，补偿水桶用软管与散热器的出水管相连，当防冻液在水箱内受热膨胀时，多余的防冻液便进入膨胀水桶，而当温度降低，水箱内形成了一定的真空度时，补偿水桶内的防冻液便进入水箱。当水温低于50℃时液面 高度不得低于水箱上的“DI”刻线，否则应补充冷却液(可以从补偿水箱口加入)，但高度不得高于水箱上的“GAO”刻线。

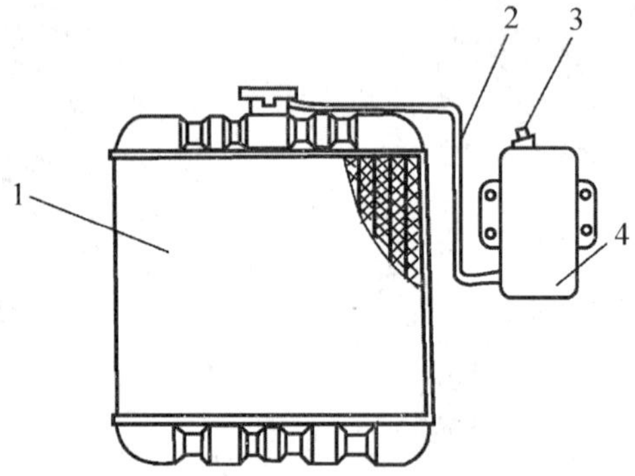


图8-19　补偿水桶装置示意图

1—散热器；2—橡胶软管；3—加液口；4—补偿水桶

2. 冷却强度的调节装置

为了保证发动机经常在最有利的温度状况下工作，就必须能够调节冷却系统的冷却强度。否则在夏季高温状态下，发动机在低速大负荷工况下，将因冷却强度不足出现过热现象；而在冬季寒冷地区，发动机在高速小负荷时，将因冷却强度过强而出现过冷现象。冷却强度的调节方法是改变通过散热器的空气流量和改变冷却水的流量。

1) 改变通过散热器的空气流量

利用百叶窗和自动风扇离合器来实现改变散热器的空气流量。

(1) 百叶窗。如图8-20所示，百叶窗装在散热器的前面，当冷却水的温度低时，驾驶员可通过装在驾驶室内的操纵手柄将百叶窗部分或全部关闭，以减少通过散热器的空气流量，使水温回升，有的汽车用蜡式节温器自动控制百叶窗的开度。

(2) 风扇离合器。若风扇装在风扇带轮上与发动机同步转动，风扇消耗发动机功率为5%～10%。而在汽车行驶过程中，实际需要风扇工作的时间不到10%。因此目前很多发动机采用风扇离合器，根据发动机的温度来控制风扇的转速，改变通过散热器的空气流量，实现冷却强度的自动调节。同时可以减少发动机功率的消耗，降低噪声。风扇离合器有硅油式、电磁式、机械式和电动风扇。

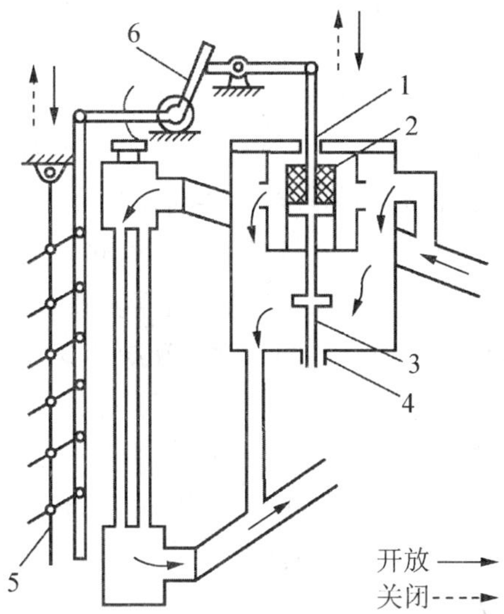


**图 8-20 百叶窗自动调节装置示意图**

1—控制杆；2—石蜡；3—回位弹簧；4—壳体；5—百叶窗；6—传动机构

① 硅油式风扇离合器(图 8-21)。硅油式风扇离合器安装在风扇和水泵之间。主动轴 9 和水泵轴之间用螺栓连接成一体，主动板 2 铆接在主动轴 9 的前端，从动板 1 用螺钉固定在前盖 6 和壳体 11 之间，三者连为一体，靠轴承 10 支承在主动轴 9 上，风扇 7 用螺钉装在壳体 11 上。从动板 1 与壳体 11 之间的空腔为工作腔。主动板在空腔内与腔壁有一定的间隙。密封毛毡圈 12 装在壳体 11 的环形槽中防止油液漏出。从动板 1 与前盖 6 之间的空间为储油腔，内装有硅油(油面低于轴中心，加入硅油总量约为 $17cm^3$)。从动板上有一进油孔 B，平时由阀片 3 盖住，呈关闭状态。将阀片 3 转过一定角度，进油孔 B 打开。阀片 3 的转动靠装在离合器前端的盘形螺旋状的双金属感温器 5 控制。感温器 5 的外端头固定在前盖 6 上，内端头卡在阀片轴 4 前端的槽内，从动板的外缘有一回油孔 A。

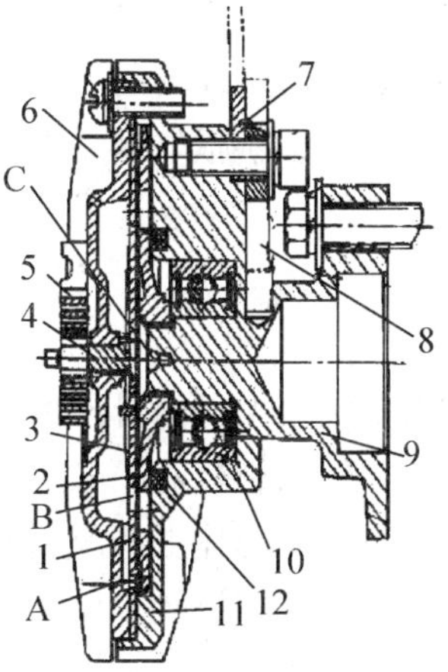


**图 8-21 硅油式风扇离合器**

1—从动板；2—主动板；3—阀片；4—阀片轴；5—双金属感温器；
6—前盖；7—风扇；8—锁止板；9—主动轴；10—轴承；11—壳体；
12—密封毛毡圈；A—回油孔；B—进油孔；C—漏油孔

这种风扇离合器是以硅油为传递转矩的介质，以双金属感温器为控制元件，流经散热器的空气为热源，控制双金属感温器热胀冷缩转动阀片进行离、合工作。

当发动机在小负荷下工作时，冷却水和通过散热器的气流温度不高，进油孔 B 被阀片 3 关闭，硅油不能从储油腔进入工作腔，工作腔内无油，离合器处于分离状态。这时主动轴 9 及主动板 2 与水泵轴一起转动，而风扇则随离合器壳体在主动轴上空转打滑。此时风扇转动，仅仅是由密封毛毡 12 和轴承 10 的微弱摩擦引起的，转速很低。

当发动机的温度升高后，散热器中冷却液的温度及通过散热器的气流温度也随之升高，双金属感温器 5 受热膨胀变形，带动阀片轴 4 和阀片 3 转过一定的角度，当吹过感温器的气流温度超过 65℃时，阀片转到使进油孔 B 处于打开位置，硅油便从储油腔进入工作腔，由于主动板和从动板、壳体之间的缝隙中进入黏度较大的硅油，主动板利用硅油的黏度带动壳体及风扇转动。此时离合器处于接合状态，风扇的转速随之升高。由于主动板驱动壳体和风扇是以硅油为介质，并非刚性传动，所以风扇的转速总是低于主动板的转速，因摩擦而有功率损失。为避免工作中硅油的温度升高，该风扇离合器的硅油在工作中具有在储油腔与工作腔不断循环的性能，同时，在前盖和壳体上铸有散热片，以加强硅油的冷却。油液的循环过程是：主动板旋转将硅油甩向外缘，且外缘的压力比储油腔的压力高，所以，硅油便从工作腔经回油孔 A 流向储油腔，而储油腔的油又经进油腔 A 及时向工作腔补充。

当发动机负荷下降，吹向感温器的气流温度低于 308K(35℃)时，阀片将进油孔关闭，工作腔内的硅油继续从回油孔甩入储油腔，直至甩空为止，使风扇离合器又恢复到原先的分离状态。为加速回油，缩短风扇离合器的分离时间，在回油孔 B 的边缘逆着旋转方向加工出一个刮油突起。

为了防止温度过低时，双金属感温器冷缩过甚将阀片 3 反向转动而打开进油孔 B，在从动盘上加工出一个止推突台，作为阀片 3 的反向定位，阻止阀片逆转过量。在从动盘中心处还开有一个直径大于阀片轴孔的漏油孔 C，以防停车后，风扇离合器处于静止状态时，从阀片轴周围向外泄漏硅油。

当硅油风扇离合器失灵时，可旋松固定风扇的内六角螺钉，将其下的锁止板 8 从假想线所示位置向下移至实线所示位置，使锁止板端部的指销插入主动轴 9 的孔中，再拧紧内六角螺钉，使风扇离合器的壳体、风扇和主动轴连成一个整体，以保证风扇在离合器失效时仍能正常工作。

② 电磁式离合器(图 8-22)。

风扇离合器用螺母 8 固定在水泵轴 9 上。离合器由主动和从动两部分组成。主动部分包括具有三角带槽的电磁壳体 3、线圈 2、滑环 1 和摩擦片 4，线圈 2 用环氧树脂固定在电磁壳内。从动部分包括用球轴承装在电磁壳体上的风扇毂 7 及可随导销 6 做轴向移动的衔铁 12 等。引线壳体 15 装在防护罩上，其中心孔内的电刷 16 靠弹簧 14 压于滑环上。从水温感应开关引来的导线接于接线柱 13 上。

当发动机冷却水温度低于 365K(92℃)时，水温感应开关的电路不通，离合器处于分离状态。当冷却水温超过 365K(92℃)时，水温感应开关的电路自动接通，线圈 2 通电，电磁壳体 3 吸引衔铁 12 右移，将摩擦片 4 压紧，使离合器处于接合状态。

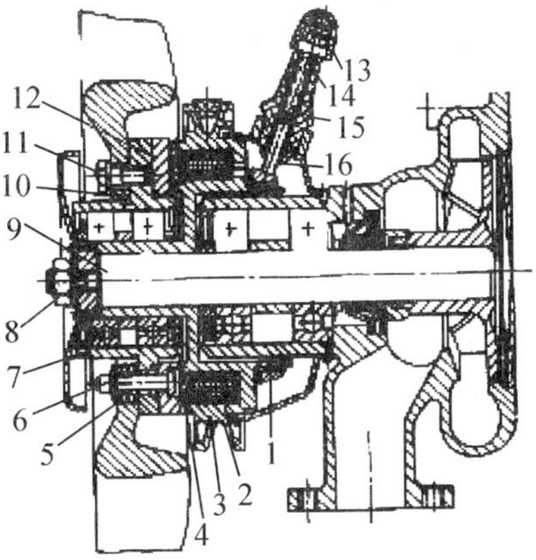


**图 8－22　电磁式风扇离合器**

1—滑环；2—线圈；3—电磁壳体；4—摩擦片；5—弹簧；6—导销；
7—风扇毂；8—螺母；9—水泵轴；10—风扇；11—螺钉；12—衔铁；
13—接线柱；14—弹簧；15—引线壳体；16—电刷

③ 机械式风扇离合器(图 8－23)。

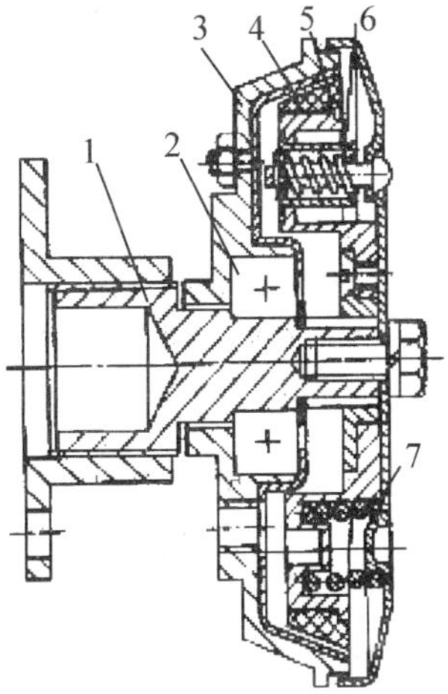


**图 8－23　机械式风扇离合器**

1—主动轴；2—滚动轴承；3—从动件；4—摩擦片；
5—主动件；6—回位弹簧；7—形状记忆合金螺旋弹簧

以形状记忆合金作为温控和驱动元件的机械式风扇离合器，主动件 5 与主动轴 1 之间通过花键相连接。从动件 3 安装在滚动轴承 2 的外圈上，滚动轴承的内圈安装在主动轴上。风扇安装在从动件上。

螺旋弹簧 7 是用形状记忆合金材料制造的，安装在主动件上。形状记忆合金材料具有形状记忆效应和超弹性特性，它在临界温度点能够大幅度改变形状，是温控元件的理想材料。该结构中的螺旋弹簧 7 兼有温控和压紧两个作用。

汽车发动机在小负荷工作时，散热器后面的气流温度在 50℃±3℃以下时，形状记忆合金螺旋弹簧保持原来形状，使风扇离合器处于分离状态。

当汽车发动机的负荷逐渐增加，使流经风扇离合器的气流温度上升到50℃±3℃以上时，形状记忆合金螺旋弹簧开始伸长，使风扇离合器逐渐接合，使风扇转速与主动轴转速相等。

当散热器后面的空气温度下降到54℃时，离合器开始分离，风扇转速逐渐降低，散热器后面的空气温度下降到40℃时，离合器完全分离，风扇只在轴承摩擦力矩驱动下低速运转。

记忆合金控制的机械式风扇离合器的优点是温控灵敏度较高，结构简单，工作可靠，易维修。

2）改变通过散热器的冷却水的流量

节温器通常位于气缸盖水套的出水口处，通过控制进入散热器的冷却水量，自动调节冷却系统的冷却强度。节温器分为皱纹筒式和蜡式两种，两者又都有单阀式和双阀式之分。

图8-24所示为双阀皱纹筒式节温器结构。密封的弹性皱纹筒1用黄铜制成，筒内装有低沸点的乙醚水溶液。溶液从阀杆3的中心孔注入后，用钢球予以密封。皱纹筒的下端焊在支架7上，而支架固定在节温器的外壳9上。皱纹筒的上端焊有阀杆和侧阀门2，在阀杆的上部又焊有主阀门5。节温器外壳上的旁通孔8正对着气缸盖出水管的小循环水管，小循环水管与水泵进水口相连。

当冷却水的温度在70℃以下时，乙醚水溶液很少蒸发，皱纹筒收缩到最小高度。此时，主阀门关闭，侧阀门开启[图8-24(b)]，切断了水套通向散热器的通路。水套中的冷却水经小循环水管进入水泵，又被压入缸体水套中。冷却水只在水泵和水套间进行小循环。小循环可防止发动机工作温度过低，并使发动机在冷起动后温度很快升高。

当冷却水的温度达到70℃以上时，皱纹筒由于其中的乙醚水溶液蒸发伸张到某一高度，主阀门逐渐开启，侧阀门逐渐关闭，冷却水一部分从主阀门流入散热器，另一部分经小循环水管流入水泵。当冷却水温度超过85℃时，侧阀门完全关闭，主阀门完全开启[图8-24(a)]。冷却水全部流向散热器，冷却水在散热器与水套间进行大循环。大循环提高了冷却系统的冷却强度。

主阀门上有一通气孔10，在向冷却系统内加注冷却水时，水套内的空气可以经此孔排出，保证水套内能充满冷却水。

单阀门皱纹筒式节温器没有侧阀门，因此始终存在冷却水的小循环。

皱纹筒式节温器对冷却系统的工作压力的变化比较敏感，工作的可靠性较差，使用寿命短，制造的工艺性差，近年来，腊式节温器逐渐取代了皱纹筒式节温器。

图8-25所示为桑塔纳2000型轿车发动机，采用的是双阀门蜡式节温器，阀座5与下支架3铆接在一起，紧固在阀座上的中心杆6的锥形下端插在橡胶管10内，橡胶管与感温器体11之间的空腔内充满特制的石蜡，感温器体上部套装在水泵下端，进水口的前部，用来控制水泵的进水。常温时，石蜡呈固态，当温度升高时，石蜡渐渐变成液态，其体积也随之增大。

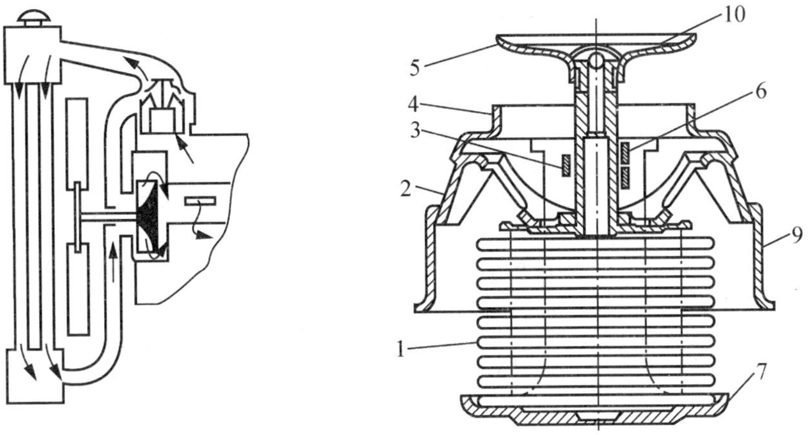


(a) 节温器主阀门打开，侧阀门关闭

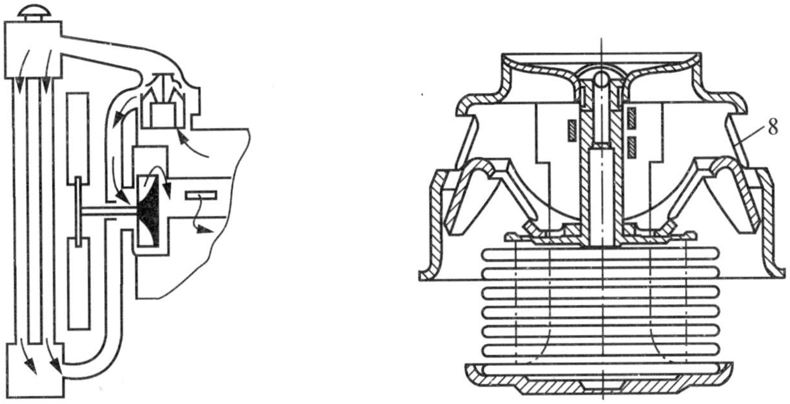


(b) 节温器主阀门关闭，侧阀门打开

**图 8－24　双阀皱纹筒式节温器**

1—皱纹筒；2—侧阀门；3—阀杆；4—阀座；5—主阀门；
6—导向支架；7—支架；8—旁通孔；9—外壳；10—通气孔

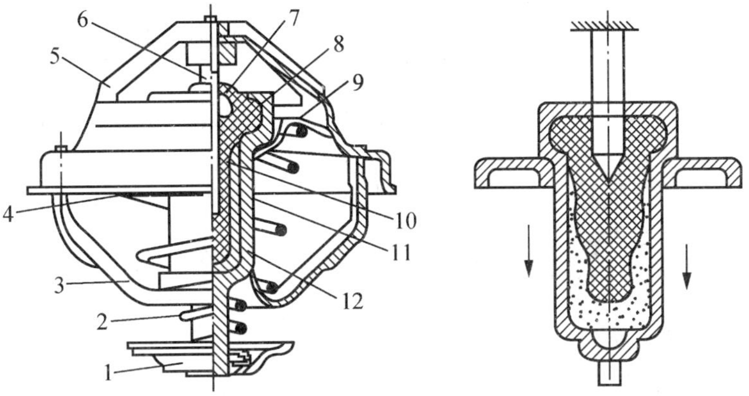


**图 8－25　桑塔纳 2000 型轿车发动机的蜡式节温器**

1—副阀门；2—小弹簧；3—下支架；4—大弹簧；5—阀座；6—中心杆；7—感温器罩；
8—密封圈；9—主阀门；10—橡胶管；11—感温器体；12—石蜡混合物

当冷却水温度低于85℃时，节温器体内的石蜡体积膨胀量尚小，故主阀门9受大弹簧4作用紧压在阀座5上，来自散热器的水道被关闭，而副阀门1则离开来自发动机的旁通水道，所以冷却液便不经过散热器，只在水泵与发动机水套之间做小循环流动。因此，发动机开始工作时，冷却液快速升温，能很快暖机，在短时间内达到发动机正常工作温度。

当冷却水温度高于85℃时，石蜡体积膨胀，使橡胶管受挤压变形，对中心杆锥形端部产生向上的轴向推力。但由于中心杆6是固定不动的，于是杆6对橡胶管队感温器体11产生向下的轴向反推力，迫使感温器体11压缩大弹簧4，使主阀门9逐渐开启，副阀门1逐渐关闭，因而部分来自散热器的冷却水做大循环流动。

桑塔纳2000型轿车发动机的冷却系小循环、大循环如图8-26所示。

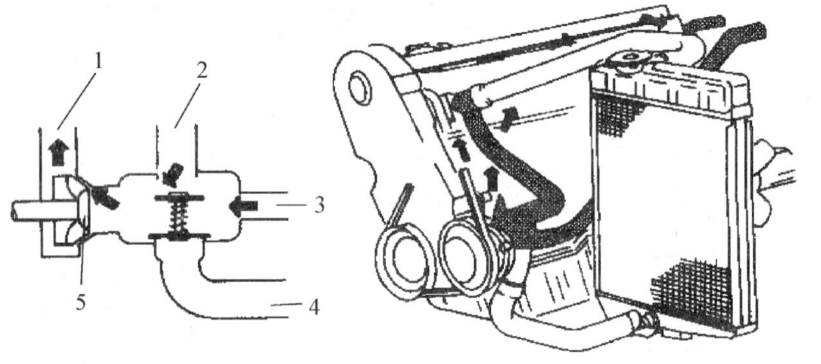


(a) 小循环

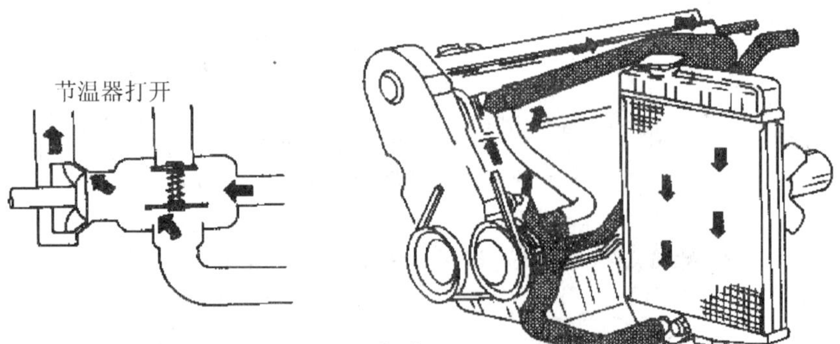


(b) 大循环

**图8-26　桑塔纳2000型轿车发动机的冷却水循环**

1—流向发动机；2—从发动机来(小循环)；

3—从暖风小水箱来；4—自散热器来(大循环)；5—水泵

### 8.1.5　冷却水与防冻液

#### 1. 冷却水的选择与软化处理

冷却水最好选用软水，即含矿物质少的水，如雨水、雪水、自来水等，否则易在水管中产生水垢，使传热效果变差，发动机易过热。

如果只有硬水，则需经过软化处理后，方可注入冷却系统中使用。常用的方法是在1L水中加入0.5～1.5g碳酸钠或0.5～0.8g氢氧化钠。

2. 防冻液

在冬季，寒冷地区往往发生因冷却水冻结而使气缸体、气缸盖胀裂的现象，因此，必须采取防冻措施。其方法有：给车辆保温，停车时放掉冷却水，在冷却水中加入防冻剂降低水的凝固点等。较为理想的方法是在冷却水中加入防冻剂配成防冻液。防冻液有乙醇-水型、乙二醇-水型。甘油-水型三种，它们与水的配比不同，凝固点也不一样。

目前，国内汽车广泛使用既能防冻又能防锈的防冻液，如 F35、G11 等。它可防止散热器和水套的锈蚀，减少水垢，提高散热器的使用寿命和冷却系统的散热性能。这种防冻液可连续使用两年。防冻液的类型也很多，成分也不一样，具体车型应根据该车使用说明书的需要来选择。

**特别提示**

不同类型的防冻液不能混用。

上海桑塔纳发动机冷却系统要求使用 G11 添加剂，冷却液由冷却水与添加剂 G11 混合而成。它们的混合比例是：气温在－25℃时，G11 为 2.8L，水为 4.2L；气温在－35℃时，G11 为 3.5L，而水为 3.5L。

### 8.1.6 发动机冷却液温度过高的故障分析

发动机温度过高的原因可能是冷却液不足、电动风扇故障、风扇离合器故障或节温器失效。

1. 冷却液液面高度检查

在正常的使用中，每月应至少检查一次冷却液液面高度，如果气候炎热，检查的次数应更多一些。检查液面高度时应在发动机处于正常的工作温度下进行，检查时不必打开散热器，观察冷却液膨胀箱中的液面即可，正常的液面应位于“max”与“min”标记之间。若冷却液不足，应给予补充。

2. 电动风扇的检查与修理

电动风扇常见故障是风扇电动机或温控开关故障。

检查风扇电动机应在冷却水温为 83℃以下的状态下进行。此时将点火开关转置 ON，风扇电动机应不工作。如图 8－27 所示，当拆下散热器上的温控开关线束接头并使其搭铁时，风扇电动机应转动，再接上温控开关线束接头时，风扇电动机应停止工作。若不符合上述要求，说明风扇电动机或其电路有故障。

进一步检查风扇电动机可按图 8－28 所示进行，在电路中串联万用表，用电流挡检查风扇电动机的工作电流，如果风扇能够平稳运转且工作电流在 5～8A 范围内，说明风扇电动机良好。

就车检查温控开关时，首先使发动机运转，直到冷却水温达到风扇电动机开始工作的最低温度(约 90℃)以上。此时拆下温控开关线束接头，用万用表欧姆挡检查温控开关线束接头与搭铁之间是否导通(图 8－29)；然后拆下散热器盖，用温度计直接测量散热器内的水温，当水温下降到 83℃以下时，温控开关线束接头与搭铁之间应不导通。若不符合上述要求，说明温控开关不良，应更换。

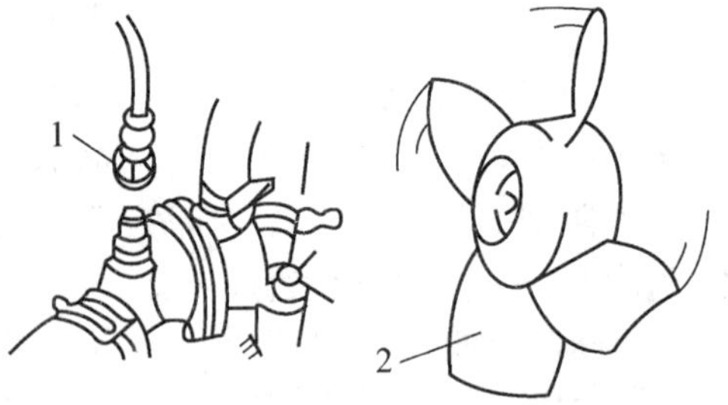


图 8-27　拆下温控开关线束接头

1—线束接头；2—风扇

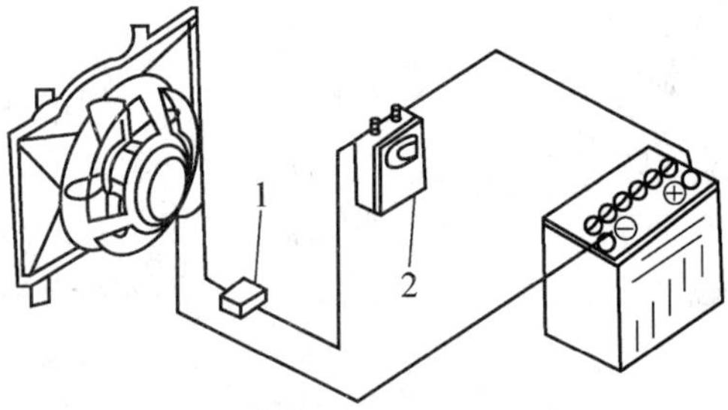


图 8-28　风扇电机的检查

1—接线盒；2—万用表

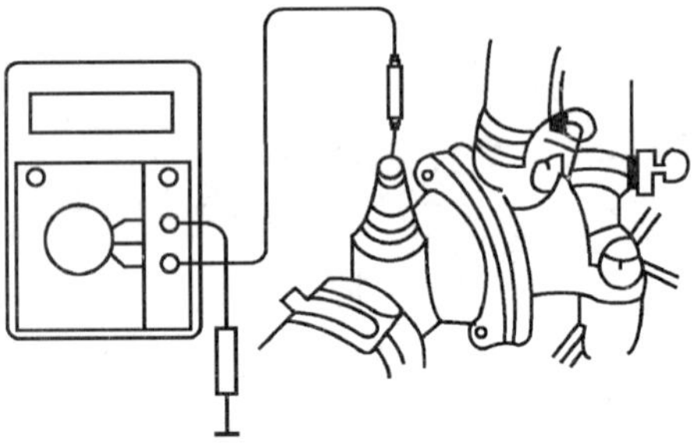

图 8-29　检查风扇温控开关

3. 风扇离合器检测与维修

1) 硅油风扇离合器的检修

(1) 硅油式风扇离合器的检测。就车冷态检测：当停机约 12h 后，在发动机起动前用手指拨动风扇叶，应感到有明显的转动阻力。当发动机起动后运转 1～2min，然后熄火，此时拨动风扇叶片，应感到转动阻力明显减小，可以认为风扇离合器工作正常。

就车检查风扇离合器的接合、分离温度：在挡风圈上部打一小孔，把温度计从小孔插入风扇和散热器之间，测量风扇离合器开始接合与分离时，散热器后面热风流的温度，应符合厂家的规定。

(2) 硅油式风扇离合器的修理。当双金属片感温器的双层金属间出现脱层开裂时，会失去温控能力，应予以更换。当阀片不能全开或全关时，离合器不能正常的接合或分离，应对阀片进行调整。当阀片变形时，应进行校正或更换。密封毛毡圈失去密封性能时，应进行更换，以防止硅油泄漏。

(3) 硅油式风扇离合器装配后的试验。硅油式风扇离合器装配后，应在台架上进行性能试验。

首先进行全速试验，检查风扇离合器主、从动板的转速差率。试验时，取下双金属片感温器，保证硅油以最大流量流入工作腔，再把主动板转速提高到 3000r/min，测出从动板的转速。两者转差率允许范围为 3%～5% 。若大于 7%，可向储油室内注入 $3cm^3$ 的硅油，增加传扭介质，以提高从动板的转速。然后进行接合、分离温控试验，若超出规定应进行调整。

2）电磁式风扇离合器的检修

电磁式风扇离合器常见的故障是电刷、主动摩擦片、衔铁环的磨损，线圈的损坏，温度传感器的损坏等。

当电刷磨损不平时，可用砂布磨成与滑环相适应的弧面，当磨损过多时，应更换新电刷。主动摩擦片应比电磁壳体的端面高出 0.50mm 左右。如果摩擦片与电磁壳体磨平时，应更换摩擦片。

衔铁环磨损起槽时，可用车床车平。但车削后，导销的大头端面应低于衔铁环表面，否则应用锐床锐导销沉头孔。

线圈的阻值一般为几欧到几十欧。如果线圈无阻抗或阻抗无穷大，则应更换电磁离合器，也可拆除旧线圈，按原来的线圈导线直径、圈数及线圈形状重新绕制线圈。

当温度传感器损坏后，表现为风扇离合器的技术状态良好，但工作不正常，这时应更换温度传感器。

4. 节温器的检测

节温器的检测步骤如下。

（1）将节温器放在一个充满水的容器内加热，用温度计监测温度。

（2）水温约 87℃时，节温器阀门必须开启。

（3）水温约 120℃时，应完全打开，阀门最低行程为 7mm。

节温器阀门开启温度与上面不符时，应予以更换。

## 任务 8.2　冷却液渗漏故障与分析

案例分析：

桑塔纳 2000 轿车，行使路程达到 15000km，突然一天停车后可明显看到发动机有冷却水滴落地面，几天后发现冷却水日耗量较大并且停车后有更多的冷却水滴落在地面，有时发现油底壳内有水。

### 8.2.1　冷却液渗漏的故障分析

根据故障分析，造成冷却液渗漏的原因主要有散热器盖及密封垫损坏、散热器芯和水泵等部位有损坏、水套与集体裂纹等。

### 8.2.2　冷却液渗漏的故障检测与修理

1. 散热器的检测与维修

1）散热器的拆装

（1）打开膨胀水箱上的散热器盖(注意不要烫伤)。

（2）松开散热器的上软管、下软管和连接膨胀水箱软管的卡箍，拆开软管，排空冷却系中的冷却液。

（3）拆开电动风扇电动机和温控开关的电线。

(4) 拧下固定在车架上的支架固定螺栓，拆下支架。

(5) 从支座中卸出散热器，连同冷却风扇和集风罩一起向上抬出。

(5) 松开集风罩与散热器的连接螺钉，把风扇和电动机与集风罩分开。

(7) 安装散热器和拆卸步骤相反，加入冷却液时，若热敏开关已拆下，安装时要装一个新的密封衬垫。

2) 散热器的维修

散热器的常见故障是散热器内部沉淀水垢堵塞、外部脏污、铜管受到化学腐蚀而漏水，影响散热强度。

(1) 散热器清堵。散热器的内部会因冷却水结垢而堵塞，散热器的外部，特别是散热片之间的缝隙处，会因杂物和尘土而堵塞。堵塞会使散热能力下降，影响发动机的正常工作，严重时造成堵塞散热片而发生水箱“开锅”现象。

散热器外部一般采用机械疏通或用压缩空气、高压水流冲洗的方法清理。

散热器内部水垢清洗采用化学法，即利用酸或碱类物质与水垢的化学反应，使水垢变成易溶于水的物质而被清除。清洗时，最好使用循环法，即先用酸性溶液清洗，然后再用碱性溶液冲洗中和，清洗时，清洗液以一定的压力(一般为 10kPa)在水套和散热器内循环，时间为 3～5min。

如散热器管内严重积垢，应拆去上、下水室，用通条进行机械疏通。

(2) 散热器漏水的检查与维修。

① 散热器漏水的检查。将散热器的进出口堵死，将 40～98kPa(图 8－30)的压缩空气充入散热器中，并把散热器浸在水中，检查是否有气泡冒出，若有气泡冒出，表明散热器有渗漏，应修补散热器。

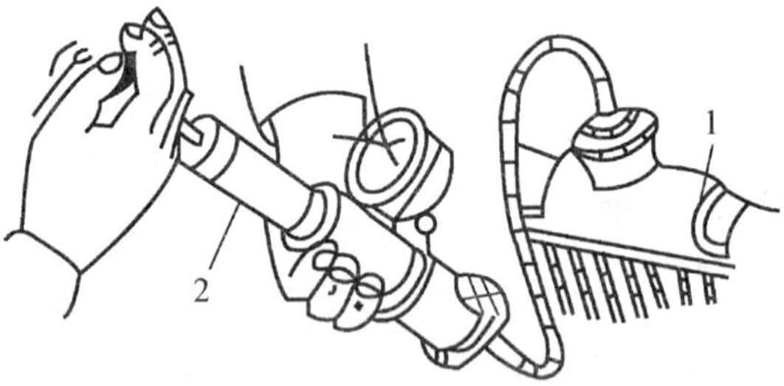


**图 8－30　散热器渗漏的检查**

1—散热器；2—散热器渗漏测试器

② 散热器漏水的维修。

焊漏法修理：当散热器的冷却管和上、下储水室破裂漏水时，可用焊补的方法进行修补，用焊锡焊漏时，最好使用小型号的乙炔焊炬加热，并尽可能使散热器焊漏后，保留较多的散热面积。焊漏后切断的冷却管的数量不得超过管数总量的 10%，切断散热片的面积不得大于迎风总面积的 10%。

堵管法修理：当散热器冷却水管破裂漏水，但由于位置所限不易焊补时，可将破损位置的散热片适当分离，把破漏处冷却水管剪断，用小钳将截口夹扁，再用焊补封口；也可将上、下储水室取掉，把损坏的冷却水管的上、下口用钳子夹扁，并用锡补封口。

堵管法只适用于个别冷却水管损坏的修理，堵死的冷却水管数不得超过总管数的

8%～10%，否则会影响冷却效果。另外，在大修时不宜采用此方法。

换管法修理：当冷却管损坏较大时，可采用换管法修复，需将损坏的冷却管抽去，然后再装入新冷却管并焊合。

2. 水泵的检测与维修

1）水泵总成外部的检查

（1）检查有无渗漏。水封失效时会有大量的冷却水从检视孔处流出，水泵壳如有裂纹，也会发生渗漏。

（2）检查带轮的转动和轴向、径向窜动量。用手转动带轮，应运转灵活，无卡滞现象。

2）水泵的分解

（1）清除水泵表面脏污，将水泵固定在夹具或台虎钳上。

（2）拧松并拆下带轮紧固螺栓，拆卸带轮。

（3）用专用拉具拆卸水泵轴凸缘。

（4）拧松并拆卸水泵前壳体的紧固螺栓，将前泵壳段整体卸下，并拆下衬垫。

（5）用拉具拆卸水泵叶轮，应仔细操作，防止损坏叶轮。

（6）从水泵叶轮上拆下锁环和水封总成。

（7）如果经检测需要更换水泵轴和轴承，则先将水泵加热到75～85℃，然后用水泵轴承拆装器和压力机将其拆卸下来。

（8）拆卸油封及有关衬垫，从壳体上拆下浮动座。

（9）换位夹紧，拆卸进水管紧固螺栓，拆卸进水管。

（10）拆卸密封圈、节温器。

（11）将拆卸的零件放入清洗剂中清洗。

3）水泵的检修

（1）检查泵体及V带轮有无磨损及损伤，泵体上具有下列损伤时容许焊修：长度在30mm以内，不伸展到轴承座孔的裂纹；与气缸盖接合的突缘有破缺部分；油封座孔有损伤。必要时应更换。

（2）检查水泵轴有无弯曲，轴颈磨损程度、轴端螺纹有无损坏。水泵轴的弯曲不得超过0.05mm，否则予以更换。轴颈磨损超过使用限度，可涂镀修复。

（3）检查叶轮上的叶片有无破碎，叶轮叶片破损应予以更换；轴孔磨损是否严重，水泵轴孔内径磨损严重可以镶套修复。

（4）检查水封、水封座和胶木垫圈的磨损程度，水封如磨损起槽，可用砂布磨平，如磨损过甚应予以更换；水封座如有毛糙刮痕，可用平面铰刀或在车床上修理。

（5）检查轴承的磨损情况，可用百分表测量轴的偏摆量，如超过0.1mm，则应换用新的轴承。

（6）检查各配合间隙应符合要求。

水泵轴与轴承的配合一般为－0.010～＋0.012 mm，大修允许为－0.010～＋0.030mm；水泵轴承与承孔的配合一般为－0.02～＋0.02mm，大修允许为－0.02～＋0.044mm；水泵轴与叶轮承孔的配合，无固定螺栓（螺母）的，一般为－0.04～－0.02mm，有固定螺母的，一般为－0.01～＋0.01mm。

4）水泵的装配

（1）安装时更换所有衬垫及密封圈。

（2）按拆卸相反顺序安装水泵各零部件，注意各部螺栓、螺母应按规定的力矩拧紧，锁止应可靠。水泵下方的泄水孔应畅通。

（3）水泵叶轮装合后，一般应高出泵轴 0.1～0.5mm。叶轮外缘与泵壳内腔之间的间隙一般为 1mm，叶轮与泵盖之间应有 0.075～1.0mm 的间隙。

（4）水泵装合后，应对水泵轴承加注规定牌号的润滑脂。

5）水泵的试验

水泵装配后，用手转动带轮，应转动灵活，无卡滞和擦碰现象。然后堵住水泵的进、出水口，在叶轮室内装满水，转动泵轴，不应有漏水现象。

水泵装在实验台上在原厂规定的转速下进行压力和流量试验，如桑塔纳 2000 轿车水泵在规定的转速 6000r/min 时，进口压力为 0.1MPa，系统压力为 0.14MPa，出口压力为 0.16MPa；EQ6100－1 型发动机的水泵转速为 2000 r/min 时，水泵流量不得低于 220L/min，压力不得低于 49kPa。

## 项目小结

1. 发动机冷却系统用于保持发动机处在合适的温度下工作。冷却方式有水冷和风冷两种。

2. 发动机水冷系统主要由散热器、风扇、风扇离合器、水泵、节温器、补偿水桶和冷却水道等组成。

3. 当发动机工作温度较低时，节温器主阀门关闭、副阀门打开，冷却液经节温器返回发动机机体水套，进行小循环；当发动机工作温度高于一定值时，节温器主阀门开启、副阀门关闭，冷却液经节温器及散热器进水软管流入散热器，进行大循环，以调节发动机温度基本稳定。

4. 发动机冷却系统使用中应注意冷却液的选用、液面高度检查、风扇皮带紧度检查等。

5. 冷却系统维修主要有水泵的零部件检查维修、电动风扇的电动机和温控开关检查、各种风扇离合器检测、散热器的清堵、漏水维修等。

6. 冷却系统的常见故障诊断有冷却液渗漏、冷却系统的水温过低或过高等，应分析原因，诊断排除。

## 学习评价与技能测试

一、选择题

1. 下列说法正确的是(　　)。

A. 汽车发动机常见的冷却方式有两种，即水冷却和风冷却

B. 发动机冷却液缺少时，可添加井水

C. 现代轿车采用防冻液，以提高冷却液的防冻和防沸的能力

D. 防冻液的沸点可在 160℃以上

2. 下列说法正确的是(　　)。

A. 汽车发动机强制冷却水系统常用离心式水泵
B. 节温器用来调节冷却强度，保证发动机在最适宜的温度下工作
C. 节温器是通过 ECU 来控制其开闭的
D. 节温器的工作温度一般大于 85℃

3. 发动机风扇的硅油风扇离合器的作用有(　　)。

A. 降低发动机功率损耗　　B. 降低工作发动机风扇转速
C. 防止发动机爆燃　　D. 控制发动机点火时间

4. 电控风扇的控制回路由(　　)组成。

A. 继电器和水温传感器　　B. 电磁开关和水温传感器
C. 电路开关和水温传感器　　D. 电子块和水温传感器

5. 发动机冷却系统中锈蚀物和水垢积存的后果是(　　)。

A. 发动机过冷　　B. 热容量减少
C. 发动机过热　　D. 发动机怠速不稳

6. 发动机运转时，水泵工作正常亦不亏水，水温过高的原因是(　　)。

A. 发动机喷油量太少　　B. 节温器损坏，只进行大循环
C. 风扇转速过快　　D. 节温器损坏，只进行小循环

## 二、问答题

1. 从分析发动机温度过高、过低所造成的危害说明发动机冷却系统的作用。
2. 节温器的作用是什么？取下节温器会组成什么后果？试述蜡式节温器的工作原理。
3. 硅油式风扇离合器的作用是什么？如何就车检查其工作是否正常？

## 三、实操题

1. 正确拆装发动机冷却系统各部件，并说明冷却水大小循环路线。
2. 正确检查冷却系统主要零部件技术状态。

# 项目9

# 润滑系统结构与维修

## 教学目标与要求

- 掌握润滑系统的作用与类型
- 掌握润滑系统的基本组成与结构原理
- 掌握润滑油的循环路线
- 掌握润滑油的主要性能、分类与选用
- 理解润滑系统的常见故障诊断与排除
- 学会润滑系统的拆装
- 学会润滑系统的正确使用与维护
- 学会润滑系统主要部件的检查修理

## 教学重点

- 润滑系统的基本组成、结构与工作原理
- 润滑系统的正确使用与维护
- 润滑油的主要性能、分类与选用
- 润滑系统主要部件的检查修理
- 润滑系统的常见故障诊断与排除

## 教学难点

- 润滑油的主要性能、分类与选用

# 任务9.1 机油压力过低的故障分析与排除

故障案例：

一辆本田 ACCORD CD5 轿车，发动机正常运转，行驶中加速时机油压力报警灯闪亮。

## 9.1.1 润滑系统的作用

发动机工作时，各运动零件均以一定的力作用在另一个零件上，并且发生高速的相对运动，零件表面必然要产生摩擦，加速磨损。为了减轻磨损，减小摩擦阻力，延长使用寿命，发动机上都设置了润滑系统。

发动机润滑系统有如下一些作用。

润滑作用：润滑运动零件表面，减小摩擦阻力和磨损，减小发动机的功率消耗。

清洗作用：机油在润滑系统内不断循环，清洗摩擦表面，带走磨屑和其他异物。

冷却作用：机油在润滑系统内循环还可带走摩擦产生的热量，起冷却作用。

密封作用：在运动零件之间形成油膜，提高它们的密封性，有利于防止漏气或漏油。

防锈蚀作用：在零件表面形成油膜，对零件表面起保护作用，防止腐蚀生锈。

液压作用：润滑油还可用作液压油，如液压挺柱，起液压作用。

减震缓冲作用：在运动零件表面形成油膜，吸收冲击并减小振动，起减振缓冲作用。

## 9.1.2 润滑系统的类型

由于发动机各运动零件的工作条件不同，对润滑强度的要求也就不同，因而要相应地采取不同的润滑方式。

(1) 压力润滑。利用机油泵，将具有一定压力的润滑油源源不断地送往摩擦表面的润滑称为压力润滑。例如，曲轴主轴承、连杆轴承及凸轮轴轴承等处承受的载荷及相对运动速度较大，需要以一定压力将机油输送到摩擦面的间隙中，方能形成油膜以保证润滑。

(2) 飞溅润滑。利用发动机工作时运动零件飞溅起来的油滴或油雾来润滑摩擦表面的润滑方式称为飞溅润滑。这种润滑方式可使裸露在外面承受载荷较轻的气缸壁，相对滑动速度较小的活塞销，以及配气机构的凸轮表面、挺柱等得到润滑。

(3) 润滑脂润滑。发动机中有些零件则只需定期加注润滑脂(黄油)进行润滑，例如，水泵及发电机轴承就是采用这种方式定期润滑。近年来在发动机上采用含有耐磨润滑材料(如尼龙、二硫化钼等)的轴承来代替加注润滑脂的轴承。

## 9.1.3 润滑系统的基本组成及工作原理

发动机润滑系统的组成基本相同，主要由油底壳、机油集滤器、机油泵、机油滤清器、机油冷却器等组成。图 9-1 为一款桑塔纳 2000GSi 型轿车发动机润滑系统。

当发动机工作时，曲轴 21 正时齿轮驱动机油泵 17 运转，润滑油经集滤器被吸入机油泵内，经滤清器滤清后进入主油道，再经分油道到达曲轴主轴颈和凸轮轴轴颈。

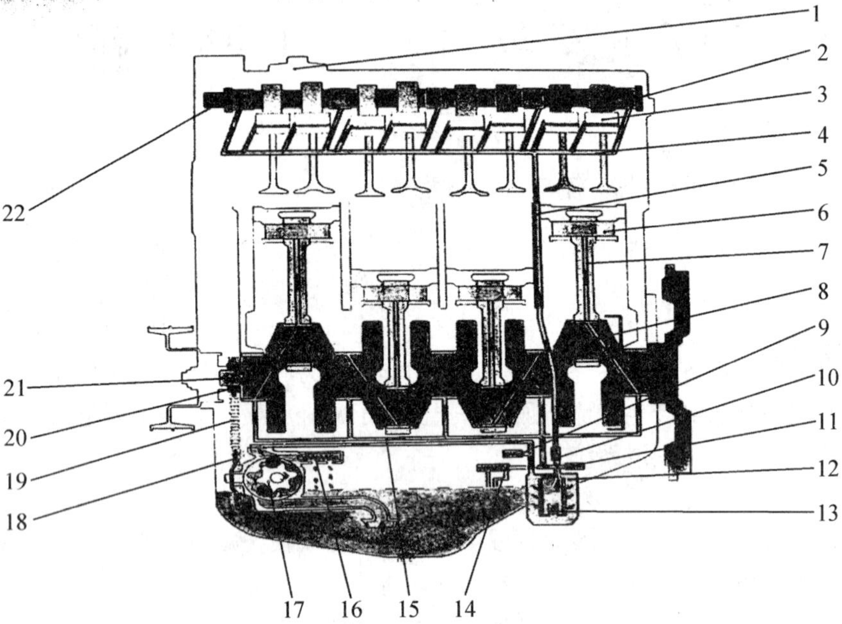


**图 9-1　桑塔纳 2000GSi 型轿车发动机润滑系统**

1—加机油口盖；2—凸轮轴轴颈；3—液压挺柱；4—气缸盖主油道；
5—气缸盖-气缸体主油道；6—活塞销；7—连杆油道；8—曲轴油道；
9，11—油压开关；10—单向阀；12—机油滤清器；13—旁通安全阀；
14—限压阀；15—气缸体主油道；16—溢流阀；17—机油泵；
18—机油泵链轮；19—链条；20—曲轴链轮；21—曲轴；22—凸轮轴

气缸体、气缸盖和摇臂轴支座内设有上油道，将主油道内的润滑油输送到摇臂轴内，对摇臂、气门杆、气门导管、推杆进行飞溅润滑。

从连杆大头喷出的润滑油对凸轮、挺杆、气缸、活塞、活塞销进行飞溅润滑。

润滑油对各摩擦表面进行润滑后，分别经曲轴主轴承、连杆轴承、凸轮轴轴承、推杆和挺杆导孔等处流回油底壳。

### 9.1.4　润滑系统主要部件的结构与工作原理

1. 机油泵

机油泵一般安装在曲轴箱内，由曲轴或中间轴驱动，机油泵的作用将一定量的润滑油从油底壳中抽出加压后，送至各零件表面进行润滑，维持润滑油在润滑系统中的循环。机油泵通常有齿轮式、内外转子式和叶片式机油泵三种形式，目前发动机润滑系统中广泛采用的是外啮合齿轮式机油泵和内啮合转子式机油泵两种。

1）齿轮式机油泵

齿轮式机油泵工作原理如图 9-2 所示，在机油泵壳体内装有一个主动齿轮和一个从动齿轮。齿轮与壳体内壁之间的间隙很小，壳体上有进油口。发动机工作时，齿轮按图中所示箭头方向旋转，进油腔 1 的容积由于轮齿向脱离啮合方向运动而增大，腔内产生一定的真空度，润滑油便从进油口被吸入并充满进油腔。齿轮旋转时把齿间所存的润滑油带到出油腔 2 内。由于出油腔一侧轮齿进入啮合，出油腔容积减小，油压升高，润滑油便经出油口被送到发动机油道中。机油泵通常由凸轮轴上的斜齿轮或曲轴前端齿轮驱动。在发动机工作时，机油泵不断工作，从而保证润滑油在润滑油路中不断循环。

当齿轮进入啮合时，啮合齿间的润滑油，由于容积变小在齿轮间产生很大的推力。为此，在泵盖上镗出一条卸压槽 3，使轮齿啮合时齿间挤出的润滑油可以通过卸压槽流向出油腔。

齿轮式机油泵的基本构造如图 9－3 所示，主要由泵壳、主动轴、从动轴、主动齿轮、从动齿轮、油泵盖等组成。

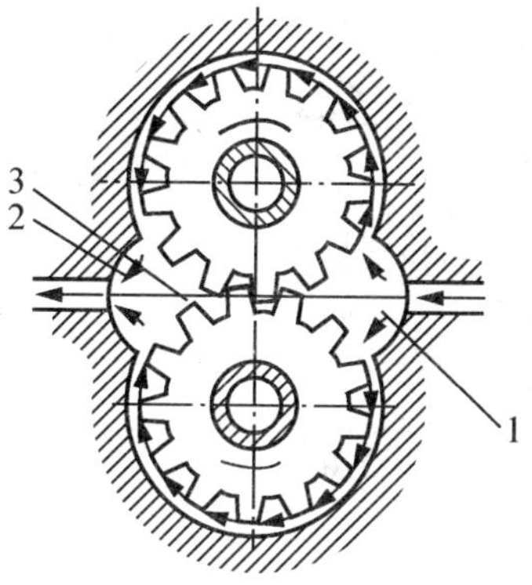


**图 9－2　齿轮式机油泵工作原理**

1—进油腔；2—出油腔；3—卸压槽

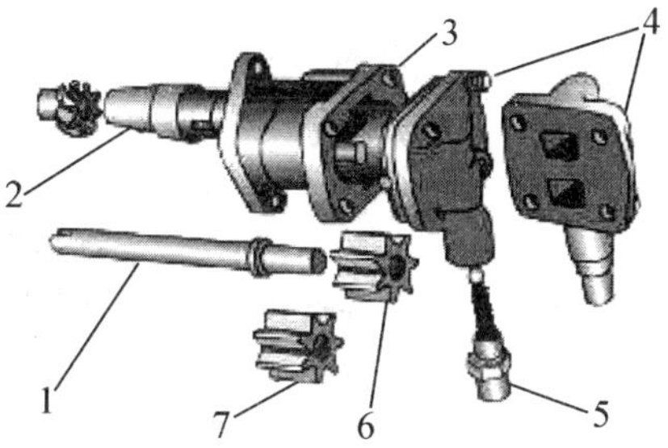


**图 9－3　齿轮式机油泵的基本构造**

1—从动轴；2—主动轴；3—泵壳；4—油泵盖；5—限压阀；6—主动齿轮；7—从动齿轮

图 9－4 为桑塔纳轿车 AFE、JV 型发动机机油泵的结构及传动情况。机油泵用螺钉固定在曲轴箱内，主动轴上端开槽，分电器轴端的凸榫中，分电器的斜齿轮与凸轮轴上的驱动齿轮相啮合。发动机工作时，凸轮轴上的驱动齿轮即可驱动机油泵的主动齿轮，使机油泵工作。

齿轮式机油泵由于结构简单，制造较容易，并且工作可靠，所以应用最广泛。

2）转子式机油泵

转子式机油泵工作原理如图 9－5 所示。主动的内转子 7 和从动的外转子 8 都装在油泵壳体 4 内。内转子固定在主动轴 1 上，外转子在油泵壳体内可自由转动，两者之间有一定偏心距。内转子有 4 个凸齿，外转子有 5 个凹齿，这样内、外转子同向不同步旋转。转子齿形齿廓设计得使转子转到任何角度时，内、外转子每个齿的齿形廓线上总能互相成点接触。这样内、外转子间形成 4 个工作腔，随着转子的转动，这 4 个工作腔的容积是不断变化的。在进油道的一侧空腔，由于转子脱开啮合，容积逐渐增大，产生真空，机油被吸入，转子继续旋转，机油被带到出油道的一侧，这时，转子正好进入啮合，使这一空腔容积减小，油压升高，机油从齿间挤出并经出油道压送出去。这样，随着转子的不断旋转，机油就不断地被吸入和压出。

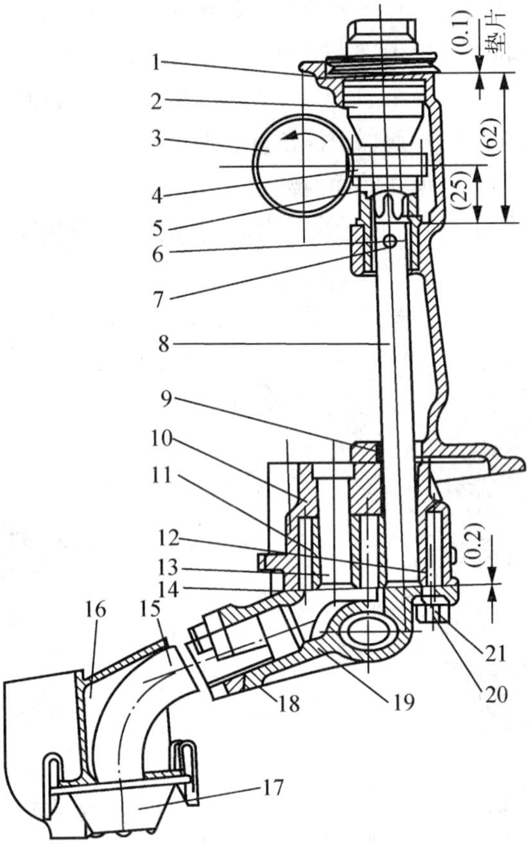


**图 9-4　桑塔纳轿车发动机的机油泵**

1—密封垫片；2—分电器轴；3—中间轴驱动齿轮；4—分电器从动轴；5—定位销；6—机油泵轴上的支承座；7—定位螺孔；8—机油泵轴；9—机油泵轴下支承及定位套；10—机油泵壳体；11—机油泵从动齿轮；12—机油泵的主动齿轮；13—从动齿轮轴；14—垫片；15—吸油管；16—吸油管支承座；17—集滤器；18—O 形垫圈；19—机油泵盖；20—螺栓；21—垫片

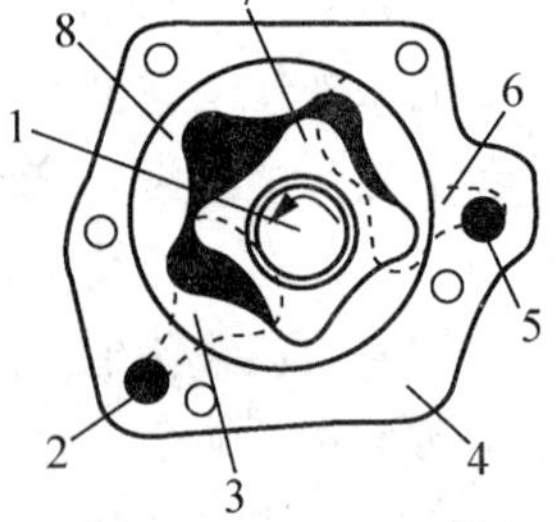


**图 9-5　转子式机油泵工作原理**

1—主动轴；2—出油孔；3—出油腔；4—壳体；5—进油孔；6—进油腔；7—内转子；8—外转子

图 9－6 为部分 6135 系列柴油机上装用的转子式机油泵，主动轴通过轴套、卡环安装在机油泵壳体和盖板上，内转子用半圆键固装在主动轴上，外转子装在油泵壳体内，可以自由转动。

内、外转子均由粉末冶金压制。为保证内、外转子之间，外转子与油泵壳体之间有正确的相对位置，油泵壳体与盖板之间用两个定位销定位，并用螺钉连接。为保证内、外转子与壳体端面间隙(0.05～0.115mm)，在盖板与壳体之间有耐油脂的调整垫片，在主动轴前端用半圆键固装着传动齿轮，由曲轴经中间齿轮驱动。

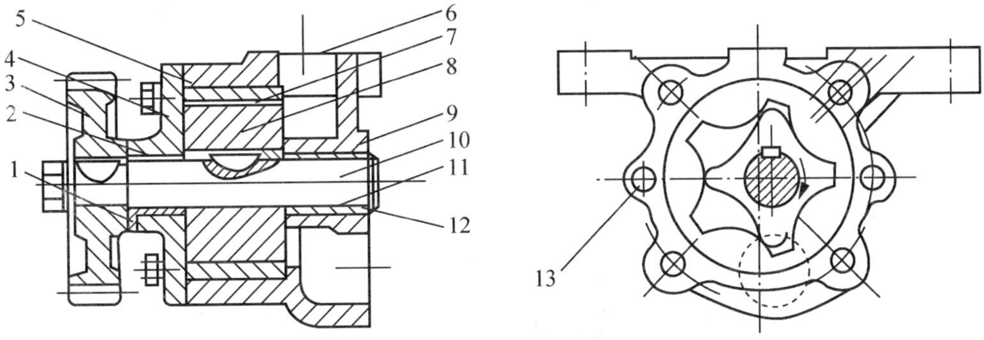


**图 9－6　6135 系列柴油机转子式机油泵**

1—止推轴承；2—轴承；3—传动齿轮；4—盖板；5、6—调整垫片；7—外转子；8—内转子；9—壳体；10—主动轴；11—轴套；12—卡环；13—定位销

转子式机油泵的优点是结构紧凑，供油量大而且油压均匀，噪声小，吸油真空度较高。而且，当机油泵安装在曲轴箱外或安装位置较高时，采用转子式机油泵比较合适。其缺点是内、外转子的啮合表面滑动阻力较大，发动机功率消耗增多，而且由于转速较高，容易产生气泡，影响正常供油。当机油泵安装在曲轴箱外且位置较高时，用此种油泵较为合适。

2. 机油滤清器

它用来滤除润滑油中的金属屑、机械杂质和润滑油氧化物。在润滑系统中一般装用几个不同滤清能力的滤清器——集滤器、粗滤器和细滤器，分别并联和串联在主油道中，与主油道串联的滤清器称为全流式滤清器，与主油道并联的则称为分流式滤清器。

1）集滤器

集滤器一般是滤网式的，装在机油泵之前，防止粒度大的杂质进入机油泵。目前汽车发动机所用的集滤器分为浮式集滤器和固定式集滤器两种。

浮式集滤器的构造如图 9－7 所示，它由浮子 3、滤网 2、罩 1 及焊在浮子上的吸油管 4 所组成。浮子是空心的，以便浮在油面上。固定管 5 通往机油泵，安装后固定不动。吸油管 4 活套在固定管 5 中，使浮子能自由地随油面升降。浮子下面装有金属丝制成的滤网 2。滤网有弹性，中内有环口，平时依靠滤网本身的弹性，使环口紧压在罩 1 上。罩 1 的边缘有缺口，与浮子装合后便形成狭缝。

固定式集滤器如图 9－8 所示，固定式集滤器的吸油管 3 上端用螺栓与机油泵连接，下端与滤网支座连成一体。罩 1 利用翻边安装在滤网支座外缘凸台上，滤网 2 夹装在支座与罩之间。罩的边缘有4个缺口，形成进油通道。当机油泵工作时，润滑油从罩的缺口处经过滤网滤除较大的杂质后，通过吸油管进入机油泵。

当机油泵工作时，机油从罩与浮子之间的狭缝被吸入，经过滤网滤去粗大的杂质后，通过油管进入机油泵[图9-7(a)]，滤网被淤塞时，滤网上方的真空度增大，克服滤网的弹力，滤网便上升而环口离开罩1。此时机油不经滤网面直接从环口进入吸油管内[图9-7(b)]，保证机油的供给不致中断。浮式集滤器能吸入油面上较清洁机油，但油面上泡沫易被吸入，使机油压力降低，润滑欠可靠。固定式集滤器装在油面下面，吸入的机油清洁度稍逊于浮式集滤器，但可防止泡沫吸入，润滑可靠、结构简单，故基本取代了浮式集滤器。例如，解放牌CA1091型汽车、东风EQ1090E型汽车、依维柯轻型车以及奥迪100型轿车的发动机都采用了固定式集滤器。

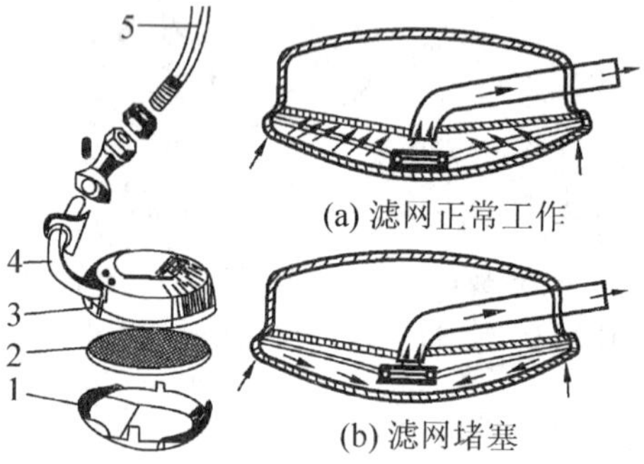


**图9-7 浮式集滤器的构造和工作原理**

1—罩；2—滤网；3—浮子；4—吸油管；5—固定管

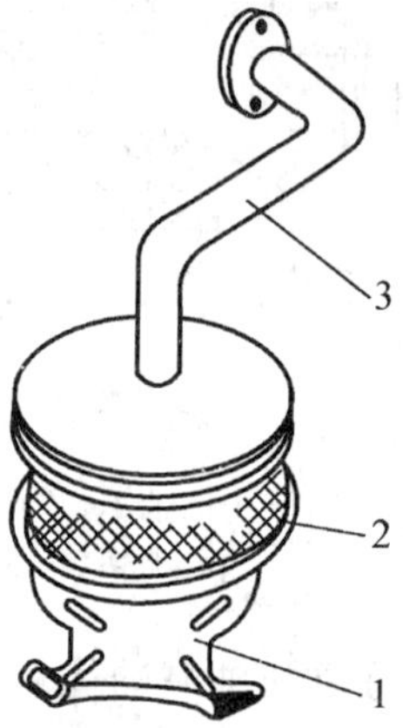


**图9-8 固定式集滤器**

1—罩；2—滤网；3—吸油管

2）粗滤器

粗滤器用以滤去机油中粒度较大(直径为0.05mm以上)的杂质，它对机油的流动阻力较小，故可串联于机油泵与主油道之间，属于全流式滤清器。

粗滤器根据滤清元件(滤芯)的不同，可以有各种不同的结构形式。目前国产汽车发动机都采用纸质式粗滤器(图9-9)，滤清器外壳内安装有纸滤芯总成[图9-9(b)]，机油泵来的机油从滤芯外围进入滤清器中心，过滤后的干净机油经出油口进入主油道。

滤清器使用一定时间后，滤芯外留下了较多杂质，应该按说明书要求及时更换新滤清器。为了防止用户未及时更换新滤清器造成滤芯堵塞、发动机缺机油的严重后果，在滤清器中设置有安全阀1，当滤芯堵塞，机油压力升高时，能克服弹簧的压力，顶开安全阀，直接进入主油道。

滤清器的滤芯材料有纸质、锯末和金属等，其中纸质滤芯因其结构简单、质量小、体积小、滤清效果好、成本低、保养方便，得到广泛应用。

3）细滤器

细滤器用以清除细小杂质(直径在0.001mm以上)。由于这种滤清器对机油的流动阻力较大，故多做成分流式，即与主油道并联，只有少量机油通过细滤器。

细滤器按清除杂质的方法来分，可分为过滤式机油细滤器和离心式机油细滤器两种类

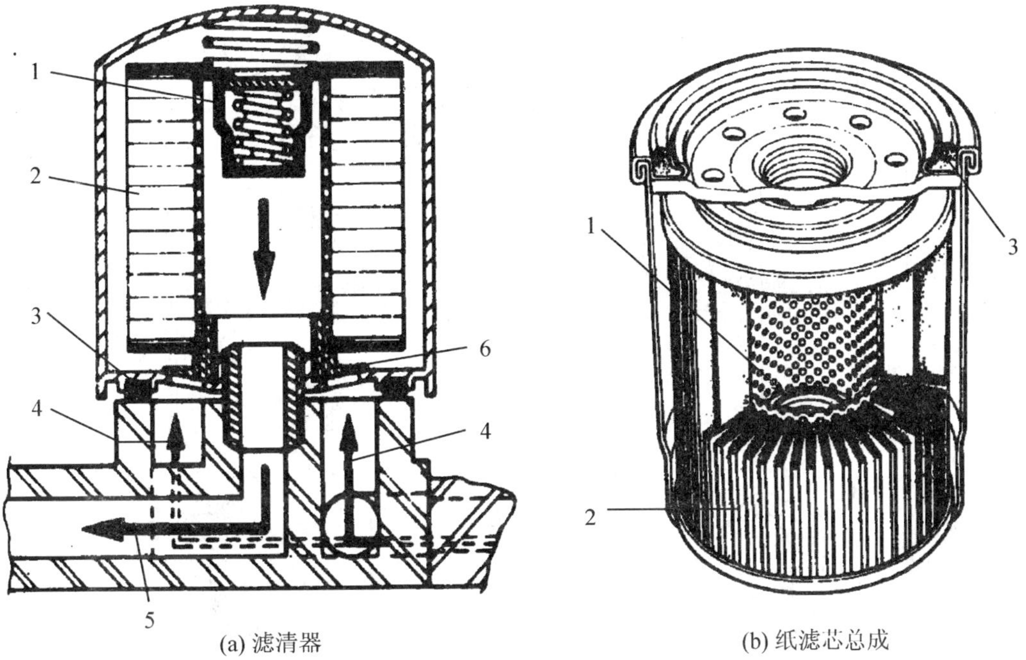


**图 9-9 机油滤清器**

1—安全阀；2—纸滤芯；3—密封圈；
4—来自机油泵的机油；5—过滤后的机油；6—防漏阀

型。目前常用的一种过滤式机油细滤器为波折微孔纸质(或锯末滤芯)细滤器，其结构与纸质粗滤器相似。

离心式机油细滤器结构如图 9-10 所示。滤清器壳体 1 上固定着带中心孔的转子轴 3。转子体 14 与转子体端套 6 连成一体，其上压入三个衬套 13，套在转子轴上可以自由转动。压紧螺母 12 将转子盖 8 与转子体紧固在一起。转子下面装有止推轴承 4。转子上面装有支承垫圈 9，并用弹簧 10 压紧，以限制转子轴向移动。整个转子用滤清器盖 7 盖住。压紧螺套 11 将盖 7 固定在外壳 1 上。转子下端装有两个径向水平安装的喷嘴 5。

发动机工作时，从油泵来的机油进入滤清器进油孔 B，若油压低于 0.1MPa，进油限压阀 19 不开启，机油则不进入滤清器而全部供入主油道，以保证发动机可靠润滑。当油压高于此值时，则进油限压阀被顶开，机油沿壳体中的转子轴内的中心油道，经出油孔 C 进入转子内腔，然后经进油孔 D、油道 E 从两喷嘴喷出。于是转子内腔的机油随着转子高速旋转。当油压为 0.3MPa 时，转子转速高达 6000r/min，由于转子内腔的机油随着转子高速旋转，机油中的机械杂质在离心力的作用下被甩向转子壁，因此，洁净的机油由孔 D 进入，再经喷嘴喷出。喷出的机油经滤清器出口 F 流回油底壳。

在发动机工作中如机油温度过高，可旋松调整螺钉 17，机油通过球阀，经管接头 20 流向机油散热器。当油压高于 0.4MPa 时，旁通阀 18 打开，机油流回油底壳。

离心式滤清器滤清能力高，通过能力好，且不受沉淀物影响，不需更换滤芯，只须定期清洗即可，但对胶质滤清效果较差。这种滤清器由于出油无压力，一般只用作分流式细滤器，在有些小功率发动机上也用作全流式离心细滤器。

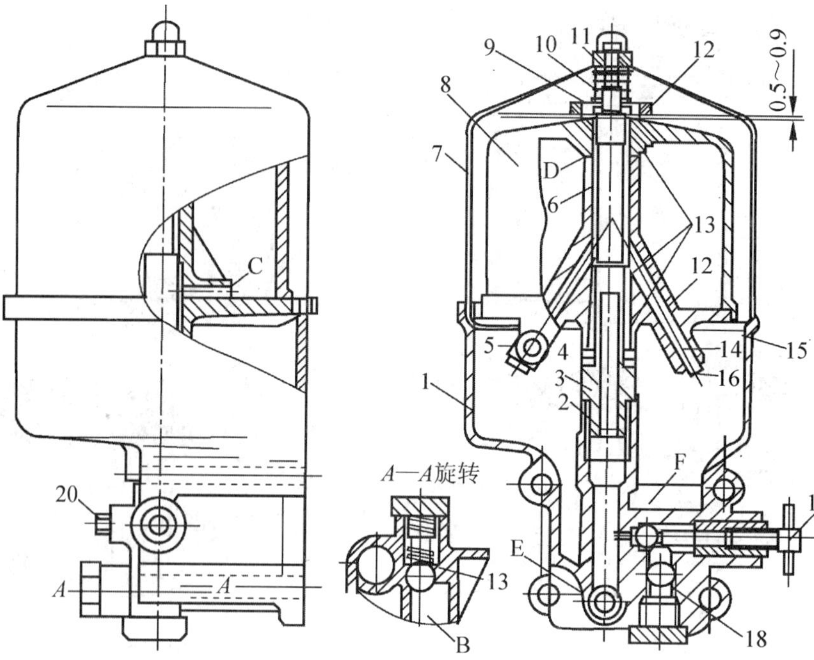


**图 9-10　离心式机油细滤器结构示意图**

1—壳体；2—锁片；3—转子轴；4—止推轴承；5—喷嘴；6—转子体端套；7—滤清器盖；8—转子盖；9—支承垫圈；10—弹簧；11—压紧螺套；12—压紧螺母；13—衬套；14—转子体；15—挡板；16—螺塞；17—调整螺钉；18—旁通阀；19—进油限压阀；20—管接头；B—滤清器进油口；C—出油口；D—进油口；E—通喷嘴油道；F—滤清器出油口

3. 机油散热器

在有些发动机上，为了使机油保持在最有利的温度(70～90℃)范围内工作，除靠机油在油底壳内自然冷却外，还另装有机油散热器。机油散热器一般是装在发动机冷却水散热器的前面，利用风扇风力使机油冷却。也有一些发动机(如 6120 型柴油机)将机油散热器装在冷却水路中，当油温较高时靠冷却水降温，而在起动暖车期间油温较低时，则从冷却水吸收热量迅速提高机油温度。

机油散热器结构有风冷和水冷两种，风冷式机油散热器多为管片式结构，和一般的冷却水散热器类似(图 9-11)。

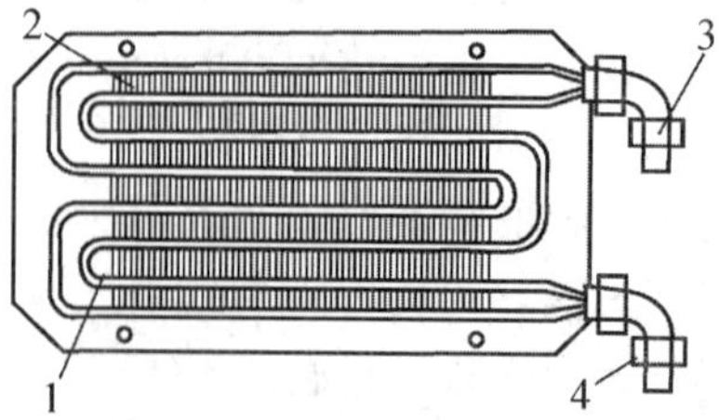


**图 9-11　风冷式机油散热器**

1—油管；2—散热片；3—进油口；4—出油孔

水冷式机油散热器也称机油冷却器，多为管片式结构(图 9-12)，也有的水冷式机油散热器机油在管内流动，而冷却水在管外流动(图 9-13)。

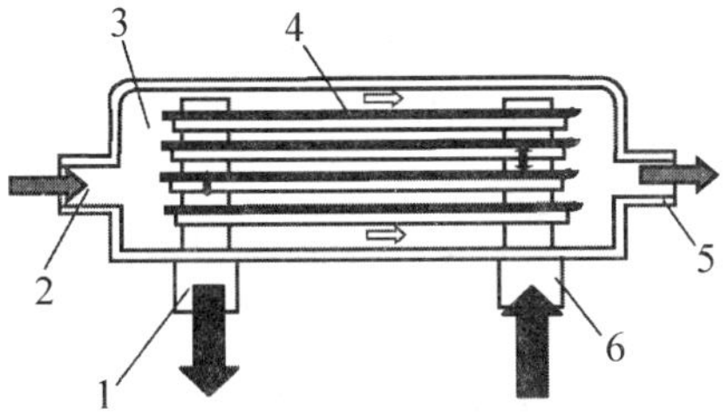


图 9-12 水冷式机油散热器

1—出油孔；2—冷却水入口；3—水冷室；4—油管；5—冷却水出口；6—进油口

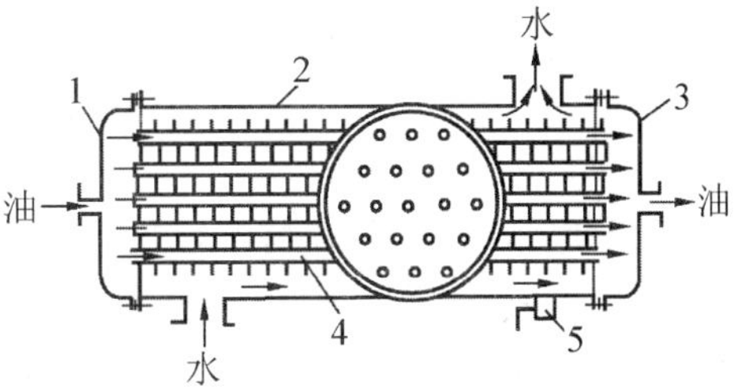


图 9-13 水冷式机油散热器

1—前盖；2—壳体；3—后盖；4—芯管及散热器片；5—放水开关

4. 油底壳与机油标尺

油底壳又称机油盘，收集和储存从机体内各机件上流回的润滑油，一般用薄钢板冲压而成，内有挡油板和放油螺塞。

油尺(图 9-14)插在缸体检查孔内，用来检查油底壳内油量和油面高低。它是一片金属杆，下端制成扁平形，其上有 2/4、4/4 两道刻线。正常的机油油面应位于两刻线之间，低于 2/4 刻线时，应及时补充润滑油；高于 4/4 刻线时，易造成发动机漏油，运转阻力增加，应及时放出多余的机油。

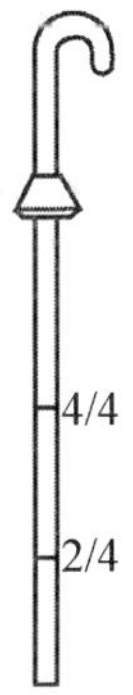


图 9-14 油尺

### 9.1.5 机油压力过低检测

机油压力过低，机油压力表报警灯点亮报警。造成机油压力过低的主要原因有：机油油量不足、曲轴与轴承配合间隙过大、机油压力传感器损坏、机油滤清器堵塞、机油泵出油量不够、压力表失灵或油管堵塞。

1. 机油量检查

检查时汽车要停放在平地上，发动机熄火 3min，待润滑油流回油底壳后，抽出油尺并将其擦净，再插回到底，重新抽出油尺，在油尺上就可以观察到润滑油油面位置。若油面处于油尺下刻度线的下方，应从加机油口处加注润滑油，直到油面位置符合要求为止。若油面位置超过上刻度线，应放出多余的润滑油。

添加润滑油时，一定要添加相同牌号的润滑油，以免引起润滑油变质。若无同一牌号的油，则应全部更换。

2. 曲轴与轴承配合间隙检查

曲轴与轴承配合间隙检查可参见“项目 3 曲柄连杆机构构造与维修”进行。

3. 机油压力传感器检查

万用表一只表笔接 G 端，另一只接外壳，万用表显示值 5～13Ω 为正常；万用表接另一端——WK 端，与外壳间阻值为 0Ω 为正常。

4. 机油滤清器检查

1）集滤器的检修

集滤器的损坏形式有油管和滤网堵塞、浮子破损下沉等。机油滤网堵塞，应用柴油或煤油清洗后用压缩空气吹干。浮子有破损，应进行焊修。

2）机油粗滤器的检修

可拆式机油粗滤器的检修主要包括：更换纸质滤芯和老化的密封圈、清洗滤清器内部的沉淀物和检查调整旁通阀开启压力三项内容。

一般汽车每行驶12000m，应更换一次滤芯。装配滤清器时，注意各处的密封圈不可漏装。

无特殊情况不得拆卸和调整旁通阀，以免开启压力发生变化。必要时，应在试验台上检查和调整旁通阀的开启压力。

向气缸体上安装滤清器时，应先在滤清器内充满机油，并检查与气缸体平面结合处是否平整，垫片是否完好，最后拧紧固定螺栓。

3）机油细滤器的检修

离心式机油细滤器在使用中常见的损伤有机件磨损、密封垫损坏、喷嘴孔堵塞、转子停转及轴承松旷等。

若喷嘴孔堵塞，可以用压缩空气吹通，不能用金属丝疏通，以免刮伤喷嘴孔。密封圈损坏、变形或老化发硬应更换。

转子轴磨损，当其与孔的配合间隙超过0.15mm或与轴承的配合间隙大于0.10m时，可用镀铬修复转子轴。

进油阀座磨损，可用细研磨剂研磨阀座，并更换新的钢球。如弹簧弹力降低，应更换新的弹簧。同时还应注意以下几点(图9-10)。

(1) 维修时，注意转子座下面的单向推力球轴承4的座圈不可丢失。

(2) 转子总成时，应注意对准转子盖8与转子体14之间的装配记号，以免破坏转子总成平衡。

(3) 转子上部的压紧螺母12不可拧得过紧，如拧紧力矩超过29N·m，将破坏转子的正常工作。

(4) 转子总成上端与压紧弹簧之间有一个支承垫圈9，装配时注意其光面对着转子，不得有漏装或反装，否则，转子将不能转动。

为了检验细滤器的性能指标，应在专用的试验台上进行试验。

通常也可以采用就车试验的方法检查离心式细滤器的工作是否正常。在发动机的机油压力高于0.1MPa时，运转10s以上(若油压低于0.1MPa，机油不会进入细滤器)，然后立即熄火，在熄火后的2～3min内，若在发动机旁听到细滤器转子转动的“嗡嗡”声，则说明细滤器工作正常。

5. 机油泵检查

1）机油泵的不解体检查

机油泵的润滑条件好，零件磨损速度慢，使用寿命比其他总成要长，因此，在发动机总成修理过程中一般不要轻易拆检机油泵，应该首先做如下不解体检查：

（1）有条件时，应在试验台上检测机油泵的流量和压力，以确定能否继续使用。

（2）条件不具备时，可用如下的简易试验法：径向和轴向推拉、晃动主动轴，有间隙但不松旷，表明磨损不严重。然后，把集滤器浸入清洁的机油中，用手按工作时的转向转动机油泵主动轴，机油应从出油口流出。用手堵住出油口，继续转动机油泵，手指应有压力感，同时感到转动主动轴的阻力明显增大，直至转不动或机油被压出，则表明机油泵状况良好，可以继续使用。否则应拆检修理或更换总成。

2）机油泵的拆卸

以齿轮式机油泵为例，拆卸步骤如下。

（1）拆下机油集滤器及油管。

（2）拆下机油泵盖上的固定螺栓，取下机油泵盖及调整垫圈。

（3）取出从动齿轮。

（4）用锉刀锉去联轴套上的铆钉头，将铆钉冲出，取下联轴套。

（5）轻敲主动轴外端，从泵腔一侧取出主动齿轮轴，拆卸卡环，取下主动齿轮和半圆键。

（6）拧下泵盖上的限压阀螺塞，取出弹簧及柱塞。

（7）清洗各零件，并吹通各油道油孔。

3）机油泵的检修

机油泵零件磨损逾限后，会造成机油在油泵内部从出油腔一侧向进油腔一侧渗漏，或从主动轮轴与轴承的间隙处向油泵外面渗漏，导致油泵的供油压力降低。影响机油泵压力的主要部位是端面间隙、啮合间隙、齿顶间隙、轴与轴承的配合间隙及限压阀的密封性能等。

（1）齿轮式机油泵的检修。

① 端面间隙的检修。端面间隙是指油泵齿轮或内、外转子端面距离泵盖平面的间隙。它是造成机油泵供油不足的主要原因之一。可用直尺和塞尺检测(图 9－15)，此间隙一般为 0.05～0.115mm。

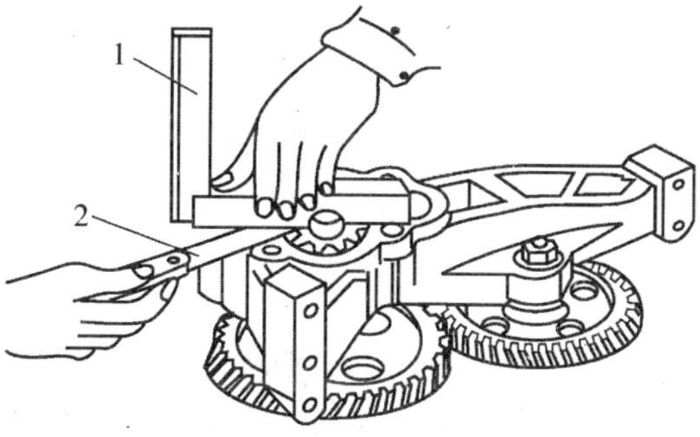


**图 9－15　机油泵端面间隙的检查**

1—直尺；2—塞尺

端面间隙过大时，先将齿轮或转子端面的不平度用气门砂置于平板上呈往复的 8 字形研磨，直至磨平为止，不得磨偏。其次检查泵盖，如果磨损严重或有明显拉槽，应首先在磨床上磨平，再进行研磨。最后根据齿轮的高度研磨泵体接合面(与研磨齿轮的方法一样)，边磨边用直尺和塞尺测量端面间隙。

② 泵轴与轴套间的间隙的检修。泵轴与轴套磨损，配合间隙增大后，会使机油泵泵油量减少，并使泵油压力降低。严重时会造成齿顶刮磨泵体内表面。检查轴套与轴的间隙，可用外径卡尺与内径百分表分别测量轴和轴套的直径，也可用经验法，一般机油泵的泵轴能顺利的装进轴套内，转动时无阻力感，径向无间隙感为合适。

泵轴与轴套的间隙过大时，应更换新轴套，按轴的尺寸铰孔，恢复其配合间隙，在铰削泵体和泵盖上的轴套时，应将泵盖装在泵体上，然后同时铰削两轴套，以保证其同心度。

泵轴因磨损出现台阶或圆度、圆柱度超过 0.02mm 时，应对泵轴进行电镀修复，最后磨至标准尺寸。

③ 啮合间隙和齿顶间隙的检修。啮合间隙增大，对油泵的性能影响较小，所以其间隙允许值较大，有时可达 1.5mm。齿顶间隙在正常工作时磨损也较小，允许间隙也较大。因此，在一般的修理作业时不必检测啮合间隙和齿顶间隙，只有当发动机运行多年，各部分均已严重磨损，机油泵状况极差时，才用塞尺检测这两个间隙。检查方法如图 9－16、图 9－17 所示。

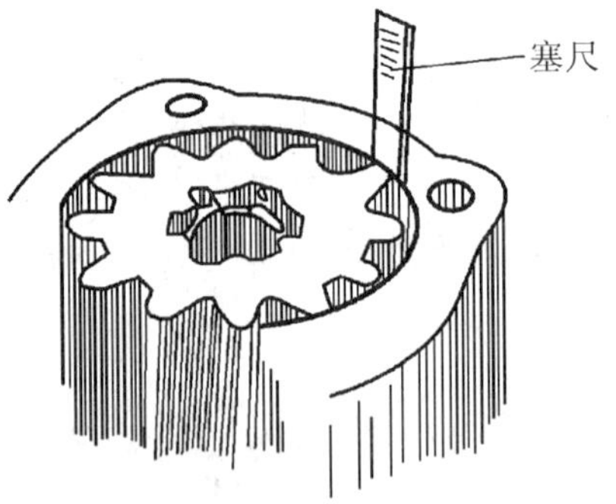


图 9－16　主、被动齿轮与泵腔内壁间隙检查

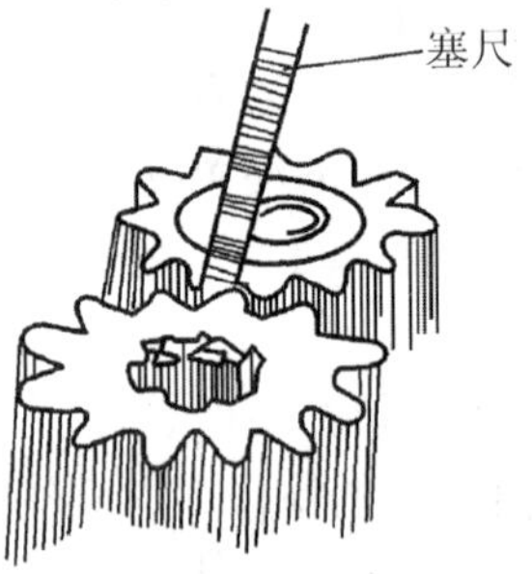


图 9－17　主、被动齿轮的啮合间隙检查

当机油泵的啮合间隙超过 1.8mm，齿顶间隙超过 1mm 时，一般不再修理，应更换新泵。

④ 限压阀的检验。润滑系统的限压阀有的设置在机油泵上，有的设置在滤清器上。设置在机油泵上的限压阀，其密封性和开启压力应在机油泵试验台上检验。密封良好的限压阀在低于开启压力时不应有漏油现象。设置在滤清器上的限压阀，其密封性能和开启压力应在发动机上进行检测。若发动机各配合副的间隙符合要求，机油泵技术状况良好，发动机压力偏低时，则多为限压阀密封性差。当机油压力在规定值时，将限压阀调整螺塞退出一定量，机油压力降低，将限压阀调整螺塞旋入原来位置，压力上升到规定值，则说明限压阀密封性良好。对于转子式机油泵的检查项目和检查方法与齿轮式机油泵基本相同。

拆修机油泵时，应将限压阀及弹簧取出，认真检查。如果限压阀与阀座由于磨损而失去密封性，对于带球面或锥面的柱阀，可在阀与阀座上涂气门砂研磨，恢复其密封性。若是钢球，可用钢球冲击阀座，并更换新钢球，使其密封。

限压阀弹簧弹力略微不足时，一般可通过调整螺塞进行调整。必要时，也可在弹簧下加垫片。若弹簧过软或折断时，应更换新弹簧。

（2）转子式机油泵的检修。

① 转子轴与轴孔配合间隙的检修。用千分尺和内径百分表分别测量机油泵转子轴直径和泵壳上的轴孔内径，并计算其配合间隙。若配合间隙超过允许极限，应更换磨损严重的零件或机油泵总成，如天津夏利轿车发动机转子式机油泵的转子轴与轴孔配合间隙：正常值应为 0.045～0.085mm，允许极限为 0.10mm。

② 检查外转子与泵壳配合间隙。如图 9－18 所示，拆下泵盖，用塞尺测量外转子与泵壳之间的间隙，若超过允许极限，应更换磨损严重的零件或机油泵总成，如天津夏利轿车发动机转子式机油泵的外转子与泵壳配合间隙：正常值应为 0.10～0.16mm，允许极限为 0.30mm。

③ 检查内、外转子啮合间隙。如图 9－19 所示，拆下泵盖，用塞尺测量内、外转子啮合间隙，若超过允许极限，应更换磨损严重的零件或机油泵总成，如天津夏利轿车发动机转子式机油泵的内、外转子啮合间隙：正常值应小于 0.15mm，允许极限为 0.25mm。

图 9－18 检查外转子与泵壳的间隙

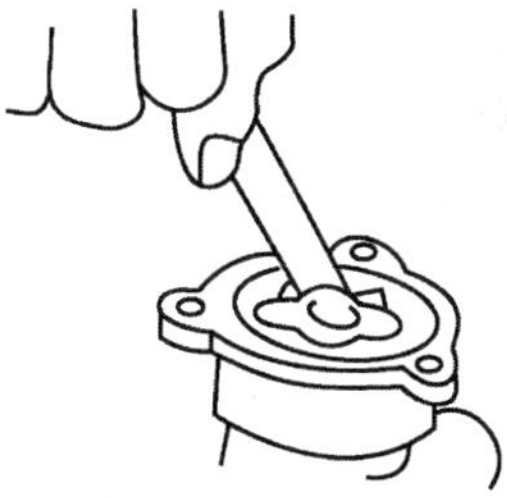

图 9－19 检查内、外转子啮合间隙

④ 检查转子端面与泵盖轴向间隙。如图 9－20 所示，拆下泵盖，用塞尺和直尺测量转子端面与泵盖轴向间隙，若超过允许极限，应更换转子组件或机油泵总成，如天津夏利轿车发动机转子式机油泵的转子端面与泵盖轴向间隙：正常值应为 0.03～0.09mm，允许极限为 0.20mm。

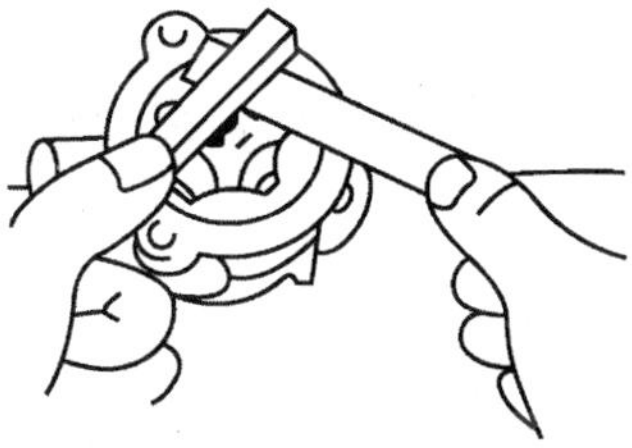

图 9－20 检查转子端面与泵盖轴向间隙

6. 机油散热器的维修

装有机油散热器的发动机长期运转后，机油散热器内会沉积砂粒、尘土、磨屑等油泥状的杂质，所以更换机油，清洗润滑系统时，必须对机油散热器进行认真清洗。否则，散热器内的杂质不但会污染新换的机油，还会阻碍机油流过散热器而影响散热，使机油温度过高。

机油散热器常见的损伤是油管接头漏油、散热管破裂。油管接头漏油时，一般均可通过更换垫片解决，但更换新的完好的垫片后仍漏油，则可能是散热器上的油管接头螺栓平台不平或有划痕，此时可用锉刀、刮刀或砂布等工具仔细修平，然后更换新垫片。散热管破裂漏油时，可以焊补修复。

7. 润滑油道检查

检查润滑油道时，将发动机解体并仔细清洗看有无杂质阻塞润滑油道。

## 任务 9.2　机油压力过高的故障分析与排除

故障案例：

一辆汽车在行驶了 5000km 后更换机油，发动机工作时，机油压力表指示机油压力值过高，并超过规定值。

### 9.2.1　润滑剂的认识

1. 机油的主要性能

(1) 黏度。指润滑油受外力作用移动时，分子间产生的内摩擦力大小。它是润滑油分级和选用的主要依据。黏度过小，润滑油在高温、高压下容易从摩擦表面流失，不能形成足够厚度的油膜；黏度过大，冷起动阻力增加，起动困难，润滑油不能及时被泵送到摩擦表面，导致起动磨损严重。

(2) 黏温性。指润滑油黏度随温度而变化的特性。发动机从起动到满负荷工作，温度变化范围大，导致润滑油温度变化大于 100℃。若润滑油的黏度随温度变化太大，就会使高温时黏度太低，而低温时黏度太高，影响正常润滑。

(3) 氧化安定性。指润滑油抵抗氧化作用，不使其性质发生永久变化的能力。润滑油工作温度高达 95℃，产生氧化后，颜色变暗，黏度增加，酸性增大，并产生胶状沉积物。氧化变质的润滑油将腐蚀发动机零件，甚至破坏发动机的正常工作。

(4) 其他性能。如极压性、防腐性、起泡性、清净分散性等，它们对发动机的润滑都产生一定的影响，需要加入各种添加剂，保证润滑油的性能。

2. 机油的分类

根据国家标准 GB/T 7631.3—1995《内燃机油分类》，我国润滑油分以下三类：

(1) 汽油机油：SC、SD、SF、SG、SH 六个级别。

(2) 柴油机油：CC、CD、CD-Ⅱ、CE、CF-4 五个级别。

(3) 二冲程汽油机油：ERA、ERB、ERC、ERD 四个级别。

级号越后，使用性能越好。每一种级别又有若干种单一黏度等级和多黏度等级的润滑油牌号。例如 CC 级润滑油有三个单一黏度等级(30、40 和 50 号)和六个多黏度等级(5W/30、5W/40、10W/30、10W/40、15W/40 和 20W/40)的润滑油牌号。单一黏度等级的润滑油黏温性较差，只适应某一温度范围使用。多黏度等级的润滑油黏温性好，适应温度范围宽。

国产发动机润滑油的等级与牌号见表 9-1。

表 9-1　国产发动机润滑油的等级与牌号

| 等　　级 | 牌　　号 |
| --- | --- |
| SC | 5W/20、10W/30、15W/40、30、40 |
| SD(SD/CC) | 5W/30、10W/30、15W/40、30、40 |
| SE(SE/CC) | 5W/30、10W/30、15W/40、20/20W、30、40 |
| SF(SF/CD) | 5W/30、l0W/30、15W/40、30、40 |
| CC | 5W/30、5W/40、10W/30、10W/40、15W/40、20W/40、30、40、50 |
| CD | 5W/30、5W/40、10W/30、10W/40、15W/40、20W/40、30、40 |

### 9.2.2　机油压力过高的故障分析及排除

由题目分析可知机油压力过高的主要原因是机油选用不当。机油压力过高的故障排除要注意如下问题。

1. 机油的选用

由于机油对发动机的使用性能和寿命都有很大影响，因此应严格按照汽车使用说明书的规定选用。若无说明书，可根据发动机特性和使用地区的气温情况，选用合适的使用等级和黏度等级。

(1) 汽油机选择汽油机机油，柴油机选择柴油机机油，二冲程汽油机选择相应机油。

(2) 根据发动机的强化程度选用合适的润滑油使用等级。高速大负荷发动机选用高等级机油。

(3) 根据地区、季节、气温和发动机技术特征选择黏度等级。

常用发动机润滑油黏度等级与适用温度范围见表 9-2。

表 9-2　常用发动机润滑油黏度等级与适用温度范围(供参考)

| 黏度等级 | 适用温度范围 | 黏度等级 | 适用温度范围 |
| --- | --- | --- | --- |
| 5W/20 | －45～＋30℃ | 2OW/40 | －15～＋40℃ |
| 5W/30 | －30～＋30℃ | 10W | －20～＋10℃ |
| 10W/30 | －25～＋35℃ | 20 | －15～＋20℃ |
| 10W/40 | －25～＋35℃ | 30 | －10～＋35℃ |
| 15W/40 | －20～＋35℃ | 40 | －5～＋40℃ |

2. 润滑脂选用

润滑脂具有良好的黏附性，在常温下可附着于垂直表面而不流淌，可以在敞开或密封不良及受压较大的摩擦部位工作，并有防水、防尘、密封作用。

汽车发动机主要在水泵轴承及发电机轴承使用润滑脂。目前普遍推荐使用的是通用锂基润滑脂，它具有良好的高低温适应性，可在－30～＋120℃的温度范围内使用，具有良好的抗水性、防锈性、安定性和润滑性，在高速运转的水泵及发电机轴承上使用，不变质，不流失，保证润滑。

## 项 目 小 结

1. 润滑系统具有减轻机件磨损、减小摩擦损失、降低功率消耗的作用，还具有密封、冷却、清洁和防氧化锈蚀等功能。

2. 汽车发动机润滑有压力润滑、飞溅润滑和润滑脂润滑三种方式。曲轴主轴承、连杆轴承及凸轮轴承等负荷较大的摩擦表面采用压力润滑；负荷较轻的气缸壁面和配气机构的凸轮、挺柱、气门杆、摇臂等采用飞溅润滑；水泵及发电机轴承采用润滑脂润滑。

3. 发动机润滑系统一般由油底壳、机油集滤器、机油泵、机油滤清器和机油冷却器等组成。为了保证可靠润滑，在机油泵和机油滤清器等部件上安装有相应的安全阀门和旁通阀门。

4. 机油泵零件磨损逾限后，将导致油泵的供油压力降低。可对机油泵进行不解体检查，或可采用直尺和塞尺测量齿轮式机油泵端面间隙、泵轴与轴套间的间隙、啮合间隙和齿顶间隙；采用千分尺和内径百分表分别测量机油泵转子轴直径和泵壳上的轴孔内径，并计算其配合间隙，采用塞尺测量外转子与泵壳之间的间隙，内、外转子啮合间隙。磨损超过极限值时，一般不再修理，应更换新泵。

5. 润滑油选用不当将导致机油压力过高。润滑油的选用应根据发动机类型、强化程度及气温等条件确定。润滑脂主要应用于水泵轴承及发电机轴承，一般推荐使用通用锂基润滑脂。

6. 润滑系统的检查维修主要有机油泵的零部件磨损和各项间隙检查、机油压力调整、离心式机油细滤器检查调整。

7. 润滑系统的常见故障有机油压力过低、机油压力过高、机油消耗异常、机油变质、漏油等。

## 学习评价与技能测试

一、选择题

1. 学生 a 说，润滑系统有减轻机件磨损、减小摩擦损失、降低功率消耗的作用。学生 b 说，润滑系统有密封、冷却、清洁和防氧化锈蚀作用。下列说法正确的是(　　)。

A. 只有学生 a 正确　　B. 只有学生 b 正确

C. 学生 a 和 b 都正确　　D. 学生 a 和 b 都不正确

2. 下列说法正确的是(　　)。

A. 曲轴主轴承和连杆轴承采用飞溅润滑

B. 配气机构的凸轮采用压力润滑

C. 发动机的水泵及发电机轴承采用润滑脂润滑

D. VE 型喷油泵采用机油润滑

3. 学生 a 说，机油泵中设置安全阀的目的是防止机油压力过高。学生 b 说，机油泵中设置安全阀的目的是防止机油泵工作突然停止。下列说法正确的是(　　)。

A. 只有学生 a 正确　　B. 只有学生 b 正确

C. 学生 a 和 b 都正确　　　　　　　　　D. 学生 a 和 b 都不正确

4. 学生 a 说，串联安装在机油泵与主油道之间的机油滤清器称为全流式滤清器。学生 b 说，滤清器与主油道并联安装，称该滤清器为分流式滤清器。下列说法正确的是(　　)。

A. 只有学生 a 正确　　　　　　　　　B. 只有学生 b 正确

C. 学生 a 和 b 都正确　　　　　　　　　D. 学生 a 和 b 都不正确

5. 学生 a 说，机油黏温性是指机油黏度随温度变化的特性。学生 b 说，机油黏温性越小越好。下列说法正确的是(　　)。

A. 只有学生 a 正确　　　　　　　　　B. 只有学生 b 正确

C. 学生 a 和 b 都正确　　　　　　　　　D. 学生 a 和 b 都不正确

6. 下列说法正确的是(　　)。

A. 机油泵零件磨损逾限后，会导致油泵的供油压力升高

B. 影响机油泵压力的主要部位是端面间隙、啮合间隙、齿顶间隙、轴与轴承的配合间隙及限压阀的密封性能等

C. 机油泵端面间隙是指油泵齿轮或内外转子端面距离泵盖平面的间隙

D. 机油泵端面间隙越小越好

二、问答题

1. 图 9-21 是转子式机油泵结构示意图，请将下列名称填入相应的序号和字母中，并说明机油泵的工作原理。

进油腔；机油泵体；内转子；出油腔；驱动轴；外转子；安全阀；发动机体；出油孔；过渡油腔。

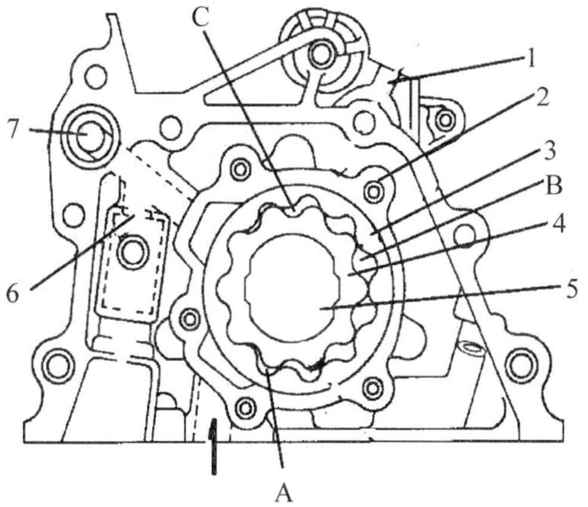


图 9-21　转子式机油泵结构

2. 常见的汽车机油泵有哪几种？如何用简易试验法检查机油泵的技术状况。

三、实操题

1. 正确拆装发动机润滑系统各部件，并说明机油的循环路线。

2. 正确检查润滑系统主要零部件技术状态。

# 项目10

# 发动机总装、磨合与维护

## 教学目标与要求

- 理解典型发动机总装工艺
- 学会发动机总装的步骤与方法
- 掌握发动机磨合的意义、分类，理解其基本规范
- 学会典型发动机的磨合操作
- 理解发动机维修后测试内容和维修竣工验收标准
- 掌握发动机维护的目的、分类及其作业项目
- 学会发动机一、二级维护作业

## 教学重点

- 发动机总装工艺
- 发动机磨合的意义及基本规范
- 发动机日常维护和一、二级维护作业

## 教学难点

- 发动机总装
- 发动机维修后测试和验收

# 任务 10.1　发动机总装与调试

故障案例：

一辆上海桑塔纳 2000GSi 轿车，大修发动机试车突然熄火，无法再起动，摇转发动机曲轴无法转动。

发动机大修一般要遵循发动机解体、零件清洗和检验、发动机总装、发动机磨合和调试以及发动机竣工验收这样的流程，而发动机总装质量的好坏将直接影响大修后的发动机性能，因此总装过程必须严格按照装配工艺和技术要求进行。

## 10.1.1　发动机总成装配与调试

发动机的装配与调试是发动机修理的最后工序，也是至关重要的工序。这道工序完成的好坏将直接影响大修后的发动机的性能能否恢复正常。

1. 发动机装配的一般原则

1）发动机装配前的准备工作

（1）发动机装配前应清点各零件是否备齐，同时对可预装的总成和部件应仔细清洗后进行预装。

（2）装配前必须认真清洗零件及工具，保持装配工作场地清洁。工作台、机具应安放有序，按规定配齐全部衬垫、螺栓、螺母、垫圈、开口销和锁环，并准备适量的密封胶及机油、润滑脂等常用润滑油料。

2）发动机装配注意事项

（1）螺栓、螺母应用适合的扳手按一定顺序和力矩旋紧，对称的螺栓应交错分 2～3 次拧紧。对有规定力矩的螺栓、螺母，应用扭力扳手按规定力矩拧紧。

（2）间隙配合件的零件表面在装合时应涂上润滑油。

（3）过盈配合件装配时应使用压床或专用的压入工具，如需在零件表面施以压力或锤击时，必须垫以软金属块或橡胶锤头。

（4）对有装配记号的零件必须按记号装配。

（5）各部位的密封衬垫和油封必须换用新件。

2. 发动机的装配工艺

由于发动机的结构不同，以及修理厂技术装备条件的差异，所以不可能有完全相同的发动机装配工艺，应按照各制造厂维修手册中规定的程序去做。上海桑塔纳 2000GSi 轿车发动机的装配步骤及方法如项目 1 所述。

## 10.1.2　发动机调试

有些发动机需要调整气门间隙和点火正时，可参照如下方法进行。

1）发动机气门间隙的调整

装有液压挺柱的发动机无须检查和调整气门间隙。无挺柱或装有机械式挺柱的发动机，在其装配后需对气门间隙进行检查和调整，步骤如下。

(1) 使所检查气缸处于进排气门关闭状态。

(2) 用厚度符合规定间隙的塞尺插入气门杆尾端与摇臂之间(图 10-1)，来回拉动塞尺片，感觉到可以拉动，又有轻微阻力时，说明其间隙正合适。否则应该进行调整。

(3) 调整时先旋松摇臂与推杆端调整螺栓的锁紧螺母，用厚度符合规定间隙的塞尺插入气门杆尾端与摇臂之间，同时用旋具旋动调整螺钉，来回拉动塞尺片，感觉到合适后将调整螺钉稳定住，可靠地拧紧锁紧螺母。最后进行复查，若间隙有变化，尚需重新调整。

图 10-1 气门间隙的调整

2）点火正时的调整

(1) 松开分电器固定螺栓，断开分电器真空提前调节器的真空软管。

(2) 起动发动机，使冷却液温度达到 80℃，保持发动机转速一定。

(3) 用点火正时枪检查点火提前角，并通过转动分电器使点火提前角达到规定值，如图 10-2 所示。

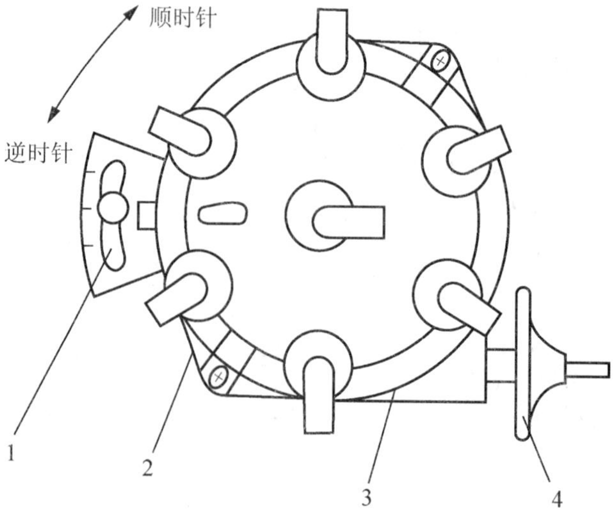


图 10-2 点火正时调整示意图

1—固定螺栓；2—分电盘；3—分电器盖；4—真空控制器

# 任务 10.2　发动机磨合与测试

故障案例：

刘先生花了 40 万元刚买了辆德系豪华轿车，“五一”期间他开出去几天，高速开到 140km/h，回来发现机油消耗很大，1000km 需要 2L 机油。

## 10.2.1　发动机的磨合与验收

1. 磨合的意义

新装配或大修后的发动机为改善零件摩擦表面几何形状和表面层物理机械性能的运转称为发动机磨合。

新零件和经过修理的零件，由于表面微观粗糙和各种误差，装配后配合副的实际接触面积很小，导致单位压力增加，此时在高速、重载的情况下工作容易产生剧烈磨损，甚至发生黏着和烧蚀故障。磨合的意义就在于通过磨合来提高配合副的摩擦表面质量，降低摩擦阻力，提高零件的承载能力，从而提高发动机的动力性、经济性、工作可靠性，延长发动机的使用寿命。

2. 磨合过程和规范

根据发动机磨合过程中转速和负荷的不同，可将发动机磨合过程分为三个阶段：无负荷的冷磨合、无负荷的热磨合和有负荷的热磨合。

1）冷磨合

发动机由外部动力驱动的磨合称为冷磨合。磨合专用设备如图 10－3 所示。

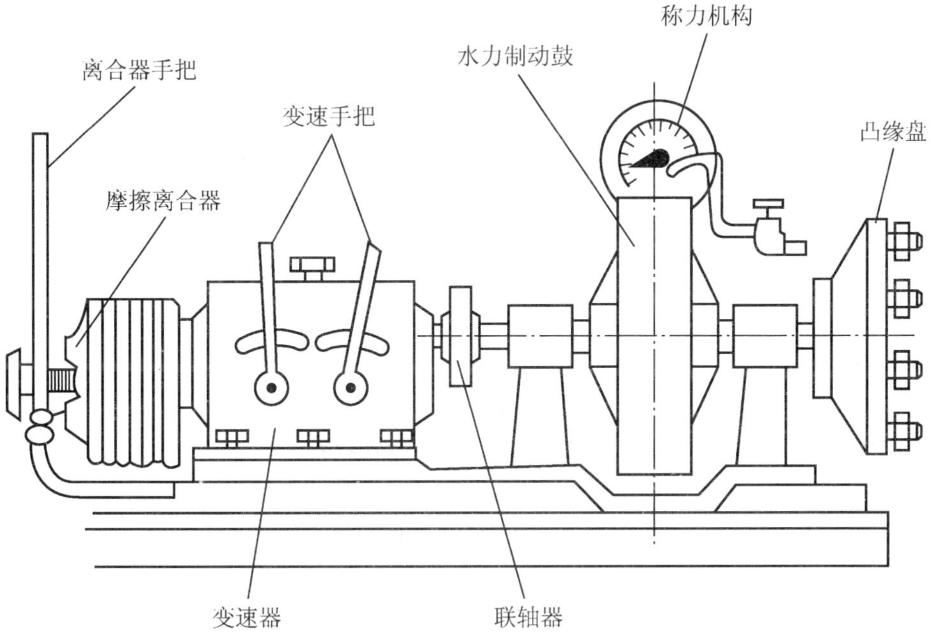


图 10－3　发动机磨合、试验、测功联合装置

(1) 冷磨合规范。常见的冷磨合规范见表10-1。磨合用油常用L-AN32全损耗用油或车用润滑油加15%的煤油作润滑油。

表10-1 发动机冷磨合规范

| 发动机额定转速/(r/min) | 磨合转速/(r/min) | 时间/min |
|---|---|---|
| ≤3200 | 500～600 | 30～45 |
| | 600～800 | 30～45 |
| | 800～1000 | 30～45 |
| | 1000～1200 | 30～45 |
| >3200 | 700 | 60 |
| | 900 | 60 |
| | 1100 | 60 |
| | 1300 | 60 |

(2) 冷磨合注意事项。

① 汽油机不装火花塞，柴油机不装喷油器，燃油供给系统也停止供油。

② 冷却水一般不要循环(拆除水泵皮带)，水温最好控制在70℃左右，若水温达到90℃时应及时使用风扇冷却。

③ 注意观察机油表压力及各运动机件工作是否正常，发现异常现象应立即停机检查，排除故障后方可继续磨合。

④ 冷磨结束后应将发动机部分分解。检查各配合副的磨合情况，若发现故障应及时排除；放出全部润滑油，并彻底清洗油道和机油盘；待全部零件清洗检查后，按技术要求重新装复。

2) 热磨合

发动机自行运转的磨合称为热磨合。热磨合分无负荷热磨合和有负荷热磨合两个过程。

(1) 无负荷热磨合。指发动机不带负荷的热磨合。这一阶段的目的除进一步磨合外，主要是为了检查热工况下发动机各部件的配合情况，对发动机作必要的调整，并检查发动机运转过程中出现的故障。

无负荷热磨合运行中需检查下列项目。

① 检查冷却液温度、机油压力和机油温度应符合规定要求。

② 检查发动机有无异响，如有异响，应立即停机检查并排除。

③ 检查并校准点火提前角或喷油提前角。

④ 检查有无“四漏”现象，即漏油、漏水、漏气和漏电。

(2) 有负荷的热磨合。指发动机带负荷的热磨合。它能够提高发动机负荷工作的适应性，还能发现一些在无负荷磨合时不易发现的修理缺陷和故障。

有负荷热磨合规范见表10-2。

表 10－2　大修发动机有负荷热磨合规范

| 转速/(r/min) | | 负荷/kW | | 磨合时间/min |
|---|---|---|---|---|
| 起始转速 | 800～1000 | 起始负荷 | (0.1～0.2)$P_e$ | 每级 30～45 |
| 每级递增转速 | 200 | 每级递增负荷 | 3.68 | |
| 最高磨合转速 | 汽油机：0.8$n_e$ | 最高磨合负荷 | 汽油机：0.8$P_e$ | |
| | 柴油机：$n_e$ | | 柴油机：$P_e$ | |

注：$n_e$——额定转速(r/min)；

$P_e$——额定功率(kW)。

有负荷热磨合运行中，应注意检查如下项目。

① 检查冷却液温度、机油压力和机油温度应符合规定要求。

② 观察发动机在各种工况下运转的稳定性，有无异响。如有异响，应立即停机处理。

③ 校准点火提前角或喷油提前角，使之达到最佳。

3. 磨合后的检验

(1) 检查各缸工作是否良好，测听发动机内是否有不正常的声响。

(2) 测量气缸压力是否符合标准。如图 10－4 所示，拆卸全部火花塞，从分电器或点火线圈取下高压引线。将气缸压力表紧插于火花塞孔口，逐个检验，检验时节气门应全开，蓄电池良好，一人用起动机使发动机空转，另一人测量其压力。测取各缸压力读数时应连续观察 0.5min。常见轿车发动机气缸压力见表 10－3。

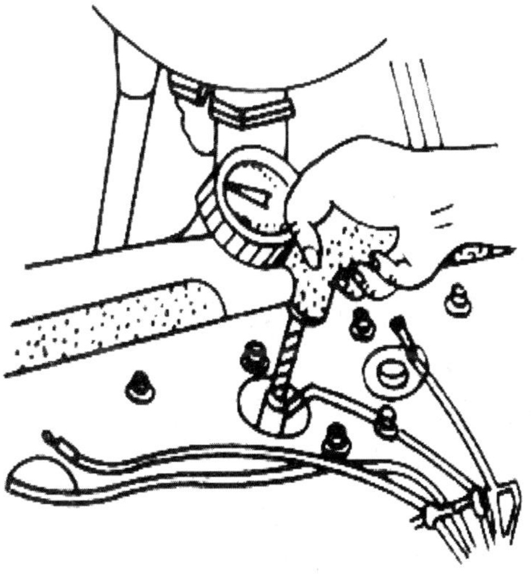

图 10－4　检测气缸压力

表 10－3　常见轿车发动机气缸压力

| 车　　型 | 标准压力/kPa | 磨损极限压力/kPa | 各缸最大压差/kPa |
|---|---|---|---|
| 桑塔纳 | 1000～1300 | 750 | 300 |
| 捷达 | 900～1200 | 700 | 300 |

(3) 发动机热磨合结束后，还需拆检主要机件，检查气缸表面有无拉毛、划痕、起槽；检查活塞、活塞环的接触面是否磨合正常；检查主轴承、连杆轴承、凸轮轴轴承等各摩擦副的磨合情况。若无异常，按总装工艺复装发动机。然后加入清洗油(90%柴油和10%车用机油)怠速运转5min，最后放出清洗油，加入厂家规定牌号的润滑油。

### 10.2.2 发动机测试

1. 发动机维修后性能测试

将维修后经过磨合运行的发动机固定在试验台上，用测功机和油耗计等仪器测量出发动机的最大功率、最大转矩和最低燃油消耗率，以及它们的对应转速，用以鉴定维修后的发动机性能能否达到标准。表10-4列举了几种常见发动机大修后的主要技术性能指标。

表10-4 发动机大修后的主要技术性能指标

| 项目 \ 机型 | | CA6102发动机 | 康明斯6BTA5.9发动机 | 6135Q发动机 | 上海桑塔纳AJR发动机 |
|---|---|---|---|---|---|
| 最大功率/kW | 转速/(r/min) | 3000 | 2600 | 1800 | 5200 |
| | 原设计值 | 99 | 140 | 117.6 | 74 |
| | 大修出厂 | 89.1 | 126 | 105.9 | 66.6 |
| 最大转矩/(N·m) | 转速/(r/min) | 1200~1400 | 1600 | 1200~1300 | 3800 |
| | 原设计值 | 372 | 638 | 686 | 155 |
| | 大修出厂 | 335 | 574 | 617.4 | 139.5 |
| 最低燃油消耗率/(g/kW·h) | | 306 | 204 | 224.4 | 278.5 |

2. 发动机维修竣工验收

发动机维修竣工后，必须根据发动机大修质量评定标准(GB/T 15746.2—1995)进行验收，其主要项目的技术要求如下。

(1) 发动机应无漏水、漏油、漏气、漏电现象。

(2) 冷热车起动均顺利。在发动机正常工作温度下5s内能起动；在环境温度不低于-5℃时，允许连续起动不多于3次，每次起动不多于5s。

(3) 气缸压力应符合原设计规定。气缸压力与各气缸平均压力差：汽油机不超过8%，柴油机不超过10%。

(4) 各种转速下运转稳定，无异响，转速改变时过渡圆滑；突然加、减速时不得有突爆声，无断火、回火、放炮等现象。

(5) 发动机最大功率和最大转矩不得低于原设计标定值的90%，最低燃料消耗率不得高于原设计要求。

(6) 发动机排放值应符合国家相关标准的规定。

# 任务 10.3　发动机维护

故障案例：

丰田佳美(CAMPY)轿车，装备 5S—FE 型 4 缸多点喷射发动机。发动机中高速运转正常，只是在节气门开大的初始阶段，每踏一次加速踏板，车辆就发生一次闯动。

## 10.3.1　发动机维护及意义

1. 发动机维护

为维持发动机完好技术状态或工作能力而进行的作业称为发动机维护，也称为发动机保养。

2. 发动机维护的意义

发动机经过一段时间的运转之后，其内部零部件将不可避免地产生不同程度的磨损、松动和变形等，如果不及时维护，机件的磨损将急剧加大，发动机的动力性、经济性和排放性等各项性能指标也将明显变差。通过加强发动机的检测和维护，可以及时发现和消除故障隐患，使发动机经常处于良好的技术状况，防止发动机早期损坏，延长发动机使用寿命。注重运行中维护，终生不大修，“三分修、七分养”的全新理念正在为人们所接受。

## 10.3.2　发动机维护级别与作业项目

由于发动机由许多零部件组成，它们的工作条件各异，故障规律及最优的维护周期也不尽相同，因此，就必须将维护作业划组、分级、归类进行。我国目前执行的发动机维护制度将发动机维护划分为日常维护、一级维护、二级维护。此外，还有发动机的走合期维护和季节维护。不同车型的维护周期和维护规范由生产厂家结合本地区具体情况制定。

1. 日常维护

日常维护是以清洁、补给和安全检视为中心内容，由驾驶员负责执行的维护作业。主要维护内容如下。

(1)“三检”：坚持出车前、行驶中、收车后检视车辆的安全机构及各部件连接坚固情况。发动机日常维护的基本作业项目见表 10－5。

(2)“四清”：保持空气、机油、燃油滤清器和蓄电池的清洁。

(3)“四防”：防止漏油、漏水、漏气、漏电。

表 10－5　发动机日常维护的基本作业项目

| 维护时间 | 作业内容 |
| --- | --- |
| 出车前 | 1. 对发动机外表进行清洁<br>2. 检查加足机油、燃油、冷却液，观察有无泄漏现象<br>3. 检查散热器盖、油箱盖、加机油口盖是否齐全完整<br>4. 检查调整蓄电池液面高度、存电情况或检查免维护蓄电池比重计显示情况<br>5. 起动发动机，查听有无异响，各部仪表工作是否正常 |

续表

| 维护时间 | 作业内容 |
| --- | --- |
| 行驶中 | 1. 注意各仪表工作状况，当发现警报灯亮或机油压力表、水温表显示异常时应立即停车检查<br>2. 留意发动机有无异响和异味 |
| 收车后 | 1. 检查补充机油、燃油、冷却液<br>2. 检查各部有无损伤、漏油、漏水、漏气和漏电现象<br>3. 严寒季节未加防冻液的冷却水应放干净 |

### 2. 一级维护

车辆每行驶1500～2500km进行一次一级维护。一级维护除执行日常维护作业外，以清洁、润滑、紧固为作业中心内容，由维修企业负责进行。一级维护时间按制造厂的使用说明书要求，结合具体工作情况进行。

发动机一级维护的基本作业项目见表10-6。

表10-6　发动机一级维护的基本作业项目

| 序号 | 项　　目 | 作业内容 | 技术要求 |
| --- | --- | --- | --- |
| 1 | 点火系统 | 检查、调整 | 正常工作 |
| 2 | 发动机空气滤清器、空压机空气滤清器、曲轴箱通风系统空气滤清器、机油滤清器和燃油滤清器 | 清洁或更换 | 各滤芯应清洁无破损，上、下衬垫无残缺，密封良好；滤清器应清洁，安装牢固 |
| 3 | 曲轴箱油面、化油器油面、冷却液液面高度 | 检查 | 符合规定 |
| 4 | 曲轴箱通风装置、三效催化转化装置 | 外观检查 | 齐全、无损坏 |
| 5 | 散热器、油底壳、发动机前后支垫、水泵、空压机、进排气歧管、化油器、输油泵、喷油泵连接螺栓 | 检查校紧 | 各连接部位螺栓、螺母应紧固，锁销、垫圈及胶垫应完好有效 |
| 6 | 空压机、发电机、空调机皮带 | 检查皮带磨损、老化程度，调整皮带松紧度 | 符合规定 |
| 7 | 蓄电池 | 检查 | 电解液液面高度应符合规定，通气孔畅通，电桩夹头清洁、牢固 |

注：1. 技术要求栏中的“符合规定”指符合实际应用中的有关技术规定或技术要求。
　　2. 每行驶5000～7500km就要进行更换机油一次。

### 3. 二级维护

车辆每行驶8000～12000km进行一次二级保养。二级维护除执行一级维护作业外，以检查、调整为主要作业内容。由维修企业负责进行。一级维护时间按制造厂的使用说明书要求，结合具体工作情况进行。

发动机二级维护前应进行检测诊断和技术评定，根据检测评定结果，确定附加作业或小修项目，结合二级维护一并进行。

发动机二级维护的基本作业项目见表10－7。

表10－7 发动机二级维护的基本作业项目

| 序号 | 维护项目 | 作业内容 | 技术要求 |
|---|---|---|---|
| 1 | 发动机润滑油<br>机油滤清器 | (1) 更换润滑油<br>(2) 视情更换机油滤清器 | (1) 润滑油规格性能指标符合规定<br>(2) 液面高度符合规定<br>(3) 机油滤清器密封良好，无堵塞，完好有效 |
| 2 | 空气滤清器 | 清洁空气滤清器 | 空气滤清器清洁有效，安装可靠；恒温进气装置真空软管安装可靠；进气转换阀工作灵敏、准确 |
| 3 | (1) 油箱及油管<br>(2) 燃油滤清器<br>(3) 燃油泵 | (1) 检查接头及密封情况<br>(2) 清洁燃油滤器，并视情况更换<br>(3) 检查燃油泵，必要时更换 | (1) 接头无破损、渗漏，紧固可靠<br>(2) 燃油滤清器工作正常<br>(3) 燃油泵工作正常、油压符合规定 |
| 4 | 燃油蒸发控制装置 | 检查清洁，必要时更换 | 工作正常 |
| 5 | 曲轴箱通风装置 | 检查、清洁 | 清洁畅通，连接可靠，不漏气，各阀门无堵塞、卡滞现象，灵敏有效，符合规定 |
| 6 | 散热器、膨胀箱、百叶窗、水泵、节温器、传动皮带 | (1) 检查密封情况、水箱盖压力阀、液面高度、水泵<br>(2) 检视皮带外观，调整皮带松紧度 | (1) 散热器及软管无变形、破损及渗漏；水箱盖接合表面良好；胶垫不老化、水箱盖压力阀开启压力符合要求；水泵不漏水、无异响；节温器工作性能符合规定<br>(2) 皮带应无裂痕和过量磨损，表面无油污，皮带松紧度符合规定 |
| 7 | (1) 进、排气支管、消声器、排气管<br>(2) 气缸盖 | (1) 检查、紧固，视情补焊或更换<br>(2) 按规定次序和扭紧力矩校紧气缸盖 | (1) 无裂痕、漏气、消声器性能良好<br>(2) 扭紧力矩符合规定 |
| 8 | 增压器、中冷器 | 检查、清洁 | 符合规定 |
| 9 | 发动机支架 | 检查、紧固 | 连接牢固、无变形和裂缝 |
| 10 | 化油器及联动机构 | 清洁、检查、紧固 | 清洁，联动机构运动灵活，连接牢固；无漏油、漏气现象，工作系统和附加装置工作正常 |
| 11 | 喷油器、喷油泵 | 检查喷油器和喷油泵的作用，必要时检测喷油压力和喷油状况，视情调整供油提前角 | (1) 喷油器雾化良好、无滴油、漏油现象，喷油压力符合规定<br>(2) 供油提前角符合规定 |

续表

| 序号 | 维护项目 | 作业内容 | 技术要求 |
|---|---|---|---|
| 12 | 分电器、高压线 | 清洁、检查 | 分电器无油污，调整触点间隙在规定范围内，无松旷、漏电现象、高压线性能符合规定 |
| 13 | 火花塞 | 清洁、检查或更换火花塞，调整电极间隙 | 电极表面清洁，间隙符合规定 |
| 14 | 气门间隙 | 检查调整 | 符合规定 |
| 15 | 电控燃油喷射系统供油管路 | 检查密封状况 | 密封良好，作用正常 |
| 16 | 三效催化装置 | 检查三效催化装置的作用，必要时更换 | 作用正常 |
| 17 | 发电机、发电机调节器、起动机 | 清洁、润滑 | 符合规定 |
| 18 | 蓄电池 | 检查，清洁，补给 | 清洁、安装牢固，电解液液面符合规定 |

注：技术要求栏中的“符合规定”指符合实际应用中的有关技术规定或技术要求。

4. 走合期维护

发动机新机出厂或发动机总成大修后，初期运行规定的间隔时间称为走合期。在这段时间内对发动机进行的维护称为走合期维护。经正确走合，对延长发动机使用寿命，提高发动机工作的可靠性和经济性有很大关系。走合期内应注意以下几点事项。

（1）走合期里程为1000～3000km。

（2）走合期内应减载限速行驶，避免全负荷和高转速。

（3）走合期内驾驶员必须严格执行操作规程，保持发动机正常工作温度，严禁拆除发动机限速装置。

（4）走合期内认真做好车辆的日常维护工作，注意各总成在运行中的声响和温度变化，若有问题应及时调整。

走合期满后，应进行一次走合期维护。走合期维护的基本作业项目见表10-8。

表10-8　走合期维护的基本作业项目

| 序号 | 作业内容 |
|---|---|
| 1 | 进行一级维护的全部作业 |
| 2 | 校紧曲轴主轴承盖和连杆轴承盖螺栓或螺母 |
| 3 | 检查校正点火正时或供油正时 |
| 4 | 检查校准气门间隙 |
| 5 | 检查调整发动机尾气排放 |
| 6 | 检查有无异响等异常现象 |

5. 季节维护

季节维护是当汽车每进入冬季或夏季时，为使发动机能适应低温或高温运行条件，根据季节特点对其进行一次相应的维护。一般来讲。季节维护不单独安排，而是结合最近的一次二级维护一并执行。季节维护的基本作业项目见表10－9。

表10－9　季节维护的基本作业项目

| 序号 | 作业内容 |
|---|---|
| 1 | 更换符合季节温度要求的润滑油 |
| 2 | 柴油机入冬前换用冬季柴油 |
| 3 | 入冬前彻底清洗所有滤网，清洗或更换燃油滤芯 |
| 4 | 入夏前拆检清洗冷却系统，清除水垢；入冬前更换符合低温要求的冷却液 |
| 5 | 调整发电机调节器，适当增加(入冬前)或适当降低(入夏前)充电电流和电压，注意保持蓄电池电解液的合适密度 |

## 项 目 小 结

1. 发动机的总装以气缸体为基础件，由内向外逐步完成。其基本顺序为：安装曲轴→安装活塞连杆组→安装气缸盖→安装正时皮带→安装发动机外部附件。

2. 总装过程中对于不可互换件要保证其原有的装配关系；有位置和方向要求的要注意其装配记号；各部位的配合间隙、紧固件的拧紧力矩和拧紧顺序均应符合技术要求。

3. 大修后的发动机在投入使用之前必须先进行磨合，否则会加剧发动机的磨损，缩短发动机的使用寿命。

4. 发动机磨合分为冷磨合和热磨合，热磨合又分为无负荷的热磨合和有负荷的热磨合。

5. 发动机磨合时应严格根据磨合规范，按规定的转速、负荷、时间分阶段完成。

6. 为维持发动机完好技术状态或工作能力而进行的作业称为发动机维护。发动机维护分为日常维护、一级维护、二级维护、走合期维护和季节维护。

7. 日常维护是以清洁、补给和安全检视为中心内容，由驾驶员负责执行的维护作业。

8. 一级维护除执行日常维护作业外，以清洁、润滑、紧固为作业中心内容，由维修企业负责进行。一级维护时间按制造厂的使用说明书要求，结合具体工作情况进行。

9. 二级维护除执行一级维护作业外，以检查、调整为主要作业内容。由维修企业负责进行。二级维护时间按制造厂的使用说明书要求，结合具体工作情况进行。

## 学习评价与技能测试

一、选择题

1. 发动机总装时，不可互换件如(　　)等，应保证其原来装配关系，不许错乱。

A. 活塞　　B. 连杆　　C. 气缸盖罩　　D. 油底壳螺钉

2. 大修后的发动机进行磨合的目的有(    )。

A. 提高曲轴硬度
B. 延长发动机寿命
C. 提高发动机功率
D. 降低发动机水温

3. 大修后发动机的最大功率不得低于原设计标定值的(    )%。

A. 85
B. 90
C. 95
D. 97

4. 发动机大修竣工后，不应有“四漏”现象，“四漏”是指(    )。

A. 漏油、漏水、漏气、漏电
B. 漏油、漏水、漏电、漏件
C. 漏水、漏电、漏气、漏调
D. 漏水、漏电、漏油、漏装

5. 我国目前执行的发动机维护制度将发动机维护划分为(    )。

A. 日常维护、一级维护和二级维护
B. 一级维护、二级维护和三级维护
C. 日常维护、季节维护和走合期维护
D. 日常维护、冬季维护和夏季维护

6. 下列说法正确的是(    )。

A. 日常维护应注意检查发动机配气相位
B. 一级维护由驾驶员进行操作
C. 二级维护应以检查调整为主
D. 走合期维护应注意限速和限载

## 二、问答题

1. 发动机总装时应注意哪些问题?
2. 发动机竣工验收要求有哪些项目?
3. 如何进行发动机热磨合?

## 三、实操题

1. 正确进行发动机总装。
2. 正确检测发动机气缸压缩压力。
3. 正确进行发动机一级维护。

# 参考文献


[1] 夏国勇. 汽车发动机电控系统原理与维修[M]. 北京：机械工业出版社，2011.

[2] 陈家瑞. 汽车构造[M]. 北京：机械工业出版社，2003.

[3] 蔡兴旺. 汽车构造与原理实训[M]. 北京：机械工业出版社，2008.

[4] 郭碧宝. 电控汽油发动机构造与维修[M]. 广州：华南理工大学出版社，2010.

[5] 王盛良. 汽车发动机电控技术与检修[M]. 北京：机械工业出版社，2009.

[6] 张彦军，艾锋. 电装 ECD—U2 系列高压共轨系统[J]. 汽车电器，2009(5)：38—40.

[7] 邹德伟. 汽车发动机电控技术实训教程[M]. 天津：天津大学出版社，2009.

[8] 蔡兴旺. 汽车构造与原理(上册 发动机)[M]. 北京：机械工业出版社，2010.

[9] 敏瑞. 西门子电控高压共轨喷油系统(上)[J]. 汽车维修与保养，2008(5)：55—57.

[10] 周新勇. 电控柴油机传感器的结构原理及测试[J]. 汽车电器，2008(6)：40—43.

[11] 蔡兴旺. 汽车构造与原理习题集[M]. 北京：机械工业出版社，2006.

[12] 嵇伟. 现代汽车故障诊断与维修[M]. 北京：人民交通出版社，2005.

[13] [美]斯卡沃勒尔 A E. 汽车构造原理与维修应用(发动机篇)[M]. 吴友生，等译. 北京：机械工业出版社，2004.

[14] 冯健璋. 汽车发动机原理与汽车理论[M]. 北京：机械工业出版社，2003.

[15] 申荣卫. 汽车电子技术[M]. 北京：机械工业出版社，2003.

[16] 麻友良，丁卫东. 汽车电器与电子控制系统[M]. 北京：机械工业出版社，2003.

[17] 舒华，姚国平. 桑塔纳轿车电控与电气系统结构原理检修[M]. 北京：人民邮电出版社，2003.

[18] 中国标准出版社. 汽车和挂车类型的术语和定义(GB/T 3730.1—2001). 北京：中国标准出版社，2002.

[19] 中国标准出版社. 机动车辆及挂车分类(GB/T 15089—2001). 北京：中国标准出版社，2002.

[20] 门胁轰二，陆志锋. 广州本田雅阁轿车构造、使用与维修[M]. 北京：人民交通出版社，2001.

[21] 陈达因. 上海桑塔纳 2000GSi 轿车结构图册[M]. 北京：人民交通出版社，2000.

[22] 中国标准出版社. 汽车国家标准汇编：发动机卷(上)[M]. 北京：中国标准出版社，1999.

[23] 中国标准出版社. 汽车国家标准汇编：发动机卷(下)[M]. 北京：中国标准出版社，1999.

# 北京大学出版社高职高专汽车系列规划教材

| 序号 | 书号 | 书名 | 编著者 | 定价 | 出版日期 |
|---|---|---|---|---|---|
| 1 | 978-7-301-13661-4 | 汽车电控技术 | 祁翠琴 | 39.00 | 2012.5<br>第 4 次印刷 |
| 2 | 978-7-301-13658-4 | 汽车发动机电控系统原理与维修 | 张吉国 | 25.00 | 2012.4<br>第 2 次印刷 |
| 3 | 978-7-301-14139-7 | 汽车空调原理及维修 | 林　钢 | 26.00 | 2011.8<br>第 2 次印刷 |
| 4 | 978-7-301-15378-9 | 汽车底盘构造与维修 | 刘东亚 | 34.00 | 2009.7 |
| 5 | 978-7-301-15578-3 | 汽车文化 | 刘　锐 | 28.00 | 2011.8<br>第 3 次印刷 |
| 6 | 978-7-301-15742-8 | 汽车使用 | 刘彦成 | 26.00 | 2009.9 |
| 7 | 978-7-301-16919-3 | 汽车检测与诊断技术 | 娄　云 | 35.00 | 2011.7<br>第 2 次印刷 |
| 8 | 978-7-301-17079-3 | 汽车营销实务 | 夏志华 | 25.00 | 2012.8<br>第 3 次印刷 |
| 9 | 978-7-301-13660-7 | 汽车构造(上册)——发动机构造 | 罗灯明 | 30.00 | 2012.4<br>第 2 次印刷 |
| 10 | 978-7-301-17711-2 | 汽车专业英语图解教程 | 侯锁军 | 22.00 | 2012.1<br>第 2 次印刷 |
| 11 | 978-7-301-17821-8 | 汽车机械基础项目化教学标准教程 | 傅华娟 | 40.00 | 2010.10 |
| 12 | 978-7-301-17532-3 | 汽车构造(下册)——底盘构造 | 罗灯明 | 29.00 | 2012.9<br>第 2 次印刷 |
| 13 | 978-7-301-17694-8 | 汽车电工电子技术 | 郑广军 | 33.00 | 2011.1 |
| 14 | 978-7-301-18477-6 | 汽车维修管理实务 | 毛　峰 | 23.00 | 2011.3 |
| 15 | 978-7-301-17894-2 | 汽车养护技术 | 隋礼辉 | 24.00 | 2011.3 |
| 16 | 978-7-301-18850-7 | 汽车电器设备原理与维修实务 | 明光星 | 38.00 | 2011.5 |
| 17 | 978-7-301-18494-3 | 汽车发动机电控技术 | 张　俊 | 46.00 | 2011.6 |
| 18 | 978-7-301-19147-7 | 电控发动机原理与维修实务 | 杨洪庆 | 27.00 | 2011.7 |
| 19 | 978-7-301-19027-2 | 汽车故障诊断技术 | 明光星 | 25.00 | 2011.6 |
| 20 | 978-7-301-19334-1 | 汽车电气系统检修 | 宋作军 | 25.00 | 2011.8 |
| 21 | 978-7-301-19350-1 | 汽车营销服务礼仪 | 夏志华 | 30.00 | 2012.4<br>第 2 次印刷 |
| 22 | 978-7-301-19504-8 | 汽车机械基础 | 张本升 | 34.00 | 2011.10 |
| 23 | 978-7-301-19652-6 | 汽车机械基础教程(第 2 版) | 吴笑伟 | 28.00 | 2012.8<br>第 2 次印刷 |
| 24 | 978-7-301-18948-1 | 汽车底盘电控原理与维修实务 | 刘映凯 | 26.00 | 2012.1 |
| 25 | 978-7-301-19646-5 | 汽车构造 | 刘智婷 | 42.00 | 2012.1 |
| 26 | 978-7-301-20011-7 | 汽车电器实训 | 高照亮 | 38.00 | 2012.1 |
| 27 | 978-7-301-20753-6 | 二手车鉴定与评估 | 李玉柱 | 28.00 | 2012.6 |
| 28 | 978-7-301-21989-8 | 汽车发动机构造与维修(第 2 版) | 蔡兴旺 | 40.00 | 2013.1 |